INOVAÇÃO, TRANSFERÊNCIA
DE TECNOLOGIA E CONCORRÊNCIA:
ESTUDO COMPARADO DO DIREITO
DA CONCORRÊNCIA DOS ESTADOS UNIDOS
E DA UNIÃO EUROPEIA

MIGUEL MOURA E SILVA

Mestre em Direito
Assistente da Faculdade de Direito da Universidade de Lisboa

INOVAÇÃO, TRANSFERÊNCIA DE TECNOLOGIA E CONCORRÊNCIA: ESTUDO COMPARADO DO DIREITO DA CONCORRÊNCIA DOS ESTADOS UNIDOS E DA UNIÃO EUROPEIA

ALMEDINA

TÍTULO:	INOVAÇÃO, TRANSFERÊNCIA DE TECNOLOGIA E CONCORRÊNCIA: ESTUDO COMPARADO DO DIREITO DA CONCORRÊNCIA DOS ESTADOS UNIDOS E DA UNIÃO EUROPEIA
AUTOR:	MIGUEL MOURA E SILVA
EDITOR:	LIVRARIA ALMEDINA – COIMBRA www.almedina.net
LIVRARIAS:	LIVRARIA ALMEDINA ARCO DE ALMEDINA, 15 TELEF. 239 851900 FAX 239 851901 3004-509 COIMBRA – PORTUGAL livraria@almedina.net LIVRARIA ALMEDINA ARRÁBIDA SHOPPING, LOJA 158 PRACETA HENRIQUE MOREIRA AFURADA 4400-475 V. N. GAIA – PORTUGAL arrabida@almedina.net LIVRARIA ALMEDINA – PORTO R. DE CEUTA, 79 TELEF. 22 2059773 FAX 22 2039497 4050-191 PORTO – PORTUGAL porto@almedina.net EDIÇÕES GLOBO, LDA. R. S. FILIPE NERY, 37-A (AO RATO) TELEF. 21 3857619 FAX 21 3844661 1250-225 LISBOA – PORTUGAL globo@almedina.net LIVRARIA ALMEDINA ATRIUM SALDANHA LOJA 71 A 74 PRAÇA DUQUE DE SALDANHA, 1 TELEF. 21 3712690 atrium@almedina.net LIVRARIA ALMEDINA – BRAGA CAMPUS DE GUALTAR UNIVERSIDADE DO MINHO 4700-320 BRAGA TELEF. 25 3678822 braga@almedina.net
EXECUÇÃO GRÁFICA:	G.C. – GRÁFICA DE COIMBRA, LDA. PALHEIRA – ASSAFARGE 3001-453 COIMBRA E-mail: producao@graficadecoimbra.pt AGOSTO, 2003
DEPÓSITO LEGAL:	198200/03
	Toda a reprodução desta obra, por fotocópia ou outro qualquer processo, sem prévia autorização escrita do Editor, é ilícita e passível de procedimento judicial contra o infractor.

NOTA PRÉVIA

O trabalho que agora publicamos corresponde à dissertação de mestrado com o mesmo título, apresentada no âmbito do curso de Mestrado em Ciências Jurídico-Comunitárias da Faculdade de Direito da Universidade Católica Portuguesa – Lisboa. O texto foi concluído em Setembro de 1997 e discutido a 14 de Julho de 1998, tendo por arguente o Sr. Professor Doutor António Marques dos Santos, cujo falecimento recente não podemos deixar de assinalar, com respeito e sentida homenagem.

Era nossa intenção proceder à actualização geral do texto. Os múltiplos afazeres que sempre perturbam estes ambiciosos projectos impediram-nos, todavia, de concretizar esse desiderato, ainda que alguns se tenham revelado preciosos no aprofundamento das matérias que nos ocuparam neste trabalho, como foi o caso da Comissão de Revisão do Código da Propriedade Industrial e do recentemente extinto Conselho da Concorrência.

Tendo constatado que esse labor de actualização não poderia deixar de passar por uma completa reformulação deste trabalho e que outros projectos académicos mais urgentes se impõem, optámos por proceder a uma revisão do texto, procurando (seguramente sem um sucesso completo) depurá-lo das sempre arreliadoras gralhas.

Assim, mantém-se de forma quase integral o texto escrito em 1997. Apesar de decorridos já alguns anos desde a sua elaboração, pensamos que esta dissertação conseguiu sobreviver bem ao tempo, a que não será alheio o facto de o seu tema ser ainda relativamente novo na doutrina comunitária e, em especial, entre nós. Num compromisso entre a publicação do texto original sem alterações e uma revisão completa do mesmo optámos por acrescentar algumas notas de actualização e incorporar as modificações introduzidas ao nível do ordenamento comunitário pelo novo Regulamento n.º 1/2003. Esperamos desta forma proporcionar um instrumento de trabalho e reflexão que possa ser útil para o desenvolvimento desta disciplina entre nós.

PLANO DA OBRA

LISTA DE ABREVIATURAS	11
AGRADECIMENTOS	17
INTRODUÇÃO	23

I. **Inovação tecnológica, direitos de propriedade intelectual e concorrência – Aspectos jurídico-económicos** ... 27

    A. *Inovação tecnológica e crescimento económico* ... 27
        1. A concorrência pela inovação: aspectos gerais ... 27
        2. A Nova Teoria do Crescimento Económico ... 34
        3. A Teoria da Política Comercial Estratégica ... 41
        4. Conclusão: Implicações para a política de concorrência ... 50

    B. *A análise económica do direito e o âmbito de protecção conferido pelos direitos de propriedade intelectual* ... 55

    C. *O direito da concorrência e a inovação tecnológica* ... 69
        1. Direitos exclusivos e poder de mercado ... 69
        2. Estrutura de mercado e inovação ... 78
        3. Os efeitos externos positivos de rede ou *network externalities* e o direito da concorrência ... 87

II. **Introdução aos sistemas de propriedade intelectual e de defesa da concorrência da União Europeia e dos Estados Unidos** ... 105

    A. *A natureza territorial dos direitos de propriedade intelectual* ... 105
        1. A protecção da propriedade intelectual nos Estados Unidos ... 106
        2. A protecção da propriedade intelectual na União Europeia ... 109
            a. Os direitos de propriedade intelectual e as regras sobre livre circulação de bens e serviços ... 110
            b. A harmonização de legislações e unificação do direito da propriedade intelectual ... 112
        3. Conclusões ... 114

B. *Breve caracterização do direito da concorrência nos Estados Unidos e na União Europeia* 115
   1. O direito da concorrência dos Estados Unidos 115
      a. Os objectivos do direito da concorrência 115
      b. Proibições *per se* e *rule of reason* 125
   2. O direito da concorrência da União Europeia 131
      a. Os objectivos do direito da concorrência 131
      b. A dicotomia proibição/isenção 137

III. **Acordos de licença de tecnologia no direito da concorrência dos Estados Unidos** 145

  A. *Aspectos gerais* 145

  B. *As Directrizes de 1995* 151
     1. Definição do mercado relevante 151
        a. Aspectos gerais 151
        b. O conceito de mercado de tecnologia 152
        c. O conceito de mercado de inovação 153
           (1) O conceito de mercado de inovação nas Directrizes de 1995 153
           (2) A teoria da concorrência potencial como alternativa à definição do mercado de inovação 162
           (3) Aplicação do conceito de mercado de inovação no contexto da análise de concentrações 168
           (4) Aplicação do conceito de mercado de inovação no contexto de acordos de licença de tecnologia 175
           (5) Conclusões 178
     2. Relações horizontais e verticais 181
     3. Eficiência económica como justificação 184
     4. A "zona de segurança" 184
     5. Tratamento de restrições específicas 185
        a. Exclusividade e restrições territoriais 185
        b. Restrições de clientela e domínios de aplicação técnica 189
        c. Restrições relativas ao preço e quantidade 190
        d. "Tying" 191
        e. "Royalties" 193
        f. Licenças conjuntas 195
        g. Comunidade de patentes 196
        h. Resolução de litígios e cláusulas de não-oposição 199
        i. Licenças de melhoramentos 200
        j. Cláusulas de não-concorrência 201

C. *Abuso de monopólio no contexto de acordos de licença de tecnologia* 202
   1. Aspectos gerais.. 202
   2. A teoria dos efeitos externos positivos das redes como elemento qualificativo do poder de mercado 204
   3. Aquisição de direitos de propriedade intelectual................................ 206
      a. Aplicação da § 2 do *Sherman Act* à aquisição de direitos de propriedade intelectual 206
      b. Aplicação da § 7 do *Clayton Act* à aquisição de direitos de propriedade intelectual 207
   4. Obrigação de conceder licenças... 208
   5. Abusos contratuais – O caso *United States c. Microsoft*.................... 208
      a. Enquadramento geral – breve caracterização da indústria informática 209
      b. Enquadramento processual 211
      c. A posição de monopólio da Microsoft 214
      d. As práticas imputadas à Microsoft 218
         (1) As licenças e respectivas cláusulas...................................... 220
         (2) Práticas destinadas a dissuadir os fabricantes de comercializar sistemas concorrentes... 223
         (3) Criação de incompatibilidades com produtos concorrentes e acordos de confidencialidade 224
         (4) Anúncios prematuros de novos produtos............................. 225
         (5) Utilização da posição de monopólio nos sistemas operativos para obter vantagem no mercado de aplicações....................... 229
      e. Conclusão... 232

IV. **Acordos de transferência de tecnologia no direito comunitário da concorrência** 235

   A. *Aspectos gerais*... 235

   B. *Acórdãos do Tribunal de Justiça*... 238
     1. O acórdão *Nungesser* 238
     2. O acórdão *Windsurfing International* 242

   C. *Acordos de licença de tecnologia: Isenção por categoria*................... 243
     1. Aspectos gerais.. 243
     2. Âmbito de aplicação.. 244
        a. Âmbito material 244
        b. Âmbito territorial 247
     3. Protecção territorial... 249
     4. O problema dos licenciados com posição dominante e os mercados oligopolísticos.. 257
        a. Aspectos gerais 257

b. Os conceitos de mercado de tecnologia e mercado de inovação e o direito comunitário da concorrência 258
   (1) Enquadramento do problema 258
   (2) Definição do mercado relevante: Acordos de licença de tecnologia 260
   (3) Idem: Acordos de cooperação em matéria da investigação e desenvolvimento 265
   (4) Idem: abuso de posição dominante 266
   (5) Idem: concentrações 267
   (6) Conclusões 275
c. O tratamento dos licenciados dominantes e mercados oligopolísticos no Projecto de 1994 275
d. Os licenciados dominantes no Regulamento n.º 240/96 276

5. As cláusulas não restritivas da concorrência: cláusulas relativas à protecção da tecnologia licenciada 277
6. Tratamento de restrições específicas 278
   a. Licenças de melhoramentos 278
   b. "*Tying*" 280
   c. "*Royalties*" 283
   d. Restrições de clientela e domínios de aplicação técnica 286
   e. Cláusulas de não concorrência 286
   f. Restrições relativas aos preços e quantidades 288
   g. Controlo de qualidade e especificações mínimas 290
   h. Comunidades de patentes 291
   i. Resolução de litígios e cláusulas de não-oposição 291
   j. Cláusulas relativas ao uso da marca do licenciante 293

D. *Abuso de posição dominante no contexto de acordos de licença de tecnologia* 294
   1. Aquisição de direitos de propriedade intelectual 296
   2. Obrigação de conceder licenças 298
   3. Abusos contratuais 303

CONCLUSÕES 305

BIBLIOGRAFIA 313

LISTA DE ABREVIATURAS

A.B.A.	American Bar Association
Aff.'d	Affirmed
Am. Econ. Rev.	American Economic Review
Am. J. Comp. L.	American Journal of Comparative Law
Antitrust Bull.	Antitrust Bulletin
Antitrust L. & Econ. Rev.	Antitrust Law and Economics Review
Antitrust L. J.	Antitrust Law Journal
Bol. CE	Boletim das Comunidades Europeias
C.A.	Court of Appeals
Calif. L. Rev.	California Law Review
CDE	Cahiers de Droit Européen
CE	Comunidade Europeia
Cert. denied	Certiorari denied
Cir.	Circuit
CMLR	Common Market Law Reports
C.M.L.Rev.	Common Market Law Review
Colect.	Colectânea de Jurisprudência do Tribunal de Justiça das Comunidades Europeias
Colum. L. Rev.	Columbia Law Review
Cornell L. Rev.	Cornell Law Review
DOJ	Department of Justice
EBLR	European Business Law Review
ECLR	European Competition Law Review
EIPR	European Intellectual Property Review
E.L.Rev.	European Law Review
F.	The Federal Reporter
F.2d	The Federal Reporter, Second Series
Fordham Corp. L. Inst.	Annual Proceedings of the Fordham Corporate Law Institute
Fordham Int'l L. J.	Fordham International Law Journal
Fordham L. Rev.	Fordham Law Review
F. Supp.	Federal Supplement
FTC	Federal Trade Commission

Geo. L.J.	Georgetown Law Journal
GWB	Gesetz gegen Wettbewerbsbeschränkungen
Harv. L. Rev.	Harvard Law Review
Hastings L. J.	Hastings Law Journal
HHI	Índice Herfindhal-Hirshman
I.C.L.Q.	International and Comparative Law Quarterly
IIC	International Review of Industrial Property and Copyright Law
Iowa L. Rev.	Iowa Law Review
J. Econ. Issues	Journal of Economic Issues
J. of Econ. Literature	Journal of Economic Literature
J. Econ. Persp.	Journal of Economic Perspectives
J. Indus. Econ.	Journal of Industrial Economics
J. L. & Econ.	Journal of Law and Economics
J. of Legal Studies	Journal of Legal Studies
J.O.	Jornal Oficial das Comunidades Europeias
J. Pol. Econ.	Journal of Political Economy
Law Q. Rev.	Law Quarterly Review
L.I.E.I.	Legal Issues of European Integration
Mich. L. Rev.	Michigan Law Review
Minn. L. Rev.	Minnesota Law Review
Nw. J. Int'l L. & Bus.	Northwestern Journal of International Law and Business
N.Y.U.L. Rev.	New York University Law Review
OCDE	Organização de Cooperação e Desenvolvimento Económico
PME	Pequenas e Médias Empresas
Q.J. of Econ.	Quarterly Journal of Economics
R.A.E.	Revue des affaires européennes
Rand J. of Econ.	Rand Journal of Economics
RDAI/IBLJ	Revue de Droit des Affaires Internationales / International Business Law Journal
REI	Revue d'économie industrielle
Research in L. & Econ.	Research in Law and Economics
RIDE	Revue Internationale de Droit Économique
RMC	Revue du Marché Commun
Rel.Pol.Conc.	Relatório da Comissão das Comunidades Europeias sobre Política da Concorrência
R.T.D.E.	Revue Trimestrielle de Droit Européen
S. Ct.	Supreme Court Reporter
Stan. J. Int'l L.	Stanford Journal of International Law
Southern Calif. L. Rev.	Southern California Law Review
Texas L. Rev.	Texas Law Review
Trade Reg. Rep.	Trade Regulation Reporter (CCH)

U. Chi. L. Rev.	University of Chicago Law review
U.C.L.A.L. Rev.	University of California at Los Angeles Law Review
U. Pa. L. Rev.	University of Pennsylvania Law Review
U. Pitt. L. Rev.	University of Pittsburgh Law Review
U.S.	Cases of the Supreme Court of the United States of America
USC	United States Code
Utah L. Rev.	Utah Law Review
Yale L. J.	Yale Law Journal
Y.E.L.	Yearbook of European Law

MODO DE CITAÇÃO DA JURISPRUDÊNCIA
E LEGISLAÇÃO NORTE-AMERICANA

Seguimos neste trabalho as regras de citação uniformes constantes do célebre Bluebook, 15.ª edição, editado pelos redactores da Columbia Law Review, Harvard Law Review, University of Pennsylvania Law Review e Yale Law Journal. Assim, os acórdãos do Supremo Tribunal de Justiça dos Estados Unidos publicados nos *United States Reports* (U.S.) são citados da seguinte forma x U.S. y (ano), referindo-se x ao volume da colectânea e y à página do acórdão. Os acórdãos mais recentes daquele tribunal são citados da mesma forma, fazendo referência à colectânea *Supreme Court Reporter* (S.Ct.).

Os acórdãos dos tribunais federais de 2.ª instância, correspondentes aos 11 círculos federais e ao círculo de Washington D.C. são citados da mesma forma por referência às respectivas colectâneas, o *Federal Reporter* (F.) e o *Federal Reporter, Second Series* (F.2d) e *Third Series* (F.3d).

Também a citação de diplomas legislativos norte-americanos segue a mesma metodologia. Deste modo, a *Section 1* do *Sherman Act* é citada como 15 U.S.C. § 1, ou seja, Código dos Estados Unidos, título 15, secção 1.

AGRADECIMENTOS

São muitas as pessoas a quem devo expressar o meu reconhecimento e gratidão. Em primeiro lugar, ao Mestre Evaristo Mendes, da Faculdade de Direito da Universidade Católica Portuguesa, em cujas aulas práticas de Direito Comercial adquiri os primeiros rudimentos sobre propriedade industrial, e ao Professor Hermes dos Santos, da mesma faculdade, que nas suas aulas incutiu em mim o gosto pela Economia.

Seguidamente agradeço à Professora Jubilada Valentine Korah, do Colégio da Europa em Bruges e do University College de Londres, a quem devo o interesse e muito do que hoje sei sobre o direito comunitário da concorrência. Aos professores Hanns Ullrich, Mario Siragusa e Paul Demaret, também meus docentes no Colégio da Europa, aos quais devo o primeiro contacto com os problemas resultantes do tratamento da propriedade intelectual no âmbito do direito comunitário, dirijo também a expressão do meu apreço.

Os conhecimentos assim adquiridos foram desenvolvidos no curso de Mestrado em Direito Comunitário da Faculdade de Direito da Universidade Católica Portuguesa. Aqui tenho a agradecer ao Professor Doutor António Luciano Sousa Franco, ao Professor Doutor João Mota de Campos e ao Professor Doutor Paulo Pitta e Cunha, meu orientador neste trabalho, todo o apoio e estímulo que sempre me demonstraram.

A ideia inicial deste trabalho surgiu durante a minha estadia nos Estados Unidos na Faculdade de Direito da Universidade de Michigan. Aí tenho a agradecer, em primeiro lugar, ao Professor Thomas E. Kauper, pelas suas magistrais lições de direito da concorrência dos Estados Unidos e pelo exemplo inspirador da sua docência. Em seguida agradeço aos Professores Merritt Fox, da mesma faculdade, e Avery Katz, actualmente da Faculdade de Direito da Universidade de Georgetown, com quem tive oportunidade de aprofundar os meus conhecimentos sobre análise económica do direito e sobre teoria do comportamento estratégico.

Os meus estudos no Colégio da Europa apenas foram possíveis com o apoio financeiro do Ministério dos Negócios Estrangeiros a quem dirijo igualmente os meus agradecimentos. De igual modo agradeço às seguintes entidades que tornaram possíveis os meus estudos na Faculdade de Direito da Universidade de Michigan: a Comissão Fulbright de Portugal, o Fundo Hellen Woods, e a Faculdade de Direito da Universidade de Michigan.

Algumas das ideias expressas neste trabalho beneficiaram significativamente da minha experiência prática no exercício da advocacia nas áreas do direito da concorrência e da propriedade intelectual. Por isso agradeço aos Drs. Nuno Ruiz, Mário Marques Mendes e Carlos Botelho Moniz, pelo muito que me ensinaram e pelo exemplo de dignidade profissional que constituem. Pelos mesmos motivos agradeço ao Dr. José Miguel Júdice, com quem tive o privilégio de trabalhar seguidamente naqueles domínios.

Os meus agradecimentos finais vão para aqueles a quem este trabalho é dedicado: aos meus pais e irmão, cujo amor e estímulo foram e são essenciais em cada momento da minha vida e neste em especial; aos meus amigos e colegas, Dr. Alexandre Sousa Pinheiro e Dr. Mário João de Brito Fernandes, cuja amizade tem para mim um valor que as palavras não podem exprimir; e, *last but not least*, aos meus alunos de Relações Económicas Internacionais e de Direito Comunitário I do curso 1994-1999 da Faculdade de Direito da Universidade de Lisboa, por me terem proporcionado a minha mais gratificante experiência enquanto docente.

Lisboa, 29 de Setembro de 1997

'O barco é atirado para trás', pensou Layevsky; 'faz dois movimentos para a frente e um para trás. Mas os remadores não desistem, balançam os remos incansavelmente e não temem as grandes vagas. O barco prossegue, agora desapareceu de vista. Dentro de meia hora os remadores serão capazes de ver nitidamente as luzes do navio e dentro de uma hora estarão ao lado da escada de portaló. A vida é assim ... Enquanto buscam a verdade as pessoas dão dois passos em frente e um para trás. O sofrimento, os erros e o tédio da vida empurram-nas para trás, mas a sede da verdade e uma obstinada força de vontade fazem-nas prosseguir. E quem sabe? Talvez por fim atinjam a derradeira verdade'.

ANTON CHEKHOV, *O duelo*, 1891

"[I]n capitalist reality as distinguished from its textbook picture, it is not that kind of competition [concorrência em matéria de preços] which counts but the competition from the new commodity, the new technology, the new source of supply, the new type of organization (the largest-scale unit of control for instance) – competition which commands a decisive cost or quality advantage and which strikes not at the margins of the profits and the outputs of the existing firms but ay their foundations and their very lives. **This kind of competition is as much more effective than the other as a bombardment is in comparison with forcing a door**, and so much more important that it becomes a matter of comparative indifference whether competition in the ordinary sense functions more or less promptly; the powerful lever that in the long run expands output and brings down prices is in any case made of other stuff". (o sublinhado é nosso)

>JOSEPH A. SCHUMPETER, *Capitalism, Socialism, and Democracy*, Harper, New York, 1942, pp. 84-85.

"Among the forces that seem to be driving international specialization, an increasingly important one seems to be technology. In many industries competitive advantage seems to be determined neither by underlying national characteristics, nor by the static advantages of large-scale production, but rather by the knowledge generated by firms through R&D and experience."

>PAUL R. KRUGMAN, "Introduction: New Thinking about Trade Policy", in PAUL R. KRUGMAN, (org.) *Strategic Trade Policy and the New International Economics*, MIT Press, Cambridge, MA, 1986, p. 8.

INTRODUÇÃO

O objectivo central do presente trabalho consiste na análise dos problemas jurídicos e económicos colocados pela aplicação do direito da concorrência dos Estados Unidos e da União Europeia aos acordos de transferência de tecnologia. Este estudo comparativo apresenta particular significado no presente momento. Com efeito, nos Estados Unidos o Departamento de Justiça (*Department of Justice*, adiante DOJ) e a Comissão Federal do Comércio (*Federal Trade Commission*, adiante FTC), entidades encarregues de aplicar as respectivas regras da concorrência, emitiram a 6 de Abril de 1995 as Directrizes conjuntas sobre acordos de licença de direitos de propriedade intelectual (adiante Directrizes de 1995).[1] Além de enunciarem a política a seguir pelas autoridades dos Estados Unidos neste domínio, as Directrizes de 1995 introduziram novos conceitos, como a controversa noção de mercado de inovação. Mas, mais importante a longo prazo é o lançamento pelo novo Presidente da FTC, ROBERT PITOFSKY, de um amplo debate que congregou a doutrina económica e jurídica, bem como quadros de grandes empresas e funcionários das agências federais em torno de uma questão central – o impacto da crescente importância da inovação na concorrência.[2] Durante as audiên-

---

[1] Department of Justice and Federal Trade Commission Joint 1995 Antitrust Guidelines for the Licensing of Intellectual Property, publicadas a 6 de Abril de 1995.

[2] Referimo-nos às audiências da FTC sobre a concorrência globalizada e assente na inovação, conduzidas ao longo de 23 dias, entre 12 de Outubro e 13 de Dezembro de 1995. A transcrição das audiências pode ser consultada em formato electrónico (.pdf) na página da FTC na World Wide Web (http://www.ftc.gov). Com base nos resultados das audiências, os funcionários da FTC prepararam um relatório apresentado aos comissários da FTC – FTC Staff Report, *Anticipating the 21st Century: Competition Policy in the New High Tech, Global Marketplace*, Vol. I, Washington, D.C., Maio de 1996 (este documento encontra-se igualmente disponível em versão electrónica na página da FTC). <u>Nota de actualização</u>: Mais recentemente foram realizadas audiências conjuntas com o Departamento de Justiça sobre Concorrência e Propriedade Intelectual (cujos trabalhos constam igualmente da página Web da FTC). O Comité de Direito e Política da Concorrência da OCDE realizou em

cias conduzidas pela FTC procurou-se, assim, enquadrar a aplicação do direito da concorrência face ao que se considerou ser um novo tipo de concorrência. Adiante veremos em que medida se justifica realmente uma tal mudança de paradigma. Os ecos deste debate chegaram já à União Europeia, sendo os seus resultados citados no Relatório sobre Política de Concorrência da Comissão relativo a 1996.[3] Neste documento, a Comissão sublinha a aprovação do novo Regulamento de isenção por categoria de certas categorias de acordos de transferência de tecnologia, que veio substituir os regulamentos anteriormente em vigor sobre acordos de licença de patentes e de *know-how*,[4] como constituindo

> "(...) um passo em frente da Comissão no sentido da criação de um quadro jurídico propício ao desenvolvimento da inovação tecnológica e à sua disseminação no interior da União Europeia, assegurando ao mesmo tempo que não será afectada a existência de uma concorrência sã, nem a realização do mercado único".[5]

1998 uma mesa redonda sobre o mesmo tema. Ver Documento DAFFE/CLP(98)18, distribuído a 21 de Setembro de 1998 (também este texto existe em versão electrónica, encontrando-se disponível no site http://www.oecd.org). Também o Canadá e o Japão emitiram recentemente directrizes sobre concorrência e propriedade intelectual.

[3] Ver XXVI Rel. Pol. Conc., 1996, parágrafo 6: "A aceleração da evolução tecnológica e a emergência súbita num grande número de sectores de uma concorrência global constituem indubitavelmente um desafio para o conjunto das políticas públicas e, em especial, para as políticas de concorrência, quer da União Europeia, quer dos seus Estados--Membros ou, ainda, dos outros Estados do mundo" (citação omitida).

[4] Regulamento (CE) n.º 240/96 da Comissão, de 31 de Janeiro de 1996, relativo à aplicação do n.º 3 do artigo 85.º do Tratado a certas categorias de acordos de transferência de tecnologia, J.O. 1996, L 31/2. Nos termos do artigo 13.º daquele regulamento, o mesmo entrou em vigor a 1 de Abril de 1996. Ver também o projecto de regulamento de 1994, J.O. 1994, C 178/3. O novo regulamento veio suceder ao Regulamento (CEE) n.º 2349/84, de 23 de Julho de 1984, relativo à aplicação do n.º 3 do artigo 85.º do Tratado a certas categorias de acordos de licença de patente, J.O. 1984, L 219/15, (cujo prazo de caducidade fora dilatado pelo Regulamento n.º 2131/95, J.O. 1995, L 214/6), revogando o Regulamento (CEE) n.º 556/89 da Comissão, de 30.11.88, relativo à aplicação do n.º 3 do artigo 85.º do Tratado a certas categorias de acordos de licença de saber-fazer, J.O. 1989, L 61/1. Ambos foram modificados pelo Regulamento (CEE) n.º 151/93 da Comissão, J.O. 1993, L 21/8. <u>Nota de actualização</u>: a Comissão divulgou recentemente (Dezembro de 2001) um relatório de avaliação do Regulamento n.º 240/96, o qual deve servir com ponto de partida para a sua revisão à luz dos últimos desenvolvimentos em sede de modernização do direito comunitário da concorrência; ver http://europa.eu.int/comm/competition/antitrust/technology...transfer/.

[5] XXVI Rel. Pol. Conc., 1996, parágrafo 27.

No mesmo ponto, a Comissão reconhece o "papel primordial desempenhado pelas transferências de tecnologia no desenvolvimento económico da União".

E, *last but not least*, reacendeu-se o interesse sobre as transferências internacionais de tecnologia na óptica do comércio internacional e dos seus efeitos sobre a especialização internacional do trabalho após a entrada em vigor do Acordo TRIPS no quadro do Ciclo do Uruguai.[6]

Assim, de um lugar importante mas não central na política de concorrência a preocupação com a inovação ganhou o carácter de prioridade, quer nos Estados Unidos quer na União Europeia. Para tal terá sido determinante o relevo crescente da teoria económica que analisa a inovação nas suas diversas dimensões e cujas raízes teóricas foram traçadas por JOSEPH A. SCHUMPETER na sua teoria da destruição criativa do capitalismo, de que nos ocuparemos adiante e a que alude a primeira citação de abertura.

Esta mudança de prioridade veio suscitar uma reapreciação da forma como o direito da concorrência encara a inovação. Para alguns, as regras e mesmo os quadros mentais em que se desenvolve a actual política de concorrência são incapazes de apreender as implicações da inovação tecnológica. Foi justamente este debate sobre a necessidade de um novo paradigma do direito da concorrência no que respeita à inovação que nos levou a dedicar a primeira parte deste trabalho aos aspectos económicos da inovação e a algumas novas teorias económicas susceptíveis de influenciar essa nova visão destes problemas.

Mas não se pense que a importância da inovação se limita ao debate de ideias. Pelo contrário, a aplicação das regras de concorrência tem seguido de perto a barragem de teorias que põe em causa análises mais convencionais. Esta é a situação actual nos Estados Unidos mas o seu impacto faz-se sentir igualmente na União Europeia. Basta para o efeito pensarmos

---

[6] Sobre o papel das transferências de tecnologia no comércio internacional, ver, entre nós, ANTÓNIO MARQUES DOS SANTOS, *Transferência internacional de tecnologia, economia e direito – alguns problemas gerais*, Cadernos de Ciência e Técnica Fiscal, n.º 132, Centro de Estudos Fiscais, Lisboa, 1984; ANTÓNIO CARDOSO MOTA, O *know-how* e o direito comunitário da concorrência, Cadernos de Ciência e Técnica Fiscal, n.º 130, Centro de Estudos Fiscais, Lisboa, 1984, pp. 15 a 32. O Acordo multilateral sobre aspectos dos direitos de propriedade intelectual relacionados com o comércio (TRIPS) contempla o controlo das práticas anticoncorrenciais em licenças contratuais no seu artigo 40.º, enquadrando dentro de regras gerais a aplicação do direito da concorrência. Ver ERNST--ULRICH PETERSMANN, "International Competition Rules for the GATT-MTO World Trade and Legal System", Journal of World Trade, 1994, p. 35, *maxime* pp. 57 a 59.

no caso Microsoft que ocupou as autoridades de concorrência de ambos os lados do Atlântico e que se centrou em problemas colocados pelo impacto de certas práticas na inovação e difusão de tecnologias. Mais importante ainda é o enquadramento macroeconómico da inovação tecnológica como factor central no crescimento económico dos países industrializados e na formação da vantagem comparada das nações, de que fala PAUL KRUGMAN na segunda citação que antecede esta introdução. Uma Europa competitiva nos mercados globais não pode ignorar o impacto da sua política de concorrência na promoção e defesa da inovação

Com o presente trabalho pretendemos contribuir para o esclarecimento da atitude do direito da concorrência face à inovação no contexto dos acordos de transferência de tecnologia nos dois sistemas que maior influência exercem a nível global, o dos Estados Unidos e o da União Europeia.

Uma adequada compreensão destes problemas pressupõe, em nosso entender, o contributo da ciência económica. É esse o objecto da Primeira Parte onde são analisados os diversos contributos da Economia para a análise da inovação tecnológica nas suas diversas vertentes.

Uma vez que optámos por um estudo comparado do direito da concorrência dos Estados Unidos e da União Europeia, traçamos na Segunda Parte um esboço introdutório quanto a dois aspectos que se nos afiguram imprescindíveis para que tal estudo possa atingir as suas finalidades. Em primeiro lugar, consideramos o problema da territorialidade dos direitos de propriedade intelectual e o seu impacto nos sistemas de propriedade intelectual (II.A.). Como se verá, estes aspectos assumem uma importância decisiva na definição das soluções do direito da concorrência. Em segundo lugar, tratamos sucintamente o problema dos valores e objectivos do direito da concorrência, aspecto fundamental para permitir uma comparação válida entre os dois ordenamentos em análise. (II.B.)

As regras de concorrência aplicadas nos Estados Unidos e na União constituem o objecto das Terceira e Quarta Partes, respectivamente. Cada uma destas partes tem uma estrutura simétrica, começando por uma análise da disciplina dos acordos de licença de tecnologia e concluindo com a apreciação de alguns problemas colocados por eventuais abusos de poder económico no contexto de acordos de transferência de tecnologia.

Por fim, serão apresentadas as conclusões resultantes deste estudo comparado.

I. INOVAÇÃO TECNOLÓGICA, DIREITOS DE PROPRIEDADE INTELECTUAL E CONCORRÊNCIA – ASPECTOS JURÍDICO--ECONÓMICOS

A. Inovação tecnológica e crescimento económico

1. *A concorrência pela inovação: aspectos gerais*

A recente preocupação com a concorrência em matéria de inovação assenta essencialmente na recuperação das teses de JOSEPH A. SCHUMPETER a propósito do desenvolvimento do sistema capitalista.[7] O seu grande contributo neste domínio prende-se com o papel central desempenhado pela concorrência em termos de inovação, por contraponto ao modelo da concorrência em matéria de preços. Para aquele economista austríaco,

> "in capitalist reality as distinguished from its textbook picture, it is not that kind of competition [concorrência em matéria de preços] which counts but the competition from the new commodity, the new technology, the new source of supply, the new type of organization (the largest-scale unit of control for instance) – competition which commands a decisive cost or quality advantage and which strikes not at the margins of the profits and the outputs of the existing firms but ay their foundations and their very lives. This kind of competition is as much more effective than the other as a bombardment is in comparison with forcing a door, and so much more important that it becomes a matter of comparative indifference whether

---

[7] Estas teses foram inicialmente desenvolvidas na sua obra *The Theory of Economic Development*, Harvard Univ. Press, Cambridge, MA, 1934, (trad. inglesa por Redvers Opie de *Theorie der wirtschaftlichen Entwicklung*, Duncker & Humblot, Leipzig, 1912) (adiante, *The Theory of Economic Development*) e em *Capitalism, Socialism, and Democracy*, Harper, New York, 1942.

competition in the ordinary sense functions more or less promptly; the powerful lever that in the long run expands output and brings down prices is in any case made of other stuff".[8]

Esta visão surge na sequência da descrição do sistema capitalista enquanto processo evolutivo, cujo principal impulsionador é justamente a inovação, compreendendo esta última a introdução de novos produtos, novos processos produtivos, novos mercados e novas estruturas de organização da empresa económica.[9] A inovação está, pois, na origem da "destruição criativa" essencial ao sistema capitalista.[10]

Convém notar a este respeito que é frequente englobar no conceito de inovação dois subconceitos: o de *criação* (em sentido amplo), que corresponde à geração de uma ideia nova (em termos absolutos ou relativos, como sucederá numa combinação nova de elementos existentes);[11] e o de *inovação*, que consiste na actividade ou conjunto de actividades e processos que levam ao aproveitamento da criação (no processo produtivo, na organização da empresa ou na comercialização de novos produtos). Com SCHUMPETER seguimos, pois, um conceito amplo de inovação que engloba o aproveitamento económico de novos produtos; novos processos produtivos; novos mercados; e novas estruturas de organização económica. Esta

---

[8] SCHUMPETER, *Capitalism, Socialism, and Democracy*, Harper, New York, 1942, pp. 84-85.

[9] *Id., ibid.*, pp. 82-83: "The essential point to grasp is that in dealing with capitalism we are dealing with an evolutionary process. (...) Capitalism, then, is by nature a form or method of economic change and not only never is but never can be stationary. (...) The fundamental impulse that sets and keeps the capitalist engine in motion comes from the new consumer goods, the new methods of production or transportation, the new markets, the new forms of industrial organization that capitalist enterprise creates".

[10] *Id., ibid.*, p. 83: "The opening up of new markets, foreign or domestic, and the organizational development from the craft shop and factory to such concerns as U.S. Steel illustrate the same process of industrial mutation – if I may use the biological term – that incessantly revolutionizes the economic structure *from within*, incessantly destroying the old one, incessantly creating a new one. This process of Creative Destruction is the essential fact about capitalism. It is what capitalism consists in and what every capitalist concern has got to live in".

[11] Em bom rigor, a inovação considerada de um ponto de vista económico não coincide com o âmbito da propriedade intelectual já que essa ideia pode traduzir-se numa descoberta de um fenómeno natural (insusceptível de apropriação) ou num objecto passível de protecção (criação intelectual, invento), sendo que neste caso pode ainda assim ser excluído do âmbito de protecção por razões inerentes ao instituto jurídico em causa.

acepção lata abarca assim os diferentes esforços no sentido da diferenciação da oferta.

Encontraríamos desta forma diversos tipos de inovação: as inovações ligadas à produção ou ao processo tecnológico que se traduzem em novos produtos e processos de produção (inovações tecnológicas); inovações que consistem na definição de novas formas de organização empresarial ou novas técnicas de gestão; e inovações ligadas à reputação (seja esta a da própria empresa ou a dos respectivos produtos e serviços).

Entre estas diferentes materializações da inovação encontramos alguns aspectos económicos comuns: ao constituírem formas de concorrência que não se manifestam pela dimensão preço, elas assumem-se como *nonprice competition*; por outro lado são meios de diferenciação de produtos que tendem a gerar algum grau de poder de mercado potencial, mas que só pode ser aferido *ex post*, caso o esforço de inovação seja bem sucedido; caracterizam-se pela incerteza *ex ante* da rentabilidade dos investimentos necessários à inovação; e o seu conteúdo expressa-se em termos de informação ou, melhor dizendo, conhecimento. O aspecto importante suscitado por esta última característica é que essa informação pode ser apropriada com recurso aos direitos da propriedade intelectual, os quais, como veremos adiante, têm a importante função económica de estimular o investimento em determinadas formas de inovação através da concessão de exclusivos material e temporalmente limitados.

Na perspectiva deste trabalho, são as inovações tecnológicas que nos interessam uma vez que as propostas de um novo paradigma para o direito da concorrência se colocam precisamente neste campo, em especial nos sectores caracterizados por uma particular intensidade dos esforços de inovação, como a tecnologia industrial, a biotecnologia e as tecnologias da informação e comunicação.[12] E neste domínio devemos ainda considerar

---

[12] Naturalmente esta divisão não é inteiramente estanque; certas inovações institucionais são possibilitadas pelo progresso tecnológico (e.g. as técnicas de gestão baseadas no conceito "just in time" assentam na redução dos custos de comunicações e transportes); por vezes a tecnologia está intimamente associada a aspectos ligados à reputação, como sucede na franquia nas suas modalidades comercial e industrial, em que a transferência de tecnologia é acompanhada de licenças de marca. A delimitação do tipo de inovações que relevam para efeitos deste trabalho tem igualmente consequências quanto aos institutos do sistema de propriedade intelectual que devemos ter em conta. Assim, dentro da propriedade industrial podemos excluir a disciplina dos sinais distintivos, os quais incorporam informação, servindo como ponto focal de estabelecimento da reputação da empresa e dos seus produtos, mas que se prendem mais com as inovações comerciais acima men-

que do ponto de vista do bem-estar social não é apenas a inovação em si que é importante. Outro factor de relevo é a sua *difusão*, ou seja, a adopção da tecnologia inovadora pelos potenciais utilizadores.

A definição de um conceito económico de tecnologia é uma tarefa que foi já empreendida entre nós pelo saudoso Professor ANTÓNIO MARQUES DOS SANTOS.[13] Para este Autor, é possível identificar uma noção económica de *tecnologia industrial em sentido estrito*, que corresponderia ao "conjunto de conhecimentos, em geral derivados da ciência, que se relacionam com o fabrico dos produtos e com o funcionamento dos processos industriais pelos quais tais produtos são obtidos", sendo a *técnica*, "a materialização prática dos conhecimentos tecnológicos através da produção de novos bens, ou dos mesmos bens por processos diferentes, considerados mais eficientes".[14] Entendida em sentido lato, a *tecnologia* abrangeria ambos os conceitos.

Este conhecimento é passível de diferentes classificações. Assim, podemos falar de *conhecimento codificado* quando o mesmo é objecto de formalização de modo a facilitar a sua difusão (e.g., por contrato). Os chamados contratos de transferência de tecnologia têm normalmente por objecto este tipo de conhecimentos. Este é o conhecimento que, na definição atrás citada, é em geral derivado da ciência. No entanto, sucede com frequência que o conhecimento tecnológico não tenha materialização senão através da sua aplicação pelos agentes económicos que o detêm. Por outras palavras, ele assume natureza tácita, implícita na própria função produtiva, seja porque é insusceptível de formalização e transmissão (e.g.,

---

cionadas. Já a propriedade literária e artística pode apresentar grande interesse na medida em que ela se tem vindo a estender a certas inovações de natureza tecnológica, sendo disso testemunho a protecção dos programas de computador pelo direito de autor; ver o nosso estudo "Protecção de programas de computador na Comunidade Europeia", Revista Direito e Justiça, vol. VII, 1993, p. 253 (adiante "Protecção de programas de computador ..."). Importa ter presente, contudo, que o conceito económico de tecnologia abarca também conhecimentos insusceptíveis de apropriação através de direitos de propriedade intelectual.

[13] Ver ANTÓNIO MARQUES DOS SANTOS, *Transferência internacional de tecnologia, economia e direito – alguns problemas gerais*, Cadernos de Ciência e Técnica Fiscal, n.º 132, Centro de Estudos Fiscais, Lisboa, 1984.

[14] *Id.*, p. 34. Sobre o conceito económico de tecnologia, na óptica da teoria das relações internacionais, ver MICHAEL TALALAY, CHRIS FARRANDS, ROGER TOOZE, "Technology, culture and competitiveness and the world political economy", *in* MICHAEL TALALAY, CHRIS FARRANDS, ROGER TOOZE (orgs.), *Technology, Culture and Competitiveness – Change and the World Political Economy*, Routledge, Londres, 1997, p. 1.

por ser indissociável de um indivíduo específico – aquilo a que vulgarmente chamamos talento) seja apenas porque nunca foi objecto de uma apreensão sistemática que lhe permita essa materialização formal.[15] Este corresponde ao *conhecimento tácito*.[16]

Acresce ainda que alguns conhecimentos são susceptíveis de apropriação através de direitos de propriedade intelectual, enquanto outros são insusceptíveis de tal controlo jurídico. No entanto, mesmo conhecimentos técnicos que não possam constituir objecto de um direito de propriedade industrial podem, ainda assim, merecer protecção legal enquanto segredos comerciais ou industriais.[17]

Mais difícil se afigura a tentativa para identificar um conceito jurídico unificador de tecnologia, em particular porque esta é em regra tratada enquanto objecto de uma transacção, reflectindo assim as preocupações subjacentes ao regime jurídico aplicável, sejam eles aspectos de direito privado ou de direito público (neste último avultam as normas relativas ao controlo de transacções internacionais que tenham por objecto tecnologias susceptíveis de aplicações militares).[18] Por agora basta-nos dar por adqui-

---

[15] Ver MARGARET SHARP, "Technology, globalisation and industrial policy", *in* MICHAEL TALALAY, CHRIS FARRANDS, ROGER TOOZE (orgs.), *Technology, Culture and Competitiveness – Change and the World Political Economy*, Routledge, Londres, 1997, p. 90.

[16] Como veremos adiante, esta classificação assume particular relevância no domínio do direito da concorrência. A natureza tácita de conhecimentos que se traduzem numa vantagem competitiva pode levar a que eles apenas possam ser transferidos mediante a aquisição da organização empresarial que os detêm. Para que a transferência de tecnologia por contrato (e.g. contrato de licença) possa ser eficaz é necessário que a tecnologia esteja previamente codificada e incorporada num instrumento transmissível.

[17] Nota de actualização: o novo Código da Propriedade Industrial (aprovado pelo Decreto-Lei n.º 36/2003, de 5 de Março) veio introduzir no nosso ordenamento uma norma inspirada no artigo 39.º do TRIPS, que estende o regime da concorrência desleal à divulgação, aquisição ou utilização dos segredos de negócio de um concorrente, sem o consentimento do mesmo. A disposição em causa, o artigo 318.º exige que as informações em que se traduz o segredo de negócio sejam secretas, tenham valor comercial pelo facto de serem secretas e tenham sido objecto de "diligências consideráveis, atendendo às circunstâncias", no sentido de as manter secretas.

[18] Para um rigoroso exame destas dificuldades ver, ANTÓNIO MARQUES DOS SANTOS, *op. cit.*, pp. 213 e ss., concluindo na p. 470 que "não parece possível dar por enquanto uma definição jurídica unívoca de tecnologia", sendo todavia claro que esta não se confunde com propriedade industrial, já que esta última "não é senão a forma jurídica que reveste, cobre, protege com o manto do direito certas formas de tecnologia, em primeiro lugar os chamados inventos patenteáveis".

rido o conceito económico de tecnologia. Como adiante veremos, a tecnologia é encarada pelo direito da concorrência como um dado de facto; o que importa é o papel que ela desempenha no jogo concorrencial e de que modo eventuais práticas restritivas, que tenham por objecto a sua aquisição, transmissão (ou o respectivo entrave), podem contrariar as finalidades próprias daquele normativo.

Esclarecido o âmbito da inovação que é pertinente para o tema que nos ocupa, a inovação tecnológica (protegida ou não por direitos de propriedade intelectual), podemos agora retomar a análise das teses de SCHUMPETER. Se para aquele Autor a inovação é a principal força do motor capitalista, ele mostra-se bastante céptico quanto à aplicação dos métodos tradicionais de análise estática de forma a captar a sua importância. Tal deve-se, em primeiro lugar, à própria natureza evolutiva do processo de destruição criativa que se manifesta numa escala de tempo considerável.[19]

Em segundo lugar, a observação estática de um elemento deste processo não permite uma compreensão da realidade observada à luz do funcionamento desse mesmo processo.

> "(...) since we are dealing with an organic process, analysis of what happens in any particular part of it – say, in an individual concern or industry – may indeed clarify details of mechanism but is inconclusive beyond that. Every piece of strategy acquires its true significance only against the background of that process and within the situation created by it. It must be seen in its role in the perennial gale of creative destruction; it cannot be understood irrespective of it or, in fact on the hypothesis that there is a perennial lull".[20]

Este é um dos aspectos mais negligenciados da obra de SCHUMPETER por parte daqueles que hoje o invocam em defesa do papel central da concorrência em matéria de inovação. Ao mesmo tempo que elevava esta forma de concorrência a elemento central do sistema capitalista, SCHUMPETER retirava daí o corolário da inadequação da análise estática enquanto método de avaliação do funcionamento do processo de destruição criativa.[21]

---

[19] SCHUMPETER, *Capitalism, Socialism, and Democracy*, Harper, New York, 1942, p. 83.

[20] *Id., ibid.*, pp. 83-84.

[21] *Id., ibid.*, p. 84: "(...) economists who, *ex visu* of a point of time, look for example at the behavior of an oligopolist industry – an industry which consists of a few big

Outro aspecto importante da teoria de SCHUMPETER (e igualmente ignorado) respeita ao relevo dado à concorrência potencial em matéria de inovação. Embora não seja claro neste ponto, SCHUMPETER parece atribuir maior força à concorrência potencial em termos de inovação do que à concorrência potencial em termos de preços, enquanto força disciplinadora dos agentes económicos actualmente a operar no mercado. Com efeito, ao centrarmos a nossa atenção em mercados definidos, essencialmente, em função da dimensão preço, deixamos de fora certas dimensões de concorrência que podem pôr em causa a própria estrutura do mercado em apreço.

> "It is hardly necessary to point out that competition of the kind we now have in mind acts not only when in being but also when it is merely an ever-present threat. It disciplines before it attacks. The businessman feels himself to be in a competitive situation even if he is alone in the field or if, though not alone, he holds a position such that investigating government experts fail to see any effective competition between him and any other firms in the same or a neighboring field and in consequence conclude that his talk, under examination, about his competitive sorrows is all make-believe. In many cases though, this will in the long term enforce behavior very similar to the perfectly competitive pattern".[22]

A razão porque destacamos estes aspectos do pensamento de SCHUMPETER prende-se com a sua ausência dos escritos de quase todos os que hoje defendem que a inovação passe a ocupar um papel central no direito da concorrência.[23] Veremos adiante que o fenómeno da inovação é tratado de uma forma relativamente estática, sendo-lhe aplicado analogicamente o esquema de apreciação da concorrência em matéria de preço. Mas, talvez ainda mais importante é o alheamento a uma das lições centrais da tese de

---

firms – and observe the well-known moves and countermoves within it that seem to aim at nothing but high prices and restrictions of output (...) accept the data of the momentary situation as if there were no past or future to it and think that they have understood what there is to understand if they interpret the behavior of those firms by means of the principle of maximizing profits with reference to those data. (...) In other words, the problem that is usually being visualized is how capitalism administers existing structures, whereas the relevant problem is how it creates and destroys them. As long as this is not recognized, the investigator does a meaningless job".

[22] *Id., ibid.*, p. 85.
[23] Ver RICHARD J. GILBERT, STEVEN C. SUNSHINE, "Incorporating Dynamic Efficiency Concerns in Merger Analysis: The Use of Innovation Markets", Antitrust L. J., vol. 63, 1995, p. 568.

SCHUMPETER – a própria natureza da concorrência em matéria de inovação é distinta da *price competition*. O "bombardeamento" que destrói as estruturas existentes pode surgir de uma direcção inesperada, como sucede muitas vezes com a introdução de novas tecnologias e produtos, inicialmente desenvolvidos com finalidades completamente distintas, sem que as empresas dominantes se apercebam da nova ameaça.[24] O mesmo é dizer que a análise estática baseada em quotas de mercado actuais pode dizer-nos muito pouco sobre a dinâmica do mercado em termos de inovação. Esta indefinição das fronteiras da concorrência em matéria de inovação leva, por conseguinte, a que qualquer intervenção por parte das autoridades responsáveis pela aplicação das regras da concorrência deva ocorrer em condições de incerteza quanto ao estado da concorrência bem como quanto aos efeitos dessa mesma actuação. Adiante veremos que esta incerteza exige uma maior cautela na recepção pelo direito da concorrência das novas teorias sobre a concorrência em matéria de inovação.

2. *A Nova Teoria do Crescimento Económico*

Também ao nível da teoria do crescimento económico a inovação, a par dos factores de produção trabalho e capital, merece lugar de destaque, pondo-se em evidência a grande importância de que se reveste a forma como o progresso tecnológico é incentivado, directa e indirectamente, pelos poderes públicos.[25] Na esteira dos estudos de ROBERT SOLOW, EDWARD DENISON e MOSES ABRAMOVITZ, a evolução tecnológica é hoje reconhecida como um dos principais motores do crescimento económico

---

[24] Ver NATHAN ROSENBERG, "Uncertainty and Technological Change", *in* RALPH LANDAU, TIMOTHY TAYLOR, GAVIN WRIGHT, (orgs), *The Mosaic of Economic Growth*, Stanford Univ. Press, Stanford, 1996, p. 334. Um dos casos mais notáveis em que uma empresa dominante negligenciou um novo produto que viria a pôr cobro ao seu domínio é o da Western Union. Em 1876 esta empresa declinou a compra da patente de Bell sobre o telefone por USD 100.000.

[25] Ver a Comunicação da Comissão ao Conselho e ao Parlamento Europeu, *A política industrial num ambiente aberto e concorrencial – Linhas directrizes para uma abordagem comunitária*, Bol. C.E., Supl. 3/91, p. 7: "O papel dos poderes públicos é, antes de mais, o de catalisador e de divulgador da inovação. A principal responsabilidade no domínio da competitividade industrial deve incumbir às próprias empresas, mas estas devem poder contar por parte das autoridades públicas com um ambiente e uma perspectiva claros e previsíveis para as suas actividades".

devido ao seu impacto no aumento da produtividade.[26] Se a isto somarmos o efeito económico da introdução de novos produtos teremos que a inovação tecnológica é crucial para a economia, quer dos países industrializados quer dos países em vias de desenvolvimento.[27] Sem pretender sistematizar exaustivamente as principais linhas de força da teoria do crescimento económico, parece-nos útil considerar alguns dos seus principais desenvolvimentos recentes.[28]

Antes de mais, a noção de progresso tecnológico, inicialmente definida como uma categoria residual, tem vindo a merecer uma maior precisão. O contributo de SOLOW foi demonstrar que a mera acumulação dos factores trabalho e capital não fornecia uma explicação adequada do crescimento económico dos Estados Unidos a partir dos anos 20, sendo cerca de três quartos desse crescimento justificados por aquilo a que apelidou progresso tecnológico e que ABRAMOVITZ considerou ser apenas a "medida da nossa ignorância". Partindo deste trabalho inicial, a Nova Teoria do

---

[26] Ver ROBERT M. SOLOW, "Technical Change and the Aggregate Production Function", Review of Economics and Statistics, vol. 39, 1957, p. 312; MOSES ABRAMOVITZ, "Resource and Output Trends in the United States Since 1870", Am. Econ. Rev., 1956, vol. 46, p. 5; EDWARD F. DENISON, Trends in American Economic Growth – 1929-1982, Brookings Inst., Washington D.C., 1985. Ver F.M. SCHERER, DAVID ROSS, Industrial Market Structure and Economic Performance, 3.ª ed., Houghton Mifflin, Boston, 1990 pp. 616-617: "Although one can quibble with the detailed estimates, it is hard to dispute the main thrust of Solow's and Denison's conclusion: that the growth of output per worker in the United States (and also in other industrialized lands) has come predominantly from the application of new, superior production techniques by an increasingly skilled work force".

[27] Ainda que quanto aos países em vias de desenvolvimento a tecnologia tenha um contributo reduzido nas fases iniciais de desenvolvimento, nas quais a acumulação de capital parece ser o principal motor do crescimento, à medida que a dotação de capital aumenta e a lei dos rendimentos decrescentes produz efeitos a tecnologia aumenta de importância relativa.

[28] Sobre a nova teoria do crescimento económico ver, por exemplo, RALPH LANDAU, TIMOTHY TAYLOR, GAVIN WRIGHT, (orgs), The Mosaic of Economic Growth, Stanford Univ. Press, Stanford, 1996; RICHARD R. NELSON, The Sources of Economic Growth, Harvard Univ. Press, Cambridge, MA, 1996; PAUL M. ROMER, "The Origins of Endogeneous Growth", J. of. Econ. Persp., vol. 8, n.º 1, 1994, p. 3; GENE GROSSMAN, ELHANAN HELPMAN, "Endogenous Innovation in the Theory of Growth", J. of. Econ. Persp., vol. 8, n.º 1, 1994, p. 23; ROBERT M. SOLOW, "Perspectives on Growth Theory", J. of. Econ. Persp., vol. 8, n.º 1, 1994, p. 45; HOWARD PACK, "Endogenous Growth Theory: Intellectual Appeal and Empirical Shortcomings", J. of. Econ. Persp., vol. 8, n.º 1, 1994, p. 55. Ver ainda MOSES ABRAMOVITZ, O crescimento económico, (trad. Portuguesa por Renato Casquilho de Thinking About Growth, Cambridge Univ. Press, Cambridge, 1989), Europamérica, Lisboa, 1992.

Crescimento Económico introduziu melhoramentos no modelo de SOLOW que permitem apreciar algumas das complexidades desta categoria residual, atribuindo maior relevo à análise microeconómica.[29] LANDAU, TAYLOR e WRIGHT identificam diversos contributos desta nova corrente doutrinal.

Em primeiro lugar, a Nova Teoria atribui grande importância às diferenças de organização empresarial, substituindo a mera aglutinação de factores sob a designação progresso tecnológico, bem como à sua capacidade de adaptação activa ao progresso tecnológico.[30] O destaque dado à organização e estratégia empresariais no processo de desenvolvimento tecnológico vem demonstrar a diversidade de sistemas a que SCHUMPETER aludia.[31]

O segundo contributo destes recentes estudos resulta da substituição do modelo de concorrência perfeita seguido pelos autores neoclássicos por um modelo de concorrência monopolística, mais adequado à questão da inovação, e também na linha da obra de SCHUMPETER. A Nova Teoria incorpora, por isso, algumas das lições da análise económica do direito, em

---

[29] RALPH LANDAU, TIMOTHY TAYLOR, GAVIN WRIGHT, "The Mosaic of Economic Growth: Introduction", in RALPH LANDAU, TIMOTHY TAYLOR, GAVIN WRIGHT, (orgs), *The Mosaic of Economic Growth*, Stanford Univ. Press, Stanford, 1996, p. 1 (adiante, LANDAU *et al.*), na p. 4: "These approaches offered more realistic models that could consider how events at microeconomic level (...) affect the long-term growth and behavior of the macroeconomic system. Instead of viewing technology as a sort of magic, or relying on assumptions of perfectly competitive markets, it is now possible to explore the incentives and implications behind technological change".

[30] Os defensores da Nova Teoria incorporam na análise do crescimento económico os contributos oriundos da Organização e Gestão de Empresas, em especial os estudos de MICHAEL PORTER, *The Competitive Advantage of Nations*, Free Press, New York, 1990 e ALFRED D. CHANDLER, "Organizational Capabilities and the Economic History of the Industrial Enterprise", J. of Econ. Persp., 1992, vol. 6, p. 79. Esta abordagem coloca problemas metodológicos, comuns à disciplina da Economia Industrial, ao basear-se numa escolha de casos (*case studies*), o que levanta dificuldades ao nível das eventuais conclusões a retirar destas recolhas casuísticas. Ainda para LANDAU *et al.*, pp. 4-5: "(...) the empirical evidence, indeed the entire business literature, suggests that firms do persistently differ in their characteristics, behavior, performance, and problem-solving abilities and strategies. In a capitalist economy, what firms do vis-à-vis their competitors is where dynamic comparative advantage really occurs". Ver ainda RICHARD NELSON, *op. cit.*, cap. 4, "Why Do Firms Differ, and How Does It Matter?", p. 100.

[31] Sobre a importância das diversas formas de organização empresarial e os benefícios da diversidade de organizações, ver MASAHIKO AOKI, "An Evolutionary Parable of the Gains from International Organizational Diversity", in RALPH LANDAU, TIMOTHY TAYLOR, GAVIN WRIGHT, (orgs), *The Mosaic of Economic Growth*, Stanford Univ. Press, Stanford, 1996, p. 247.

especial através da análise dos direitos de propriedade intelectual, mas também recentes desenvolvimentos da Economia Industrial, particularmente quanto à importância de factores inerentes à própria empresa.[32] Este contributo é encarado positivamente mesmo pelo maior expoente da teoria neoclássica do crescimento económico, ROBERT SOLOW, que afirma: "Anyway, I register the opinion that the incorporation of monopolistic competition into growth theory is an unambiguously good thing, for which the new growth theory can take a bow".[33]

Em terceiro lugar, o conceito de progresso tecnológico merece hoje uma maior precisão, levando a que a tecnologia em sentido próprio seja parcialmente desvalorizada perante outros factores inicialmente incorporados na categoria residual e que dela se vão autonomizando, como sejam os conceitos de "congruência tecnológica" (*Technological congruence*) e de "capacidade social" (*social capability*) ou de "capital social" (*social capital*).[34] O conceito de congruência tecnológica exprime a importância da assimilação de anteriores revoluções tecnológicas para que sejam criadas condições para o acompanhamento do progresso tecnológico.[35] Este aspecto enfatiza os problemas da *path depen-*

---

[32] LANDAU *et al.*, p. 5: "(...) market power is only one of the vehicles by which firms cope with the appropriability problem. Today's growth economists study a wide range of other devices by which firms hold on to their intellectual property, ranging from taking out patents to developing idiosyncratic firm-specific work environments".

[33] ROBERT M. SOLOW, "Perspectives on Growth Theory", J. of. Econ. Persp., vol. 8, n.º 1, 1994, p. 45, na p. 49. Ver o trabalho pioneiro de AVINASH DIXIT e JOSEPH E. STIGLITZ, "Monopolistic Competition and Optimum Product Diversity", Am. Econ. Rev., vol. 67, n.º 3, 1977, p. 297.

[34] O conceito de "congruência tecnológica" foi desenvolvido por ABRAMOVITZ, *op. cit..* A noção de "capacidade social" foi proposta por KAZUSHI OHKAWA e HENRY ROSOVSKY, *Japanese Economic Growth*, Stanford Univ. Press, Stanford, 1972. O conceito de "capital social" foi avançado por ROBERT D. PUTNAM, "The Prosperous Community", *American Prospect*, Spring 1993.

[35] MOSES ABRAMOVITZ, PAUL A. DAVID, "Convergence and Deferred Catch-up: Productivity Leadership and the Waning of American Exceptionalism", *in* RALPH LANDAU, TIMOTHY TAYLOR, GAVIN WRIGHT, (orgs), *The Mosaic of Economic Growth*, Stanford Univ. Press, Stanford, 1996, p. 21, na p. 32: "(...) the frontiers of technology do not advance evenly in all dimensions; (...) They advance, rather, in an unbalanced, biased fashion, reflecting the direct influence of past science and technology on the evolution of practical knowledge and the complex adaptation of that evolution to factor availabilities, as well as to the scale of markets, consumer demands, and technical capabilities of those relatively advanced countries operating at or near the frontiers of technology. It can easily occur that the resource availabilities, factor supplies, technical capabilities, market scales,

dence, ou seja, da *dependência de escolhas passadas*. Um país que adopta uma determinada tecnologia num dado momento pode optar pela tecnologia "errada" do ponto de vista das inovações em curso e assim ficar preso a uma trajectória tecnológica que se pode vir a revelar obsoleta, tornando-se mais difícil acompanhar o progresso dos líderes da inovação.[36] O modelo de crescimento económico passa, por isso, a contemplar o fenómeno da "histerese", ou seja da sua instabilidade inerente e da capacidade de memória de um equilíbrio dinâmico.[37] A noção de "capacidade social" agrega uma plêiade de factores que vão desde o nível de educação e formação profissional ao estímulo social das actividades económicas, passando pelos modelos de organização empresarial e de financiamento das empresas.[38] Ainda que estes factores não sejam estáticos, eles limitam a capacidade dos países de tirar proveito das oportunidades criadas pelo progresso tecnológico.[39]

---

and consumer demands in laggard countries may not conform well to those required by the technologies and organizational arrangements that have emerged in the leading country or countries".

[36] ABRAMOVITZ, DAVID, *op. cit.*, p. 32: "Although technological choices do adapt to changes in the economic environment, there are strong forces making for persistence in the effects of past choices and for path-dependence in the evolution of technological and organizational systems. These may render it extremely difficult, if not prohibitively costly, for firms, industries, and economies to switch quickly from an already established regime, with its associated trajectory of technical development, to exploit a quite distinct technological regime that had emerged elsewhere, under a different constelation of economic and social conditions. The laggards, therefore, face varying degrees of difficulty in adopting and adapting the current practice of those who hold the productivity lead". Ver também LAWRENCE J. LAU, "The Sources of Long-Term Economic Growth: Observations from the Experience of Developed and Developing Countries", *in* RALPH LANDAU, TIMOTHY TAYLOR, GAVIN WRIGHT, (orgs), *The Mosaic of Economic Growth*, Stanford Univ. Press, Stanford, 1996, p. 63.

[37] O conceito de histerese (do Grego *hystéresis*) provém da física.

[38] Ver ABRAMOVITZ e DAVID, *op. cit.*, p. 33. A importância dos valores sociais para o crescimento económico é igualmente destacada na recente obra de FRANCIS FUKUYAMA, *Trust – The Social Virtues and the Creation of Prosperity*, (trad. port., *Confiança – Valores Sociais e Criação de Prosperidade*, Gradiva, Lisboa, 1995). Para uma perspectiva crítica da posição deste autor, contestando, em especial a instrumentalização da cultura aos fins da tecnologia, ver GILLIAN YOUNGS, "Culture and the technological imperative", *in* MICHAEL TALALAY, CHRIS FARRANDS, ROGER TOOZE (orgs.), *Technology, culture and competitiveness – change and the world political economy*, Routledge, Londres, 1997, p. 28.

[39] ABRAMOVITZ e DAVID, *op. cit.*, destacam a interacção entre os conceitos de congruência tecnológica e capacidade social, pp. 33-34: "In the short run, a country's

Por outro lado, embora implícito no modelo neoclássico de SOLOW, o reconhecimento da natureza endógena do progresso tecnológico em relação ao próprio modelo de crescimento económico levou recentemente a uma maior compreensão das relações entre a inovação e os factores de produção como o capital e o trabalho.[40] Um dos mais interessantes resultados da recente investigação neste domínio é a demonstração de que quanto maior a acumulação de capital maior é o contributo do progresso tecnológico para o aumento de produtividade.[41] Ou seja, a tecnologia funciona como um multiplicador do investimento em capital.[42] Também o factor trabalho se relaciona com a tecnologia, em particular no seu desenvolvimento qualitativo. Daí que para SOLOW, o factor de produção capital passe a ser interpretado como "the whole collection of accumulatable factors of production, one of which might be labelled human capital or even the stock of knowledge".[43] Mas a endogeneização do progresso tecnológico manifesta-se ainda a nível da sua incorporação nos bens de equipamento.[44]

---

ability to exploit the opportunities afforded by currently prevailing best practice techniques will remain limited by its current social capabilities. Over the long term, however, social capabilities tend to undergo transformations that render them more complementary to the more salient among the emerging technological trajectories. (...) Such mutually reinforcing interactions impart "positive feedback" to the dynamics of technological evolution. They may for a time solidify a leader's position or, in the case of followers, serve to counter the tendency for their relative growth rates to decline as catch-up proceeds".

[40] Assim, para SOLOW, "no one could ever have intended to deny that technological progress is at least partially endogenous to the economy. Valuable resources are used up in pursuit of innovation, presumably with some rational hope of financial success. The patent system is intended to solidify that hope, and thus attract more resources into the search for new products and processes", ROBERT M. SOLOW, "Perspectives on Growth Theory", J. of. Econ. Persp., vol. 8, n.º 1, 1994, p. 45, na p. 48.

[41] Esta relação tem importantes consequências a nível macroeconómico quanto ao nível de poupança e de investimento os quais podem ter um impacto na taxa de crescimento da produtividade. Ver JOHN B. TAYLOR, "Stabilization Policy and Long-Term Economic Development", in LANDAU, TAYLOR, WRIGHT, (orgs), The Mosaic of Economic Growth, Stanford Univ. Press, Stanford, 1996, p. 129.

[42] LANDAU, et al., op. cit., p. 6.

[43] ROBERT M. SOLOW, "Perspectives on Growth Theory", J. of. Econ. Persp., vol. 8, n.º 1, 1994, p. 45, na p. 49

[44] Segundo LAU, op, cit., p. 89, "The proportion of technical progress that is embodied has been estimated to be approximately 80 percent on average, a rather high figure. Technical progress can thus be said to be mostly, but not exclusively, embodied".

A Nova Teoria tem implicações profundas a nível dos países em vias de desenvolvimento. Tradicionalmente a doutrina proveniente destes países, bem como alguns sectores doutrinais dos países desenvolvidos, procuravam explicar o atraso desses países em termos da sua dependência tecnológica face aos países desenvolvidos, no que constituía uma das dimensões das reivindicações da chamada Nova Ordem Económica Internacional. A visão corrente tende a encarar esses países como uma ameaça para os países industrializados devido às suas elevadas taxas de crescimento e à facilidade da transferência de tecnologia.[45] LAWRENCE LAU demonstrou que o crescimento destes países se deve quase totalmente à acumulação de capital e à abundância do factor trabalho.[46] O progresso tecnológico tem um contributo menor para o aumento de produtividade precisamente porque os factores complementares são ainda insuficientes para permitir esse aproveitamento da tecnologia. Esta complementaridade leva a que a presença de uma combinação adequada destes factores reforce mutuamente a sua eficiência.[47]

---

[45] LAU, *op. cit.*, p. 65: "A common hypothesis on technical progress and its diffusion is that the developed countries invest in its original creation and the developing countries can exploit it at little or no marginal cost. Moreover, since the developing countries are likely to operate far within the production possibilities frontier, there is much more room for them to realize an increase in output without increasing inputs, that is to have a large "residual" or measured rate of technical progress than the developed countries because of the vast reservoirs of knowledge waiting to be exploited".

[46] LAU, *op. cit.*, p. 88: "(...) while technical progress, or the "residual," is the most important source of economic growth for the developed countries, it plays no role in the economic growth of the developing countries, which can be attributed in large part to capital accumulation". LAU, bem como ABRAMOVITZ e DAVID, *op. cit.*, demonstram ainda que a principal justificação do crescimento económico dos Estados Unidos entre 1870 e 1920 se ficou a dever igualmente à acumulação de capital, embora aqueles dois últimos autores destaquem também as condições propícias em termos de congruência tecnológica e de capacidade social perante o rumo do progresso tecnológico desse período que privilegiava o acesso a matérias-primas em abundância, a abundância do factor trabalho resultante da imigração, a dimensão continental do mercado norte-americano e o investimento pelo Estado em actividades de investigação e desenvolvimento ligadas a competências básicas nos domínios da indústria química e da agricultura. Ver ainda RICHARD NELSON, *op. cit.*, cap. 9.

[47] Ainda segundo LAU, *op. cit.*, p. 89: "a country that has a higher physical capital stock will benefit more from human capital and technical progress than a country with a lower capital stock, other things being equal. Similarly, a country with a higher human capital stock will benefit more from physical capital and technical progress than a country with a lower human capital stock".

Esta endogeneização do progresso tecnológico pode, todavia, ter limites, em especial devido à existência de um elemento irredutivelmente exógeno neste domínio.[48] A inovação é caracterizada pela *incerteza* do processo de investigação e desenvolvimento. Por vezes o resultado obtido é diferente do pretendido, outras vezes são excedidas as expectativas iniciais, noutros casos só passado muito tempo são entendidas as potencialidades de uma invenção e, em muitos casos, o esforço é completamente estéril.[49]

3. *A Teoria da Política Comercial Estratégica*

Aspecto igualmente relevante para apreciarmos a importância da inovação é o que diz respeito à difusão internacional dos benefícios da investigação e desenvolvimento. A exemplo da Nova Teoria do Crescimento, também a Teoria da Política Comercial Estratégica (*Strategic Trade Policy*) tem por base um modelo de concorrência monopolística que destaca a importância das economias de escala e o efeito das economias de aprendizagem ou *learning-by doing*.[50] Perante indústrias caracterizadas por um retorno crescente do investimento nas quais apenas há lugar para um número reduzido de empresas que apropriarão os lucros supranormais resultantes da estrutura monopolista ou oligopolista, a Teoria da Política

---

[48] Neste sentido, ver ROBERT M. SOLOW, "Perspectives on Growth Theory", J. of. Econ. Persp., vol. 8, n.º 1, 1994, p. 45, nas pp. 51-52; LAU, *op. cit.*, p. 65: "Technical progress is often treated by economists as if it were like manna from heaven – both costless and exogenous. In fact, it has to be produced, often through R&D and other innovative activities, which use up real resources in the process. Of course, luck necessarily exogenous, is also frequently involved, although it is not directly observable".

[49] Como afirma SOLOW, *op. cit.*, p. 52: "There is an internal logic – or sometimes nonlogic – to the advance of knowledge that may be orthogonal to the economic logic".

[50] Sobre a Política Comercial Estratégica, ver o trabalho pioneiro de JAMES A. BRANDER e BARBARA J. SPENCE, "Tariffs and the Extraction of Foreign Monopoly Rents Under Potential Entry", Canadian Journal of Economics, 1981, vol. 14, p. 371, e ainda os estudos coordenados por PAUL KRUGMAN (org.), *Strategic Trade Policy and the New International Economics*, MIT Press, Cambridge, MA, 1986; PAUL KRUGMAN, "Is Free Trade Passé?", J. of Econ. Persp., vol. 3, 1987, p. 131; ELHONAN HELPMAN, PAUL KRUGMAN, *Trade Policy and Market Structure*, MIT Press, Cambridge, MA, 1989; J. DAVID RICHARDSON, "The Political Economy of Strategic Trade Policy", International Organization, vol. 44, 1990, p. 107.

Comercial Estratégica sugere, em primeiro lugar, que o Estado procure assegurar a presença de pelo menos uma das empresas nacionais nesse oligopólio.[51] Uma vez que parte desses lucros supranormais provém da exploração de consumidores situados noutros países, o país ganha como um todo. O exemplo clássico é o da construção aeronáutica e da rivalidade entre a Boeing e a Airbus.[52] O argumento em causa é, basicamente, uma actualização do argumento das indústrias nascentes. Embora os problemas suscitados a este nível sejam importantes, eles fogem ao âmbito do nosso trabalho, razão pela qual passamos a examinar a segunda recomendação da Teoria da Política Comercial Estratégica.[53]

Certas actividades económicas geram efeitos externos de sinal positivo para a sociedade através de um mecanismo de *spillover* ou de alastramento. Aliás, outro dos contributos da Nova Teoria do Crescimento Económico é precisamente o facto de chamar a atenção para as diferenças entre sectores, o que põe parcialmente em causa a utilidade do modelo neoclássico.[54] Um dos casos paradigmáticos deste tipo de indústrias é, precisamente, o caso das indústrias com grande intensidade de investigação e desenvolvimento.[55] Perante os problemas de apropriabilidade dos benefícios resultantes dessa actividade, as empresas podem produzir

---

[51] PAUL KRUGMAN, "Introduction: New Thinking about Trade Policy", *in* PAUL KRUGMAN (org.), *Strategic Trade Policy and the New International Economics*, MIT Press, Cambridge, MA, 1986, p. 1 (adiante "New Thinking ...") na p. 13

[52] Ver JAMES A. BRANDER, "Rationales for Strategic Trade and Industrial Policy", *in* PAUL KRUGMAN (org.), *Strategic Trade Policy and the New International Economics*, MIT Press, Cambridge, MA, 1986, p. 23, na p. 31.

[53] Apesar de não podermos debruçar-nos sobre este aspecto, gostaríamos de destacar a importância deste argumento no domínio das indústrias nas quais se verificam os chamados efeitos externos de rede. Como veremos, a condição do retorno crescente do investimento é igualmente um pressuposto da análise das *network externalities*, levando a que uma intervenção no mercado possa fazer com que este favoreça uma determinada empresa ou conjunto de empresas. Examinaremos as consequências desta análise, bem como as suas implicações para a Teoria da Política Comercial Estratégica no cap. I.3., *infra*.

[54] LANDAU *et al.*, *op. cit.*, pp. 5-6: "It seems clear that some industries are more important to long-run productivity growth than others; in economists' terms, investment in some industries (whether in physical capital, knowledge, labor skills, or some other way) offers a broader social return that will not be captured by the private investor".

[55] PAUL KRUGMAN, "New Thinking ...", p. 13: "Innovation, because it involves the generation of knowledge, is particularly likely also to generate valuable spillovers. So there is good reason to suspect that trade policy can be used to encourage external-economy-producing activities".

menos do que o volume óptimo de inovação.[56] Ao contrário das políticas dirigidas ao favorecimento de determinados sectores de forma a permitir--lhes obter o domínio de um mercado internacional, a protecção de sectores que geram efeitos externos positivos não leva necessariamente a uma situação de *beggar-thy-neighbour*.[57]

A Teoria da Política Comercial Estratégica constitui, em nossa opinião, um contributo importante e valioso para a compreensão das relações comerciais internacionais. Mas as suas recomendações devem ser entendidas à luz de algumas insuficiências dessa teoria, sem o que corremos o risco de ela se converter em mera fachada para um neo-proteccionismo.[58] Uma crítica dessas insuficiências ultrapassa o âmbito deste trabalho.[59] Queremos, todavia apontar algumas questões conexas com a problemática que agora nos ocupa.

O primeiro problema respeita à *identificação dos sectores* que seriam caracterizados por esses mesmos efeitos externos positivos e é frequentemente suscitado a propósito da definição da política industrial.[60] Como referimos já noutro lugar, são bem conhecidas as dificuldades que se levantam quanto às intervenções de carácter sectorial que tendem a fazer substituir o mecanismo de decisão pelo mercado quanto à afectação óptima de recursos por opções do Estado, que escolhe sectores ditos estratégicos, ou mesmo empresas concretas (*picking up winners*), dessa

---

[56] Este problema, que está na base dos direitos exclusivos da propriedade intelectual, será examinado no próximo capítulo.

[57] Neste sentido, ver PAUL KRUGMAN, "Is Free Trade Passé?", J. of Econ. Persp., vol. 3, 1987, p. 131: "Whether the effect of one country's targetting of high-externality sectors on other countries is positive or negative depends on whether the scope of the externalities is national or international".

[58] Neste sentido, ver as advertências de PAUL KRUGMAN, *Pop Internationalism*, MIT Press, Cambridge, MA, 1996, *maxime*, cap. 7.

[59] Ver, por exemplo, GENE M. GROSSMAN, "Strategic Export Promotion: A Critique", *in* PAUL KRUGMAN (org.), *Strategic Trade Policy and the New International Economics*, MIT Press, Cambridge, MA, 1986, p. 47.

[60] Sobre a relação entre política comercial e política industrial ver PIERRE BUIGUES, ALEXIS JACQUEMIN, ANDRÉ SAPIR, *European Policies on Competition, Trade and Industry – Conflict and Complementarities*, Edward Elgar, Aldershot, 1995. Num estudo integrado naquela obra, Jordi Gual explica que "trade policy is often used to achieve industrial policy objectives. This is so because of the different public finances (sic) implications of both policies. Trade policy raises revenue while industrial policies usually lead to increased spending", JORDI GUAL, "The three common policies: an economic analysis", *in* PIERRE BUIGUES, ALEXIS JACQUEMIN, ANDRÉ SAPIR, *op.cit.*, p. 3, na p. 17.

forma canalizando para elas recursos que o mercado teria afectado a outras actividades.[61] Tais intervenções tendem a distorcer o funcionamento dos mercados, alterando os sinais de estímulo dos agentes económicos com reflexos internos e externos.

Ora, as novas concepções de política industrial tendem cada vez mais a abandonar esse tipo de intervenções sectoriais e a preferir-lhes instrumentos horizontais de intervenção, reservando para o Estado um papel de regulador através da política da concorrência e da política industrial, tendo esta última por objectivo "promover a concorrência e a eficiência da indústria", correspondendo assim a uma estratégia de desenvolvimento industrial.[62] Como defende ANÍBAL SANTOS, "(a) nova política industrial deve permanecer limitada em termos de regulação dos vários sectores industriais, de forma a evitar interferir com a operação normal das forças da concorrência, a não ser que razões de equidade, justiça ou distorções ao nível da distribuição do rendimento o justifiquem".[63]

A própria noção de sectores estratégicos indicia, desde logo, uma deriva conceptual. Como vimos, a Teoria da Política Comercial Estratégica defende a promoção e defesa de sectores caracterizados por efeitos externos positivos.[64] Mas a noção de sector estratégico tem implícita uma noção valorativa em que esses efeitos externos tendem a ser mais de natureza política do que económica e os seus beneficiários mais os sectores com maior capacidade de mobilização do que os sectores verdadeiramente caracterizados por *positive externalities*.[65] O problema da identificação

---

[61] Os comentários aqui apresentados foram expostos em MIGUEL MOURA E SILVA, "Controlo de Concentrações na Comunidade Europeia", Direito e Justiça, vol. VIII, Tomo 1, 1994, pp. 184 e 185. As dificuldades da escolha de sectores estratégicos são reconhecidas mesmo pelos principais defensores da Teoria da Política Comercial Estratégica. Ver, por exemplo, BRANDER, *op. cit.*, p. 31: "The policy would have to be one of targeting particular industries, of 'picking winners', which is not easy".

[62] Ver, entre nós, ANÍBAL SANTOS, "Uma política industrial face à experiência da concorrência internacional – Uma reflexão para o futuro?, Economia, vol. XII, n.° 3, Out. 1988, p. 387.

[63] *Id., ibid.*, p. 394.

[64] KRUGMAN, "New Thinking ...", p. 17, reconhece os factores que dificultam a definição dos sectores com efeitos externos positivos: "spillovers from one firm's R&D or experience to other firms are hard to measure. The point is that by definition a spillover is something that does not command a market price – and therefore leaves no 'paper trail' by which we can trace it".

[65] PAUL KRUGMAN, "Is Free Trade Passé?", J. of Econ. Persp., vol. 3, 1987, p. 131: "Governments do not necessarily act in the national interest, especially when making de-

dos sectores é agudizado pelos limites orçamentais ao nível de protecção a conferir. PAUL KRUGMAN recorda a este respeito que os recursos canalizados para a protecção de um dado sector devem necessariamente ser desviados de outro sector. Um erro na identificação dos sectores geradores de efeitos externos positivos pode ter consequências nefastas.[66] Questão conexa é a levantada pela incerteza quanto aos efeitos reais destas medidas de promoção de um sector caracterizado por interrelações complexas.[67]

O segundo problema está ligado à análise económica dos direitos de propriedade intelectual, questão a tratar no capítulo seguinte, pelo que nos

---

tailed microeconomic interventions. Instead, they are influenced by interest group pressures. This kind of interventions that new trade theory suggests can raise national income will typically raise the welfare of small, fortunate groups by large amounts, while imposing costs on larger, more diffuse groups. The result, as with any macroeconomic policy, can easily be that excessive or misguided intervention takes place because the beneficiaries have more knowledge and influence than losers. Neste sentido, ver ainda GENE GROSSMAN, *op. cit.*, pp. 64-65.

[66] PAUL KRUGMAN, "Is Free Trade Passé?", J. of Econ. Persp., vol. 3, 1987, p. 131: "Even in a world characterized by increasing returns and imperfect competition, budget constraints still hold. A country cannot protect everything and subsidize everything. Thus, interventionist policies to promote particular sectors, whether for strategic or externality reasons, must draw resources away from other sectors. This substantially raises the knowledge that a government must have to formulate interventions that do more harm than good (...) Promoting one sector believed to yield valuable spillovers means drawing resources out of other sectors. Suppose that glamorous high-technology sectors yield less external benefit than the government thinks, and boring sectors more. Then a policy aimed at encouraging external economies may actually prove counterproductive. Again, the government needs to understand not only the targeted sector but the rest of the economy to know if a policy is justified". Este fenómeno pode ocorrer através de uma canibalização de recursos comuns às indústrias que desenvolvem esforços significativos de investigação e desenvolvimento; ver GENE GROSSMAN, *op. cit.*, p. 59: "Many of these industries draw on a common pool of resources, and one that may be in relatively inelastic supply in the short to medium run. In particular, the supply of scientists, engineers, and skilled workers, necessary as inputs to production in the high-technology sectors, might not be able to respond very quickly if an industrial targeting effort were to be undertaken. If it did not, then expansion in one or several of these sectors could only occur at the expense of the others".

[67] KRUGMAN, "New Thinking ...", p. 18: "(...) the effects of policies on industry behavior are much more difficult to predict in complex industries than in simpler markets. For example, an export subsidy may, by discouraging foreign competition, sharply raise the profits of the subsidized firms. On the other hand, it could provoke a price war that lowers profits. It is very difficult to determine on purely theoretical grounds which outcome will actually occur".

limitamos nesta secção a apresentar sumariamente um enquadramento da mesma. Um dos aspectos fundamentais desta abordagem é o reconhecimento de que estes permitem interiorizar (*internalize*) os benefícios resultantes da inovação. Assim, uma patente confere ao seu titular um direito exclusivo quanto à sua exploração, ainda que por um período de tempo limitado. Ora, os efeitos externos que os defensores da Teoria da Política Comercial Estratégica têm em mente são essencialmente os resultantes da dificuldade de apropriar o valor social das inovações, precisamente o problema tratado pelos direitos de propriedade intelectual. Sem condições de apropriação dos benefícios resultantes da investigação e desenvolvimento, as empresas tendem a investir menos do que o óptimo do ponto de vista dos benefícios sociais gerados por essa actividade.[68] O próprio sistema de harmonização plasmado no Acordo TRIPS consiste num instrumento que procura evitar esses efeitos externos a nível internacional. Este sistema tenderá a garantir a eliminação de assimetrias quanto à apropriação dos benefícios da inovação, à medida que for implementado.

Mas, independentemente dos mecanismos jurídicos destinados a assegurar essa apropriabilidade, diversos factores económicos contribuem para uma atenuação daqueles problemas no contexto internacional. Assim, a endogeneização do progresso tecnológico, em especial a sua incorporação nos bens de equipamento, contribui para pôr em causa grande parte dos argumentos relacionados com a dificuldade de apropriação dos benefícios da investigação e desenvolvimento prosseguidos nos países mais avançados.[69] Aliás, é provável que esses *spillovers* ocorram essencialmente entre países desenvolvidos, os quais oferecem já uma protecção pelos menos

---

[68] Um estudo recente sobre o rendimento de investimentos em investigação e desenvolvimento que contempla os efeitos externos sugere que a margem desses rendimentos é muito elevada. Ver DAVID T. COE, ELHANAN HELPMAN, "International R&D Spillovers", European Economic Review, vol. 39, 1995, p. 859, nas pp. 875-876.

[69] Como refere LAWRENCE LAU, op. cit., pp. 89-90, "We find some evidence of catch-up among the developed countries, but no evidence of catch-up as yet by the developing countries. *In fact, the gap between the technological levels of the developed and the developing countries appears to be widening.* This may partially be explained by the distribution of the rents of innovation, with most of them going to developed countries. The fact that technical progress is mostly embodied rather than disembodied also makes it easier for the creators of new technologies to appropriate the rents. Conequently, the downstream users, consisting mostly of the developing countries, will not realize any significant excess returns to their investment in new plant and equipment imported from abroad" (o itálico é nosso).

adequada (senão mesmo excessiva em certos casos, como adiante veremos) à propriedade intelectual.[70] Não só todo um conjunto de factores como a "congruência tecnológica" e o "capital social" limita a capacidade dos países menos desenvolvidos de imitar as inovações tecnológicas, como a própria captura dos lucros supranormais por parte das empresas inovadoras sob a forma de *royalties* ou de incentivos concedidos pelos países que concorrem no mercado para a captação de investimento leva a que dificilmente os resultados da transferência de tecnologia sejam apropriados numa medida significativa pelos países que recebem esse investimento, ainda que tal suceda indirectamente através das suas empresas.[71]

Por estes motivos, o problema que se coloca quanto à apropriação do investimento público na investigação pura e nas fases mais a montante da

---

[70] Esta nossa conjectura encontra apoio em estudos recentes que demonstram o papel do comércio internacional na promoção de *spillovers* tecnológicos entre os países membros da OCDE. Ver DAVID T. COE, ELHANAN HELPMAN, *op. cit.*, p. 859; Com base em dados relativos aos países membros da OCDE e a Israel, os Autores procuram demonstrar um nexo causal entre a produtividade (medida em termos de produtividade total dos factores ou *total factor productivity*) e a investigação e desenvolvimento, chegando à seguinte conclusão: "Our evidence suggests that there indeed exist close links between productivity and R&D capital stocks. Not only does a country's total factor productivity [TFP] depend on its own R&D capital stock, but as suggested by the theory, it also depends on the R&D capital stocks of its trade partners. While the beneficial effects on TFP from domestic R&D have been established in the earlier empirical literature, the evidence of the importance of foreign R&D is new. Foreign R&D may have a stronger effect on domestic productivity the more open an economy is to international trade".

[71] Não queremos com isto dizer que não se verifiquem importantes *spillovers* resultantes da introdução de novas tecnologias por via do investimento directo de empresas multinacionais. Essa é a lógica subjacente a muitos projectos, alguns dos quais contribuem significativamente para a actividade económica em Portugal. Contudo, esses benefícios devem ser ponderados face aos incentivos concedidos pelos poderes públicos, directa ou indirectamente. Aliás, as empresas que ponderam a localização de novos investimentos podem ser configuradas como monopsonistas no mercado de captação de investimento, em que a oferta, *i.e.*, os Estados, surge, na melhor das hipóteses, como um oligopólio disperso. Esta estrutura do mercado de captação de investimentos favorece a capacidade negocial dos investidores que podem assim capturar integralmente os benefícios sociais previsíveis do seu investimento. Esta questão é ainda mais complicada se tivermos em conta os incentivos políticos resultantes da captação de novos investimentos. Ou seja, os decisores políticos podem ter a tentação de incluir na coluna dos benefícios não somente os benefícios sociais como também os seus benefícios particulares sob a forma de votos numa futura eleição. Este problema, associado às incertezas quanto à real dimensão dos benefícios directos e indirectos resultantes do investimento pode, em casos extremos, levar a uma transferência líquida de recursos para a empresa investidora.

investigação e desenvolvimento diz essencialmente respeito às trocas entre países desenvolvidos. São as respectivas comunidades científicas e empresariais que estão em melhor situação para tirar proveito da divulgação de inovações. Os investimentos realizados pelos países industrializados no domínio da ciência e tecnologia adquirem uma evidente natureza de bens públicos.[72] Daí alguns autores defenderem uma maior equidade nos investimentos a este nível.[73] Um trabalho recente aponta uma importante conclusão: o investimento em investigação e desenvolvimento por parte dos países do G7 é mais rentável do que o investimento efectuado por 15 outros países da OCDE, mas estes últimos beneficiam mais dos efeitos de *spillover*, recebendo cerca de um quarto dos benefícios resultantes dos investimentos dos países do G7.[74]

---

[72] Também aqui a investigação no domínio das teorias do crescimento económico contraria algumas das ideias da teoria da política comercial estratégica, ver A. MICHAEL SPENCE, "Science and Technology Investment and Policy in the Global Economy", *in* LANDAU, TAYLOR, WRIGHT, (orgs), *The Mosaic of Economic Growth*, Stanford Univ. Press, Stanford, 1996, p. 173, na p. 183: "It is commonly thought that the substantial U.S. public sector investment in science and technology is a source of competitive advantage. There are undoubtedly what might be called local or neighborhood effects in the transfer of technology from the public domain to the private sector. (...) On the other hand, except for defense, public investment in technology occurs in a largely open global system. In such an environment, public investment in technology could not be a long-run source of advantage, because the technology generated by public investment has been, by choice, very accessible. It is more like an international public good".

[73] Neste sentido, ver SPENCE, *op. cit.*, pp. 185, que defende que os Estados Unidos devem manter o seu sistema de I&D aberto a outros países "but seek through international negotiation to reach an agreement that all advanced countries will adopt a broadly similar approach and contribute proportionately (in very gross terms) to a global public good of a science and technology base".

[74] Ver COE, HELPMAN, *op. cit.*, p. 874: "Our calculations (...) show that in 1990 the average own rate of return from investment in R&D was 123 percent in the G7 countries and 85 percent in the remaining 15 countries. This means that a $100 increase in the R&D capital stock in a G7 country raises its GDP by $123 on average, and that a $100 increase in R&D capital stock of one of the smaller 15 countries raises its GDP by $85 on average (based on PPP). In addition, in 1990 the average worldwide rate of return from investment in R&D in the G7 countries was 155 percent. These estimated rates of return are very high. For the G7 countries the difference between the worldwide and the own rate of return is about 30 percent, which implies a large international R&D spillover; about one quarter of the total benefits of R&D investment in a G7 country accrue to its trade partners". Estes autores concluem nas pp. 875-876: "Some of our estimates of TFP with respect to R&D capital stock suggest that in large countries the elasticity is larger with respect to the foreign R&D capital stock".

A questão que aqui se suscita é a de saber como manter o incentivo para o investimento público na ciência e tecnologia. Até aqui o peso relativo dos Estados Unidos em termos económicos tem garantido que os potenciais ganhos para a sua economia dos investimentos realizados sejam consideravelmente superiores aos seus custos, pelo que o problema dos efeitos externos não é particularmente grave.[75] Ou seja, a criação deste bem público é assegurada na medida em que o seu principal criador esteja disposto a continuar a patrociná-la.[76] A percepção de um declínio relativo dos E.U.A e do esgotamento dos efeitos resultantes da acumulação de factores de produção nos novos países industrializados que dominaram alguns sectores da doutrina política e económica vieram pôr em causa a viabilidade deste sistema a longo prazo. Seguindo este entendimento, os factores acima apontados levariam, em primeiro lugar, a que o benefício para os Estados Unidos do investimento no bem público ciência e tecnologia fosse menos rentável face aos custos suportados.[77]

---

[75] A isto acresce a importância do investimento no domínio da defesa, área na qual os interesses nacionais dos Estados Unidos lhes permitem impedir a difusão de avanços tecnológicos e em que os projectos são reservados a empresas Norte-americanas. Como refere SPENCE, *op. cit.*, p. 183, "From a national perspective, this component of the R&D portfolio tended to be more proprietary, in the sense that the fruits of this spending redounded to U.S. companies".

[76] Este é um problema clássico do funcionamento de grupos analisado pelo brilhante estudo de MANCUR OLSON, *The Logic of Collective Action – Public Goods and The Theory of Groups*, Harvard Univ. Press., Cambridge, MA, 1971, *maxime*, pp. 33-34: "(...) certain small groups can provide themselves with collective goods without relying on coercion or any positive inducements apart from the collective good itself. This is because in some small groups each of the members, or at least one of them, will find that his personal gain from having the collective good exceeds the total cost of providing some amount of that collective good; there are members who would be better off if the collective good were provided, even if they had to pay the entire cost of providing it themselves, than they would be if it were not provided". Outro dado relevante é o que resulta do estudo de COE e HELPMAN atrás citado, o grupo de países industrializados é um grupo assimétrico, com os países que integram o G7 a suportar a maior parte dos efeitos externos mas simultaneamente com maior rentabilidade dos seus investimentos. Para OLSON, *op. cit.*, p. 34, "In smaller groups marked by considerable degrees of inequality – that is, in groups of unequal 'size' or extent of interest in the collective good – there is the greatest likelihood that a collective good will be provided; for the greater the interest in the collective good of any single member, the greater the likelihood that that member will get such a significant proportion of the total benefit from the collective good that he will gain from seeing that the good is provided, even if he has to pay all of the cost himself".

[77] Pondo em causa o equilíbrio que leva à produção do bem público. Como defende OLSON, *op. cit.*, p. 34: "Such a situation will exist only when the benefit to the group from

Em segundo lugar, o grupo de países em condições de beneficiar desse bem público tenderia a aumentar e a levar a uma maior dispersão dos benefícios até aí apropriados pelos principais investidores na ciência e tecnologia.[78]

A abordagem multilateral proposta por SPENCE teria a vantagem de contribuir para que o nível de investimento se aproxime do óptimo em termos globais. Como afirma MANCUR OLSON, "Even in the smallest groups, however, the collective good will not ordinarily be provided on an optimal scale. That is to say, the members of the group will not provide as much of the good as it would be in their common interest to provide".[79] É, no entanto, difícil antever um tal acordo quanto ao nível adequado de investimento e à participação de cada um dos países industrializados.

4. Conclusão: Implicações para a política de concorrência

A Nova Teoria do Crescimento Económico veio chamar a atenção dos economistas para a importância da inovação e do progresso tecnológico, contribuindo para a actualização das teses de SCHUMPETER a propósito do processo de destruição criativa.[80] A inovação e o processo de destruição criativa desempenham um papel crucial ao nível do crescimento das economias desenvolvidas, dando forma à vantagem comparada das nações mas, ao mesmo tempo, sujeitando essa vantagem a radicais transformações com cada revolução tecnológica.[81] A grande questão que

---

having the collective good exceeds the total cost by more than it exceeds the gain to one or more individuals in the group".

[78] Neste sentido, ver SPENCE, op. cit., p. 182: "As the industrial and industrializing countries grew over the last 40 years, their capacity to produce and to absorb technology increased, too. Although the U.S. science and technology system was formally open in the 1950s, it was de facto mostly of benefit domestically. But now, the openness of the U.S. system produces major benefits on a worldwide basis".

[79] OLSON, op. cit., p. 34.

[80] Ver, por exemplo, P. AGHION e P. HOWITT, "A Model of Growth through Creative Destruction", Econometrica, 1992, vol. 60, n.º 2, p. 322. ROBERT SOLOW comenta, com ironia, "Schumpeter is a sort of patron in this field. I may be alone in thinking that he should be treated like a patron saint: paraded around one day each year and more or less ignored the rest of the time". ROBERT SOLOW, op. cit., p. 52.

[81] PAUL KRUGMAN, "New Thinking ...", p. 8: "Among the forces that seem to be driving international specialization, an increasingly important one seems to be techno-

se coloca é: o que fazer perante este processo? Poderá (e, caso possa, deverá) ele ser controlado mais proximamente pelo Estado ou será mais eficiente deixá-lo nas mãos do mercado perante as dificuldades cognitivas colocadas?

Um dos grandes óbices da intervenção do Estado na promoção de determinados projectos concretos de investigação e desenvolvimento é o da incerteza quanto aos seus efeitos. Ao promover uma determinada tecnologia, em especial quando dela se espera que venha a resultar uma nova norma técnica ou *standard*, não podemos ignorar as consequências dessa opção. Uma vez efectuados investimentos significativos numa determinada via de investigação, torna-se cada vez mais difícil abandoná-la em favor de outra mais avançada que tenha sido revelada por desenvolvimentos inesperados de outra tecnologia existente. Um exemplo recente ilustra bem este problema. O Governo Japonês procurou promover uma norma de televisão de alta definição com base em sinais analógicos, num momento em que a televisão digital dava os seus primeiros passos. Hoje em dia, aquele Governo reconheceu a superioridade da tecnologia digital e abandonou os esforços de promoção da tecnologia analógica. Ou seja, a decisão de favorecer uma determinada tecnologia pode ser ineficiente face ao mecanismo do mercado pelo qual diferentes tecnologias concorrem entre si num universo schumpeteriano, sendo as inovações introduzidas progressivamente através de melhoramentos e novas aplicações de tecnologias existentes e com um potencial ainda inexplorado. Parafraseando SCHUMPETER, diríamos que o "bombardeamento" da concorrência em matéria de inovação tende a ser muito preciso e limitado, só ocasionalmente (e diríamos mesmo aleatoriamente) ocorrendo um verdadeiro "bombardeamento de saturação" com a introdução de inovações revolucionárias que alteram o nosso entendimento de uma tecnologia. Por outro lado, a escolha centralizada de uma tecnologia traz consigo a desvantagem de promover a continuação de uma via de investigação comprovadamente obsoleta, apenas pelos custos políticos de tal decisão.[82]

---

logy. In many industries competitive advantage seems to be determined neither by underlying national characteristics, nor by the static advantages of large-scale production, but rather by the knowledge generated by firms through R&D and experience".

[82] Neste sentido, ver ROSENBERG, *op. cit.*, p. 353: "(...) a further considerable virtue of the marketplace is that it also provides strong incentives to terminate, quickly and unsentimentally, directions of research whose once-rosy prospects have been unexpectedly dimmed by the availability of new data, by some change in the economic environment, or by a restructuring of social or political priorities".

A política de apoio em matéria de investigação e desenvolvimento deve, por isso, evitar o envolvimento do Estado em termos de uma escolha antecipada de uma tecnologia (análoga à escolha de um campeão nacional) e sim estimular a diversidade de vias de investigação.[83] Daqui deriva a vantagem do mercado em relação a uma decisão central sobre o rumo da investigação. Pela natureza da concorrência em matéria de inovação, em especial devido à incerteza que a caracteriza e que é de tal modo que impede sequer um juízo probabilístico quanto às potencialidades de uma determinada via de investigação, as empresas têm um forte incentivo para evitar esse tipo de escolhas irreversíveis e para privilegiar a prossecução de diferentes linhas de pesquisa. Naturalmente, o processo de destruição criativa pode encerrar em si custos inerentes à prossecução de vias que se vêm a revelar improdutivas. Mas só o podemos saber *ex post*, não no momento da decisão sobre o que investigar e como.[84] Não sendo possível antecipar os resultados de uma determinada via, a existência de um sistema descentralizado de inovação pelo qual tecnologias antigas concorrem com novas tecnologias que se procuram afirmar e em que diferentes tecnologias inovadoras se procuram implantar e tornar dominantes é talvez a melhor forma de assegurar a continuidade do progresso tecnológico e, por conseguinte, um importante catalisador do crescimento económico.

O papel dos poderes públicos deve, por conseguinte, continuar a ser o de promover a existência de incentivos à investigação e desenvolvimento a nível empresarial, criando ao mesmo tempo as condições de base para essa actividade, em especial através do financiamento da investigação fundamental e da institucionalização de mecanismos de criação e livre difusão de algumas tecnologias.[85]

---

[83] No dizer de ROSENBERG, *op. cit.*, p. 352: "Government policy ought to be to open many windows and to provide the private sector with financial incentives to explore the technological landscape that can only be faintly discerned from these windows". Tal não preclude a intervenção do Estado desde que esta vise favorecer a valorização do capital humano e, de um modo ainda mais geral, promover a congruência tecnológica da base científica do país.

[84] Importa recordar que o argumento de SCHUMPETER em *Capitalism, Socialism, and Democracy* se centra na questão da contraposição entre o sistema descentralizado do capitalismo e o sistema de decisão central do socialismo.

[85] Neste sentido, ver LINDA R. COHEN, ROGER G. NOLL, "Privatizing Public Research: The New Competitiveness Strategy", *in* LANDAU, TAYLOR, WRIGHT, (orgs), *The Mosaic of Economic Growth*, Stanford Univ. Press, Stanford, 1996, p. 305, na p. 332.

Independentemente da validade das suas conclusões a nível macroeconómico, os estudos empíricos e os modelos sobre o processo de inovação podem, a par da chamada de atenção para a inovação enquanto dimensão da concorrência, contribuir para uma melhor compreensão dos casos concretos que as autoridades de defesa da concorrência são chamadas a apreciar. A Nova Teoria do Crescimento Económico e as modernas teorias do comércio internacional contribuem, no entender de LANDAU, TAYLOR, WRIGHT, para um entendimento dinâmico da vantagem comparada das nações:

"This perception of comparative advantage as dynamic and changing offers an image where industries and firms, aided by a government-sustained macroeconomic business climate favoring innovation and commercialization of new technology, search continually for new and improved products and services for customers. Science and technology harnessed by an enlightened capitalistic democratic system can improve the standard of living through higher growth rates, without requiring revolutions, wars of conquest, or colonization".[86]

A principal dificuldade suscitada por estes modelos e estudos empíricos persiste, todavia. É difícil retirar deles qualquer espécie de generalização, exceptuando afirmações de princípio não comprovadas (ou mesmo não comprováveis) em casos concretos, como, por exemplo, "mais investimento em investigação e desenvolvimento pode ter um efeito benéfico no crescimento económico".[87]

Os próprios defensores do novo paradigma chamam a atenção para os seus limites.

"These developments in economic theory hold both a promise and a warning. The promise is that investment in the three-legged stool of physical, intangible, and human capital can stimulate other investment, which can lead – at least in theoretical models – to a sort of virtuous circle of feedbacks that yeld increased productivity growth. In such a situation, economic growth need not diminish over time. The corresponding warning is that the policies for achieving this continuing increase in the standard of living are not obvious".[88]

---

[86] LANDAU et al., op. cit., p. 7.
[87] Para uma visão pessimista quanto à relevância a nível macroeconómico destes estudos, ver SOLOW, op. cit., pp. 52-54.
[88] LANDAU et al., op. cit., p. 13.

Como referimos no início deste capítulo, não era nossa intenção apresentar um estudo desenvolvido dos muitos e importantes contributos da Ciência Económica neste domínio. Pensamos, contudo, que da breve análise aqui efectuada resultam importantes implicações para o objecto do nosso trabalho. A principal é a de que o contexto microeconómico em que ocorre o processo de inovação é determinante para efeito do desenvolvimento económico, ainda que seja necessário ponderar a envolvente macroeconómica. Ora o contexto microeconómico e os incentivos para a investigação e desenvolvimento que estão na base do progresso tecnológico são profundamente afectados pelo enquadramento institucional fornecido pelos direitos de propriedade intelectual e pela política de concorrência no que respeita à aquisição e difusão de tecnologia bem como ao exercício daqueles direitos.

Do ponto de vista da política da concorrência, uma importante implicação das teorias económicas analisadas é a necessidade de uma atitude vigilante neste domínio. Se a inovação é tão dramaticamente importante para o crescimento económico, certamente deve passar a ocupar um lugar central nas preocupações das autoridades que aplicam as regras da concorrência. Mas esta conclusão, sem dúvida correcta a um nível abstracto, coloca sérios problemas quanto às suas aplicações práticas. A resposta do direito da concorrência tem sido, sobretudo nos Estados Unidos com a Administração Clinton, o reforço da aplicação das suas regras através da incorporação de novas teorias económicas, como a teoria dos efeitos positivos das redes, que adiante será tratada. A grande preocupação parece ser a de controlar a estrutura dos novos mercados em sectores onde a inovação desempenha um papel fulcral. Ironicamente, porém, este é precisamente um dos domínios do direito da concorrência no qual temos menos certezas quanto aos potenciais efeitos de uma maior intervenção. Corremos, assim, o risco de proceder a uma excessiva cristalização de novas teorias do direito da concorrência numa área sobre a qual pouco sabemos.[89]

Mas, além do problema da incerteza quanto aos efeitos do direito da concorrência na inovação, deparamo-nos com outro problema, resultante da existência de direitos exclusivos de propriedade intelectual. São estes os aspectos que justificam o nosso estudo pelo que passamos seguidamente a analisar os fundamentos económicos desses direitos.

---

[89] Nota de actualização: As peripécias que envolveram o caso Microsoft III (a chamada guerra dos *browsers*) atestam as dificuldades enfrentadas na definição de uma política sólida e credível nesta matéria.

B. A análise económica do direito e o âmbito de protecção conferido pelos direitos de propriedade intelectual

Segundo a doutrina dominante, os direitos de propriedade intelectual[90] conferem ao seu titular direitos exclusivos no pressuposto de que tal cria um incentivo para o desenvolvimento de inovações que contribuirão para o progresso económico e tecnológico da comunidade.[91] Por este motivo, às inovações de maior valor são conferidos direitos exclusivos

---

[90] Preferimos utilizar a expressão "propriedade intelectual" em vez da tradicional divisão entre a propriedade industrial e o direito de autor e direitos conexos, na linha, de resto, do artigo 1303.º do nosso Código Civil. A nossa escolha recai sobre aquele termo não só porque permite um tratamento unificado dos principais problemas suscitados pelos respectivos direitos exclusivos do ponto de vista do direito da concorrência, como também por ser o termo mais corrente na doutrina comunitária e nacional. O crescente recurso ao direito de autor para a tutela de inovações de carácter tecnológico, como os programas de computador, justifica o recurso a este conceito mais amplo de propriedade intelectual em matéria do estudo das transferências de tecnologia. Deixamos de fora do âmbito deste estudo a protecção das marcas e outros sinais distintivos que colocam problemas distintos do ponto de vista que nos interessa neste trabalho.

[91] M. Lehmann, "The Theory of Property Rights and the Protection of Intellectual and Industrial Property", IIC, vol. 16, 1985, p. 525; Neste sentido, ver ainda Dam, "The Economic Underpinnings of Patent Law", J. of Legal Studies, vol. XXIII, 1984, p. 247 e Stanley M. Besen, Leo J. Raskind, "An Introduction to the Law and Economics of Intellectual Property", J. of Econ. Persp., vol. 5, 1991, p. 3, que na p. 5 afirmam: "The objective of intellectual property protection is to create incentives that maximize the difference between the value of the intellectual property that is created and the social cost of its creation, including the cost of administering the system". Esta tese tem a sua origem nos trabalhos de Bentham, Say, John Stuart Mill e J.B. Clark, ver Steven N.S. Cheung, "Property Rights and Invention", Research in L.& Econ., vol. 8, 1986, p. 5. Para Demaret "(a)n innovation is nothing other than an invention which has reached the level of economic usefulness." P. Demaret, Patents, Territorial Restrictions, and EEC Law – A Legal and Economic Analysis, IIC Studies, Verlag Chemie, New York, 1978. Naturalmente, num sentido próprio, o termo invenção pretende a traduzir o produto ou processo patenteável, como resulta da exigência de uma actividade inventiva; ver por exemplo, os artigos 51.º ("podem ser objecto de patente as invenções novas ...") e 117.º do Código da Propriedade Industrial ("podem ser protegidas como modelos de utilidade as invenções novas ..."). De resto, o nosso código dá o título de "Invenções" ao capítulo I do título II – Regimes da Propriedade Industrial, onde é definido o regime das patentes e dos modelos de utilidade. Por isso preferimos utilizar neste trabalho o termo "inovação" no sentido amplo atrás referido, já que engloba criações patenteáveis bem como outras criações (susceptíveis ou não de protecção por direitos de propriedade intelectual).

quanto ao exercício de uma determinada actividade económica.[92] O criador fica assim protegido contra a imitação pelos seus concorrentes, os quais não tiveram de incorrer nos custos de investigação e desenvolvimento. O pressuposto deste raciocínio é o de que a disciplina do mercado, por si só, levaria a um nível de invenção inferior ao óptimo devido ao problema da aversão natural ao risco de alguns agentes económicos (*risk averseness*) e aos problemas de apropriação dos benefícios da inovação por terceiros (*appropriability*).[93]

---

[92] Apesar de o sistema adoptado nos países industrializados se caracterizar, como veremos, pela determinação do valor da inovação pelo mercado, tal não impede um juízo prévio sobre quais as inovações dignas de protecção. É este o objecto da definição do âmbito dos direitos de propriedade intelectual. Como sabemos, a protecção dos chamados bens imateriais pelos direitos de propriedade intelectual está sujeita a um princípio de tipicidade. Isto significa que só aqueles bens que preencham os requisitos de um dos tipos de direitos previstos na lei podem beneficiar de um exclusivo legal. Os restantes bens podem ainda assim beneficiar de outras formas de protecção (e.g. o segredo de negócio). Este tipo de juízo prévio sobre a dignidade da inovação e a medida de protecção que lhe deve ser conferida está presente, por exemplo na distinção entre patentes e modelos de utilidade. Ver R. COOTER e T. ULEN, *Law and Economics*, Harper Collins, 1988, p. 137; Além do mais, os próprios requisitos de patenteabilidade, a começar pela própria noção legal de invenção, implicam, desde logo, um mecanismo de filtragem das inovações susceptíveis de ter maior valor em termos da sociedade. Ver HANS ULLRICH, *Standards of Patentability for European Inventions*, IIC Studies, Verlag Chemie, New York, 1977; STEVEN N.S. CHEUNG, *op. cit.*, na p. 9: "(...) it is empty to argue about the economic value of a patent system without specifying the criteria of patentability involved: to evaluate these criteria and their enforcement is to evaluate the patent system". Todavia, se procedermos a uma avaliação em concreto de cada inovação em termos do seu valor de mercado, concluímos que é difícil e errado proceder a uma hierarquização com base no regime jurídico de cada direito de propriedade intelectual, sobretudo se atendermos ao problema de certas figuras como o *know-how*. Ver DAVID D. FRIEDMAN, WILLIAM M. LANDES, RICHARD A. POSNER, "Some Economics of Trade Secret Law", J. of Econ. Persp., vol. 5, 1991, p. 61 (a decisão de proteger uma invenção através do segredo pode mesmo resultar da convicção de que o seu valor exige uma protecção por período superior àquele que resulta da concessão da patente, o que supõe também que a invenção é dificilmente apropriável pela via do *reverse engineering*).

[93] ERICH KAUFER, *The Economics of the Patent System*, Harwood Academic Publ., 1989. KENNETH ARROW considera que a insuficiência de inovação resulta da atitude aversa ao risco por parte dos inventores, a qual é, no seu entender, uma das principais causas do sub-investimento na inovação, a par dos problemas de indivisibilidade (relacionado com os limites à prática de preços ao custo marginal, o que encorajaria o uso óptimo da inovação) e de apropriação dos benefícios da inovação (posto que antes da divulgação é difícil saber qual o valor da inovação e que essa divulgação pode eliminar o incentivo de terceiros de pagar o correspondente preço, sobretudo se a inovação for facilmente copiada sem

Alguns autores procuraram, contudo, questionar a validade deste pressuposto, defendendo a tese oposta de que o sistema de propriedade intelectual é, em grande medida, desnecessário ou mesmo prejudicial.[94] Assim, F.W. TAUSSIG defendeu a tese segundo a qual a actividade inventiva teria a sua origem em factores psicológicos, aquilo a que chamou um *instinct of contrivance* que caracterizaria os inventores.[95] Nesta perspectiva determinista, qualquer incentivo oferecido pelo sistema de propriedade intelectual seria desnecessário, ainda que este Autor reconhecesse que esse sistema podia contribuir para canalizar essa actividade para os chamados *channels of general usefulness*.[96]

Sem pôr em causa a possibilidade de certas inovações poderem ser o resultado de uma mera descoberta acidental, parece-nos que essa situação é demasiado excepcional para justificar uma atitude de rejeição em relação à propriedade intelectual. Desde logo porque muitas inovações resultam de pesquisa dirigida intencionalmente a um determinado resultado. Sem o incentivo oferecido pela propriedade intelectual, esse esforço poderia nunca ter tido lugar. Mesmo no caso de descobertas acidentais ou imprevisíveis que resultam de investigações em áreas distintas, os custos da investigação e desenvolvimento só serão suportados *ex ante* na mira de uma vantagem económica *ex post*. Por outro lado, certas inovações que implicam elevados custos de investigação e desenvolvimento e que têm

---

risco sério de uma acção de contrafacção); ver K. ARROW, "Economic Welfare and the Allocation of Resources for Inventions", *in* R. NELSON, (org.), *The Rate and Direction of Inventive Activity*, Princeton University Press, Princeton, 1962, p. 609. No entanto, este Autor considera que o sistema de patentes não assegura um nível óptimo de inovação por não resolver adequadamente estes três problemas. Para ARROW, um sistema de investimento directo por parte do Estado conduziria a um nível de inovação mais próximo do óptimo.

[94] Para uma exposição destas teses e sua crítica, ver WARD S. BOWMAN, *Patent and Antitrust Law – A Legal and Economic Appraisal*, Chicago Univ. Press, Chicago, 1973, pp. 15 e ss.

[95] F.W. TAUSSIG, *Inventors and Money-Makers*, Macmillan, New York, 1930, p. 21: "One thing stands out conspicuously: the race of contrivers and inventors does obey an inborn and irresistible impulse. Schemes and experiments begin in childhood, and persist so long as life and strength hold. It matters not whether a fortune is made or pecuniary distress is chronic".

[96] *Id., Ibid.*, p. 51. Ver ainda A.C. PIGOU, *The Economics of Welfare*, 4.ª ed., Macmillan, Londres, 1932, p. 185: para este autor, as patentes, "By offering the prospect of reward for certain types of invention they do not, indeed, appreciably stimulate inventive activity, which is, for the most part, spontaneous, but they do direct it into channels of general usefulness".

resultados altamente incertos *ex ante* apenas podem ser prosseguidas devido aos incentivos oferecidos pela propriedade intelectual, como é o caso dos medicamentos.

Outros autores vão ainda mais longe e defendem que a propriedade intelectual é prejudicial em termos sociais ao impor o emparcelamento de ideias (ou da sua expressão, no caso do direito de autor). Para PLANT,

> "It is a peculiarity of property rights in patents (and copyrights) that they do not arise out of the scarcity of the objects which become appropriated. They are not a consequence of scarcity. They are the deliberate creation of statute law; and whereas in general the institution of private property makes for the preservation of scarce goods, tending (...) to lead us to 'make the most of them', property rights in patents and copyright make possible the creation of a scarcity of the products appropriated which could not otherwise be maintained".[97]

Embora seja geralmente reconhecido pela doutrina económica que certas invenções seriam desenvolvidas mesmo sem a protecção conferida pelas patentes, esta observação deve levar-nos a ponderar os custos do sistema de propriedade intelectual, mas não a rejeitá-lo *tout court*. Ora, entre os custos do sistema não podemos deixar de contabilizar o custo de proteger inovações que seriam desenvolvidas mesmo sem o incentivo da propriedade intelectual, bem como o custo social desse emparcelamento ao diminuir o incentivo para o desenvolvimento de melhoramentos de uma invenção por outras pessoas que não o titular da patente de base, área na qual a tese de PLANT é comprovadamente mais fecunda.[98] Sem prejuízo da

---

[97] ARNOLD PLANT, "The Economic Theory Concerning Patents for Inventions", Economica, vol. 1, 1934, p. 31.

[98] Este é um problema da propriedade intelectual que tem implicações a nível concorrencial e prende-se com as chamadas patentes dependentes. Quando uma determinada invenção tem por base outra invenção patenteada, a sua exploração depende da obtenção de uma licença por parte do primeiro inventor. Ver SUZANNE SCOTCHMER, "Standing on the Shoulders of Giants: Cumulative Research and the Patent Law", J. Econ. Persp., vol. 5, 1991, p. 29; HOWARD F. CHANG, "Patent Scope, Antitrust Policy, and Cumulative Innovation", Rand J. Econ. vol. 26, 1995, p. 34; CARMEN MATUTES, *et al.*, "Optimal Patent Design and the Diffusion of Innovations", Rand J. Econ., vol. 27, 1996, p. 60; GILBERT e SHAPIRO, "Optimal Patent Lenght and Breadth", Rand J. of Econ., vol. 21, n.° 1, 1990, p. 106; HOROWITZ e LAI, "Patent Lenght and the Rate of Innovation", International Economic Review, vol. 37, n° 4, 1996, p. 785; KLEMPERER, "How Broad Should the Scope of Patent Protection Be?", Rand J. of Econ., vol. 21, n° 1, 1990. p. 113; LERNER, "The Importance of Patent Scope: An Empirical Analysis", Rand J. of Econ., vol. 25, 1994, p. 319.

necessária ponderação daqueles custos, duas razões levam, em nosso entender, a que seja errado concluir pela natureza prejudicial da propriedade intelectual.

A primeira diz respeito aos próprios mecanismos dos diferentes institutos da propriedade intelectual que procuram filtrar, senão as inovações que seriam desenvolvidas na ausência desse sistema, pelo menos aquelas que, à partida, são mais imediatamente acessíveis. É o caso, por exemplo, do requisito de actividade inventiva no caso das patentes.

A segunda razão respeita à necessidade de considerar a questão dos incentivos *ex ante*. Como refere CHEUNG, na linha de pensamento de KITCH, a escassez que motiva os direitos exclusivos de propriedade intelectual não é propriamente de ideias e sim de recursos necessários à investigação e ao desenvolvimento dessas mesmas ideias.[99]

Concluímos assim ser injustificado condenar o sistema de propriedade intelectual como um todo. No entanto, as críticas acima mencionadas chamam a atenção para alguns aspectos que merecem reflexão mais aprofundada: encontramos aqui os problemas do âmbito temporal e material da protecção, em particular quanto aos eventuais efeitos perversos (ou benéficos) relativamente a posteriores aperfeiçoamentos ou melhoramentos de tecnologias protegidas.

Ao mesmo tempo que prossegue o objectivo de incentivar a investigação e o desenvolvimento de inovações, a propriedade intelectual procura salvaguardar o acesso do público às inovações e aumentar o património de conhecimento disponível à sociedade.[100] Por esse motivo são

---

[99] CHEUNG, *op. cit.*, p. 10: "Plant's thesis is that a patent system creates scarcity by granting monopoly rights. To analyze this view, it is helpful to distinguish between inventions that would have been produced in the absence of any property rights protection and those that would not have been produced without protection. Plant's view may be true with respect only to the former class. For such inventions, the patent grant will, under certain pricing arrangements, inhibit the widespread use of an already developed idea. 'Scarcity' may then be said to have been 'created' by protection. However, for ideas which would not have been produced without some form of protection, Plant's view is in error. That is, for any invention which would not have been produced at all in the absence of property rights, the scarcity is not in 'ideas' as such; rather, the scarcity lies in the resources required to produce the ideas themselves".

[100] Como afirmam SCHERER e ROSS, "The patent system makes a deliberate tradeoff, accepting during the patent grant's life dead-weight surplus losses in order to ensure that new products and processes, along with the surpluses they create, will not be discouraged by fear of rapid immitation. Only after the patent expires, when competitive imitaton can run its full course, are consumers able to have their new product along with the

impostos limites temporais à duração dos direitos exclusivos em que se traduzem, do ponto de vista económico, os direitos de propriedade intelectual.

O período de protecção funciona como uma vantagem adicional para o titular desses direitos, permitindo-lhe recuperar os custos do seu investimento.[101] A duração desse período deve, em princípio, coincidir com o período necessário para que o inovador possa recuperar esses custos e receber uma recompensa pelo seu investimento.[102] Uma vez que a protecção das obras literárias e artísticas pelo Direito de Autor e Direitos Conexos não implica, em geral, uma limitação significativa da acessibilidade do objecto de protecção (proibindo apenas a reprodução e imitação da expressão e não das ideias) o período de protecção destas é substancialmente maior do que o das patentes e outros direitos de propriedade industrial.[103]

---

extra surplus competitive pricing brings"; F.M. SCHERER, DAVID ROSS, *Industrial Market Structure and Economic Performance*, 3.ª ed., Houghton Mifflin, Boston, 1990, p. 624.

[101] Ainda segundo SCHERER e ROSS, "The funds supporting invention and the commercial development of inventions are front-end 'sunk' investments; once they have been spent, they are an irretrivable bygone. To warrant making such investments, an individual inventor or corporation must expect that once commercialization occurs, product prices can be held above postinvention production and marketing costs long enough so that the discounted present value of the profits (or more accurately, quasi-rents) will exceed the value of front-end investment. In other words, the investor must expect some degree of protection from competition, or some monopoly power. The patent holder's right to exclude imitating users is intended to create or strenghten that expectation"; SCHERER e ROSS, *op. cit.*, p. 622. Estes autores apresentam uma demonstração formal da lógica do sistema de patentes nas pp. 622 a 624.

[102] Devido à dificuldade intransponível de aferir qual o valor de cada inovação, os regimes da propriedade intelectual estabelecem períodos de protecção para cada tipo de direito; ver LEHMANN, *op. cit.*, p. 535; ERICH KAUFER, *op. cit.*, *passim*. Subjacente ao entendimento que aqui defendemos está a ideia de que o principal objectivo dos direitos de propriedade intelectual é o de estimular o investimento. Nessa medida, deve ser permitido ao titular do direito obter todos os benefícios patrimoniais que o mercado lhe ofereça. Esta posição corresponde à chamada teoria do investimento a que se contrapõe a teoria da recompensa, segundo a qual o titular de um direito de propriedade intelectual tem apenas direito a uma recompensa "justa", a aferir *ex post*. Sobre a diferença entre a teoria do incentivo e a teoria do investimento, ver KORAH, *An Introductory Guide to EEC Competition Law and Practice*, 5.ª ed., Sweet & Maxwell, 1994, pp. 172 *et seq.*; INGE GOVAERE, *The Use and Abuse of Intellectual Property Rights in E.C. Law*, Sweet & Maxwell, Londres, 1996, p. 219.

[103] Como se reconhece nas Directrizes de 1995, Ponto 1.0. Não queremos com isto reduzir as diferenças entre o Direito de Autor e a Propriedade Industrial à mera questão de

Tal é exemplificado com a Directiva do Conselho n.º 93/98/CEE, pela qual os Estados-membros devem assegurar uma protecção mais dilatada desses direitos.[104]

As dificuldades suscitadas pela tentativa de definir o âmbito apropriado de protecção através da análise económica deram lugar a visões bastante pessimistas quanto à utilidade da ciência económica neste domínio.[105] Para PRIEST,

> "the utility of economic analysis to lawyers – again putting aside its utility as a scientific theory, which I think is greater – is a direct function of the level of underlying normative consensus about the particular area of law in question."[106]

Muito embora exista um elemento inegável de verdade naquela afirmação, o pressuposto de que aquele autor parte, a inexistência de um consenso normativo entre os economistas, é hoje talvez menos pertinente do que em 1986.[107] De qualquer modo, a posição de PRIEST merece adequada ponderação, já que chama a atenção para a falta de comprovação empírica de qualquer das respostas que têm sido avançadas à questão de saber se a protecção conferida pela propriedade intelectual contribui ou não para aumentar o bem-estar social. Este é, de resto, um problema que tornaremos a encontrar noutro contexto, o da relação entre a estrutura de mercado e a inovação. Vejamos, por isso, quais os resultados dos estudos empíricos efectuados neste domínio.

Alguns dos estudos empíricos realizados junto de empresas revelam que em muitas indústrias a protecção por patentes não é o principal incen-

---

acessibilidade do objecto e, menos ainda, à duração (o que aliás seria incorrecto – a marca, por exemplo, pode ser renovada indefinidamente). Ver, entre nós, OLIVEIRA ASCENSÃO, *Direito de Autor e Direitos Conexos*, Coimbra Editora, Coimbra, 1992.

[104] J.O. 1993, L 290/9.

[105] Este é o ponto de vista de PRIEST, o qual afirma que "an economist can tell a lawyer whether a particular rule will lead to more or less inventive activity, but this analysis does not provide a basis for a conclusion by the lawyer as to whether the new level of inventive activity at the new level of costs enhances or diminishes social welfare"; PRIEST, "What Economists Can Tell Lawyers About Intellectual Property: Comment on Cheung", Research in L. & Econ., vol. 8, 1986, p. 22.

[106] PRIEST, *op. cit.*, p. 23.

[107] (...) in the current state of knowledge, economists know almost nothing about the effect on social welfare of the patent system or of other systems of intellectual property. Indeed, there is no consensus, within the economics profession or without, about these effects"; PRIEST, *op. cit.*, p. 21.

tivo à inovação. O estudo de RICHARD LEVIN *et al.*, datado de 1987, revela que entre empresas situadas em 130 actividades diferentes, apenas nos sectores da indústria farmacêutica, de químicos orgânicos e pesticidas, as patentes de produto foram consideradas altamente eficazes na recuperação dos custos de investigação e desenvolvimento.[108] Vinte outros sectores industriais consideraram as patentes de produto como moderadamente eficazes em relação àquele objectivo. As empresas inquiridas responderam que consideravam determinadas estratégias comerciais como o investimento na estrutura de vendas e promoção, as vantagens resultantes de ser o primeiro no mercado e a capacidade de aproveitar a curva de aprendizagem como melhores instrumentos para rentabilizar as inovações. Quanto às inovações relacionadas com o processo de produção, as empresas preferiam a sua protecção pelo segredo.

Outro estudo, realizado por EDWIN MANSFIELD, englobou 100 empresas em 12 sectores definidos em termos amplos.[109] O estudo concluiu que das inovações desenvolvidas entre 1981 e 1983, 86% teria sido desenvolvida mesmo sem a protecção de patentes. Em alguns sectores (equipamento de escritório, motores para veículos, produtos de borracha e derivados e produtos químicos), os inquiridos responderam que todas as inovações teriam sido introduzidas mesmo sem patentes. Em contrapartida, sem a protecção conferida pelas patentes, na indústria farmacêutica cerca de 60% das inovações não teria sido desenvolvida, enquanto que na indústria química essa percentagem se situava nos 38%.

Qualquer destes estudos apresenta demasiadas incertezas para que se possa condenar, sem apelo nem agravo, todo o sistema de protecção da propriedade industrial à extinção.[110] Mas nem por isso deixa de ser impor-

---

[108] RICHARD LEVIN, *et al.*, "Appropriating the Returns from Industrial R&D", Brookings Papers on Economic Activity, 1987, p. 783. Ver ainda WESLEY COHEN, RICHARD LEVIN, "Empirical Studies of Innovation and Market Structure", *in* R. SCHMALENSEE, R. WILLIG (orgs.), *Handbook of Industrial Organization*, vol. II, Elsevier Science Publishers B.V., 1989 e RICHARD LEVIN, "A New Look at the Patent System", Am. Econ. Rev., vol. 76, 1986, p. 199.

[109] EDWIN MANSFIELD, "Patents and Innovation: An Empirical Study", Management Science, vol. 32, 1986, p. 173. O estudo incluía as indústrias farmacêutica, química, de maquinaria e equipamento eléctrico, petrolífera, metalúrgica e siderúrgica.

[110] Os estudos realizados por LEVIN e MANSFIELD incidiram apenas sobre determinados sectores, deixando ainda de fora empresas situadas fora dos Estados Unidos bem como muitas pequenas e médias empresas. Como veremos adiante, a própria estrutura do mercado pode ditar a inutilidade da protecção por patentes, sobretudo quando o inovador

tante reflectirmos um pouco sobre estes resultados. Com efeito, os mesmos apenas permitem concluir que, de um ponto de vista teórico, a protecção da propriedade intelectual é importante para incentivar a inovação, ainda que, em termos empíricos, essa importância varie de indústria para indústria e, em alguns casos, seja mesmo nula.

Como defendem SCHERER e ROSS, "(...) a world without patents quite clearly would not be a world without innovation. Other incentives for innovation wouls fill most gaps".[111] Mas mesmo esta afirmação abre novas questões, em particular quanto ao custo social das inovações que não seriam desenvolvidas (o problema suscitado pela tese de PLANT) e quanto à real importância desses outros incentivos. Os incentivos mencionados por SCHERER e ROSS consistem, essencialmente, em variações da vantagem de ser o primeiro a entrar num novo mercado (*first mover advantage*).[112] Teríamos assim a rapidez de desenvolvimento de fenómenos de imitação, o custo dessa imitação (que pode muitas vezes ser quase tão elevado quanto o custo do desenvolvimento inicial) e vantagens em termos de reputação no mercado. Mas, como os próprios autores reconhecem, esse tipo de vantagens só tende a ser determinante no caso de a inovação criar um novo mercado, distinto dos que já existem. Será o caso de um produto que, pelas suas características, preço e finalidade não tenha quaisquer substitutos próximos. Esses casos são relativamente raros uma vez que grande parte das inovações tem uma natureza cumulativa e gradualista.

A análise de SCHERER e ROSS contribui ainda para que nos possamos aperceber da importância dos factores tipicamente apreciados pelo direito da concorrência no contexto dos incentivos à inovação, designadamente, os obstáculos à entrada, a substituibilidade do lado da procura e da oferta,

---

dispõe já de uma importante parte de mercado. Ainda que a inovação possa ser reproduzida pelos seus concorrentes, o *reverse engineering* implica custos, por vezes quase tão elevados quanto o desenvolvimento, e, de qualquer forma, os benefícios da inovação repercutir-se-ão numa parte de mercado maior.

[111] SCHERER e ROSS, *op. cit.*, p. 629.

[112] SCHERER e ROSS, *op. cit.*, pp. 626 a 628. Sintetizando, aqueles autores referem na p. 628 que "In sum, competitive elimination of innovator's profits is often delayed because of natural secrecy and recognition lags, imitator's need to duplicate some or all of the innovator's R&D effort, first-mover advantages accruing to the innovator, and the protectionan oligopolistic structure affords. As a result, the profit expectations associated with a prospective innovation may be sufficient to warrant going ahead even when no patent protection is anticipated".

o período de tempo necessário à entrada de novos concorrentes e a própria concentração do mercado. Mas não podemos esquecer que aquela análise é conduzida num ambiente de forte protecção da propriedade intelectual (o ordenamento jurídico dos Estados Unidos) o qual influencia o funcionamento daqueles incentivos. SCHERER e ROSS reconhecem que a protecção por patentes pode aumentar significativamente o custo da imitação ao obrigar os concorrentes a reinventar o que já está inventado para evitar uma acção por contrafacção. Devido a estas dificuldades, aqueles autores concluem que "Wherever the balance lies (...) it is clear that we must seek deeper insight into the stimuli for innovation in a world where patents provide at best partial protection against rapid imitation and where other barriers to imitation are at least as important as patents".[113]

Afigura-se, por isso, ser inevitável que qualquer decisão sobre o âmbito de protecção a conferir apenas possa representar uma aproximação (na melhor das hipóteses razoável) ao nível de incentivo adequado e que, em casos concretos, essa decisão levará ou a um défice ou a um excesso de protecção. Mesmo aceitando este sistema como o mal menor que permite incentivar a inovação, outra questão fica por resolver: qual o nível óptimo de inovação que pretendemos estimular? Ou seja, até que ponto é socialmente útil conceder esse incentivo sem que ele se torne excessivo? Nesta matéria não existe qualquer consenso entre os economistas quanto a um modelo teórico que determine o nível óptimo de inovação.[114]

Em suma, o *fine tuning* do sistema de protecção da propriedade intelectual exige a ponderação de diversos elementos que apenas podem ser revelados por uma análise de mercado. Este é o ponto relativamente ao qual o direito da concorrência pode dar um contributo importante. Veremos, porém, que o estado dos conhecimentos económicos sobre a relação entre estrutura de mercado e inovação é ainda mais incipiente do que quanto ao papel da propriedade intelectual.

Apesar da natureza inconclusiva dos estudos económicos nesta matéria, o desenvolvimento da propriedade intelectual tem prosseguido uma via de reforço da protecção, quanto ao seu objecto, condições, e mesmo quanto aos meios de tutela. É, todavia, duvidoso que este reforço

---

[113] *Id., ibid.*, p. 629.

[114] Esta a conclusão a que chegaram os funcionários da FTC após as audiências realizadas em 1995; ver FEDERAL TRADE COMMISSION, *Anticipating the 21st Century – Vol. I: Competition Policy in the New, High-Tech, Global Marketplace*, Washington D.C., 1996, Cap. 6, p. 10.

resulte de um consenso teórico entre os economistas.[115] Mais facilmente encontraremos uma explicação para este reforço da propriedade intelectual e respectivas garantias na importância crescente que a tecnologia representa para as empresas dos países industrializados em termos de receitas e na política comercial agressiva prosseguida, por exemplo, pelos Estados Unidos, de forma a pressionar países terceiros a reforçar essa protecção.[116] Um exemplo desta tendência é o recente Acordo sobre aspectos dos direitos de propriedade intelectual relacionados com o comércio (acordo TRIPS). Até 1990 os países em vias de desenvolvimento colocavam fortes objecções a um reforço da protecção da propriedade intelectual, por considerarem que tal apenas poderia operar no interesse dos países industrializados.[117] Apesar disso, esses países acabaram por retirar a sua oposição e aceitar um acordo que, não obstante os prazos mais dilatados de que beneficiam os países em vias de desenvolvimento, contribuirá decisivamente para o reforço da protecção dos direitos de propriedade intelectual.

Subsistem, pois, dúvidas e incertezas manifestadas pela doutrina económica quanto à efectividade da propriedade intelectual enquanto ins-

---

[115] BESEN e RASKIND destacam o pouco impacto da análise económica em termos da política legislativa neste domínio, implicitamente questionando a relevância do trabalho efectuado até 1991: "Although economists have written on topics of intellectual property for a long time, the impact of economics on public policy in this area has been slight, especially as compared to the influence of professional writings in areas such as antitrust and taxation. We believe that too few of the profession's ressources have been devoted to these issues and that, of those resources that have been employed, too few have been devoted to empirical analyses"; STANLEY M. BESEN, LEO J. RASKIND, "An Introduction to the Law and Economics of Intellectual Property", J. of Econ. Persp., vol. 5, 1991, p. 3, na p. 4.

[116] Foi esse o caso da difusão da protecção dos programas de computador pelo Direito de Autor, ver o nosso estudo "A protecção de programas de computador", *loc. cit.*, p. 255.

[117] Para uma análise da posição dos países em vias de desenvolvimento e de outros aspectos das negociações do Acordo TRIPS, ver ULRICH UCHTENHAGEN, "The GATT Negotiations Concerning Copyright and Intellectual Property Protection", IIC, vol. 21, n.º 6/1990, p. 765; JOHN SLAUGHTER, "The GATT Intellectual Property Negotiations Approach their Conclusion", EIPR, 1990, vol. n.º 11, p. 418; THOMAS COTTIER, "The Propects for Intellectual Property in GATT", C.M.L.Rev., 1991, vol. 28, p. 383. Sobre o Acordo TRIPS de 1994, ver JOHN H. JACKSON, *et al.*, *Legal Problems of International Economic Relations*, 3.ª ed., West Publ., St. Paul, Minnesotta, 1995, p. 844; MICHAEL J. TREBILCOCK, ROBERT HOWSE, *The Regulation of International Trade*, Routledge, Londres, 1995, p. 248.

trumento de promoção do progresso tecnológico. Pensamos no entanto ser razoável dar como relativamente assente que a propriedade intelectual promove a inovação, ainda que quanto às restantes questões atrás descritas exista um desacordo substancial.[118] De resto, a objecção de PRIEST não põe em causa a utilidade da análise económica da propriedade intelectual, desde que se parta da premissa de que as leis actualmente existentes reflectem, em abstracto, uma aproximação possível ao nível óptimo de protecção. Se, como admitimos, não dispomos de comprovação empírica irrefutável para este pressuposto, também não encontramos elementos que nos levem à conclusão oposta.

Podemos então pensar que a utilidade da análise económica reside apenas em determinar os efeitos das regras de propriedade intelectual e das limitações introduzidas pela aplicação das regras de concorrência. Mas, mesmo assim, duas dificuldades se colocam. Em primeiro lugar, como efectuar essa comparação se não temos a certeza quanto ao impacto destas regras sobre a inovação e desconhecemos mesmo qual a bitola à luz da qual medir a sua eficiência? Em segundo lugar, ainda que se possa obter uma indicação aproximada acerca desse impacto, como resolver as situações de conflito? A favor dos direitos de propriedade intelectual ou dos direitos dos concorrentes que optam pela imitação? Este é o problema central que se coloca na intersecção dos regimes da propriedade intelectual e da defesa da concorrência.

Antes de prosseguir, importa esclarecer que o próprio sistema de propriedade intelectual incorpora diversos mecanismos de auto-limitação, particularmente importantes quando os exclusivos concedidos incidem sobre inovações de grande importância económica e social. Pode, com efeito, pensar-se que este é alheio aos importantes custos sociais que pode

---

[118] É consensual que o sistema de protecção dos direitos de propriedade intelectual pode criar demasiados incentivos em certos casos. Ou seja, por exemplo em matéria de patentes, muitas invenções seriam desenvolvidas mesmo sem a protecção conferida por um direito exclusivo. Neste sentido, ver JAMES J. ANTON, DENNIS A. YAO, "Expropriation and Inventions: Appropriable Rents in the Absence of Property Rights", Am. Econ. Rev., vol. 84, 1984, p. 190. Diversos autores sustentam mesmo que a concessão de direitos exclusivos é de todo desnecessária para promover a inovação. Ver, por exemplo, A. PLANT, "The Economic Theory Concerning Patents for Inventions", Economica, vol. 1, 1934, p. 67; A. PLANT, "The Economic Aspects of Copyright in Books", Economica, vol. 1, 1934, p. 167; S. BREYER, "The Uneasy Case for Copyright in Books, Photocopies, and Computer Programs", Harv. L. Rev., vol. 84, 1970, p. 1493; J. HUGHES, "The Philosophy of Intellectual Property", Geo. L. J., vol. 77, 1988, p. 287.

acarretar o "emparcelamento" de ideias, sobretudo através de certos direitos de propriedade industrial como as patentes, os modelos de utilidade e os desenhos ou modelos industriais. Ou seja, o direito da propriedade intelectual em geral, e aqueles direitos em especial, teriam uma preocupação excessivamente centrada na defesa dos direitos dos criadores. Por contraposição, o direito da concorrência poderia amenizar esse excessivo zelo mediante a introdução de ajustamentos que permitissem salvaguardar a concorrência e, em última análise, os interesses dos consumidores.

Esta dicotomia, por vezes manifesta aquando da elaboração de reformas ao direito da propriedade industrial e a certos aspectos do direito de autor e direitos conexos, tende a apresentar dois campos distintos: o dos criadores, por um lado, defendidos pelas autoridades que administram o sistema de propriedade intelectual; do outro, os concorrentes (apelidados de imitadores pelo primeiro grupo), que procuram manter livre acesso às principais inovações, nisso sendo coadjuvados pelas autoridades que aplicam as regras de concorrência. Embora esta apresentação seja, propositadamente, simplista, ela traduz uma divisão de fundo, com actores que tendem a mudar de campo frequentemente.

Para desmontar as diversas falácias que esta dicotomia encerra (e precisar assim uma eventual função correctiva a desempenhar pelo direito da concorrência), é necessário, para já, esclarecer que o próprio sistema de propriedade intelectual procura equilibrar os direitos dos inovadores com os direitos dos seus concorrentes e o bem-estar dos consumidores. Ou seja, a questão não pode ser colocada em termos dicotómicos, pelos quais teríamos leis de propriedade intelectual que criam uma protecção excessiva dos titulares desses direitos, contra as quais o direito da concorrência impõe limites tendentes a reequilibrar a balança a favor do acesso dos concorrentes às inovações que podem contribuir para a criação ou perpetuação de monopólios em sentido económico. Uma tal interpretação apenas conduzirá à introdução de mecanismos que vão desestabilizar o equilíbrio obtido através dos sistemas de protecção da propriedade intelectual. Vejamos, agora, alguns exemplos de como a propriedade intelectual opera esse equilíbrio.

Os sistemas europeus continentais de protecção da propriedade intelectual utilizam um regime de imposição de taxas progressivo para lidar com o problema do custo social dos direitos de propriedade industrial e evitar as dificuldades inerentes à determinação do período óptimo de protecção. Tal resulta numa duração média dos direitos de propriedade industrial muito mais reduzida do que os prazos legais podem sugerir. Por exemplo, na Alemanha a vida média de uma patente é de apenas oito anos.[119] Na perspectiva da teoria dos jogos, esta regra proporciona um mecanismo de eliminação de direitos cujo benefício privado seja inferior ao custo das taxas de renovação (*ex post screening*).[120] Sucede frequentemente que, no momento em que é pedido o depósito da patente, o inventor desconhece qual o verdadeiro valor de mercado da mesma, limitando--se a calcular o seu valor possível. Neste ponto, taxas de depósito muito elevadas teriam como consequência afastar muitas inovações do âmbito de protecção na medida em que o benefício delas esperado seria inferior aos custos de obtenção da patente. O risco que isto coloca à sociedade é o da substituição da protecção pela via das patentes pela protecção pelo segredo industrial ou saber-fazer, com a consequente perda para a sociedade da divulgação dos aspectos mais importantes da inovação.

Graças ao mecanismo progressivo das taxas de depósito, o custo de manter uma patente aumenta até ao ponto em que o custo social traduzido pela taxa é igual aos benefícios privados para o titular. Desta forma se obtém um equilíbrio de separação (*separating equilibrium*) pelo qual os titulares de patentes com menor valor abandonam o sistema de protecção, tornando essas invenções livremente apropriáveis.[121]

Outro modo de obter o mesmo resultado consiste em aplicar taxas mais reduzidas aos titulares de patentes que estejam dispostos a conceder licenças a terceiros. Trata-se de um mecanismo voluntário de divulgação das inovações a troco de um custo mais reduzido de manutenção da protecção. Por outro lado, muitos sistemas permitem a possibilidade de concessão de licenças obrigatórias. Apesar de este mecanismo, de natureza compulsória, ser utilizado com pouca frequência, tal pode apenas indicar o efeito indirecto desse instituto, ao colocar os titulares de patentes sob a pressão de aumentar a divulgação da inovação através de licenças concedidas a terceiros. Este instituto permite, pois, equilibrar o poder negocial dos titulares de patentes com o de potenciais licenciados que procuram obter uma licença de exploração. Apesar de não haver estudos realizados neste domínio, não há dúvida de que, este sistema funciona, pelo menos

---

[119] Ver COOTER e ULEN, *op. cit.*, p. 137.

[120] Este elemento de incerteza levanta igualmente obstáculos à determinação de uma percentagem óptima de *royalties* a cobrar pelo licenciante e é um dos argumentos fundamentais em favor da imposição do pagamento de *royalties* após ter expirado a patente objecto da licença

[121] Ver COOTER e ULEN, *op. cit.*, p. 137.

nos casos em que do lado da procura existe um forte poder de monopsónio. É este, por exemplo, o caso do Reino Unido no que respeita aos medicamentos, onde o mecanismo das licenças obrigatórias, combinado com a fixação de taxas máximas de *royalties*, limita o preço dos produtos farmacêuticos, por comparação com outros Estados-membros da União Europeia.

Pensamos que os exemplos citados são suficientes para que se reconheça que os diferentes regimes de propriedade intelectual operam já no seu seio um complexo equilíbrio entre os interesses conflituantes de maior incentivo e maior acesso às inovações. Sem dúvida o direito da concorrência tem um papel a desempenhar, mas a sua intervenção deve sempre ter em conta esse equilíbrio, de forma a evitar um resultado perverso de excessiva protecção dos concorrentes em prejuízo dos inovadores, pondo em causa a própria concorrência em termos de eficiência dinâmica.

Serão adiante ponderados alguns princípios desenvolvidos no contexto dos direitos de propriedade intelectual que preenchem esta função, como sucede com a *"patent misuse doctrine"* e a *"fair use doctrine"*.

C. O direito da concorrência e a inovação tecnológica

1. *Direitos exclusivos e poder de mercado*

Como vimos, o principal objectivo de um sistema de protecção de direitos de propriedade intelectual deve ser o de encontrar um equilíbrio adequado entre o grau de protecção necessário para incentivar inovações socialmente úteis, por um lado, e a garantia da disseminação e utilização quase-óptima dessas inovações, por outro. A necessidade de lidar com algumas das consequências de um excesso de protecção e de salvaguardar uma margem de concorrência é, de uma forma geral, aceite pelo próprio sistema de protecção de direitos de propriedade intelectual.[122] No entanto,

---

[122] Nos Estados Unidos, podemos encontrar exemplos desta atitude na *patent misuse doctrine* e nas defesas por excepção de *fair dealing* e *fair use*. Na Comunidade, as considerações relativas à protecção da concorrência estão por detrás da excepção de interoperabilidade nos termos da Directiva n.º 91/250/CEE relativa à protecção de programas de computador, J.O. 1991, L 122/42; ver o nosso estudo, "Protecção de programas de computador...", *loc. cit.*, p. 253.

tal não obsta ao reconhecimento de que o direito da concorrência deve desempenhar um papel de controlo, em especial quanto à necessidade de manter um mercado competitivo em matéria de inovação.[123]

Antes de proceder à análise da questão das relações entre os direitos de propriedade intelectual e o direito da concorrência, importa clarificar as premissas básicas de que os direitos de propriedade intelectual são necessários para criar incentivos à inovação e de qual o âmbito adequado de protecção a conferir pelo sistema jurídico para atingir essa finalidade. Estas questões constituem o pano de fundo para uma breve discussão do problema das relações entre os direitos de propriedade intelectual e o direito da concorrência, a chamada *patent-antitrust interface*.[124]

Na medida em que um direito de propriedade intelectual permite ao seu titular impedir a terceiros a produção, utilização ou colocação no mercado de produtos que incorporem o objecto protegido, dir-se-ia que estes direitos criam monopólios protegidos por lei. Esta é uma ideia falaciosa: não existe uma correspondência necessária entre a concessão de um direito exclusivo ou de um direito de monopólio[125] e um monopólio em sentido económico.[126] Um novo produto (ou um novo processo de obter um pro-

---

[123] Neste sentido, ver o excelente estudo de WILLIAM BAXTER, "Legal Restrictions on Exploitation of the Patent Monopoly: An Economic Analysis", Yale L. J., vol. 76, n.º 2, 1966, p. 215: "The final [...] objection to the monopoly-subsidy is that it is subject to grave abuse. From Congressional viewpoint, this fact must be taken into account with all the previously described advantages and disadvantages of the monopoly device in deciding whether to retain the device as a means of subsidy. But for the courts the potentiality and frequent actuality of abuse pose problems distinctive from the other considerations. So long as Congress retains the patent statutes in essentially their present form, those statutes represent a legislative judgment that, on balance, the monopoly-subsidy is desirable; and the courts have neither responsibility for that judgment nor authority to change it. With respect to the problem of abuse their responsibility is different; for they have been given both the task of enforcing the patent monopoly, which carries the appurtenant responsibility of deciding what conduct is a proper assertion of the monopoly reward and what conduct is an abuse, and the task of enforcing the antitrust laws with which improper use of the monopoly often conflicts".

[124] O conceito da doutrina norte-americana *patent-antitrust interface* é equívoco na medida em que os problemas aqui discutidos dizem igualmente respeito a outros direitos de propriedade intelectual e ao saber-fazer ou *know-how*.

[125] Na expressão de FRANCESCHELLI, *apud*, PEDRO SOUSA E SILVA, *Direito Comunitário e Propriedade Industrial – O princípio do esgotamento dos direitos*, Coimbra Editora, Coimbra, 1996, p. 30.

[126] Ver RICHARD POSNER, *Antitrust Law – An Economic Perspective*, Univ. Chicago Press, Chicago, 1976, p. 172, nota 3: "(a) patent is actually a poor proxy for monopoly

duto) apenas conferem poder de mercado ao seu titular na ausência de um produto (ou processo) substituto.[127] E mesmo esse poder de mercado poderá ser meramente temporário devido à existência de tecnologias concorrentes. Em última análise, é o mercado que define qual o verdadeiro valor das inovações.[128]

KITCH identifica três formas de pressão competitiva que impedem o titular de uma patente de obter um lucro de monopólio.[129] Em primeiro lugar, o titular da patente irá enfrentar a concorrência de produtos substitutos ou sucedâneos. Por outro lado, a continuação da utilização pelos restantes concorrentes da tecnologia anterior pode criar uma pressão concorrencial significativa, sobretudo quando a nova tecnologia não acarreta uma redução substancial de custos. Por fim, a entrada iminente dos concorrentes à medida que o período de protecção chega ao fim obrigará o titular a reduzir os seus preços. Em suma, para KITCH "Putting it bluntly, to presume market power in a product simply because it is protected by intellectual property is nonsense". Como veremos esta ideia corresponde, em termos gerais, à posição actualmente assumida pelas autoridades de concorrência dos Estados Unidos e da União Europeia.

A concessão de direitos exclusivos pode ser considerada uma restrição da concorrência dirigida ao reforço da eficiência económica a longo

---

power, since most patents confer too little monopoly power to be a proper object of antitrust concern. (Some patents confer no monopoly power at all. A patent may simply enable a firm to reduce the cost advantage of a competing firm; in such a case the patent might actually reduce the amount of monopoly power in the market)".

[127] Como afirma MICHAEL WATERSON, "certainly [a patent] acts as a deterrent to entry (...) but more precisely a patent on a product makes entry into the market by 'close' substitutes costly. It prevents (or discourages) anything that is sufficiently close from being produced but does not foreclose a whole area in most cases. One might think of the case of a new child's toy, a new car safety restraint, or a new type of bottle opener. Here there is potential for competition between the product that is patented (that suits some people very well, others not so well) and other products in this area. Thus we argue that the main impact of a product patent is not to create monopoly but rather to affect the various choices that rivals make. Moreover, the particular impact on variety choices is heavily influenced by the particular legal mechanisms that are used to enforce patent rights". MICHAEL WATERSON, "The Economics of Product Patents", Am. Econ. Rev., vol. 80, 1990, p. 860.

[128] Ver WARD S. BOWMAN, Jr., *Patent and Antitrust Law*, Chicago Univ. Press, Chicago, 1973.

[129] Ver EDMUND W. KITCH, "Patents: Monopolies or Property Rights?", Research in L. and Econ., vol. 8, 1986, p. 31

prazo, a custo de uma perda a curto prazo traduzida no eventual lucro de monopólio auferido pelo titular desses direitos.[130] Para MICHAEL LEHMANN, não se verifica qualquer contradição entre a concessão de direitos exclusivos sobre bens imateriais e a defesa da concorrência. Existe sim um nexo lógico entre os dois sistemas na medida em que a concessão desses direitos contribui para um aumento da concorrência.[131]

Ao discutir as objecções tradicionais ao monopólio em sentido económico, RICHARD POSNER, contesta também o argumento segundo o qual os monopólios têm como consequência uma redução da inovação. Com base no chamado *free rider problem*, POSNER sublinha, em termos que recordam SCHUMPETER, o impacto negativo que a própria concorrência pode ter ao nível da inovação ao permitir aos concorrentes apropriarem-se livremente de uma inovação sem incorrerem nos respectivos custos.[132] Tal pode, pois, ter um efeito de desincentivo ao investimento na inovação (*chilling effect*). A propriedade intelectual apresenta-se então como um instrumento de correcção das deficiências ou falhas do mercado, com base no qual as inovações são transformadas em bens tran-

---

[130] OCDE, *Competition Policy and Intellectual Property Rights*, Paris, 1989, pp. 11 a 14.

[131] M. LEHMANN, *op. cit.*, pp. 537-538. Com base na teoria económica dos direitos de propriedade, MICHAEL LEHMANN conclui que "intellectual property rights are, as a rule, only temporary or specific competitive restrictions which in the long run serve to improve the wealth of a competitive society: they are artificially produced competitive restrictions for the encouragement of competition and the production of goods which are particularly desired by society", *Id.*, p. 540.

[132] O argumento de SCHUMPETER foi desenvolvido na sua obra *Capitalism, Socialism, and Democracy*, Harper, New York, 1942, pp. 106 e ss. Ver ainda JOSEPH A. SCHUMPETER, *The Theory of Economic Development*, trad. ingl., Harvard Univ. Press, Cambridge, MA, 1934. Embora a questão da relação entre estrutura de mercado e o nível de inovação seja complexa e de difícil comprovação empírica, o elemento essencial da tese de SCHUMPETER, de que a concorrência não garante necessariamente mais inovação continua válido, ainda que com muitas qualificações. Ver SCHERER e ROSS, *op. cit.*, Cap. 17, que concluem da seguinte forma: "Schumpeter was right in asserting that perfect competition has no title to being established as the model of dynamic efficiency. But his less cautious followers were wrong when they implied that powerful monopolies and tightly knit cartels had any stronger claim to that title. What is needed for rapid technical progress is a subtle blend of competition and monopoly, with more emphasis in general on the former than the latter, and with the role of the monopolistic elements diminishing when rich technological opportunities exist". Adiante retomaremos o problema do nexo entre a estrutura de mercado e a inovação; ver, *infra*, I.C.2..

saccionáveis, contribuindo para a respectiva divulgação através dos acordos de licença.[133]

Este é o ponto de vista partilhado pelas autoridades dos Estados Unidos e pelos respectivos tribunais.[134] O conflito entre propriedade intelectual e direito da concorrência poderia, por conseguinte, ser limitado aos casos em que "os objectivos dinâmicos do direito industrial colidem com as finalidades estáticas do direito da concorrência em matéria de afectação de recursos. Dito de outro forma, o conflito entre estes dois ramos do Direito traduz o *trade-off* entre as acepções estática e dinâmica da eficiência económica".[135]

Esta contraposição torna-se patente quando o custo marginal de transmitir a informação tecnológica relevante ao licenciado é igual a zero ou é muito baixo.[136] O direito da concorrência poderia impor que o preço fosse perfeitamente competitivo e igual ao custo marginal, de modo a reproduzir as condições de mercado numa estrutura de concorrência perfeita.[137]

---

[133] Ver POSNER, *op. cit.*, pp. 13 a 14. Ver ainda OCDE, *op. cit.*, p. 12. CHRISTOPHER D. HALL, "Patents, Licensing, and Antitrust", Research in L. and Econ., vol. 8, 1986, p. 59; RICHARD E. CAVES, *Multinational Enterprise and Economic Analysis*, 2.ª ed., Cambridge Univ. Press, Cambridge, 1996; NANCY T. GALLINI, "Deterrence by Market Sharing: A Strategic Incentive for Licensing", Am. Econ. Rev., vol. LXXIV, 1984, p. 931; NANCY T. GALLINI, RALPH A. WINTER, "Licensing in the Theory of Innovation", Rand J. of Econ., vol. 16, n.º 2, 1985, p. 237; NANCY T. GALLINI, BRIAN D. WRIGHT, "Technology Transfer Under Asymmetric Information", Rand J. of Econ., vol. 21, n.º 1, 1990. p. 147; MICHAEL L. KATZ, CARL SHAPIRO, "On the Licensing of Innovations", Rand J. of Econ., vol. 16, n.º 4, 1985, p. 504; MICHAEL L. KATZ, CARL SHAPIRO, "How to License Intangible Property", Quarterly J. of Econ., vol. 101, 1986, p. 567; MICHAEL L. KATZ, CARL SHAPIRO, "R&D Rivalry with Licensing or Imitation", Am. Econ. Rev., vol. LXXVII, 1987, p. 402.

[134] Ver as Directrizes de 1995, Ponto 1.0: "(t)he intellectual property laws and antitrust laws share the common purpose of promoting innovation and enhancing consumer welfare", citando o acórdão *Atari Games Corp. v. Nintendo of America, Inc.*, 897 F.2d 1572, 1576 (Fed. Cir. 1990) no sentido de que "the aims and objectives of patent and antitrust laws may seem, at first glance, wholly at odds. However, the two bodies of law are actually complementary, as both are aimed at encouraging innovation, industry and competition".

[135] JANUSZ A. ORDOVER, "Economic Considerations in Protecting Industrial and Intellectual Property", Antitrust L. J., vol. 53, 1985, p. 503, na p. 511.

[136] Importa referir que a difusão da tecnologia exige por vezes investimentos avultados e um período de aprendizagem que pode ser longo. Tal aumenta consideravelmente os custos de transacção associados às licenças de tecnologia.

[137] Ver WILLIAM BAXTER, *op. cit.*.

No entanto, vimos já que o entendimento dominante dos direitos de propriedade intelectual na doutrina económica os considera um instrumento de apropriação de lucros supranormais (numa visão estática) que, contrariamente aos lucros de monopólio auferidos noutros contextos, são aqui justificados como uma recompensa pela actividade de inovação desenvolvida pelo titular daqueles direitos. É esta a premissa essencial da chamada teoria da recompensa.

Note-se que a legislação de propriedade intelectual visa apenas criar a potencialidade de auferir estes lucros e não conferir monopólios concretos. Um dos aspectos que tornam este sistema atraente é o facto de ele permitir incentivar a inovação com base em regras gerais e abstractas, ainda que acompanhadas de uma complexa máquina administrativa e judicial destinada a garantir a concessão e defesa desses direitos com as necessárias garantias materiais e formais de legalidade.

A teoria da recompensa tem importantes implicações no contexto das relações com outros ramos do direito, em especial quanto ao direito da concorrência. Com efeito, se o sistema de protecção da propriedade intelectual assenta no incentivo conferido pela perspectiva da obtenção de um exclusivo que será valioso na medida em que se traduza numa vantagem concorrencial, então qualquer interferência com a exploração dessa posição contribui para pôr em causa a operatividade daquele sistema. Assim se compreende a posição de autores como BOWMAN ou DEMARET, para os quais a preocupação central nesta matéria deve ser a de assegurar que o objectivo do sistema de protecção da propriedade intelectual seja atingido, permitindo ao titular desses direitos a obtenção de um lucro de monopólio que possa advir do exclusivo que aqueles direitos lhe conferem.[138] Por outras palavras, mesmo em ordenamentos que condenam a prática de preços não equitativos (como a União Europeia ou a legislação nacional), um monopolista poderia auferir todos os lucros supranormais que a posição de exclusivo legal lhe permite. Como corolário desta teoria, todas as práticas tendentes a assegurar essa maximização dos lucros no mercado coberto pelo direito exclusivo (por exemplo a imposição de *royalties* discriminatórios ou a subordinação da licença de utilização de um objecto protegido à obtenção de outros bens junto do titular do direito) estariam igualmente abrangidas pela protecção conferida pelo direito de propriedade intelectual.

---

[138] BOWMAN, *op. cit.*; PAUL DEMARET, *Patents, Territorial Restrictions, and EEC Law – A Legal and Economic Analysis*, IIC Studies, Verlag Chemie, New York, 1978.

Curiosamente, a atitude tradicional dos tribunais norte-americanos nesta matéria divergia significativamente da posição assumida quanto aos lucros de monopólio obtidos noutros contextos. Assim, apesar de uma posição de princípio que recusa a conversão do sistema de protecção da concorrência num mecanismo de fixação de preços razoáveis, no domínio da propriedade intelectual aqueles tribunais mostram-se mais dispostos a introduzir preocupações regulatórias a propósito da razoabilidade da recompensa obtida pelo titular desses direitos.[139]

Encontramos aqui uma das diferenças essenciais entre o tratamento pelo direito da concorrência dos direitos de propriedade tradicionais e a propriedade intelectual. Se considerarmos os casos mais antigos de direito da concorrência nos Estados Unidos relacionados com a fixação de preços no sector do transporte ferroviário encontramos alguns aspectos curiosos. Em casos como *US v. Trans-Missouri Freight Association*, o Supremo Tribunal rejeitou a abordagem sugerida por alguns de considerar o cartel justificado caso o preço fixado pelos seus membros fosse razoável. Na expressão famosa do então juiz TAFT (mais tarde Presidente dos Estados Unidos e depois ainda Presidente do Supremo Tribunal), tal teoria levaria os tribunais a "navegar num mar de dúvidas, e assumir o poder de afirmar, a respeito de contratos que não tinham outra causa ou contrapartida para qualquer das partes senão a restrição mútua dos seus comportamentos, qual o grau de restrição que opera no interesse público e qual o grau que lhe é contrário".[140]

Esta ideia de que os tribunais não devem determinar a razoabilidade dos preços surge igualmente no contexto da *Section 2* do *Sherman Act*. No caso *Alcoa*, o juiz LEARNED HAND rejeitou o argumento da ré segundo o qual esta não tinha violado a *Section 2* pois tinha cobrado apenas um preço razoável. Para aquele ilustre magistrado, "tal implicaria um constante exame e uma constante supervisão, algo que os tribunais não podem fornecer". O caso *Alcoa* afasta também a interpretação da *Section 2* como um instrumento de regulação do mercado. A existência de um lucro de

---

[139] Para uma análise exaustiva (e acerrimamente crítica) da jurisprudência norte-americana até ao final da década de 1960, ver BOWMAN, *op. cit.*.

[140] "to set sail in a sea of doubt, and have assumed the power to say, in respect to contracts which have no other purpose and no other consideration on either side than the mutual restraint of the parties, how much restraint of competition is in the public interest and how much is not"; *US v. Addyston Pipe & Steel Co.*, 85 F.271 (6thCir.1898), aff'd, 175 U.S. 211 (1899).

monopólio não é, por si só, suficiente para estabelecer a ilegalidade de um monopólio. A possibilidade de obter lucros de monopólio é um incentivo que não pode ser anulado pois, "tendo sido incitado a concorrer, o concorrente bem sucedido não deve ser prejudicado quando ganha".[141]

Constatámos, assim, que um dos pontos de potencial conflito entre os regimes de propriedade intelectual e as regras de defesa da concorrência poderá ser parcialmente mitigado por um entendimento dinâmico da natureza da concorrência, na linha, de resto, das teses de SCHUMPETER.

No entanto, antes de prosseguir, é necessário considerar os possíveis efeitos negativos de uma protecção excessiva dos direitos de propriedade intelectual, bem como os efeitos de um abuso desses mesmos direitos. Nesse caso, o direito da concorrência pode contribuir para corrigir eventuais falhas do enquadramento regulatório daqueles exclusivos, corrigindo essas falhas. Tal pode igualmente suceder quanto a deficiências no regime de propriedade intelectual que impeçam uma efectiva apropriação dos resultados de uma inovação (e.g. mediante uma política mais tolerante quanto a certas restrições da concorrência que se mostrem indispensáveis para assegurar os incentivos necessários ao desenvolvimento de novos produtos ou processos).

Como acima referimos, os direitos de propriedade intelectual são frequentemente equiparados a um monopólio ou a uma posição dominante em sentido económico.[142] Esta tese resulta da confusão corrente entre um direito exclusivo sobre um bem imaterial e um monopólio em sentido eco-

---

[141] *U.S. v. Aluminum Co. of America (Alcoa)*, 148 F.2d 416 (2nd Cir.1945).

[142] Utilizamos aqui os conceitos adoptados nos Estados Unidos pela *Section 2* do *Sherman Act* de 1890: "(e)very person who shall monopolize, or attempt to monopolize, or combine or conspire (...) to monopolize (...)", e, na Comunidade Europeia, pelo artigo 82.º do Tratado de Roma que proíbe os abusos ("l'exploitation abusive" no texto francês) de posição dominante. O paralelo aparente entre a *Section 2* do *Sherman Act* e o artigo 82.º do Tratado de Roma é equívoco pois o primeiro tem um carácter essencialmente estrutural enquanto o segundo visa sobretudo o comportamento de empresas com poder de mercado e não a condenação dessa posição. Curiosamente, ambas as disposições parecem ter invertido os respectivos papéis, tendo actualmente convergido para uma posição intermédia entre o abuso estrutural e o controlo do comportamento. Neste sentido, ver Eleanor Fox, "Abuse of a Dominant Position Under the Treaty of Rome – A Comparison With U.S. Law", 1983 Fordham Corp. L. Inst. (B. Hawk ed., 1984), p. 367; VALENTINE KORAH, "A Comment on Prof. Fox's Paper on Article 86", 1983 Fordham Corp. L. Inst. (B. Hawk ed., 1984), p. 423. Ver ainda THOMAS E. KAUPER, "Whither Article 86? Observations on Excessive Prices and Refusals to Deal", 1988 Fordham Corp. L. Inst. (B. Hawk ed., 1989), p. 651.

nómico. Na Comunidade Europeia, quer a Comissão, quer o Tribunal de Justiça têm uma posição cautelosa neste domínio, exigindo uma análise completa do mercado de forma a aferir se existe ou não uma posição dominante.[143] Apesar da escassa argumentação do Tribunal de Justiça no acórdão *Magill*, este caso pode ser lido no sentido de confirmar aquela linha jurisprudencial, limitando-se a criar uma excepção "atendendo às circunstâncias" deste caso.[144]

O exercício abusivo de direitos de propriedade intelectual pode igualmente manifestar-se através da extensão do exclusivo sobre uma determinada inovação a um mercado adjacente, nomeadamente através de contratos subordinados (*tying*) e de recusas em fornecer concorrentes em mercados a jusante (*supply squeeze*).

Por último, verifica-se também uma crescente preocupação com o controlo da política de preços praticada por titulares de direitos de propriedade intelectual, em especial nos casos em que estes detêm monopólios legais, como sucede com as entidades que gerem direitos de autor.[145]

É à luz das preocupações acima mencionadas que se discute o papel do direito da concorrência como um instrumento de correcção deste tipo de situações, operando um equilíbrio entre os objectivos da propriedade intelectual, ou seja, por um lado, a protecção da inovação e o incentivo ao investimento na investigação e desenvolvimento, e, por outro, o acesso público à inovação e ao conhecimento científico.

Importa que a política de concorrência neste domínio tenha em conta que os direitos de propriedade industrial, como é o caso das patentes, modelos de utilidade e desenhos e modelos industriais, prosseguem uma finalidade de estímulo à inovação.[146] Se é verdade que o sistema pode em certos casos gerar demasiada inovação (com o consequente desperdício de recursos escassos) e noutros não oferecer incentivos suficientes para gerar inovações socialmente úteis (*i.e.* cujo benefício social exceda o custo privado do seu desenvolvimento), nenhum outro sistema se afigura

---

[143] Acórdão do Tribunal de Justiça no Proc. 238/87, *Volvo c. Veng*, Colect. 1988, p. 6211.

[144] Ver acórdão do Tribunal de Justiça nos Procs. Apensos C-241/91 P e C-242/91 P, *RTE e ITP c. Comissão*, 6 de Abril de 1995.

[145] Ver acórdão do Tribunal de Justiça no caso 395/87, *Ministère Public c. Tournier*, Colect. 1989, p. 2521.

[146] Pode dizer-se que o mesmo sucede com a protecção de obras funcionais pelo direito de autor, como já indicámos a propósito dos programas de computador.

constituir uma alternativa viável de promoção da inovação. Entendemos, por isso, que, sempre que esteja em causa um objecto protegido por direitos de propriedade intelectual, a intervenção do direito da concorrência se deve pautar pelo respeito devido à função de incentivo prosseguida por aqueles direitos. Como veremos, a própria estrutura do direito da concorrência, orientada para a apreciação de factos económicos complexos, permite a introdução destas considerações dinâmicas na análise jus-concorrencial.

2. *Estrutura de mercado e inovação*

Para que se possa sustentar a inexistência de uma contradição entre a concessão de direitos exclusivos de propriedade intelectual e a defesa da concorrência, é indispensável demonstrar que, sem a protecção conferida por aqueles direitos exclusivos, as empresas não teriam incentivos suficientes para inovar. O mesmo é dizer que uma estrutura de mercado perfeitamente competitiva tenderia a gerar um nível de inovação inferior ao óptimo. Mas, aceitando que a imitação desenfreada pode prejudicar o estímulo para determinados tipos de inovação, daí decorre apenas que é necessário conferir alguma protecção legal aos inovadores, e não que uma estrutura de mercado monopolista (entendendo aqui monopólio em sentido económico) seja mais favorável à inovação em termos absolutos.

Vimos já que os principais estudos empíricos demonstram, em muitos casos, que as empresas consideram outros factores para além das patentes como sendo suficientes para permitir capturar parte significativa dos benefícios da inovação. Alguns desses factores derivam da estrutura de mercado. Daí a importância de analisar a questão da existência de um nexo causal entre concentração económica e inovação. Veremos que este problema é importante em termos práticos quanto à orientação seguida pelas autoridades dos Estados Unidos e da União Europeia.

Uma das mais antigas objecções levantadas aos monopólios é a de que estes tendem a impedir o progresso tecnológico. Uma clara formulação desta tese é-nos dada pelo brilhante jurista americano, Juiz LEARNED HAND no caso *Alcoa*, de 1945.

> "Many people believe that possession of unchallenged economic power deadens initiative, discourages thrift and depresses energy; that immunity from competition is a narcotic, and rivalry is a stimulant, to industrial pro-

gress; that the spur of constant stress is necessary to counteract an inevitable disposition to let well enough alone. Such people believe that competitors, versed in the craft as no consumer can be, will be quick to detect opportunities for saving and be eager to profit by them".[147]

Esta concepção da concorrência como estímulo da inovação encontra eco, ainda hoje, nos responsáveis pela aplicação do direito da concorrência nos Estados Unidos. Mas mesmo na época em que foi decidido o caso *Alcoa* (no qual não estavam directamente em causa direitos de propriedade intelectual, já que as patentes relativas ao fabrico de alumínio tinham expirado) essa visão era já contestada por JOSEPH SCHUMPETER.[148] Este ilustre economista austríaco defendia que a inovação tecnológica é estimulada pela existência de grandes empresas (o que pressupunha uma estrutura de mercado oligopolista ou mesmo monopolista) e desincentivada pela concorrência devido à alegada capacidade das grandes empresas de melhor suportar os custos e riscos da actividade de investigação e desenvolvimento. Na suas palavras:

> "(...) it is not sufficient to argue that because perfect competition is impossible under modern industrial conditions – or because it has always been impossible – the large-scale establishment or unit of control must be accepted as a necessary evil inseparabale from the economic progress which it is prevented from sabotaging by the forces inherent in its productive apparatus. What we have got to accept is that it has come to be the most powerful engine of that progress and in particular of the long-run expansion of total output not only in spite of, but to a considerable extent through, this strategy which looks so restrictive when viewed in the individual case and from the individual point of time. In this respect, perfect competition is not only impossible but inferior and has no title to being set up as a model of ideal efficiency".[149]

Naturalmente que não basta demonstrar a superior capacidade do monopolista de correr riscos. Importa apurar se ele tem o incentivo para

---

[147] *United States v. Aluminum Co. of America*, 148 F.2d 416 (2d Cir. 1945).

[148] JOSEPH A. SCHUMPETER, *Capitalism, Socialism, and Democracy*, Harper, New York, 1942, *maxime* cap. 8. À tese popular do efeito soporífero do monopólio, Schumpeter contrapõe o efeito devastador da concorrência em termos de inovação, p. 102: "especially in manufacturing industry, a monopoly position is in general no cushion to sleep on. As it can be gained, so it can be retained only by alertness and energy".

[149] *Id.*, *Ibid.*, p. 106.

correr esses riscos. E neste ponto a análise de SCHUMPETER e dos seus seguidores é largamente tributária dos fundamentos do sistema de direitos de propriedade intelectual. Uma vez que o monopolista, como qualquer empresa em concorrência perfeita, procura maximizar os seus lucros, tal significa que ele tem um incentivo para reduzir os seus custos e aumentar o seu lucro de monopólio.[150] Mas, ao contrário de uma empresa em concorrência perfeita, o monopolista tem um incentivo acrescido para efectuar o investimento necessário que resulta de não correr o risco de serem os seus concorrentes a beneficiar dessa inovação sem suportar os custos de investigação e desenvolvimento.[151] As dificuldades de apropriação dos

---

[150] Para SCHUMPETER, op. cit., p. 96: "(...) it is sufficient to consider the case of a concern that controls a technological device – some patent say – the use of which would involve scrapping some or all of its plant and equipment. Will it, in order to conserve its capital values, refrain from using this device (...)? (...) The first thing a modern concern does as soon as it feels that it can afford it is to establish a research department every member of which knows that his bread and butter depends on his success in devising improvements. This practice does not obviously suggest aversion to technological progress. Nor can we in reply be referred to the cases in which patents acquired by business concerns have not been used promptly or not been used at all. For there may be perfectly good reasons for this; for example, the patented process may turn out to be no good or at least not be in shape to warrant application on a commercial basis. Neither the inventors themselves nor the investigating econonomists or government officials are unbiased judges of this, and from their remonstrances or reports we may easily get a very distorted picture". Ver Richard A. POSNER, op. cit., p. 16: "Another weakness in the theory that monopoly leads to slack and waste is its inconsistency with the fundamental economic principle that an opportunity forgone is a cost analytically no different from a loss incurred (...) The monopolistic firm has an incentive to *simulate* the competitive struggle for survival in order to minimize its costs and hence maximize its profits and it can do this readily by establishing competing profit centers within the firm which vie with one another to minimize costs. The wise monopolist eliminates competition only at the level where competition is harmful to the firm – in the pricing of its product. Competition is retained in those areas where it increases profits".

[151] Neste sentido, ver RICHARD A. POSNER, op. cit., p. 15: "(...) in some circumstances (...) *competition* may reduce the incentive to minimize cost. The firm that invents a new, cost-reducing process, or a new product, may be unable to recoup its research and development expenses if the process can be promptly copied by a competing firm that has borne no such expenses. The patent laws – laws granting monopolies to inventors – recognize and counteract the tendency of competition to retard innovation; but since the coverage of these laws is highly incomplete, the process of obtaining and enforcing a patent frequently very costly, and patents limited in scope and duration, the possession of a monopoly not dependent on the patent laws may provide a greater incentive to invest than a patent – let alone competition – does".

benefícios da inovação levam, por isso, à adopção de práticas monopolísticas.[152]

Muitos autores tendem a identificar a importância concedida por SCHUMPETER às grandes empresas como uma defesa da tese segundo a qual uma estrutura monopolista tende a incentivar a inovação, aquilo a que chamam a "hipótese Schumpeteriana".[153] No entanto, uma leitura mais atenta do capítulo VIII de *Capitalism, Socialism, and Democracy*, intitulado "Monopolistic Practices", leva-nos a concluir que aquele autor tinha em mente um ambiente fortemente competitivo, no qual as tais práticas monopolísticas mais não eram do que incidentes inevitáveis no processo de criação destrutiva.[154]

Para SCHUMPETER, a concorrência em matéria de inovação é muito mais poderosa do que a concorrência em termos de preço.[155] Por outro lado, essa concorrência manifesta-se quer de modo actual quer potencial; a concorrência em matéria de inovação "disciplina antes de atacar". Aliás, segundo a definição de monopólio adoptada por SCHUMPETER, são raros os casos em que existe um verdadeiro monopólio, pelo menos a longo

---

[152] SCHUMPETER, *Capitalism, Socialism, and Democracy*, p. 88: "Practically any investment entails, as a necessary complement of entrepeneurial action, certain safeguarding activities such as insuring or hedging. Long-range investing under rapidly changing conditions, especially under conditions that change or may change at any moment under the impact of new technologies, is like shooting at a target that is not only indistinct but moving – and moving jerkily at that. Hence it becomes necessary to resort to such protective devices as patents or temporary secrecy of processes or, in some cases, long-period contracts secured in advance. (...) if a patent cannot be secured or would not, if secured, effectively protect, other means may have to be used in order to justify the investment. Among them are a price policy that will make it possible to write off more quickly than would otherwise be rational, or additional investment in order to provide excess capacity to be used only for aggression or defense".

[153] Ver SCHERER, "Schumpeter and Plausible Capitalism", J. of Econ. Literature, vol. XXX, 1992, p. 1416.

[154] SCHUMPETER, *op. cit.*, p. 88: (...) restrictions of this type are, in the conditions of the perennial gale, incidents, often unavoidable incidents, of a long-run process of expansion which they protect rather than impede. There is no more of paradox in this than there is in saying that motorcars are traveling faster than they otherwise would *because* they are provided with brakes".

[155] Ver *id., ibid.*, pp. 84-85. Aspecto que este Autor retoma no início do capítulo VII: "We have seen that, both as a fact and as a threat, the impact of new things – new technologies for instance – on the existing structure of an industry considerably reduces the long-run scope and importance of practices that aim, through restricting output, at conservating established positions and at maximinzing the profits accruing from them".

prazo.[156] Quando aquele autor defende a grande empresa como a estrutura organizativa mais propícia à inovação fá-lo por duas ordens de razões. Em primeiro lugar, devido à maior capacidade destas empresas de aproveitar eficiências que não estão ao alcance de pequenas e médias empresas.[157] É essa característica que lhes permite inovar e sobreviver no mundo da destruição criativa:

> "There cannot be any reasonable doubt that under the conditions of our epoch such superiority is as a matter of fact the outstanding feature of the typical large-scale unit of control, though mere size is neither necessary nor sufficient for it. These units not only arise in the process of creative destruction and function in a way entirely different from the static schema, but in many cases of decisive importance they provide the necessary form for the achievement. They largely create what they can exploit".[158]

Julgamos que daqui não se pode concluir que SCHUMPETER defenda um modelo de monopólio na sua acepção corrente, nem sequer que ele exclua um papel para as pequenas empresas no domínio da inovação.[159] No capítulo VIII de *Capitalism, Socialism, and Democracy*, SCHUMPETER está essencialmente preocupado em combater as objecções dirigidas às grandes empresas, não em estabelecer uma estrutura ideal conducente à inovação. A sua exposição visa demonstrar que uma posição dominante no mercado não só não impede a inovação como pode ser o seu garante. O mundo descrito naquela obra encerra uma feroz concorrência em termos

---

[156] *Id., ibid.*, p. 99: "We mean only those single sellers whose markets are not open to the intrusion of would-be producers of the same commodity and of actual producers of similar ones or, speaking slightly more technically, only those single sellers who face a given demand schedule that is severely independent of their own action as well as of any reactions to their action by other concerns. (...) then it becomes evident that pure cases of long-run monopoly must be of the rarest occurrence and that even tolerable approximations to the requirements of the concept must be rarer than are cases of perfect competition".

[157] *Id., ibid.*, p. 101: "(...) there are superior methods available to the monopolist which either are not available at all to a crowd of competitors or are not available to them so readily: for there are advantages which, though not strictly unattainable on the competitive level of enterprise, are as a matter of fact secured only on the monopoly level, for instance, because monopolization may increase the sphere of influence of the betterm and decrease the influence of the inferior, brains, or because the monopoly enjoys a disporportionately higher financial standing".

[158] *Id., ibid.*, p. 101.

[159] No mesmo sentido, ver RICHARD NELSON, *op. cit.*, pp. 87 e ss.

de inovação na qual as grandes empresas desempenham um papel fulcral.[160] Justamente porque enfrentam essa concorrência feroz, as empresas necessitam de instrumentos de defesa e de ataque que lhes permitam "explorar aquilo que criaram".[161] O que nos leva à segunda linha de força do argumento de SCHUMPETER: as condições do modelo de concorrência perfeita podem impedir o progresso económico ao eliminar os incentivos para a inovação.

> "But perfectly free entry into a new field may make it impossible to enter it at all. The introduction of new methods of production and new commodities is hardly conceivable with perfect – and perfectly prompt – competition from the start. And this means that the bulk of economic progress is incompatible with it. As a matter of fact, perfect competition is and always has been temporarily suspended whenever anything new is being introduced – automatically or by measures devised for the purpose – even in otherwise perfectly competitive conditions".[162]

KENNETH ARROW defende igualmente a existência de um nexo causal entre a estrutura de mercado e a inovação mas no sentido inverso ao proposto por SCHUMPETER.[163] Para ARROW quanto mais concentrada a indústria menor o incentivo para a inovação pois um monopolista que aufere lucros supra-normais tem menos a ganhar com uma inovação que

---

[160] SCHUMPETER, *op. cit.*, p. 89: "The best way of getting a vivid and realistic idea of industrial strategy is indeed to visualize the behavior of new concerns or industries that introduce new commodities or processes (such as the aluminum industry) or else reorganize a part of the whole of an industry (such as, for instance, the old Standard Oil Company). As we have seen such concerns are aggressors by nature and wield the really effective weapon of competition. Their intrusion can only in the rarest of cases fail to improve total output in quantity or quality, both through the new method itself – even if at no time used to full advantage – and through the pressure it exerts on the preexisting firms. But these aggressors are so circumstanced as to require, for purposes of attack and defense, also pieces of armor other than price and quality of their product which, moreover, must be strategically manipulated all along so that at any point of time they seem to be doing nothing but restricting their output and keeping prices high".

[161] *Id., ibid.*, p. 102: "The main value to a concern of a single seller position that is secured by patent or monopolistic strategy does not consist so much in the opportunity to behave temporarily according to the monopolist schema, as in the protection it affords against temporary disorganization of the market and the space it secures for long-range planning".

[162] *Id., ibid.*, p. 105.

[163] KENNETH ARROW, *op. cit.*.

vai reduzir as suas receitas do que uma empresa situada num mercado competitivo no qual não dispõe de poder sobre o preço. Esta teoria supõe, todavia, que a inovação pode canibalizar os lucros de um mercado no qual existe uma empresa dominante, não sendo válida para o caso de um produto inteiramente novo e sem substitutos actuais.

Mas ARROW baseia-se ainda em dois outros pressupostos altamente discutíveis. O primeiro é o de que a estrutura de mercado não afecta a apropriação das *quasi rents* que resultam da introdução da inovação. Ora tal apenas pode suceder caso a protecção por patentes seja perfeita, o que nem sempre sucede. Por outro lado, ARROW não considera a questão de saber se uma pequena empresa pode ser tão bem sucedida no seu esforço de inovação quanto uma grande empresa, no fundo o argumento suscitado por SCHUMPETER. Passamos, por isso, à análise destes dois problemas.

As inovações relacionadas com um processo de produção são mais difíceis de imitar do que as relativas a um produto. Este último pode ser analisado pelos concorrentes de modo a determinar as ideias que lhe estão subjacentes (*reverse engineering*). Já um processo de fabrico mantido em segredo apenas poderá ser copiado através de um processo ilícito (espionagem industrial) ou mediante a contratação de funcionários da empresa inovadora que a ele tenham tido acesso. Daqui resulta poderem ser menores os incentivos para inovar em matéria de produtos, devido à maior dificuldade de garantir a apropriabilidade da inovação. Contudo, o ganho potencial de ser o primeiro a desenvolver um novo mercado pode ultrapassar largamente esse risco. Talvez por isso, nos Estados Unidos em cada USD $4 gastos em investigação e desenvolvimento, três são dirigidos ao investimento em novos produtos.[164]

Se o ganho potencial pode ser suficiente para induzir o investimento, o problema que imediatamente se coloca é o de saber quando ocorre essa decisão. Diversos economistas sugerem que um monopolista tenderá a imprimir um ritmo lento à investigação na falta de um estímulo resultante da ameaça de um concorrente. Assim, mesmo num duopólio, o ritmo de inovação poderá ser mais rápido do que num monopólio, desde que exista simetria entre a parte de mercado esperada das partes e o momento de início do projecto de investigação e desenvolvimento seja idêntico.[165] Mas mesmo quando existe uma assimetria entre as partes de mercado espera-

---

[164] SCHERER e ROSS, *op. cit.*, p. 630.
[165] Ver o modelo descrito por SCHERER e ROSS, *op. cit.*, pp. 631 e ss.

das das partes, a presença de uma pequena empresa pode contribuir para a aceleração do ritmo de investigação e desenvolvimento.[166] A pequena empresa terá mais a ganhar ao forçar o ritmo pela perspectiva de conseguir uma vantagem temporal sobre o monopolista. Este, por sua vez, será despertado pelo facto de ter correspondentemente mais a perder com a dianteira daquela empresa e reagirá de modo agressivo.[167]

Os modelos teóricos a que fizemos referência tendem a apoiar a conclusão de que alguma concorrência em termos de inovação propicia um ritmo mais rápido de investigação e desenvolvimento, o chamado factor de estímulo. Mas se a indústria for excessivamente fragmentada podemos estar perante uma situação em que, a haver inovação, esta se processaria mais rapidamente; o que não sucederá porque não existe qualquer incentivo *ex ante* para efectuar esse investimento. SCHERER e ROSS sintetizam assim as conclusões que extraem dos diferentes modelos teóricos:

> "Our earlier theoretical analysis predicts that more rivalry, approximated by lower concentration indices, invigorates R&D spending up to a point, but that too atomistic a market structure discourages R&D by causing would-be innovators to appropriate an insufficiently large share of the ensuing benefits to expect positive profits from their innovations. Multiseller rivalry is more apt to stimulate R&D spending when advances in the underlying science and technology base occur quickly and unexpectedly, generating large quasi-rent opportunities for the tapping, than when the pace of advance is slow and continuous".

Alguns estudos empíricos demonstram em certas indústrias a existência desse nexo causal expresso numa curva com a forma de um "U"

---

[166] Para uma descrição do modelo assimétrico, ver SCHERER e ROSS, *op. cit.*, pp. 634 a 636.

[167] Um exemplo bastante actual é o caso da inicialmente bem sucedida empresa de *software* para navegação na *Internet*, a Netscape, que conseguiu antecipar-se ao titã da indústria, a Microsoft. Esta depressa se apercebeu do seu erro e respondeu com uma política agressiva de distribuição gratuita do seu produto – o Internet Explorer –, de resposta a nível de cada característica inovadora introduzida pelas sucessivas versões do Netscape e, por último, da possibilidade de integração deste programa em futuras versões do seu sistema operativo Windows. Ver *The rabbit and the pick-up truck*, in The Economist, 29 de Junho de 1996, pp. 73-74. À época não era ainda certo que o poder da Microsoft lhe permitisse ultrapassar a Netscape. Nota de actualização: Como sabemos actualmente, a "guerra dos *browsers*" foi ganha pela Microsoft, ainda que tenha dado origem a dois importantes processos *antitrust*: Microsoft II e Microsoft III.

invertido, que atinge o seu máximo quando o índice de concentração das quatro maiores empresas excede os 50 a 55%.[168] No entanto, essa correlação desaparece quando são introduzidos elementos particulares de cada indústria, como se refere no relatório da FTC de 1996:

> "Although early empirical findings that innovation generally tended to decline as concentration reached high levels have not held up as particularized, industry-by-industry adjustments were made, this lack of general findings may be due to weaknesses in cross-section statistical techniques and to the greater significance of industry-specific factors as determinants of the level of innovation activity, rather than the absence of a causal relationship".[169]

Um dos elementos perturbadores mais importantes é a chamada oportunidade tecnológica, ou seja a taxa de criação de novas possibilidades de inovação devido a avanços científicos exógenos e cumulativos.[170] Uma vez que essa oportunidade cria um maior potencial de ganhos substanciais em resultado da investigação e desenvolvimento, as indústrias caracterizadas por importantes oportunidades tecnológicas tendem a gerar mais inovação e simultaneamente a afectar a própria estrutura de mercado, a qual é mais competitiva do que a das indústrias em que essas oportunidades são mais reduzidas.[171]

Estes factores adicionais levam-nos a encarar com algum cepticismo a tese segundo a qual a concentração é necessária para um estímulo à inovação. Mas não existe também qualquer demonstração clara que a concentração seja inibidora da inovação ou que a concorrência tenda a permitir um maior estímulo da inovação.[172] Aliás, as próprias características do

---

[168] Ver os estudos citados por SCHERER e ROSS, *op. cit.*, pp. 645 e ss.

[169] Cap. 6, p. 11.

[170] Em muitos casos as inovações surgem devido a avanços noutros domínios que revelam novos produtos, abrem novas vias de investigação e desenvolvimento ou reduzem o custo das vias actualmente prosseguidas. Por exemplo, o Teflon, utilizado para diversas aplicações como revestimentos não aderentes, foi inicialmente inventado no decurso de experiências com gases utilizados para refrigeração.

[171] Ver os estudos citados por SCHERER e ROSS, *op. cit.*, p. 647, nota 92.

[172] Neste sentido, ver W. COHEN e R. LEVIN, "Empirical Studies of Innovation and Market Structure", *in* R. SCHMALENSEE, R. WILLIG (orgs.), *Handbook of Industrial Organization*, vol. II, Elsevier Science Publishers B.V., 1989, p. 1078: "the empirical results concerning how firm size and market structure relate to innovation are perhaps most accurately described as fragile (...) these results leave little support for the view that indus-

processo de investigação e desenvolvimento indicam a possibilidade de uma concentração de esforços de investigação poder reforçar a eficiência, designadamente, permitindo às empresas envolvidas tirar proveito de economias de escala e de gama.[173]

De toda a doutrina económica analisada e dos diferentes estudos que procuraram verificar empiricamente a veracidade das diferentes hipóteses teóricas resulta tão só a impossibilidade de chegar a uma conclusão definitiva. Da extensa discussão entre economistas de diferentes correntes, no decurso das audiências organizadas no final de 1995, os funcionários da FTC concluíram que o único consenso gerado apontava para a ausência de uma demonstração conclusiva quanto à correlação entre concentração e inovação, quer no sentido positivo quer negativo.[174] Compreende-se, pois, a conclusão moderada daquele relatório:

> "the information currently available supports antitrust enforcement that is assertive in maintaining competition as a spur to innovation, yet cautious to avoid unwarranted interference with intellectual property incentives for innovation".[175]

3. *Os efeitos externos positivos de rede ou* **network externalities** *e o direito da concorrência*

Um ramo da análise económica que tem merecido grande divulgação recentemente é a análise dos efeitos externos de rede ou *network*

---

trial concentration is an independent, significant, and important determinant of innovative behavior and performance". Ver ainda W. BALDWIN e J. SCOTT, *Market Structure and Technological Change*, Harwood Academic Publishers, 1987: "There is no unambiguous evidence of an important, generally valid, relationship between competition and innovative activity".

[173] COHEN, NOLL, *op. cit.*, p. 317: "(...) R&D is likely to exhibit economies of scale and scope – that is, a given R&D expenditure is likely to produce a greater return in terms of advancement in technology if it is performed in the same organization rather than divided among several. Moreover, these economies are especially likely to occur at the earlier stages of innovation, when a new technology is being designed and the details of its application are being worked out".

[174] "In sum, the participants were in agreement only on the general proposition that economic empiricism and analysis have not conclusively demonstrated – *one way or the other* – whether there is a causal link between increased concentration and decreased innovation" (FTC Staff Report, Cap. 6, 12).

[175] FTC Staff Report, Cap. 6, p. 16.

externalities.[176] A noção de efeitos externos de rede é intuitiva e de fácil apreensão. Um aparelho de telecópia ou fax tem para A uma utilidade nula se ele for o único possuidor desse tipo de equipamento. Mas quanto mais consumidores adquirirem esses aparelhos, aumentando o universo potencial de contactos do aparelho de A, a utilidade deste aumenta drasticamente. Os efeitos positivos que se reflectem na função de utilidade de A resultam do comportamento dos restantes consumidores, razão pela qual alguns autores entendem que constituem efeitos externos ou *externalities*.[177] Neste caso, os efeitos positivos a nível da qualidade do produto constituem um resultado directo do número de participantes na rede.[178]

Apesar de imediatamente perceptíveis no contexto a que aludimos, o interesse destes efeitos seria consideravelmente limitado caso eles apenas fossem encontrados em redes físicas, como a rede telefónica ou a Internet. Para dois dos principais estudiosos destes efeitos, "There are many products for which the utility a user derives from consumption of the good

---

[176] Sobre a análise económica dos efeitos externos das redes, ver NICHOLAS ECONOMIDES, "The Economics of Networks", International Journal of Industrial Organization, vol. 14, n..° 6, 1996, p. 701; MICHAEL L. KATZ, CARL SHAPIRO, "Systems Competition and Network Effects", J. of Econ. Persp., vol. 8, n.° 2, 1994, p. 93 (adiante "Systems Competition ..."); S.J. LIEBOWITZ, STEPHEN E. MARGOLIS, "Network Externality: An Uncommon Tragedy", J. of Econ. Persp., vol. 8, n.° 2, 1994, p. 133 (adiante "Network Externality ...").

[177] Ver MICHAEL L. KATZ, CARL SHAPIRO, "Network Externalities, Competition, and Compatibility", Am. Econ. Rev., 1985, vol. 75, n.° 3, p. 424 (adiante "Network Externalities ..."): "(...) the utility that a given user derives from a good depends on the number of users who are in the same network". Os efeitos descritos são qualificados como economias de escala ou de gama da procura (por contraposição às economias de escala e de gama do lado da oferta, as quais reduzem o custo de produção); ver JOSEPH FARRELL, GARTH SALONER, "Installed Base and Compatibility: Innovation, Product Preannouncements, and Predation", Am. Econ. Rev., vol. 76, n.° 5, 1986, p. 940: "The benefits from compatibility create demand-side economies of scale: there are benefits to doing what others do". Já NICHOLAS ECONOMIDES, LAWRENCE J. WHITE, "Networks and Compatibility: Implications for Antitrust", European Economic Review, vol. 38, 1994, p. 651, destacam a criação de economias de gama no domínio das redes de comunicações bidireccionais pela ligação de mais um utilizador à rede: "The addition of a new spoke [ligação de mais um utilizador] to an *n*-spoke network creates 2*n* new potential goods. The externality involves the creation of new goods for each old customer; it is an *economy of scope in consumption*".

[178] KATZ, SHAPIRO, "Network Externalities ...", p. 424

increases with the number of agents consuming the good".[179] Reconhecendo a diferença entre os fenómenos sob consideração, MICHAEL KATZ e CARL SHAPIRO distinguem redes de comunicações (como a rede telefónica) e as redes virtuais.[180] As primeiras seriam caracterizadas pela presença de efeitos de rede (*network effects*) ou de efeitos externos de rede (*network externalities*).[181] Já as redes virtuais, identificadas com o paradigma *hardware-software*, dariam lugar a *positive-feedback effects*, os quais são considerados análogos aos efeitos externos criados pelas redes de comunicações.[182] O paradigma *software-harware* é um problema típico de mercados de bens complementares. Seguindo o exemplo de KATZ e SHAPIRO, ao adquirir um computador pessoal, o utilizador terá de ponderar qual será a escolha de outros utilizadores informáticos. Quanto maior o número de compradores de um determinado sistema informático, maior

---

[179] Ver HAL R. VARIAN, *Intermediate Microeconomics*, 4.ª ed., W.W. Norton & Co., 1996, cap. 33, p. 591: "Network externalities are a special kind of externalities in which one person's utility for a good depends on the *number* of other people who consume this good".

[180] Outros autores defendem diferentes classificações, distinguindo entre redes de comunicações bidireccionais e unidireccionais (NICHOLAS ECONOMIDES, LAWRENCE J. WHITE, "Networks and Compatibility: Implications for Antitrust", European Economic Review, vol. 38, 1994, p. 651) ou entre redes literais e redes metafóricas (S.J. LIEBOWITZ, STEPHEN E. MARGOLIS, "Network Externality: An Uncommon Tragedy", J. of Econ. Persp., vol. 8, n.º 2, 1994, p. 133).

[181] KATZ, SHAPIRO, "Systems Competition ...", p. 94: "Joining such a network [rede de comunicações] is valuable precisely because many other households and businesses obtain components of the overall system (...). Because the value of membership to one user is positively affected when another user joins and enlarges the network, such markets are said to exhibit 'network effects', or 'network externalities'."

[182] KATZ, SHAPIRO, "Systems Competition ...", p. 94: "Another situation in which consumer coordination is vital arises when consumers must choose durable hardware, as when they purchase a device to play a new format of prerecorded music. In making such a choice, each consumer will have to form expectations about the availability of software (in this example, the availability of recordings in that format). In the presence of economies of scale in the production of software, the availability of software will depend on what other consumers do, which gives rise to positive-feedback effects. This hardware/software paradigm applies to many markets: computer hardware and software (...); credit-card networks (the card is the hardware, merchant acceptance the software); durable equipment and repair services (the equipment is the hardware, the repair the software); and the typewriter keyboard (the typewriter is the hardware, experience on that keyboard the software). These hardware/software sytems can fruitfully be thought of as forming 'virtual networks' that give rise to feedback effects similar to those associated with physical networks".

será a variedade e quantidade de programas de computador disponíveis para esse sistema. Aliás, não é de excluir um eventual efeito de economias de escala a nível da oferta de programas de computador devido ao maior número de cópias vendidas para o sistema mais bem sucedido. Por outras palavras, nestes mercados o sucesso de um dos níveis gera benefícios recíprocos entre os produtores de bens complementares que alimentam um círculo virtuoso. KATZ e SHAPIRO identificam ainda uma terceira situação que corresponde aos efeitos externos a nível da assistência técnica para bens duradouros.[183] Mais recentemente, estes autores assimilaram este problema na categoria do paradigma *hardware-software*.[184]

Esta ideia de que os efeitos externos de rede são um fenómeno comum, que caracteriza não só as redes físicas como também mercados conexos a nível vertical, é contestada por LIEBOWITZ e MARGOLIS. Para estes Autores, "while network effects are common and important, network externalities as market failures (...) are theoretically fragile and empirically undocumented".[185] Como se depreende desta observação, os principais problemas colocados pela análise dos efeitos de rede são, por um lado, a definição dos efeitos de rede como efeitos externos ou *externalities*, no sentido de falhas do mercado e, por outro, a correcção do pressuposto de que partem KATZ e SHAPIRO quanto à analogia entre as redes físicas e as redes virtuais.

Perante um efeito externo positivo, os mecanismos de mercado não permitem um volume óptimo dessa actividade. Isto porque os responsáveis pela actividade não interiorizam os benefícios daí resultantes que vão favorecer outros agentes. Na medida em que a afectação de recursos pode ser melhorada, justifica-se uma intervenção tendente a encorajar um aumento do nível de actividade que gera efeitos positivos.

Mas o conceito de *externality* não é unívoco. Quando falamos de efeitos externos ou "externalidades" temos normalmente em mente os efeitos externos tecnológicos, que se distinguem dos efeitos externos pecuniários. Estes últimos correspondem a "uma situação na qual os lucros

---

[183] KATZ, SHAPIRO, "Network Externalities ...", p. 425: "For the durables example, the relevant network is the set of brands that require the same parts of servicing skills. If a particular model of automobile has customized parts or requires specialized repair skills, then an owner of the model will find a thinner, and probably more expensive, service system. This smaller network will reduce his or her initial willingness to pay for the model".

[184] Ver KATZ, SHAPIRO, "Systems Competition ...", p. 94

[185] LIEBOWITZ, MARGOLIS, "Network Externality ...", p. 135.

de uma empresa dependem não só dos respectivos *inputs* e *outputs* como também dos *inputs* e *outputs* de outras empresas".[186] Os efeitos externos pecuniários manifestam-se, assim, através do mecanismo de preços. No exemplo dado por LIEBOWITZ e MARGOLIS, se uma empresa aumenta o seu volume de produção em uma unidade baixando o preço do bem, esse comportamento impõe um custo às restantes empresas ao reduzir a sua rentabilidade.[187] Ora estes efeitos externos pecuniários não devem ser interiorizados sob pena de se permitir uma cartelização de todas as indústrias. O prejuízo para as empresas no mercado do comportamento das empresas mais eficientes vai beneficiar o consumidor através de preços mais baixos e simultaneamente levar a uma melhor afectação de recursos.

No caso das redes virtuais, os efeitos externos identificados por KATZ e SHAPIRO parecem traduzir mais efeitos externos pecuniários do que verdadeiras "externalidades" tecnológicas. Em muitos casos, o aumento do número de utilizadores da rede virtual produz um efeito a nível dos custos, permitindo aos produtores realizar economias de escala devido à queda do custo de determinados componentes.[188] Nessa medida, como salientam LIEBOWITZ e MARGOLIS, os chamados efeitos de rede indirectos não constituem verdadeiras "externalidades" limitando-se a descrever situações de normal funcionamento dos mecanismos de mercado. Por outro lado, é difícil determinar se a queda de preços provocada pelo aumento de aderentes a uma rede virtual, *e.g.* utilizadores de computadores pessoais, resulta de efeitos positivos externos (logo não interiorizados) ou se resultam de economias de escala a montante em termos dos *inputs* necessários.

A questão central levantada pela análise destes efeitos de rede prende-se com as suas implicações para a análise da concorrência nos mercados onde se registam esses mesmos efeitos. KATZ e SHAPIRO consideram que a concorrência nestes mercados deve ser vista como uma rivalidade entre sistemas de bens complementares, na qual três factores adquirem um peso que os distingue da concorrência entre produtos individuais. Esses factores são o papel das expectativas quanto ao sucesso futuro de cada um dos sistemas em concorrência, os problemas de coordenação entre produtores desses bens complementares e entre os próprios consumidores e, por

---

[186] Na definição dada pelo *MIT Dictionary of Modern Economics*, 4.ª ed., 1992 (DAVID W. PEARCE, Org.).

[187] LIEBOWITZ, MARGOLIS, "Network Externality ...", p. 137.

[188] É o caso do preço dos microprocessadores que diminuem o custo dos computadores, tornando-os mais acessíveis.

fim, a questão da compatibilidade como forma de interiorizar os efeitos de rede à custa da variedade de sistemas à disposição dos consumidores. O problema das expectativas é particularmente importante na análise das *network externalities* uma vez que ela dá lugar a uma alegada característica destes mercados. Assim que uma parte substancial dos fabricantes de bens complementares e dos potenciais consumidores opta por um dos sistemas, o efeito dessas decisões leva a um reforço da expectativa de sucesso do sistema escolhido, trazendo novos aderentes e, dessa forma, o mercado tende a pender inexoravelmente na direcção para a qual se inclinou primeiro.[189] Ou seja, perante o equilíbrio inicial, basta uma pequena oscilação para que o mercado escolha um dos sistemas. A presença destes efeitos externos positivos pode mesmo influenciar o investimento em investigação e desenvolvimento.[190] Este fenómeno levanta dois tipos de problemas.

Por um lado, se o sistema é controlado por uma só empresa (como sucede no caso de existir protecção por direitos exclusivos de propriedade intelectual) a empresa que vê o seu sistema ser escolhido pelo mercado passa a deter um monopólio (ou, pelo menos uma posição dominante no caso de persistir concorrência residual por parte do sistema preterido). Este problema é semelhante à questão do monopólio natural. As autoridades de defesa da concorrência devem então verificar se a empresa vencedora utilizou meios ilícitos para provocar a inclinação do mercado em seu favor, isto é se adquiriu abusivamente esse mesmo poder de mercado.[191]

Quando o sistema escolhido pelo mercado não é controlado por uma só empresa e sim por uma aliança entre diferentes produtores levantam-se

---

[189] KATZ, SHAPIRO, "Network Externalities ...", p. 425: "if consumers expect a seller to be dominant, then consumers will be willing to pay more for the firm's product, and it will, in fact, be dominant".

[190] KATZ, SHAPIRO, "Systems Competition ...", p. 106: "We suspect that in the long run the greatest difference between systems markets and other markets arises because firms' innovation incentives are altered by network considerations. Rather little theoretical work has been done on R&D and technological choice in the presence of network effects and uncertain technological progress. But there is little reason to believe that, in the presence of network externalities, the marginal private and social returns to keeping one more technology in the portfolio of those under development are likely to be well-aligned".

[191] Naturalmente esta teoria levanta problemas consideráveis no domínio das regras comunitárias sobre abuso de posição dominante que não se aplicam à mera criação de uma tal posição, ao contrário da *Section 2* do *Sherman Act* que cobre o delito de monopolização bem como a tentativa de monopolização.

os tradicionais problemas da análise da colaboração entre concorrentes, em especial quanto ao efeito de exclusão de outros concorrentes que não participaram inicialmente na defesa do sistema vencedor. Questão relevante neste domínio é a que se prende com a própria decisão de avançar ou não para uma integração de sistemas entre diferentes concorrentes, i.e., a opção entre um sistema fechado, dominado por uma só empresa, ou um sistema aberto, com diferentes empresas a fabricar sistemas compatíveis concorrentes entre si.[192] Em qualquer destas situações o problema do ponto de vista concorrencial é análogo ao das situações de concorrência *intrabrand* e de concorrência *interbrand*. Mas, mesmo no contexto da opção pela compatibilidade, as empresas dispõem de diversas possibilidades de atingir esse resultado. Por um lado, é possível desenvolver especificações comuns, em regra coordenadas por uma entidade responsável pela normalização. Veremos adiante que esta hipótese levanta alguns problemas ao nível da concorrência. Neste caso, se o resultado da compatibilidade é mais próximo do óptimo social, a política de concorrência pode contribuir para esse escopo mediante a atribuição de isenções para as formas de colaboração tendentes à adopção de um *standard* a nível da indústria, em especial quando essa colaboração envolve um esquema de partilha de lucros que pode representar uma forma de incentivar algumas empresas a aderir à rede assim constituída.[193]

Por outro, uma empresa que deseja obter a compatibilidade com os produtos de outra empresa poderá fazê-lo mediante a adaptação dos seus produtos às especificações do produto concorrente. Aqui os obstáculos a esta estratégia resultam essencialmente da existência de direitos de propriedade intelectual que protegem parte ou mesmo todas as especificações ou que impedem o acesso por parte dos concorrentes do sistema dominante.[194] Este é o problema colocado pelo *reverse engineering*. Em espe-

---

[192] No seu trabalho de 1985, "Network Externalities ...", p. 425, KATZ e SHAPIRO comparam os incentivos particulares e sociais para a produção de bens compatíveis, concluindo que "firms with good reputations or large existing networks will tend to be against compatibility, even when welfare is increased by the move to compatibility. In contrast, firms with small networks or weak reputations will tend to favor product compatibility, even in some cases where the social costs of compatibility outweigh the benefits".

[193] KATZ, SHAPIRO, "Network Externalities ...", p. 439: "public policy can affect the costs of compatibility. Antitrust exemptions that allow industry groups to get together may lower the costs of achieving compatibility and thus make it more likely".

[194] KATZ, SHAPIRO, "Network Externalities ...", p. 439: "Patent and copyright laws are a significant determinant of whether the compatibility technology is better modeled as

cial no domínio dos programas de computador, esta questão tem sido tratada através do reconhecimento de direitos limitados de acesso às especificações necessárias para atingir a compatibilidade. É o caso da famosa excepção de interoperabilidade consagrada na Directiva n.º 91/250/CEE sobre protecção de programas de computador.[195] A redução dos custos da compatibilidade através de uma excepção às regras de propriedade intelectual pode resolver problemas concorrenciais.[196] Mas para que se coloque essa questão é necessário que o produto ou sistema em causa seja desenvolvido por alguém. Ora, os incentivos *ex ante* para desenvolver o sistema podem ser eliminados pela expectativa de um comportamento oportunista por parte de outros concorrentes.[197]

O segundo problema que se coloca prende-se com os obstáculos que a afirmação de um sistema coloca à concorrência por sistemas alternativos. Se o sucesso, ou melhor, a expectativa de sucesso de um sistema, leva ao domínio do mercado pelo sistema favorecido, a mudança para um novo sistema pode ser impedida, sobretudo se o consumidor tiver de suportar elevados custos caso pretenda mudar de sistema.

Em suma, ao contrário do problema tradicionalmente tratado pelo estudo dos efeitos externos positivos, o da quantidade óptima da actividade que gera esses efeitos, a análise dos efeitos de rede preocupa-se com a escolha de uma determinada rede: Como é que chegamos à rede óptima e, se os mecanismos de mercado levam à escolha de uma rede que produz menos efeitos positivos do que uma outra rede alternativa, que mecanismos poderão ser criados para permitir a transição para esta última rede.

Problema conexo com este é o da dependência de escolhas passadas ou *path dependence*.[198] A preocupação central desta teoria respeita à pró-

---

the joint adoption of an industry standard (when patents are strictly and broadly enforced), or as the unilateral constructionof an adapter (when they are loosely enforced or narrowly applied)".

[195] Sobre os problemas colocados por esta excepção, ver o nosso estudo "Protecção de programas de computador ...", pp. 273 a 278.

[196] Neste sentido, ver KATZ, SHAPIRO, "Network Externalities ...", p. 439: "we know that if the costs of adapting are negligible, and there are no other entry barriers, the market will be perfectly competitive".

[197] Como reconhecem KATZ, SHAPIRO, "Network Externalities ...", p. 439, nota 14: "Absent the ability to earn rents from its network size (through incompatibility), a firm may not have incentives to make the investments necessary to obtain the network".

[198] Ver W. BRIAN ARTHUR, "Increasing Returns and the New World of Business", Harvard Business Review, July-August 1996, p. 100 (adiante "Increasing Returns...");

pria eficiência das escolhas que levaram à afirmação do primeiro sistema e, sobretudo, ao problema de, devido ao sério obstáculo à entrada que constitui o *lock-in* dos consumidores que já efectuaram a sua escolha, ficarmos presos a um sistema menos eficiente.

Na visão mais radical, a de W. BRIAN ARTHUR, será mesmo necessário introduzir um novo paradigma para a compreensão destes mercados, que o autor identifica com as indústrias baseadas no conhecimento ou *knowledge-based* industries.[199] A tese de W. BRIAN ARTHUR assenta no conceito de efeitos externos de rede, a que ele chama *increasing returns to adoption*, procurando demonstrar que acontecimentos aparentemente insignificantes concedem uma vantagem a uma das tecnologias ou sistemas concorrentes numa fase inicial de desenvolvimento, criando um movimento inexorável que conduzirá ao domínio do mer-

---

S.J. LIEBOWITZ, STEPHEN E. MARGOLIS, "Path Dependence, Lock-In, and History", Journal of Law, Economics, & Organization, vol. 11, n.º 1, 1995, p. 205 (adiante "Path Dependence ...").

[199] Ver W. BRIAN ARTHUR, "Competing Technologies, Increasing Returns, and Lock-in by Historical Events", The Economic Journal, vol. 99, 1989, p. 116 (adiante "Competing Technologies..."); ver ainda W. BRIAN ARTHUR, "Increasing Returns...". Neste último trabalho, W. BRIAN ARTHUR distingue dois níveis de actividade económica. Um deles, a que chama o mundo de ALFRED MARSHALL, seria caracterizado pela lei dos rendimentos decrescentes: "Marshall's world of the 1880s and 1890s was one of bulk production: of metal ores, aniline dyes, pig iron, coal, lumber, heavy chemicals, soybeans, coffee – commodities heavy on resources, light on know-how. In that world it was reasonable to suppose, for example, that if a coffee plantation expanded production it would ultimately be driven to use land less suitable for coffee. In other words, it would run into diminishing returns" (p. 101). O outro é o mundo das indústrias tecnológicas ou baseadas no conhecimento, como a informática, as quais seriam caracterizadas pelos rendimentos crescentes. Devido às diferentes características destes dois mundos, a sua compreensão exigiria igualmente dois paradigmas distintos de análise económica: "Mechanisms of increasing returns exist alongside those of diminishing returns in all industries. But roughly speaking, diminishing returns hold sway in the traditional part of the economy – the processing industries. Increasing returns reign in the newer part – the knowledge-based industries. Modern economies have therefore bifurcated into two interrelated worlds of business corresponding to the two types of returns. The two worlds have different economics. They differ in behavior, style, and culture. They call for different management techniques, strategies, and codes of government regulation. They call for different understandings" (p. 101). Quanto ao sector dos serviços, BRIAN ARTHUR caracteriza-o como um híbrido: "From day to day, they act like bulk-processing industries. But over the long term, increasing returns will dominate – even though their destabilizing effects are not as pronounced as in high tech" (p. 107).

cado.[200] Por outras palavras, as tecnologias que utilizamos hoje em dia triunfaram não devido às suas qualidades intrínsecas ou a uma superioridade marcada em relação às suas concorrentes mas, tão-só, devido ao acaso.[201]

Implícita nesta teoria está a hipótese de que essas tecnologias triunfantes podem ser inferiores às que com elas concorreram.[202] Ou seja, com a informação de que hoje dispomos concluímos que a escolha foi incorrecta e que ela se ficou a dever à influência de acontecimentos fortuitos.[203] Porque, num momento inicial, os incentivos para a adesão a uma determinada tecnologia A são fortuitamente reforçados, os primeiros aderentes serão levados a participar na rede ou a escolher essa tecnologia que lhes oferece mais benefícios nesse primeiro período, ainda que, uma vez atingida a maturidade da rede ou da difusão tecnológica, esses benefícios sejam inferiores aos que resultariam de uma opção pela tecnologia B. Contudo, devido aos efeitos positivos de rede, os custos da decisão de retomar as alternativas preteridas são demasiado elevados para que o equilíbrio do

---

[200] W. BRIAN ARTHUR, "Increasing Returns...", p. 100: "Increasing returns are the tendency for that which is ahead to get further ahead, for that which loses advantage to lose further advantage".

[201] Segundo W. BRIAN ARTHUR, "Competing Technologies ...", p. 116: "Modern, complex technologies often display increasing returns to adoption in that the more they are adopted, the more experience is gained with them, and the more they are improved. When tow or more increasing-return technologies 'compete' then, for a 'market' of potential adopters, insignificant events may by chance give one of them an initial advantage in adoptions. This technology may then improve more than the others, so it may appeal to a wider proportion of potential adapters. It may therefore become further adopted and further improved. Thus a technology that by chance gains an early lead in adoption may eventually 'corner the market' of potential adopters, with the other technologies becoming locked out. Of course, under different 'insignificant events' – unexpected successes in the performance of prototypes, whims of early developers, political circumstances – a different technology might achieve sufficient adoption and improvement to com to dominate. Competition between technologies may have multiple potential outcomes".

[202] Assim, "The usual policy of letting the superior technology reveal itself in the outcome that dominates is appropriate in the constanht and diminishing-returns cases. But in the increasing returns case laissez-faire gives no guarantee that the 'superior' technology (in the long run sense) will be the one that survives", W. BRIAN ARTHUR, "Competing Technologies ...", p. 127.

[203] W. BRIAN ARTHUR relaciona estes acontecimentos com a impossibilidade de conhecermos todas as implicações dos factos que ocorrem em cada momento, "Competing Technologies ...", p. 118: "I therefore define 'historical small events' to be those events or conditions that are outside the *ex-ante* knowledge of the observer – beyond the resolving power of his 'model' or abstraction of the situation".

mercado tenda para a solução mais eficiente. Em suma, certos casos de *path dependence* configuram verdadeiras falhas de mercado pelo que se justifica uma maior atenção por parte dos poderes públicos.

A teoria da dependência das escolhas passadas tem sido criticada por diversos autores, entre os quais se destacam uma vez mais S.J. LIEBOWITZ e STEPHEN E. MARGOLIS.[204] Por um lado, em termos teóricos, algumas das hipóteses referidas pelos seus defensores não configuram verdadeiros casos de ineficiência. Estes Autores distinguem entre três tipos de dependência. Na dependência de primeiro grau (*first-degree path dependence*) as condições iniciais têm um impacto no resultado a longo-prazo, impedindo-nos de optar mais tarde por outro caminho, mas esse impacto foi tido em consideração na decisão inicial pelo que o resultado é eficiente. Mas muitas decisões são tomadas em condições de informação imperfeita quanto ao impacto futuro das nossas acções. Só com o decurso do tempo nos apercebemos de que uma decisão diferente teria conduzido a uma melhor situação *ex post*. Nesta hipótese estaríamos melhor caso tivéssemos tomado uma decisão diferente no passado mas os custos de corrigir a situação actual são demasiado elevados, pelo que nos temos de conformar com esse erro. Mas estas situações de dependência de segundo grau (*second-degree path dependence*) são o resultado do conhecimento imperfeito com que temos de tomar decisões em cada momento. O poder-se constatar *ex post facto* que uma decisão tomada é incorrecta não é pertinente. O que importa é que, no momento em que foi tomada, toda a informação disponível foi tida em consideração. Uma decisão tomada nessas circunstâncias será a melhor possível dada a imperfeição do conhecimento.

As verdadeiras falhas de mercado ocorrem na dependência de terceiro grau (*third-degree path dependence*). Neste caso, o resultado é ineficiente mas pode ser corrigido.[205] A ineficiência resulta de reconhecermos que um outro estado de coisas é melhor do que o actual e que a mudança

---

[204] S.J. LIEBOWITZ, STEPHEN E. MARGOLIS, "Path Dependence ...", p. 205.

[205] Como referem LIEBOWITZ e MARGOLIS, "Path Dependence ...", p. 207: "The essence of the distinction between third-degree path dependence and the weaker forms is the availability of feasible, wealth-increasing alternatives to actual allocations, now or at some time in the past. The paths taken under first-degree and second-degree path dependence cannot be improved upon, given the available alternatives and the state of knowledge. Third-degree path dependence, on the other hand, supposes the feasibility, in principle, of improvements in the path".

é exequível mas, apesar disso, não se dar a necessária mudança. Tal como em relação a outras deficiências do mercado, o problema que então se levanta é o de justificar porque é que não é possível ao mercado encontrar formas de ultrapassar este estado de coisas. Em muitos casos de alegada dependência de escolhas passadas, a impossibilidade resultará do facto de os custos da mudança serem superiores aos seus benefícios. Neste caso não se poderá falar verdadeiramente de uma falha de mercado. Trata-se de um efeito de irreversibilidade de escolhas que, no momento em que foram feitas, eram eficientes à luz da informação disponível à altura. Só estaremos perante uma deficiência de mercado e, consequentemente, perante uma afectação ineficiente de recursos, nos casos em que a mudança é possível porque os benefícios ultrapassam os custos mas, apesar disso, não se opera a transição para esse estado superior de coisas.[206] O problema configura-se, então, como um jogo de coordenação entre os diferentes interessados. Apresentamos aqui uma adaptação de um exemplo de W.B. ARTHUR, reproduzido igualmente por LIEBOWITZ e MARGOLIS, cujas explicações seguimos neste passo.

Número de aderentes anteriores

Opção	0	10	20	30	40	50	60	70	80	90	100
Tecnologia A	10	11	12	13	14	15	16	17	18	19	20
Tecnologia B	4	7	10	13	16	19	22	25	28	31	34

Para o primeiro aderente, a escolha coloca-se entre a adopção da tecnologia *A*, que lhe traz um benefício de 10 contra a opção pela tecnologia *B* que lhe daria um benefício de apenas 4. Os seguintes aderentes terão cada vez mais incentivos para optar pela tecnologia *A*. A partir do décimo aderente, cada novo consumidor obterá um benefício de 11 e por aí adiante. O problema deste exemplo, como destacam LIEBOWITZ e MARGOLIS é o de delimitar qual o conhecimento disponível em cada

---

[206] Neste ponto, como no resto deste trabalho, utilizamos o conceito de eficiência segundo KALDOR-HICKS. Tal não significa que no contexto em análise uma mudança para o melhor estado de coisas não seja também Pareto-eficiente, desde que todos beneficiem da transição, ainda que alguns beneficiem mais do que outros. Mas em muitos casos será mais difícil preencher as condições rigorosas da eficiência de PARETO uma vez que alguns dos interessados no *status quo* serão necessariamente prejudicados com a mudança, *e.g.* os promotores do sistema actualmente dominante.

momento.[207] Se tivermos conhecimento de todos os números deste quadro, é fácil concluir que, a longo prazo, desde que o número previsível de aderentes seja elevado, a tecnologia *B* constitui uma melhor opção. Mas se cada indivíduo apenas tiver conhecimento dos benefícios imediatos das suas acções, o conjunto de potenciais utilizadores fica preso à opção dos primeiros aderentes.

Podemos ainda distinguir dois tipos de interpretação deste exemplo, seguindo LIEBOWITZ e MARGOLIS. Em primeiro lugar, podemos pressupor que os benefícios dos aderentes iniciais são modificados pelas escolhas dos novos aderentes, i.e., se a tecnologia *A* tiver onze aderentes, o benefício daí resultante para cada um será de 11, e por aí em diante. Neste caso o benefício de cada aderente será maximizado pela adopção da tecnologia *B* a partir dos 30 aderentes. Esta é a interpretação mais próxima dos efeitos externos de rede que ocorrem nas redes de comunicações. Quanto mais aderentes, maior a utilidade para todos os membros da rede.

Na segunda interpretação, os benefícios dos aderentes anteriores não são afectados pelo que os valores do quadro indicam quais os benefícios individuais para cada grupo de aderentes, *i.e.* se a tecnologia *A* tiver onze aderentes, o benefício individual para cada um dos dez primeiros será de 10, enquanto o décimo-primeiro aderente obterá um benefício de 11. Aqui a tecnologia *B* só será mais eficiente se o número de aderentes for superior a 50.[208]

Em ambos os casos, contudo, a existência de um resultado ineficiente pressupõe que, em dado momento, alguém tem todos os dados do problema, enquanto a maior parte dos interessados apenas consegue divisar os benefícios imediatos da sua escolha. Esta assimetria de informação inerente no modelo de dependência de terceiro grau é agravada por um problema de excesso de inércia na segunda interpretação. Se cada aderente pondera o benefício individual de ser o aderente *n*, tal significa que é mais proveitoso esperar até que o número de aderentes seja suficientemente elevado para que se possa maximizar esse resultado. Naturalmente, isso significa que ninguém está disposto a ser o primeiro. Ora é neste ponto que as críticas de LIEBOWITZ e MARGOLIS são mais acutilantes. Os problemas de coordenação tendem a ser facilmente resolvidos pela interiorização dos

---

[207] LIEBOWITZ, MARGOLIS, "Path Dependence ...", p. 215.
[208] LIEBOWITZ e MARGOLIS, "Path Dependence ...", p. 215. Estes autores notam que, em correspondência com W. BRIAN ARTHUR, este sustentou ser esta a interpretação que tinha em mente com o exemplo dado.

efeitos externos presentes na hipótese em consideração. Pensemos, por exemplo, no caso dos promotores de um novo centro comercial. O valor para um potencial locatário de uma loja será tão mais elevado quanto maior for o número de lojas alugadas, pois tal garante maior atracção de clientes. Mas para que o primeiro contrato seja celebrado é necessário criar expectativas positivas quanto ao número de lojas que serão efectivamente ocupadas. Uma vez que os promotores detêm a propriedade do centro, eles podem dessa forma interiorizar os efeitos externos, por exemplo, negociando com algumas grandes cadeias que sirvam de chamariz aos clientes, garantindo um número suficientemente elevado de visitantes para tornar o investimento mais atraente para outros comerciantes. Este fenómeno é bem conhecido e exprime-se no domínio da distribuição através das chamadas lojas-âncora. Por sua vez, num contexto de concorrência entre dois projectos, aquele que oferecer as melhores condições a longo prazo, com uma densidade elevada de lojas, poderá subsidiar os primeiros comerciantes, repartindo dessa forma os benefícios que advêm do número de aderentes. No contexto da concorrência entre tecnologias, essa interiorização é reforçada pela existência de direitos de propriedade intelectual sobre uma tecnologia, ou pela força da reputação de um ou mais dos patrocinadores dessa tecnologia.

Mas, para além das deficiências teóricas assinaladas por LIEBOWITZ e MARGOLIS, a teoria da dependência de escolhas passadas não apresenta quaisquer fundamentos sólidos em termos empíricos, pelo menos não nos casos que têm sido referidos pelos seus defensores.

O principal exemplo prático invocado pelos defensores desta teoria é o caso do teclado QWERTY.[209] Segundo PAUL DAVID, o teclado QWERTY foi concebido para atrasar os dactilógrafos devido à tendência das primeiras máquinas de escrever para encravar. Resolvido este problema técnico, este teclado supostamente mais lento continua a ser utilizado apesar de terem surgido modelos que permitem maior velocidade de escrita, como seria alegadamente o caso do sistema proposto por August Dvorak, um oficial da marinha de guerra dos Estados Unidos. A mudança para este sistema foi inviabilizada pela adopção do sistema QWERTY: porque ninguém utiliza o teclado Dvorak, não existem máquinas com essa configuração; porque não existem máquinas com a configuração Dvorak ninguém treina nesse teclado. Apesar de, segundo aquele autor, os custos de treinar

---

[209] PAUL DAVID, "Clio and the Economics of QWERTY", Am. Econ. Rev. Proceedings, Vol. 75, p. 332.

um dactilógrafo no sistema Dvorak são recuperados em apenas 10 dias de trabalho.[210] No entanto, porque ninguém pode interiorizar os benefícios dessa mudança, não se gera uma dinâmica suficiente para permitir a conversão ao sistema Dvorak. "Competition in the absence of perfect futures markets drove the industry prematurely into standardization on the wrong system where decentralized decision-making subsequently has sufficed to hold it".[211]

Este exemplo foi posto em causa por LIEBOWITZ e MARGOLIS.[212] Num estudo de 1990, estes autores demonstram que, em primeiro lugar, o teclado QWERTY não foi criado para atrasar os dactilógrafos. Em segundo lugar a alegada superioridade do sistema Dvorak assenta num estudo da marinha dos Estados Unidos realizado pelo próprio August Dvorak, titular da patente sobre o teclado com o seu nome. A credibilidade do mesmo foi posta em causa por estudos posteriores realizados por entidades independentes.

Outros casos exemplares são o do triunfo do sistema VHS sobre o Betamax e a guerra entre o IBM PC e o Apple Macintosh. Em ambos, a presença de efeitos externos de rede não é suficiente para justificar a pretensão de que o conflito resultou na vitória de um sistema inferior. Quanto ao caso VHS/Betamax, a alegada superioridade técnica deste último nunca foi estabelecida de maneira conclusiva.[213] Pelo contrário, a semelhança entre as duas tecnologias parece indicar que o factor determinante no sucesso do VHS se ficou a dever a características deste último que o tornavam mais atraente aos consumidores americanos. Com efeito, num momento crucial da luta comercial entre a Sony, que promovia o Betamax, e a Matsushita, que defendia o VHS, esta última apresentou em 1977 um modelo capaz de gravar quatro horas de programação (o suficiente para gravar um jogo de futebol americano), enquanto o Betamax se ficava, nesse momento, pelas duas horas. Sendo o preço de ambos os aparelhos quase igual (USD $1000 para o VHS, USD $996 para Betamax), o rápido triunfo do VHS ficou a dever-se a uma diferença numa dimensão decisiva para o consumidor – o tempo de gravação. A opção da Betamax por uma

---

[210] PAUL DAVID, op. cit., p. 332.

[211] Id., p. 336.

[212] S.J. LIEBOWITZ, Stephen E. MARGOLIS, "The Fable of the Keys", J. of L & Econ., vol. 22, n.º 1, 1990, p. 1.

[213] Para um resumo da história do conflito entre os diferentes formatos de vídeo, ver LIEBOWITZ, MARGOLIS, "Path Dependence ...", pp. 218 a 222.

videocassete mais compacta, mas com menos tempo de gravação, revelou-se errada à luz das preferências dos consumidores. Uma vez que os melhoramentos sucessivos introduzidos nos diferentes formatos eram prontamente anulados por desenvolvimentos do sistema concorrente, esta vantagem do VHS levou a que este sistema se tornasse dominante, ficando o Betamax reduzido ao mercado de vídeo profissional (onde o tamanho da cassette é uma consideração mais importante). Através de uma combinação de alianças estratégicas e de um bom produto, a Matsushita venceu a guerra, substituindo em pouco tempo um sistema que durante algum tempo foi dominante. Este exemplo demonstra, na verdade, que o mecanismo de triagem do mercado permite corrigir as vantagens da primeira empresa no mercado, desde que o produto concorrente seja suficientemente melhor para atrair os investimentos necessários na sua promoção. A ser verdadeira, a dependência de escolhas passadas teria ditado o domínio do Betamax devido ao seu monopólio virtual durante os dois anos que antecederam a introdução do VHS.

Uma das implicações desta teoria é a de que esse domínio pode desaparecer tão rapidamente como foi conquistado, devido a factos aparentemente insignificantes. Uma nova vaga tecnológica pode arrasar as tecnologias estabelecidas e criar novos monopólios, desde que seja consideravelmente superior à tecnologia dominante: "a new product often has to be two or three times better in some dimension – price, speed, convenience – to dislodge a locked-in rival". Daí a preocupação com o desenvolvimento da nova tecnologia: "If knowledge-based companies are competing in winner-take-most markets, then managing becomes redefined as a series of quests for the next technological winner – the next cash-cow. The goal becomes the search for the Next Big Thing".[214]

Examinámos neste ponto alguns dos aspectos essenciais das *network externalities*. Para os seus defensores, os efeitos externos positivos de rede caracterizam os sectores económicos onde a inovação e o progresso tecnológico são forças determinantes da estrutura de mercado. Nessa medida, eles defendem a necessidade de olhar para estes sectores sob um novo prisma, com um novo paradigma explicativo do funcionamento desses mercados. Destas teses resultou uma recente tendência para procurar retirar daí determinadas consequências em termos da política de concorrência que serão examinadas adiante.

---

[214] W. BRIAN ARTHUR, "Increasing Returns...", p. 104.

Do ponto de vista do direito da concorrência, a questão dos efeitos externos positivos das redes pode ser relevante a propósito do controlo de práticas anti-concorrenciais em sectores económicos que envolvem a concorrência entre sistemas distintos, sejam eles formados por redes em sentido estrito seja quando a concorrência envolve *standards*. Se esses efeitos são reais, as tradicionais práticas anti-concorrenciais, e mesmo algumas práticas hoje julgadas inócuas, podem ter um impacto decisivo na definição de indústrias caracterizadas pela inovação. Justificar-se-ia, então dar maior atenção aos esforços de colaboração entre concorrentes bem como ao comportamento de empresas que podem rapidamente monopolizar um conjunto de mercados.

O argumento que está na base deste novo paradigma liga-se ao tema central deste trabalho: a problemática inerente à aplicação do direito da concorrência à inovação e à sua difusão através da transferência de tecnologia. Se a inovação é importante para o crescimento económico e se os sectores caracterizados pela inovação e progresso tecnológico apresentam efeitos externos de rede, a política de concorrência em relação a estes sectores pode ser decisiva para determinar, em parte, o próprio crescimento da economia.

Nas partes III e IV deste trabalho, estas questões serão examinadas em função da presença de uma empresa dominante (III.C. e IV.D), caso em que o problema consiste em determinar se a rede ou *standard* foi estabelecido com base em comportamentos abusivos.

II. INTRODUÇÃO AOS SISTEMAS DE PROPRIEDADE INTELECTUAL E DE DEFESA DA CONCORRÊNCIA DA UNIÃO EUROPEIA E DOS ESTADOS UNIDOS

A comparação da relação entre o direito da concorrência e a propriedade intelectual nos ordenamentos dos Estados Unidos e da União Europeia apenas pode fornecer conclusões válidas se tivermos em atenção as características específicas de cada sistema. Embora o escopo deste trabalho exclua uma análise aprofundada, algumas observações preliminares são necessárias para que melhor se possa entender a comparação a que procederemos nas Terceira e Quarta Partes. A complexidade destas questões justificaria um estudo autónomo. As considerações que aqui traçamos limitam-se a fornecer um enquadramento genérico, sem preocupações de esgotar cada questão, indicando algumas pistas que reservamos para investigação futura.

O primeiro aspecto a considerar resulta da natureza dos direitos de propriedade intelectual e da separação de poderes entre o poder a nível central (o poder federal nos Estados Unidos, o poder supranacional na União Europeia) e os restantes níveis (poder estadual nos Estados Unidos, competência dos Estados-membros na União Europeia) (II.A).

O segundo diz respeito às diferentes concepções predominantes em cada um daqueles ordenamentos acerca dos objectivos do direito da concorrência e às diferentes técnicas adoptadas para a definição de restrições da concorrência (II.B.).

A. A natureza territorial dos direitos de propriedade intelectual

Os direitos de propriedade intelectual são concedidos com um âmbito espacialmente delimitado, em regra, pelo território do Estado. Mesmo os regimes internacionais acordados no final do século XIX limitavam-se a criar mecanismos de articulação entre os diferentes regimes nacionais, sem todavia questionar a territorialidade que lhes é inerente.[215]

A integração económica de diferentes unidades políticas leva a questionar essa territorialidade na medida em que ela cria obstáculos à realização das liberdades básicas de circulação de bens e serviços. Com as diferenças resultantes da sua diferente natureza, os Estados Unidos e a União Europeia procuram resolver estes problemas de diferentes maneiras. Veremos nesta secção, de forma sumária, a estrutura da protecção da propriedade intelectual nos Estados Unidos (II.A.1.) e na União Europeia (II.A.2.). Por fim apresentamos as nossas conclusões quanto às principais semelhanças e diferenças entre as soluções para o problema da territorialidade de ambos os sistemas (II.A.3.).

1. *A protecção da propriedade intelectual nos Estados Unidos*

Nos Estados Unidos, o direito da propriedade intelectual é, essencialmente, direito federal, com consagração a nível constitucional, excepção feita à protecção dos segredos comerciais, a qual é salvaguardada pelo direito estadual, e da protecção das marcas, área na qual o nível federal se sobrepõe à protecção conferida pelos estados.[216] Devido a esta constitucionalização a nível federal da protecção de patentes e de direito de autor, os conflitos territoriais foram resolvidos pela própria Convenção Constitucional de 1787 com a cláusula de supremacia do direito federal.[217] Esta solução foi ditada precisamente pelo reconhecimento de que a atribuição de direitos dessa natureza por parte dos estados teria como consequência a criação de obstáculos ao comércio e a multiplicação dos processos de obtenção de protecção para assegurar uma tutela uniforme no território dos Estados Unidos.[218]

---

[215] Sobre este ponto ver, entre nós, OLIVEIRA ASCENSÃO, *Direito Comercial – Vol. II: Direito industrial*, Lisboa, 1988, pp. 30 e ss.

[216] Constituição dos Estados Unidos, Art. I, § 8, cl. 8: "(o Congresso tem o poder) To promote the progress of science and useful arts, by securing for limited times to authors and inventors the exclusive right to their respective writings and discoveries".

[217] A lei das patentes em vigor é o Patent Act de 1952, codificado no título 35 do United States Code. A protecção de patentes compreende igualmente os desenhos industriais ou *design patents* (35 U.S.C.A. § 161) e os direitos de obtenção vegetal *plant patents* (35 U.S.C.A. § 171).

[218] Neste sentido, ver ARTHUR R. MILLER, MICHAEL H. DAVIS, *Intellectual Property – Patents, Trademarks, and Copyrights*, West Publ., St. Paul, Minn., 1990, p. 7: "By the time

A constitucionalização destes direitos tem ainda importantes consequências na afectação de poderes aos diferentes níveis de poder político.[219] Perante uma base jurídica explícita, o poder federal adquire um âmbito mais amplo e preclude a adopção de leis a nível estadual que possam interferir com os objectivos da lei federal. Trata-se da aplicação da doutrina da *preemption*.[220] Os conflitos registam-se, essencialmente, em torno da aplicação das leis estaduais sobre concorrência desleal (*unfair competition*) e sobre a protecção de segredos comerciais (*trade secret*). Quanto às primeiras, a existência de um sistema federal de protecção de patentes implica a inconstitucionalidade de leis estaduais que concedam uma protecção a título de concorrência desleal equivalente a uma patente.[221] É esse o princípio que se retira do acórdão do Supremo Tribunal de Justiça no caso *Sears Roebuck & Co. v. Stiffel Co.* de 1964, no qual foi considerado que uma empresa fabricante de candeeiros não podia impedir a comercialização de um produto concorrente, uma vez que não beneficiava de qualquer direito exclusivo de patente.[222] Isto apesar de o produto concorrente apresentar semelhanças com um candeeiro do demandante que criavam um risco de confusão. Neste caso, os estados podem impor requisitos quanto à identificação dos fabricantes de maneira a diminuir os riscos de confusão.[223]

Já quanto à protecção de segredos comerciais e industriais, o âmbito das leis estaduais é mais amplo devido aos menores riscos de conflito, podendo impedir a divulgação de tecnologia não protegida por patentes.[224]

---

of the Revolution, virtually all of the colonies had granted patents. During the period of the Articles of Confederation, well-established state patent practices developed. Lacking a national procedure, there was, though, a serious problem because of the number of different states in which an inventor had to secure patents to achieve meaningful protection".

[219] Em bom rigor os criadores e inventores não podem fundar quaisquer direitos directamente naquela norma constitucional. Esta limita-se a permitir ao legislador federal a adopção de normas que atribuam e protejam esses direitos.

[220] Para um interessante estudo da "Preempção", ver, entre nós, ANTÓNIO GOUCHA SOARES, *Repartição de competências e preempção no Direito Comunitário*, Cosmos, Lisboa, 1996, *maxime*, pp. 55 e ss.

[221] Ver MILLER, DAVIS, *op. cit.*, p. 144.

[222] Ver acórdão do Supremo Tribunal de Justiça no caso *Sears, Roebuck & Co. v. Stiffel Co.*, 376 U.S. 225 (1964).

[223] Ver acórdão do Supremo Tribunal de Justiça no caso *Compco Corp. v. Day-Brite Lighting, Inc.*, 376 U.S. 234 (1964).

[224] Ver acórdão do Supremo Tribunal de Justiça no caso *Kewanee Oil Co. v. Bicron Corp.*, 416 U.S. 470 (1974).

Note-se que essa protecção se limita à divulgação não autorizada de segredos comerciais e não atribui quaisquer direitos exclusivos em si mesma. No contexto do direito de autor, a lei federal vai mesmo ao ponto de impor limites expressos ao poder dos estados.[225] A disposição que exprime a intenção do legislador de precludir a regulamentação estadual codifica os princípios enunciados nos acórdãos supra-mencionados do Supremo Tribunal.[226]

Em claro contraste com este regime de unificação está a protecção das marcas. Nos Estados Unidos a protecção das marcas é dividida entre o nível federal, ao abrigo da *interstate commerce clause*, e o nível estadual.[227] No entender de MILLER e DAVIS, "for the most part, federal laws do not create new rights nor do they even codify the common law of trademark; instead they merely provide a structure within which the common law of trademark can be enforced at the federal level".[228]

Um dos aspectos mais importantes do direito das patentes nos Estados Unidos é o facto de não ser imposta a exploração da patente, quer directamente pelo titular quer através da concessão de licenças. Ficam assim afastadas as licenças obrigatórias enquanto elemento do sistema de patentes, conhecidas na generalidade dos países industrializados e não só.[229]

---

[225] A lei vigente sobre direito de autor e direitos conexos é o Copyright Act de 1976, codificado no título 17 do United States Code. Este título inclui ainda o Semiconductor Chip Protection Act de 1984, que confere um regime de protecção a meio caminho entre as patentes e o direito de autor às topografias de semicondutores.

[226] Neste sentido, MILLER, DAVIS, *op. cit.*, pp. 414-15: "Section 301's pre-emption provisions are meant to codify the holdings of *Sears, Roebuck & CO. V. Stiffel Co.* (1964) and *Compco Corp. v. Day-Brite Lighting, Inc.* (1964), which generally stand for the proposition that pre-emption does not extend to causes of action dissimilar to copyright nor to subject matter outside the scope of copyright. Simple copying, without more, cannot be regulated by the states because that is the very essence of federal copyright legislation. If the copying, however, is accompanied by deception or some other tortious element, a state may regulate that conduct, since what is being controlled is not the copying itself but the conduct – the unfair business practice".

[227] A lei federal sobre marcas é o Lanham Act de 1946, 15 U.S.C.A. §§ 1051 e ss.

[228] MILLER, DAVIS, *op. cit.*, p. 149.

[229] Para um estudo comparado dos diferentes tipos de licenças obrigatórias, ver JEAN-MARC SALAMOLARD, *La licence obligatoire en matière de brevets d'invention*, Droz, Genève, 1978. A filosofia norte-americana prevaleceu no Acordo TRIPS, o qual, no seu artigo 31.º estabelece condições substantivas e adjectivas rigorosas para a concessão de licenças obrigatórias, mantendo em aberto a possibilidade da sua imposição para remediar práticas julgadas anti-concorrenciais no âmbito de um processo judicial ou administrativo; ver artigo 31.º, al. k).

Por outro lado, a concessão de licenças, exclusivas ou não, é expressamente prevista, podendo o titular limitar o âmbito territorial dessas licenças.[230] Como veremos, o direito da concorrência dos Estados Unidos introduz alguns limites a este direito e permite um sistema flexível de licenças obrigatórias configuradas como medidas destinadas a restaurar a concorrência.[231]

2. *A protecção da propriedade intelectual na União Europeia*

A estrutura da protecção da propriedade intelectual na União Europeia é consideravelmente mais complexa do que a dos Estados Unidos. Ao contrário daquele país, a regra é de que os direitos de propriedade intelectual são concedidos e protegidos pela legislação dos Estados-membros.[232] Não surpreende, por isso, que desde cedo se tenham registado conflitos entre os efeitos desses direitos exclusivos de âmbito nacional e as regras que estabelecem a liberdade de circulação de mercadorias e de serviços. Neste domínio, o Tribunal de Justiça elaborou paulatinamente um regime que procura resolver esses conflitos, conciliando os diferentes interesses em jogo (II.A.2.a.). Mas esta abordagem de integração negativa não permite eliminar os obstáculos ao comércio intra-comunitário resultantes da disparidade de legislações. Daí que um dos principais vectores de actuação da União a este nível seja o da harmonização de legislações, em especial no contexto do objectivo da criação de um mercado interno. Mais recentemente, porém, foram adoptados verdadeiros direitos de dimensão comunitária, criando, pois, um regime de unificação, ainda que tendencialmente cumulativo com a protecção nacional (II.A.2.b.).

---

[230] 35 U.S.C.A. § 261

[231] Nos termos da §211 do Patent Act, nenhuma disposição deste diploma pode ser interpretada como excluindo a responsabilidade por restrições da concorrência proibidas pelas leis *antitrust*.

[232] Isto não significa, porém, que os Estados-membros disponham de uma competência reservada no domínio da propriedade intelectual. Ver Parecer do Tribunal de Justiça 1/94, Acordo OMC, Colect. 1994, p. I-5267; sobre esta questão ver ainda MIGUEL MOURA E SILVA, "Opinion 1/94 and the Division of Powers Between the Member States and the European Community in International Economic Relations", Revista Jurídica, n.º 20, nova série, 1996, p. 203, *maxime* p. 213.

a. *Os direitos de propriedade intelectual e as regras sobre livre circulação de bens e serviços*

Os conflitos entre os direitos exclusivos de propriedade intelectual, de natureza territorial, e a criação e funcionamento do Mercado Comum foram inicialmente resolvidos pelo Tribunal de Justiça mediante a aplicação das regras da concorrência. Estas permitem impedir que o exercício daqueles direitos leve a uma repartição geográfica de mercados.[233] O tratamento destes conflitos no âmbito das regras relativas à livre circulação de mercadorias, designadamente enquanto medidas de efeito equivalente nos termos dos artigos 28.º e 30.º (ex-artigos 30.º e 36.º) do Tratado, só viria a ser consagrado em 1971, no acórdão *Deutsche Grammophon*.[234]

A jurisprudência do Tribunal de Justiça aprofundou o sentido do artigo 30.º, transformando-o num princípio de repartição de competências em matéria de propriedade intelectual entre os Estados-membros e a Comunidade.[235] Recorrendo sucessivamente a diversas fórmulas, como a *distinção entre existência e exercício* de um direito de propriedade intelectual, a análise do seu *objecto específico* e, mais recentemente, da sua *função essencial* e a protecção da sua substância, o Tribunal de Justiça aprecia, dentro de certos limites, a compatibilidade da protecção conferida pelo direito nacional com os objectivos da Comunidade.[236]

---

[233] Acórdão do Tribunal de Justiça nos Procs. Apensos 56 e 58/64, *Consten e Grundig c. Comissão*, Colect. 1966, p. 299.

[234] Acórdão do Tribunal de Justiça no Proc. 78/70, *Deutsche Grammophon*, Colect. 1971, p. 487. Ver PAUL DEMARET, "Les droits de propriété intelectuelle, la circulation des marchandises et des services", in DEMARET, (org.), *La protection de la propriété intellectuelle – aspects juridiques européens et internationaux*, Institut Universitaire International Luxembourg, Luxemburgo, 1990, p. 103.

[235] Ver DEMARET, *op. cit.*, p. 112.

[236] O exame detalhado da jurisprudência do Tribunal de Justiça neste domínio excede largamente o objectivo desta secção. Para uma análise crítica daquela jurisprudência, ver INGE GOVAERE, *The Use and Abuse of Intellectual Property Rights in E.C. Law*, Sweet & Maxwell, Londres, 1996; W. R. CORNISH, *Intellectual Property: Patents, Trade Marks, Copyright and Allied Rights*, 3.ª ed., Sweet & Maxwell, Londres, 1996; BEIER, "Industrial Property and the Free Movement of Goods in the Internal European Market", IIC, vol. 21, 1990, p. 131; FRIDEN, "Recent Developments in the EEC Intellectual Property Law: The Distinction Between Existence and Exercise Revisited", C.M.L. Rev., vol. 26, 1989, p. 193; LASOK, "IPR and the Free Movement in the EEC", ECLR, 1985, p. 249; MARENCO e BANKS, "Intellectual Property and the Community Rules on Free Movement: Discrimination Unearthed", E.L. Rev., vol. 15, 1990, p. 224. Entre nós, ver PEDRO SOUSA

Mas a interpretação do Tribunal de Justiça não lhe permite resolver todos os conflitos, sendo necessário reconhecer que "no estado actual do direito comunitário e na falta de uma unificação no quadro comunitário ou de uma harmonização de legislações, a fixação das condições e modalidades da protecção (dos direitos de propriedade intelectual) releva do direito nacional (...)".[237]

Ao delicado equilíbrio estabelecido pelo Tribunal de Justiça com base na distinção, algo arbitrária, entre a existência e o exercício de um direito exclusivo sucedeu uma intervenção mais clara do direito comunitário apoiada na análise do respectivo objecto específico.[238] Este tipo de abordagem permite à jurisdição comunitária realizar uma apreciação das condições e modalidades de protecção, reduzindo para o efeito o conteúdo desses direitos ao seu núcleo essencial. Embora implícita na jurisprudência recente do Tribunal de Justiça, a possibilidade de analisar o próprio mérito da protecção concedida pelos Estados-membros só veio a ser invocada abertamente pelo Tribunal de Primeira Instância nos casos *Magill*.[239] Apesar de dizerem respeito a um produto com características peculiares, os princípios que se podem extrair dos acórdãos do Tribunal de Primeira Instância nestes casos podem ser aplicados a outros direitos de propriedade intelectual.[240] Os acórdãos citados confirmam também a possibilidade de obrigar o titular de um desses direitos a conceder licenças obrigatórias quando da sua recusa possa resultar a exclusão de produtos concorrentes.[241]

E SILVA, *Direito comunitário e propriedade industrial – o princípio do esgotamento dos direitos*, Coimbra Editora, Coimbra, 1996

[237] Acórdão do Tribunal de Justiça no Proc. 144/81, *Keurkoop c. Nancy Keen Gifts*, Colect. 1982, p. 2871, considerando 18.

[238] Iniciada com o Acórdão do Tribunal de Justiça no Proc. 15/74, *Centrafarm c. Sterling Drug*, Colect. 1974, p. 1147.

[239] Acórdão do Tribunal de Primeira Instância no Proc. T-69/89, *RTE c. Comissão*, Colect. 1991, p. II-489; Acórdão do Tribunal de Primeira Instância no Proc. T-70/89, *BBC c. Comissão*, Colect. 1991, p. II-538; Acórdão do Tribunal de Primeira Instância no Proc. T-76/89, *ITP c. Comissão*, Colect. 1991, p. II-577. Estes acórdãos foram objecto de recurso para o Tribunal de Justiça, tendo esta instância mantido a decisão do Tribunal de Primeira Instância: Acórdão do Tribunal de Justiça nos Procs. Apensos C-241/91 P e C-242/91 P, *RTE e ITP c. Comissão*, Colect. 1995, p. I-743.

[240] Este é o entendimento que perfilhamos em MIGUEL MOURA E SILVA, "Protecção de Programas ...". A decisão do Tribunal de Justiça em sede de recurso parece, todavia, limitar os princípios daqueles acórdãos às circunstâncias do caso.

[241] Ver, *infra*, IV.D.2.

b. *A harmonização de legislações e unificação do direito da propriedade intelectual*

Encontramos actualmente domínios cada vez mais amplos da propriedade intelectual sujeitos à harmonização comunitária. Por exemplo, no caso do direito de autor relativo aos programas de computador, a harmonização dos direitos nacionais resulta da Directiva n.° 91/250/CEE.[242] Outras matérias objecto de harmonização no domínio do direito de autor são a protecção do direito de locação e certos direitos conexos,[243] algumas questões relativas à emissão por satélite e à retransmissão por cabo,[244] a duração da protecção conferida pelo direito de autor e direitos conexos,[245] a protecção das bases de dados.[246-247] No âmbito da propriedade industrial encontramos medidas de harmonização como as relativas às condições de protecção das marcas[248] e à protecção das topografias de semicondutores.[249-250] Quanto às matérias tratadas por essas directivas,

---

[242] J.O. L 122, de 17.5.91, p. 42. Sobre esta directiva ver o nosso trabalho citado na penúltima nota; ver ainda o estudo de MANUEL LOPES ROCHA e PEDRO CORDEIRO, *Protecção Jurídica do Software*, 2.ª ed., Edições Cosmos, Lisboa, 1996.

[243] Directiva do Conselho n.° 92/100/CEE, J.O. L 346, de 27.11.92, p. 61.

[244] Directiva do Conselho n.° 93/83, J.O. L 248, de 6.10.93, p. 15.

[245] Directiva do Conselho n.° 93/98/CEE, J.O. L 290, de 24.11.93, p. 9.

[246] Directiva do Parlamento Europeu e do Conselho 96/9/CE, J.O. L 77, de 27.3.96, p. 20.

[247] Nota de actualização: mais recentemente foram adoptadas directivas relativas a certos aspectos da sociedade da informação (Directiva do Parlamento Europeu e do Conselho n.° 2001/29/CE, J.O. L 167, de 22.06.2001, p. 10) bem como ao direito de sequela ou de sequência (Directiva do Parlamento Europeu e do Conselho n.° 2001/84/CE, J.O. L 272, de 13.10.2002, p. 32).

[248] Directiva do Conselho n.° 89/104/CEE, J.O. L 40, de 11.2.89, p. 1.

[249] Directiva do Conselho n.° 87/54/CEE, J.O. L 24, de 27.1.87, p. 36.

[250] Nota de actualização: foram entretanto aprovadas directivas relativas à protecção de invenções biotecnológicas (Directiva do Parlamento Europeu e do Conselho n.° 98/44/CE, J.O. L 213, de 30.7.98, p. 13) e aos desenhos e modelos industriais (Directiva do Parlamento Europeu e do Conselho n.° 98/71/CE, J.O. L 289, de 28.10.98, p. 28). Encontram-se ainda em apreciação propostas relativas à patenteabilidade de inventos que envolvam programas de computador (COM (2002) 92, final) e à protecção de invenções por modelos de utilidade (COM (1999) 309, final). Nos trabalhos preparatórios do Código da Propriedade Industrial de 2003, vingou em comissão um entendimento que levaria a esvaziar de sentido o regime dos modelos de utilidade na medida em que exigiria para os mesmos um grau de actividade inventiva idêntico ao subjacente às patentes. Esta posição mereceu a nossa crítica em "O requisito da actividade inventiva para os modelos de uti-

é agora o direito comunitário que define as condições e os processos de protecção.

Por maioria de razão, o mesmo sucede quanto aos domínios sujeitos à unificação por via de regulamento comunitário que tende a criar direitos complementares como a Marca Comunitária[251] ou o Modelo ou Desenho Industrial Comunitário.[252] Outras matérias objecto de regulamentação comunitária são a criação de certificados complementares de protecção de medicamentos[253] e produtos fitofarmacêuticos,[254] a protecção das variedades vegetais,[255] bem como a protecção das denominações de origem das indicações geográficas de origem.[256] Estão ainda a ser concluídas as negociações quanto a um importante direito de âmbito comunitário: a patente comunitária.[257]

Por último, importa referir que a competência em matéria de relações externas foi objecto do importante Parecer 1/94 do Tribunal de Justiça sobre a competência da Comunidade para aprovar os resultados do Ciclo do Uruguai.[258] Mais recentemente, a Comunidade Europeia aderiu aos dois tratados da Organização Mundial da Propriedade Intelectual sobre prestações e fonogramas e sobre direito de autor.

---

lidade", Jornal do INPI, Ano XV, n.º 5, Fevereiro, p. 6, Lisboa, 2000. Uma versão mais desenvolvida desse estudo foi agora publicada: "Modelos de utilidade – Breves notas sobre a revisão do Código da Propriedade Industrial", in VVAA, *Direito Industrial*, vol. III, Almedina, Coimbra, 2003. A versão final do Código veio acolher o nosso entendimento. Em todo o caso, afigura-se ser discutível a metodologia que então prevaleceu e que passou por procurar transpor desde logo o que mais não era (e ainda não deixou de o ser) uma mera proposta.

[251] Regulamento do Conselho n.º 40/94, J.O. L 11, de 14.1.94, p. 1.

[252] Nota de actualização: este último foi recentemente criado pelo Regulamento do Conselho n.º 6/2002, J.O. L 3, de 5.1.2002, p. 1.

[253] Regulamento do Conselho n.º 1768/92, J.O. 1992, L 182/1.

[254] Regulamento do Parlamento Europeu e do Conselho n.º 1610/96, J.O. L 198, de 8.8.96, p. 30.

[255] Regulamento do Conselho n.º 2100/94, J.O. L 227, de 1.9.94, p. 1.

[256] Regulamento do Conselho n.º 208/92, J.O. 1992, L 208/1.

[257] Nota de actualização: Abandonadas as esperanças de a ver instituída por via de uma convenção a celebrar entre os Estados-Membros, encontra-se em apreciação uma proposta de regulamento; ver COM (2000) 412, final.

[258] Ver o nosso estudo, "Opinion 1/94 and the Division of Powers Between the Member States and the European Community in International Economic Relations: *For Whom the Bells Toll?*", Revista Jurídica da AAFDL, n.º 20, nova série, Novembro 1996, p. 203.

Este processo de comunitarização dos direitos de propriedade intelectual implica dar uma ênfase acrescida ao controlo do exercício dos correspondentes direitos pelo próprio direito comunitário, de forma a evitar o seu abuso.

3. *Conclusões*

Não obstante a progressiva harmonização e unificação dos direitos de propriedade intelectual, na União Europeia os Estados-membros continuam a deter os principais poderes nesta matéria. No que respeita ao direito da concorrência da União Europeia, os direitos de propriedade intelectual concedidos pelos Estados-membros são vistos com alguma suspeição dada a sua natureza territorial. É fácil compreender que as restrições territoriais em acordos de licença de direitos de propriedade intelectual coloquem problemas importantes na perspectiva do direito comunitário. Assim, enquanto que nos Estados Unidos a repartição territorial do direito de exploração da patente por diversos licenciados com direitos exclusivos nos respectivos territórios é considerada como cabendo no objecto específico do direito do titular da patente, na União Europeia é aplicada a teoria do esgotamento dos direitos de propriedade intelectual. Qualquer tentativa para reforçar contratualmente a inerente territorialidade dos direitos de propriedade intelectual só será aceite caso corresponda à protecção da função essencial daquele direito. Daqui podemos desde já concluir que, se nos Estados Unidos a protecção da propriedade intelectual tende a prevalecer sobre o direito da concorrência, na União Europeia assistimos à tendência oposta, devido à importância do objectivo de integração económica, o qual tende a prevalecer sempre que a protecção da propriedade intelectual possa ter um impacto negativo sobre o comércio entre Estados-membros.

B. Breve caracterização do direito da concorrência nos Estados Unidos e na União Europeia

1. *O direito da concorrência dos Estados Unidos*

a. *Os objectivos do direito da concorrência*

Um dos problemas mais debatidos pela doutrina norte-americana em matéria de direito da concorrência é o da sua estrutura axiológica e teleológica.

Num ponto, todavia, as leis *antitrust* recolhem o consenso da doutrina e jurisprudência. A disciplina geral do mercado que encerram confere-lhes dignidade constitucional. Como o Supremo Tribunal as definiu, elas seriam dotadas de uma "generalidade e adaptabilidade comparáveis às que caracterizam as disposições constitucionais".[259] Podemos assim dizer que elas integram a constituição económica material dos Estados Unidos.[260] Uma eloquente ilustração da natureza materialmente constitucional é-nos dada noutro acórdão do Supremo Tribunal:

"The Sherman Act was designed to be a comprehensive charter of economic liberty aimed at preserving free and unfettered competition as the rule of trade. It rests on the premise that the unrestrained interaction of competitive forces will yield the best allocation of our economic resources, the lowest prices, the highest quality and the greatest material progress, while at the same time providing an environment conducive to the preservation of our democratic political and social institutions. But even were that premise open to question, the policy unequivocally laid down by the Act is competition".[261]

---

[259] *Appalachian Coals, Inc. v. United States*, 288 U.S. 344 (1933), pp. 359 e 360.

[260] Entendendo o conceito de constituição económica material no sentido proposto por ANTÓNIO SOUSA FRANCO e GUILHERME D'OLIVEIRA MARTINS, *A constituição económica portuguesa*, Almedina, Coimbra, 1993, p. 19, que a definem como integrando "o núcleo essencial de normas jurídicas que regem o sistema e os princípios básicos das instituições económicas, quer constem quer não do texto constitucional: *maxime*, quer seja ou não dotada da particular estabilidade que caracteriza as normas dos textos constitucionais".

[261] *Northern Pacific Railway v. U.S.*, 356 U.S. 1 (1958), na p. 4.

Devido à natureza materialmente constitucional das leis *antitrust*, o debate sobre os valores que as inspiraram e a forma como estes se devem reflectir na sua aplicação assume a importância de uma verdadeira luta pela alma do direito da concorrência.[262] Mas, tal como no caso de outras disposições formal ou materialmente constitucionais, as características que lhes conferem essa dignidade são as mesmas que lhes permitem resistir a qualquer interpretação redutora a uma ou outra das suas vertentes axiológicas.[263] É essa abertura e flexibilidade das leis *antitrust* que jus-

---

[262] Os inúmeros contributos para este debate dificultam um elenco bibliográfico exaustivo. Registamos, no entanto, alguns dos principais textos a que faremos referência adiante. Na perspectiva da escola de Chicago, ver ROBERT H. BORK, *The Antitrust Paradox – A Policy at War with Itself*, (ed. de 1993 com nova introdução e epílogo), Free Press, New York, 1978 (adiante, *The Antitrust Paradox*); RICHARD A. POSNER, "The Chicago School of Antitrust Analysis", U.Pa.L.Rev., vol. 127, 1979, p. 918; FRANK EASTERBROOK, "Workable Antitrust Policy", Mich. L. Rev., vol. 84, n.º 8, 1986, p. 1696.Para uma visão tradicional ver ELEANOR FOX, "Consumer Beware of Chicago", Mich. L. Rev., vol. 84, n.º 8, 1986, p. 1714; ELEANOR Fox e LAWRENCE SULLIVAN, "Antitrust – Retrospective and Prospective: Where are We Coming From? Where are We Going?", N.Y.U.L. Rev., vol. 62, n.º 5, 1987, p. 936; F.M. SCHERER, "Antitrust, Efficiency, and Progress", N.Y.U.L. Rev., vol. 62, n.º 5, 1987, p. 998; JOSEPH BRODLEY, "The Economic Goals of Antitrust: Efficiency, Consumer Welfare, and Technical Progress", N.Y.U.L. Rev., vol. 62, n.º 5, 1987, p. 1020; ROBERT PITOFSKY, "The Political Content of Antitrust", U.Pa.L.Rev., vol. 127, 1979, p. 1051. Para uma crítica a partir do próprio modelo da Escola de Chicago ver HERBERT HOVENKAMP, "Antitrust Policy After Chicago", Mich. L. Rev., vol. 84, n.º 2, 1985, p. 213; HERBERT HOVENKAMP, "Rethoric and Skepticism in Antitrust Argument", Mich. L. Rev., vol. 84, n.º 8, 1986, p. 1721; HERBERT HOVENKAMP, "Positivism in Law & Economics", Calif. L. Rev., vol. 78, n.º 4, 1990, p. 815; ROBERT H. LANDE, "Wealth Transfers as the Original and Primary Concern of Antitrust: The Efficiency Interpretation Challenged", Hastings L.J., vol. 34, 1982, p. 65.

[263] Note-se que nos situamos aqui num dos campos de batalha de um conflito mais amplo sobre o próprio sentido da interpretação constitucional. Os dois lados que se opõem são a tendência "interpretativista" que, na síntese feita por J.J. GOMES CANOTILHO, *Direito Constitucional*, 6.ª ed., Almedina, Coimbra, 1996, p. 197, postula "que os juízes, ao interpretarem a constituição, devem limitar-se a captar o sentido dos preceitos expressos na constituição, ou, pelo menos, nela claramente implícitos". Nesta corrente se inserem dois dos maiores expoentes da escola de Chicago, ROBERT H. BORK e, mais moderado, RICHARD A. POSNER. Do outro lado encontramos um conjunto de posições "não interpretativistas" nas quais se destacam RONALD DWORKIN, HERBERT WECHSLER e JOHN HART ELY, que, ainda segundo o mesmo autor, "defendem a possibilidade e a necessidade de os juízes invocarem e aplicarem 'valores e princípios substantivos' – princípios da liberdade e da justiça – contra actos da responsabilidade do legislativo em desconformidade com o 'projecto' da constituição". Na análise que se segue é importante não perder de vista a integração do debate sobre os objectivos do direito da concorrência nesta discussão mais ampla.

tifica a sua múltipla filiação num conjunto de valores, por vezes contraditórios, que se procuram ajustar sem que nenhum deles seja totalmente erradicado pelo predomínio de outro. Compreender-se-á, então, em função dessa fluidez axiológica, a evolução do núcleo de valores que presidem à aplicação do direito da concorrência segundo os circunstancialismos históricos e as correntes doutrinais predominantes em cada época. Como afirma HERBERT HOVENKAMP, "Since its inception, antitrust policy has been forged by economic ideology".[264]

A própria história legislativa do *Sherman Act* reflecte uma confluência de diferentes valores. A criação de uma economia de dimensão continental integrada pela rede ferroviária em expansão permitiu o surgimento de uma nova forma de organização empresarial que se caracterizava pela concentração do controlo económico das actividades produtivas num grupo reduzido de pessoas. Falamos da figura dos *trusts*, que se generalizaram a um conjunto de indústrias onde as economias de escala favoreciam a integração.[265] Por diversos motivos, essa concentração de poder económico era extremamente impopular, em especial junto dos pequenos e médios empresários e dos agricultores; os primeiros por serem obrigados a concorrer com verdadeiros gigantes comerciais que nem sempre se comportavam segundo os usos honestos do comércio;[266] os segundos, por se verem obrigados a pagar elevados preços pelo transporte ferroviário dos seus produtos, sendo discriminados em relação aos grandes criadores de gado.[267] Em suma, os grandes capitalistas, epitetados por vezes de *robber*

---

[264] HERBERT HOVENKAMP, "The Sherman Act and the Classical Theory of Competition", Iowa L. Rev., vol. 74, n.º 5, 1989, p. 1019.

[265] Os *trusts* como forma moderna de organização empresarial resultaram dos esforços dos advogados de John D. Rockefeller. Para um enquadramento histórico, ver HUGH BROGAN, *The Pelican History of the United States of America*, Penguin Books, Londres, 1985, cap. 17 – The Billion-Dollar Country – 1865-1900, pp. 387 e ss., *maxime*, pp. 400 e ss; HOWARD ZINN, *A People's History of the United States* (edição revista e actualizada), Harper Perennial, New York, 1995, cap. 11 – Robber Barons and Rebels, pp. 247 e ss.

[266] Neste sentido, ver TONY FREYER, "The Sherman Antitrust Act, Comparative Business Structure, and the Rule of Reason: America and Great Britain, 1880-1920", Iowa L. Rev., vol. 74, n.º 5, 1989, p. 991, na p. 996: "In America, however, the existing business order – composed predominantly of individually owned, comparatively small, unincorporated entities – resisted the rise of big firms".

[267] Este descontentamento era agravado pelas sucessivas recessões que caracterizaram o período pós-guerra civil, com substanciais quedas de preços.

barons, eram objecto de grande contestação popular, quer nos meios rurais quer urbanos.

Em resposta a este crescente descontentamento popular, o Congresso aprovou em 1890 o *Sherman Act* que proibia simultaneamente os contratos, combinações e conspirações restritivas do comércio e a monopolização e tentativa de monopolização. Colocados perante um ambiente juridicamente hostil, os *trusts* evoluíram, passando à forma de *holdings* de modo a contornar as proibições do *Sherman Act*.[268] Quando, para a surpresa de muitos juristas, o Supremo Tribunal considerou que aquelas proibições eram igualmente aplicáveis às sociedades *holding*, a estratégia dos grandes grupos económicos adaptou-se, passando a concentrar os seus membros numa entidade juridicamente independente por intermédio de fusões e aquisições e, como tal, ao abrigo, julgava-se, do *Sherman Act*.[269]

---

[268] A evolução do direito da concorrência e da sua aplicação judicial foi um factor decisivo na própria conformação da estrutura empresarial norte-americana e no aparecimento das grandes empresas. Sobre esta influência ver o importante estudo de TONY FREYER, "The Sherman Antitrust Act, Comparative Business Structure, and the Rule of Reason: America and Great Britain, 1880-1920", Iowa L. Rev., vol. 74, n.º 5, 1989, p. 991, que conclui na p. 1017 que "Despite its inconsistencies and failures, American antitrust law at least prevented less efficient cartel practices and encouraged economies of scale arising from managerial centralization". Os *trusts* encontravam-se já em declínio devido à aplicação do direito das sociedades de diversos estados de modo a considerá-los *ultra vires*. Ver FREYER, *op. cit.*, p. 997; HERBERT HOVENKAMP, "The Sherman Act and the Classical Theory of Competition", Iowa L. Rev., vol. 74, n.º 5, 1989, p. 1019, *maxime*, na p. 1020, com referência a alguns acórdãos.

[269] Ver o acórdão do Supremo Tribunal no caso *Northern Securities v. U.S.*, 193 U.S. 197 (1904). Ver ainda o estudo de BITTLINGMEYER, "Did Antitrust Policy Create the Great Merger Wave", J.L.&Econ., vol. 28, 1985, p. 77, onde se defende que a causa da primeira vaga de concentrações foi a tentativa de fugir à aplicação das regras do Sherman Act, e não apenas a realização de economias de escala, como é tradicionalmente sustentado. Como nota FREYER, *op. cit.*, p. 995, as sucessivas mutações de cartéis para *holdings* e destas para entidades juridicamente autónomas contribuíram para a melhoria da integração económica das partes através de uma gestão mais eficaz e profissional, capaz de racionalizar a produção através da sua afectação às diferentes unidades da empresa, e mesmo da sua contratação com terceiros, nos casos em que aquelas não eram capazes de fazer de modo mais eficiente. Deste modo se ultrapassavam muitos dos problemas de coordenação resultantes de estruturas menos rígidas como os cartéis. Basta pensarmos nas dificuldades sentidas pelo cartel internacional do petróleo, a OPEP, para ter uma ideia aproximada da sua importância. Curiosamente, segundo o mesmo Autor, a atitude mais laxista do direito britânico em relação aos cartéis, combinada com uma estrutura de gestão essencialmente familiar, pode ter resultado num atraso em termos da adopção de estruturas empresariais mais eficientes no Reino Unido.

É a fase das concentrações tendentes ao monopólio.[270] Embora estas concentrações fossem abrangidas pelo *Sherman Act*, a consagração expressa da *rule of reason* nos casos *Standard Oil v. U.S.* e *U.S. v. American Tobacco Co.* pela mão do Juiz Presidente White levou o Congresso a aprovar dois novos diplomas, o *Clayton Act* e o *Federal Trade Commission Act*, ambos de 1914.[271] O *Clayton Act* proibia a discriminação de preços, *tying* e distribuição exclusiva bem como as aquisições de acções que reduzissem substancialmente a concorrência.

Sendo claro que o *Sherman Act* proibia as concentrações tendentes à monopolização, o movimento de concentração económica atenuou-se no sentido da consolidação de oligopólios.[272] Uma lacuna no *Clayton Act*, todavia, permitia a grande parte das concentrações escapar ao controlo das autoridades sob a capa de uma aquisição de activos. Esta lacuna seria colmatada com o *Celler-Kefauver Act* de 1950, claramente ditado pela preocupação do Congresso com o aumento da concentração industrial.

Cada uma destas modificações legislativas foi precedida de um importante debate sobre as finalidades últimas do direito da concorrência. Um primeiro conjunto de objectivos que inspira o *Sherman Act* e os restantes diplomas neste domínio são de natureza política. Incluem-se neste grupo o objectivo de restringir as grandes concentrações de poder económico e, o outro lado da medalha, de manter uma dispersão de poder económico e político; o objectivo de proteger as pequenas e médias empresas; e, *last but not least*, o objectivo de proteger a autonomia individual e a liberdade de iniciativa económica (este último o que tinha raízes mais profundas no *common law* que servira de apoio às soluções do legislador de 1890).

O segundo conjunto, predominante na actualidade, centra as preocupações do direito da concorrência na prossecução da eficiência económica através da manutenção da concorrência e do combate aos abusos de poder de mercado, tendo ainda em vista a protecção dos consumidores e do respectivo bem-estar.

---

[270] Utilizamos aqui a expressão de GEORGE STIGLER, "Monopoly and Oligopoly by Merger", Am. Econ. Rev., vol. 40, 1950, p. 23, que caracteriza a primeira vaga de concentrações entre 1887 e 1904 como concentrações tendentes ao monopólio.

[271] *Standard Oil v. U.S.*, 221 U.S. 1 (1911); *U.S. v. American Tobacco*, 221 U.S. 106 (1911).

[272] Ver GEORGE STIGLER, *op. cit.*, que caracteriza a segunda vaga de concentrações entre 1916 e 1929 como concentrações tendentes à formação de oligopólios.

Na fase inicial do desenvolvimento do direito da concorrência, estes diferentes objectivos foram sendo acolhidos, quer nos trabalhos preparatórios do Congresso quer na jurisprudência que aplicou os diferentes textos legislativos, sem que qualquer deles predominasse. Nos anos sessenta, porém, inspirado pelos receios de um aumento da concentração económica que foram manifestados aquando da adopção do *Celler-Kefauver Act* em 1950, o Supremo Tribunal assumiu uma posição de maior empenhamento na defesa dos chamados valores políticos do direito da concorrência. Situam-se nesta orientação as decisões *Brown Shoe Co. v. U.S.* e *U.S. v. Von's Grocery, et al.*.[273] Nestes dois acórdãos, as empresas em causa foram atacadas por se tornarem demasiado eficientes, pondo em risco as pequenas e médias empresas do sector, ainda que o grau de concentração do mercado fosse irrisório.

Passa-se assim da defesa da concorrência para a defesa dos concorrentes, ao contrário do que então afirmava aquele tribunal.[274] Estes dois casos ilustram bem a dificuldade de articular os diferentes valores em jogo, especialmente quando eles se situam nos planos político e económico. Nestas decisões a prevalência foi dada à protecção das pequenas e médias empresas e ao combate à concentração incipiente do mercado, em detrimento da eficiência que ditaria a aprovação das concentrações em questão devido à reduzida parte de mercado das empresas envolvidas.[275]

A ascensão da escola de Chicago à posição de doutrina dominante nos anos 80 levou a que os objectivos relacionados com a eficiência económica adquirissem predominância. Na verdade, para os seus princi-

---

[273] *Brown Shoe Co. v. U.S.*, 370 U.S. 294 (1962); *U.S. v. Von's Grocery*, 384 U.S. 270 (1966).

[274] *Brown Shoe Co. v. U.S.*, 370 U.S. 294 (1962): referindo-se ao Celler-Kefauver Act de 1950, "(...) some of the results of large integrated or chain operations are beneficial to consumers. Their expansion is not rendered unlwaful by the mere fact that small independent stores may be adversely affected. It is competition, not competitors, which the Act protects. But we cannot fail to recognize Congress' desire to promote competition through the protection of viable, small, locally owned businesses. Congress appreciated that occasional costs and prices might result from the maintenance of fragmented industries nad markets. It resolved those competing considerations in favor of decentralization. We must give effect to that decision".

[275] Para uma crítica destas decisões ver RICHARD POSNER, *Antitrust law – An Economic Perspective*, Univ.Chicago Press, Chicago, 1976, pp. 100 e ss.; ROBERT H. BORK, *The Antitrust Paradox*, pp. 198 e ss.

pais defensores, a eficiência económica deve constituir o único objectivo e parâmetro de controlo da aplicação do direito da concorrência.[276]

O modelo da escola de Chicago, centrado na eficiência económica, constitui a base da actual política de concorrência nos Estados Unidos. Isso não significa, todavia, um triunfo completo das suas teses. O seu principal contributo foi o de racionalizar a doutrina e jurisprudência através de uma maior preocupação com a teoria económica subjacente ao direito da concorrência. Não queremos com isto dizer que a aplicação do direito da concorrência no período anterior fosse alheia aos contributos da ciência económica. O que mudou foram as teorias económicas que servem de sustentáculo à política de concorrência.[277] É essa permeabilidade do direito americano às mudanças de paradigmas jurídico-económicos que lhe dá um carácter mais dinâmico e adaptável do que o do seu congénere comunitário.

Como seria inevitável, o próprio modelo de Chicago, representando, embora, a perspectiva da doutrina dominante, tem vindo a ser criticado em duas vertentes. Uma respeita ao seu aspecto redutor quanto à pluralidade de valores que historicamente inspiraram a política de concorrência. A segunda crítica à escola de Chicago parte da já chamada escola Pós--Chicago. Embora de fronteiras indefinidas e sem uma sede académica própria, esta corrente aceita, na generalidade o modelo económico de

---

[276] Ver ROBERT H. BORK, *The Antitrust Paradox*. Este autor procura construir a intenção do legislador e a jurisprudência do Supremo Tribunal como sustentáculo da tese de que a promoção do bem-estar do consumidor deve ser o único objectivo do direito da concorrência. Ver a sua conclusão na p. 89, "Whether one looks at the texts of the antitrust statutes, the legislative intent behind them, or the requirements of proper judicial behavior, therefore, the case is overwelming for judicial adherence to the single goal of consumer welfare in the interpretation of the antitrust laws. Only that goal permits courts to behave responsibly and to achieve virtues appropriate to law". Como facilmente se descortina desta passagem, a posição de BORK assenta numa teoria mais ampla sobre os limites do poder judicial em relação aos textos legais.

[277] Neste sentido, ver HOVENKAMP, "The Sherman Act...". p. 1019: "One of the great myths about American antitrust policy is that courts first began to adopt an 'economic approach' to antitrust problems in the relatively recent past – perhaps as recently as the late 1970s. At most, this 'revolution' in antitrust policy represented a change in economic models". Sobre a importância das ideias económicas na formação e desenvolvimento do direito da concorrência ver ainda, HOVENKAMP, "The Antitrust Movement and the Rise of Industrial Organization", Texas L. Rev., vol. 68, 1989, p. 105; e o capítulo introdutório de JOHN E. KWOKA, JR., LAWRENCE J. WHITE, (Orgs.), *The Antitrust Revolution – The Role of Economics*, 2.ª ed., Harper Collins, New York, 1994.

Chicago. Onde ela se distingue é no recurso ao contributo da teoria dos jogos de forma a englobar o comportamento estratégico na análise económica das práticas anti-concorrenciais.[278] De momento apenas nos interessa a primeira crítica.

Deixando de lado algumas posições mais tradicionalistas e que implicam o regresso a uma política posta ao serviço de interesses conflituantes, o Autor que melhor nos parece reflectir a actual estrutura axiológica do direito *antitrust* é ROBERT PITOFSKY. Além do seu amplo contributo ao longo de muitos anos na Universidade de Georgetown, PITOFSKY é actualmente presidente da *Federal Trade Commission*, o que o coloca numa posição de destaque na definição da actual política de concorrência.[279] A exemplo dos defensores da escola de Chicago, este Autor considera que os valores económicos de promoção da eficiência e de protecção do processo concorrencial devem manter um papel de supremacia na constelação dos objectivos do direito da concorrência. Opõe-se, todavia, a um reducionismo unidimensional que deixe de fora outros valores que formam parte do "consenso político" em que assenta a aplicação do direito da concorrência.

Assim, o que distingue este Autor de outros defensores da pluralidade axiológica do direito da concorrência é sua sistematização desse núcleo nebuloso a que normalmente se chamam os valores políticos do direito da concorrência. Distinguem-se então os valores que devem ser tidos em conta na aplicação do direito da concorrência de valores que nele não devem ter lugar.

Entre os valores políticos que devem ser acolhidos segundo PITOFSKY incluem-se aqueles que caracterizam o *Sherman Act* e os restantes diplomas de direito da concorrência como uma "carta de liberdade económica". Em primeiro lugar temos o receio de uma concentração excessiva de poder económico que possa fazer perigar as instituições democráticas. De seguida, encontramos o propósito de garantir a esfera de liberdade económica individual. Por último, a finalidade de evitar que um aumento exces-

---

[278] Ver HERBERT HOVENKAMP, "Antitrust Policy After Chicago", Mich. L. Rev., vol. 84, n.º 2, 1985, p. 213.

[279] PITOFSKY, com uma distinta carreira académica em Georgetown, exercera já funções como Comissário da FTC no final dos anos setenta. Nota de actualização: o actual presidente é o republicano TIMOTHY J. MURIS, empossado a 6 de Junho de 2001, também ele professor, mas na Faculdade de Direito da Universidade George Mason.

sivo da concentração económica motive uma ainda maior intervenção do Estado na economia.[280]

Entre os valores a excluir encontram-se a protecção das pequenas e médias empresas contra os rigores da concorrência; a protecção dos distribuidores perante os produtores; e objectivos de redistribuição de riqueza através do direito da concorrência. Nenhum destes valores mereceu o acolhimento por parte do Congresso e, para além do mais, eles contradizem a própria natureza do direito da concorrência enquanto garante do processo concorrencial e não de um determinado resultado.

Sem dúvida que a abertura do direito da concorrência para os valores políticos defendidos por PITOFSKY apenas pode enriquecer o direito da concorrência, dando-lhe mesmo uma consistência política pela sua dimensão garantística da liberdade económica. Também concordamos com o Autor no que respeita à impossibilidade de criar um direito da concorrência cuja aplicação seja um mero exercício mecanicista.

O problema que encontramos nesta concepção prende-se com o actual entendimento e aplicação do direito da concorrência. As preocupações económicas com a eficiência respondem já a muitos dos problemas citados. O entendimento actualmente dominante a propósito das concentrações, por exemplo, baseia-se na preocupação de permitir transacções que reforcem a eficiência, proibindo aquelas que podem redundar numa estrutura de mercado propícia à colusão tácita. Assim se combate o aumento excessivo da concentração de poder económico e se procura garantir a liberdade de acesso ao mercado. Mas essa liberdade não é concebida de uma forma atomística e sim de um modo adequado às características do mercado. De pouco serve dispor de um grande número de empresas no mercado se um número mais reduzido pode garantir uma produção com custos mais reduzidos sem que deixe de haver uma concorrência adequada.[281]

Os valores económicos absorvem, assim, grande parte do conteúdo dos chamados valores políticos. Estes permanecem, contudo, numa dimensão valorativa como parâmetros de aplicação do direito da concorrência nos *hard cases*.

---

[280] Ver PITOFSKY, *op. cit.*, pp. 1052 a 1058.
[281] Sobre o conceito de *workable competition* ver JOHN MAURICE CLARK, *Competition as a Dynamic Process*, The Brookings Institution, Washington, D.C., 1961. Sobre as muitas definições deste conceito, ver S. SOSNICK, "A Critique of Concepts of Workable Competition", Q.J. of Econ., vol. 72, 1958, p. 380.

Mas os próprios valores económicos não são isentos de tensões. Em particular, a defesa da eficiência pressupõe uma definição rigorosa desta última.[282] De que falamos quando falamos de eficiência? Da eficiência produtiva? Nesse caso seriam justificados os cartéis na medida em que eles permitem às partes reduzir o seu custo de produção ao diminuir o volume de produção para fazer subir o preço. Ou será a afectação eficiente dos recursos económicos? Mas nesse caso será por vezes necessário sacrificar o bem-estar dos consumidores em nome de uma maior eficiência produtiva – certas concentrações seriam autorizadas com base nos ganhos de eficiência produtiva ainda que possam conduzir a um aumento dos preços para o consumidor. Por último, será a eficiência económica aferida apenas em função da melhoria do bem-estar dos consumidores? Nesse caso, o país perde no seu todo por se sacrificar a afectação óptima de recursos.[283] Estas interrogações demonstram bem as dificuldades inerentes à articulação de regras de concorrência, mesmo com base em princípios ditados pela ciência económica. Se a aplicação das regras da concorrência nos anos oitenta se centrava essencialmente na promoção da eficiente afectação de recursos, a tendência mais recente aponta para uma maior importância da eficiência produtiva, ainda que corrigida pela adequada consideração do interesse dos consumidores.[284] Daí as correcções introduzidas a 8 de Abril de

---

[282] Sobre as diferentes acepções de eficiência, ver J. BRODLEY, "The Economic Goals of Antitrust: Efficiency, Consumer Welfare, and Technical Progress", N.Y.U.L.Rev., vol. 62, n.º 5, 1987, p. 1020.

[283] A questão do *trade-off* entre o excedente do consumidor e o excedente do produtor está no centro da polémica sobre a aceitação de concentrações com base em alegadas eficiências económicas. Ver o clássico estudo de OLIVER WILLIAMSON, "Economies as an Antitrust Defense: The Welfare Tradeoffs", Am. Econ. Rev., vol. 58, 1968, p. 18.

[284] No entender de BRODLEY, *op. cit.*, pp. 1027 a 1029, a eficiência produtiva é mais importante do que a afectação óptima de recursos por três motivos: em primeiro lugar, a eficiência produtiva produz efeito em toda a quantidade produzida, enquanto que a eficiência na afectação de recursos apenas produz efeitos marginais ao eliminar o *deadweight welfare triangle*; em segundo, a eficiência produtiva afecta o cresimento futuro da riqueza, pois as reduções de custos de produção repercutem-se no futuro, enquanto a eficiente afectação de recursos apenas produz efeitos num dado momento; por último, é mais fácil medir o grau de eficiência produtiva através da redução de custos do que os ganhos resultantes de intervenções tendentes a melhorar a afectação de recursos. Nota de actualização: Recentemente criticámos a tendência que se manifesta entre nós de fazer prevalecer uma análise positiva em sede de eficiência produtiva sobre um balanço concorrencial negativo em sede de controlo de concentrações. Ver o nosso estudo "PROMETEU AGRILHOADO:

1997 nas Directrizes sobre concentrações de 1992 no que toca à consideração das eficiências. Este foi, aliás, um dos pontos mais importantes das audiências levadas a cabo pela FTC no Outono de 1996.[285] As Directrizes reflectem agora um conceito dinâmico de eficiência, que permite incluir no balanço de eficiência os benefícios para o consumidor a longo prazo da inovação e do aumento da eficiência produtiva.[286] Por isso se refere que "efficiencies may result in benefits even when price is not immediately and directly affected", com a cautela de que "delayed benefits from efficiencies (due to delay in the achievement of, or the realization of consumer benefits from, the efficiencies) will be given less weight because they are less proximate and more difficult to predict".

A melhor ilustração do funcionamento destes valores económicos é-nos dada pela breve análise do desenvolvimento da *rule of reason* que se segue.

b. *Proibições* per se *e* rule of reason

O *Sherman Act* dispõe na §1 "Every contract, combination in the form of trust or otherwise, or conspiracy, in restraint of trade or commerce among the several states, or with foreign nations, is declared to be illegal". Perante uma proibição absoluta a questão mais importante é a qualificação de um contrato como sendo ou não *in restraint of trade*.

Após algumas hesitações iniciais quanto à definição de conceitos que permitissem atenuar o carácter absoluto daquela proibição, o Supremo Tribunal enveredou definitivamente pela *rule of reason* a partir de 1911, com

---

Breves reflexões sobre a justificação de concentrações no direito português da concorrência", Revista Jurídica da AAFDL, n.º 23, 1999, p. 181.

[285] FEDERAL TRADE COMMISSION STAFF, *Anticipating the 21st Century – Vol. I: Competition Policy in the New, High-Tech, Global Marketplace*, Washington D.C., 1996, cap. 2.

[286] Sobre a consideração dos ganhos de eficiência na análise de concentrações ao abrigo das Directrizes de 1992 na sua versão original, ver, MIGUEL MOURA E SILVA, "Controlo de concentrações na Comunidade Europeia", Direito e Justiça, Vol. VIII, Tomo I, 1994, p. 133, na p. 148; STEVE STOCKUM, "The Efficiencies Defense for Horizontal Mergers: What is the Government's Standard?", Antitrust L.J., vol. 61, 1993, p. 829; JOSEPH KATTAN, "Efficiencies and Merger Analysis", Antitrust L.J., vol. 62, 1994, p. 513 O conceito dinâmico de eficiência foi desenvolvido por STEVEN C. SALOP, "Efficiencies in Dynamic Merger Analysis", Statement before the Federal Trade Commission Hearings on Global and Innovation-based Competition, 2 de Novembro de 1995.

os acórdãos *Standard Oil* e *American Tobacco*.[287] Numa das mais conhecidas enunciações da *rule of reason*,

"The true test of legality is whether the restraint imposed is such as merely regulates and perhaps thereby promotes competition or whether it it is such as may suppress or even destroy competition. To determine that question the court must ordinarily consider the facts peculiar to the business to which the restraint is applied; its condition before and after the restraint was imposed; the nature of the restraint and its effect, actual or probable".[288]

A *rule of reason* exige, pois, uma adequada consideração dos efeitos e objecto da restrição de modo a determinar se, no seu contexto fáctico e jurídico, ela constitui ou não uma *restraint of trade*. Mas, tal como definida no acórdão *Chicago Board of Trade*, e sobretudo tal como ela foi fundamentada na sua aplicação àquele caso concreto, a *rule of reason* corria o risco de impor aos tribunais um exame exaustivo de cada prática em questão. A experiência inicial do Supremo Tribunal revelara já que certo tipo de práticas são mais lesivas e raramente produzem benefícios que permitam compensar esses custos para o interesse geral. Nesta situação se encontravam, essencialmente, os cartéis destinados a fixar preços ou a repartir mercados, bem como a fixação de preços por acordo entre fornecedores e distribuidores.[289] Daí a definição de proibições *per se*, em função dos efeitos particularmente perniciosos dessas práticas.

---

[287] Sobre a génese e desenvolvimento da *rule of reason* ver ROBERT H. BORK, *The Antitrust Paradox* ..., pp. 21 e ss; ERNEST GELLHORN, WILLIAM E. KOVACIC, *Antitrust Law and Economics*, 4.ª ed., West Publ., St. Paul, 1994, pp. 173 e ss.. A *rule of reason* tem formalmente origem na *common law* sobre restrições do comércio, remontando pelo menos ao caso *Mitchell v. Reynolds* de 1711 (24 Eng. rep. 347); ver GELLHORN e KOVACIC, *op. cit.*, p. 1 e ss. No entanto, na sua encarnação moderna na jurisprudência sobre o *Sherman Act*, a *rule of reason* difere em muitos aspectos da velha regra aplicada pelos tribunais dos Estados Unidos e do Reino Unido. Para um estudo cuidado das diferentes e, muitas vezes, contraditórias interpretações da *rule of reason* na *common law*, ver TONY FREYER, "The Sherman Antitrust Act, Comparative Business Structure, and the Rule of Reason: America and Great Britain, 1880-1920", Iowa L. Rev., vol. 74, n.º 5, 1989, p. 991; HERBERT HOVENKAMP, "The Sherman Act and the Classical Theory of Competition", Iowa L. Rev., vol. 74, n.º 5, 1989, p. 1019.

[288] *Chicago Board of Trade v. U.S.*, (Relator Juiz BRANDEIS), 246 U.S. 231 (1918), na p. 238.

[289] "Under the Sherman Act a combination formed for the purpose and with the effect of raising, depressing, fixing, pegging, or stabilizing the price of a commodity (...) is illegal *per se*"; *U.S. v. Socony-Vacuum Oil*, 310 U.S. 150 (1940), p. 223.

Uma das mais eloquentes explicações das regras *per se* é-nos dada pelo Juiz THURGOOD MARSHALL:

"Per se rules always contain a degree of arbitrariness. They are justified on the assumption that the gains from imposition of the rule will far outweigh the losses and that significant administrative advantages will result. In other words, the potential competitive harm plus the administrative costs of determining in what particular situations the practice may be harmful must far outweigh the benefits that may result. If the potential benefits in the aggregate are outweighed to this degree, then they are simply not worth identifying in individual cases".[290]

Um segundo aspecto da noção de *rule of reason* é a questão de saber que tipo de considerações podem contribuir para determinar a razoabilidade de uma dada restrição. Embora inicialmente fosse defendida uma análise da razoabilidade que contemplaria diversos factores sócio-económicos (como no próprio caso *Chicago Board of Trade*),[291] o entendimento actual limita essas considerações ao impacto concorrencial da restrição:

"Contrary to its name, the Rule does not open the field of antitrust inquiry to any argument in favor of a challenged restraint that may fall within the realm of reason. Instead, it focuses directly on the challenged restraint's impact on competitive conditions".[292]

O tipo de argumentos que podem ser aduzidos em justificação de uma prática ao abrigo da *rule of reason* não pode envolver quaisquer alegações contrárias à própria ideia de concorrência como a melhor forma de organizar o processo económico. Daí que argumentos relacionados com a

---

[290] *United States v. Container Corp. of America*, 393 U.S. 333 (1969), p. 341.

[291] A este título, a decisão é fortemente criticada por diversos autores. Ver, em particular, ROBERT H. BORK, *The Antitrust Paradox*, pp. 41 e ss.; HOVENKAMP, *Federal Antitrust Policy*, p. 228: "(...) Justice Brandeis' statement of the rule of reason in *Chicago Board of Trade* (...) is one of the most damaging in the annals of antitrust. The statement has suggested to many courts that, if the analysis is under the rule of reason, then nearly everything is relevant. (...) The problem with the statement is that it identifies the haystack but not the needle. It never tells us what facts are decisive for determining whether a practice merely 'regulates' and thus 'promotes' competition, or whether it may 'suppress' or even 'destroy' competition. Under the rule of reason, relevant facts are those that tend to establish whether a restraint increases or decreases output, or decreases or increases prices. Most other facts are irrelevant".

[292] *National Society of Professional Engineers v. U.S.*, 435 U.S. 679 (1978), p. 688.

lealdade da concorrência tendam a ser rejeitados sempre que os comportamentos subjacentes se traduzem num prejuízo directo ou indirecto para os consumidores.[293]

A *rule of reason* tende a adquirir um carácter quase místico para muitos autores europeus.[294] Na verdade, porém, ela designa apenas uma metodologia que permite elaborar regras de decisão aplicáveis a casos concretos. Se quisermos, trata-se de uma meta-regra de decisão. Como resulta também da brevíssima exposição antecedente, ela não pode ser compreendida sem considerarmos a sua articulação com as proibições *per se*.

A proibição *per se* consiste numa presunção judicial inilidível de que determinadas restrições são tão perniciosas à luz da experiência adquirida pelos tribunais que não merecem uma análise detalhada. Contudo, enquanto regra assente num conteúdo empírico, o alcance das proibições *per se* varia com as teorias económicas dominantes.

Hoje em dia, o direito da concorrência dos Estados Unidos apresenta uma estrutura ainda mais complexa e que nega uma dicotomia rígida entre proibições *per se*/*rule of reason*. A diferença entre ambas as abordagens resulta do grau de profundidade de análise necessária para determinar da legalidade ou ilegalidade de uma restrição.[295]

As proibições *per se*, em que a mera prova de um determinado tipo de restrição de concorrência é suficiente para ditar a sua ilegalidade, são hoje em dia limitadas aos acordos de fixação horizontal ou vertical de preços,[296] repartição horizontal de mercados e certas práticas de recusa colec-

---

[293] Incluem-se neste quadro a alegação de que a proibição de ofertas concorrentes em concursos para empreitadas de construção civil era necessária para evitar riscos de segurança motivados pela redução dos custos, *National Society of Professional Engineers v. U.S.*, 435 U.S. 679 (1978), p. 697: "The Rule of Reason does not support a defense that competition itself is unreasonable"; a invocação dos efeitos negativos de um excesso de produção, *U.S. v. Socony-Vacuum*, 310 U.S. 150 (1940). O acórdão mais importante neste domínio é o caso *FTC v. Indiana Federation of Dentists*, 476 U.S. 447 (1986).

[294] Ver as referências que adiante fornecemos quanto aos diversos estudos da doutrina europeia sobre a *rule of reason*, nota 326.

[295] A caracterização da regra de decisão a seguir é importante do ponto de vista da imputação do ónus da prova. No caso da proibição *per se*, o demandante apenas tem de provar o preenchimento de uma das categorias de restrições proibidas. No contexto da *rule of reason*, o demandante tem de provar que a restrição não é razoável.

[296] Nota de actualização: Neste último caso a fixação de preços máximos ao nível da distribuição passou a ser sujeita à *rule of reason* na sequência do acórdão *State Oil Co. v. Khan*, 522 U.S. 2 (1997), seguindo a doutrina maioritária nos Estados Unidos.

tiva de vendas. Mesmo nestes casos não se adopta uma postura formalista de que qualquer acordo horizontal que tenha implicações a nível de preços ou quantidade produzida deve ser declarado *per se* ilícito. Quando esses acordos produzem ganhos de eficiência e promovem a concorrência, são analisados ao abrigo da *rule of reason*, apesar de formalmente afectarem a fixação de preços ou o volume de produção.[297]

Outros casos, formalmente abordados ao abrigo das proibições *per se*, envolvem um exercício prévio de modo a determinar se a prática em questão é ou não susceptível de ter um impacto na concorrência.[298] Ao mesmo tempo assiste-se à criação de uma categoria intermédia, a regra da razão abreviada (*truncated rule of reason*).[299]

Em termos sintéticos, a análise de uma prática ao abrigo da *rule of reason* envolve, num momento inicial, a consideração do impacto da prática no mercado em causa. Por outras palavras, pressupõe a definição de um mercado relevante no seio do qual devem ser aferidos os efeitos da prática em questão, bem como a sua caracterização em termos de obstáculos à entrada, concentração da oferta, entre outros factores estruturais.[300] Caso os efeitos anticoncorrenciais sejam notórios, passar-se-á imediatamente ao passo seguinte sem ser necessária uma análise detalhada do mercado. Num segundo momento, procura-se apurar qual o contributo da prática em apreço em termos de ganhos de eficiência; por exemplo, determinar se a prática reduz os custos das empresas em questão, se contribui

---

[297] Esta atitude concretiza-se, mais recentemente, nos acórdãos *BMI v. CBS*, 441 U.S. 1 (1979) e *NCAA v. Board of Regents of the Univ. of Oklahoma*, 468 U.S. 85, 1984.

[298] Trata-se do caso dos contratos ou cláusulas subordinantes ou *tying*, ver *Jefferson Parish Hospital District No. 2 v. Hyde*, 466 U.S. 2 (1984); e de certos boicotes colectivos relacionados com o funcionamento e participação em empresas comuns, ver *Northwest Wholesale Stationers v. Pacific Stationary & Printing Co.*, 472 U.S. 447 (1986).

[299] Para um tratamento desenvolvido da aplicação da *rule of reason* no âmbito das restrições horizontais ver LAWRENCE A. SULLIVAN, "The Viability of the Current Law in Horizontal Restraints", Calif. L. Rev., vol. 75, 1987, p. 835; THOMAS E. KAUPER, "The Sullivan Approach to Horizontal Restraints", Calif. L. Rev., vol. 75, 1987, p. 893. Uma versão abreviada da *rule of reason* foi acolhida pela Federal Trade Commission no caso *Massachusetts Board of Registration in Optometry*, 110 F.T.C. 549 (1988). Nota de actualização: Um acórdão recente do Supremo Tribunal norte-americano veio aumentar a incerteza quanto à adequação de metodologias abreviadas; ver *Califórnia Dental Association v.F.T.C.*, 526 U.S. 756 (1999).

[300] Seguimos neste ponto Herbert HOVENKAMP, *Federal Antitrust Policy*, West Publ., St. Paul, Minn., 1994, pp. 226 e ss., em especial o "roteiro" ensaiado a pp. 232 e ss.,

para a produção de um novo produto, etc. Mas esses ganhos de eficiência devem ser obtidos com o menor grau de restrição da concorrência possível. Coloca-se então a questão da proporcionalidade da restrição em termos da inexistência de formas alternativas de alcançar aqueles ganhos de eficiência por meios menos restritivos.

Só no final destes passos se dá um verdadeiro balanço económico, no sentido de sopesar os benefícios económicos em termos de eficiência e os custos sociais em termos das restrições de concorrência envolvidas. Caso esse balanço seja negativo, a prática deve ser considerada ilegal.

Naturalmente, muito mais haveria a dizer sobre esta questão nuclear do direito da concorrência. Esperamos que as breves considerações aqui expostas sejam suficientes para o objectivo a que nos propusemos: caracterizar a estrutura metodológica empregue pelas autoridades dos Estados Unidos na aplicação das regras de concorrência. Adiante veremos como elas são concretizadas no contexto dos acordos de licença de tecnologia.

O que fica desde já claro é que a *rule of reason* não pode ser vista como uma panaceia universal para as dificuldades de aplicação do direito da concorrência. Ela levanta, por si só, um amplo elenco de questões, dificuldades e perplexidades. Por outro lado, a *rule of reason* está estreitamente ligada ao sistema norte-americano e às suas peculiaridades axiológicas, substantivas e processuais. Pensamos que este aspecto contextual se tornará ainda mais claro quando, na secção que se segue, tratarmos das estruturas metodológicas do direito comunitário da concorrência.

O que nos parece mais importante não é a metodologia em si mas o seu núcleo justificativo: a legalidade de uma possível restrição de concorrência deve ser julgada em função do seu impacto concorrencial e não segundo critérios formais tendentes a compartimentar o direito da concorrência segundo categorias típicas demasiado rígidas e formadas sem adequada ponderação dos seus reais efeitos.[301] De outra forma, o rigor jurídico dos conceitos terá gravosos custos para a sociedade ao eliminar formas de concorrência em nome de formalismos estéreis e sem adequada fundamentação económica.

---

[301] Em última análise, este é o contributo mais importante das obras de ROBERT H. BORK e RICHARD POSNER.

2. O direito da concorrência da União Europeia

a. *Os objectivos do direito da concorrência*

O objectivo primeiro do direito comunitário da concorrência é promover a integração económica visada pelos tratados constitutivos.[302] Com efeito, é já um lugar-comum neste domínio afirmar que uma das funções essenciais das regras comunitárias da concorrência aplicáveis às empresas consiste em evitar que acordos, práticas concertadas ou abusos de posição dominante mantenham os obstáculos ao comércio entre Estados-membros eliminados por força das regras sobre as quatro liberdades (liberdade de circulação de mercadorias, serviços, pessoas e capitais).[303]

Mas o artigo 3.°, al. *g*) do Tratado de Roma dispõe que "para alcançar os fins enunciados no artigo 2.°, acção da Comunidade implica (...) *g*) Um regime que garanta que a concorrência não seja falseada no mercado interno". A partir daqui poderíamos ser levados a pensar que o Tratado consagra uma filosofia liberal que visa a protecção da concorrência em si mesma. Contudo, essa interpretação não tem merecido o acolhimento quer da doutrina,[304] quer da jurisprudência comunitárias.[305]

A finalidade de integração económica é um dos aspectos que mais diferencia a política de concorrência na União Europeia da política correspondente dos Estados Unidos. Com efeito, embora a génese do direito da concorrência nos Estados Unidos esteja intrinsecamente ligada à criação de uma economia continental nas últimas décadas do séc. XIX, ele

---

[302] Neste sentido, ver, BARRY E. HAWK, "La révolution antitrust américaine: une leçon pour la Communauté économique européenne?", RTDE, vol. 25, n.° 1, 1989, p. 5. Ver ainda, IX Rel.Pol.Conc., 1979, §§ 9-11: "O primeiro objectivo fundamental [da política comunitária da concorrência] consiste em manter o mercado comum aberto e unificado".

[303] Ver, por exemplo, BASTIAAN VAN DER ESCH, "E.E.C. Competition Rules: Basic Principles and Policy Aims", LIEI, 1980/2, p. 75: "(...) the Treaty objective of a system of undistorted competition as contained in article 3f EEC is complementary to the abolition of internal barriers to trade and the resulting opening up of national markets".

[304] Ver ESCH, *op. cit.*, p. 75: "To avoid misunderstanding, it must always e stressed that the interdictions of restrictive agreements and of abuse of dominant positions contained in article 85 §1 resp. art. 86 of EEC Treaty protect competition as an instrument of market integration and not as a commitment to a certain social order".

[305] Parecer do Tribunal de Justiça 1/91, Acordo sobre o Espaço Económico Europeu, Colect. 1991, p. I-6079, considerandos 15 a 18: "daqui resulta que as disposições do Tratado CEE que regulam a livre circulação e a concorrência, longe de representar um fim em si mesmas, mais não são do que os meios de realizar estes objectivos".

configura-se como *reacção* aos efeitos dessa mesma integração no tecido empresarial. Ele surge como contrapeso às forças que, combinadas com a industrialização, levavam a uma maior integração das actividades económicas sob formas cada vez mais concentradas de gestão. Em suma, ele procura regular o resultado espontâneo da integração económica dos Estados Unidos.[306]

Pelo contrário, o direito comunitário da concorrência foi originariamente concebido como instrumento de promoção dessa mesma integração económica, a qual dava ainda os seus primeiros passos. A ilustração clássica dessa diferença é-nos dada pelo tratamento dado às concentrações de empresas. Enquanto nos Estados Unidos surge logo em 1914 uma regulamentação específica, ainda que com lacunas graves, na Comunidade Europeia esse fenómeno só ocorre durante o processo de criação do mercado único e a adopção do Regulamento n.º 4064/89.

Da centralidade e primazia do objectivo de integração económica resultam diversas peculiaridades do sistema comunitário, que o distinguem do direito *antitrust* dos Estados Unidos. Desde logo, assume particular relevo a hostilidade manifesta a quaisquer restrições da concorrência que tendam a compartimentar o mercado único em torno das fronteiras nacionais. Particularmente penalizadas neste aspecto são as restrições verticais.[307] Embora de um ponto de vista económico elas sejam, em geral, menos gravosas para a economia e, pelo contrário, tendam a gerar amplos ganhos de eficiência, o direito comunitário continuava até muito recentemente a encará-las com desconfiança.[308] Apesar do reconhecimento das transformações económicas e tecnológicas em curso na área da distribuição a Comissão mantinha uma postura de desconfiança em relação a este

---

[306] O *Sherman Act* e os restantes diplomas sobre concorrência foram aprovados ao abrigo da *commerce clause* que confere ao Congresso o poder de regular o comércio interestadual, com outros países ou com as as tribos índias (artigo I, s. 8, pará. 3 da Constituição dos Estados Unidos). A aplicação das leis federais supõe, por isso, o preenchimento do requisito de afectação daquele comércio; ver HOVENKAMP, *Federal Antitrust Policy*, pp. 694 e ss.

[307] Nota de actualização: o restante texto desta secção, bem como o da secção seguinte, foi actualizado de modo a ter em conta os dramáticos desenvolvimentos dos últimos anos. Devido à profundidade das alterações em causa, optámos por efectuar um ligeiro *aggiornamento* do texto nos seus aspectos mais importantes, respeitando a estrutura inicial e as linhas gerais do mesmo.

[308] Ver, por todos, BARRY E. HAWK, "System Failure: Vertical Restraints and EC Competition Law", C.M.L.Rev., vol. 32, 1995, p. 973.

tipo de restrições.[309] Teremos adiante ocasião de analisar mais detalhadamente as implicações desta atitude no domínio dos acordos de transferência de tecnologia. Os principais sinais de uma mudança só viriam a tornar-se claros com a adopção de um novo enquadramento para as restrições verticais, o qual, sendo posterior ao diploma relativo às licenças de tecnologia, ainda não fez sentir os seus efeitos nesta área.[310]

Com o aprofundamento da integração através da criação do Mercado Único no final de 1992, poder-se-ia pensar que esta finalidade perderia algum vigor face ao objectivo clássico de assegurar a manutenção de um grau de concorrência efectiva na comunidade. Curiosamente, o que se registou foi precisamente a configuração do direito da concorrência como instrumento crucial de integração negativa através da abertura de um conjunto de mercados, até aqui dominados por monopólios estatais ou por empresas a quem foram atribuídos direitos exclusivos. Embora articulada com iniciativas legislativas tendentes a eliminar um conjunto de obstáculos que não podem ser eliminados pelo simples recurso às regras de concorrência, a política de liberalização do transporte aéreo, das telecomunicações ou da energia é, sem dúvida, um sinal de vitalidade dos objectivos integracionistas na definição da política comunitária de concorrência.[311] Por outro lado, o mercado único é simultaneamente

---

[309] Ver COMISSÃO EUROPEIA, *Livro verde sobre restrições verticais na política de concorrência da CE*, Bruxelas, 1997. O livro verde apresentava uma análise económica sofisticada mas pendia para a manutenção do sistema então em vigor. Notava-se, contudo, alguma receptividade às críticas relativas à deficiente fundamentação económica das posições da Comissão; ver DAVID DEACON, "Vertical Restraints under EU Competition Law: New Directions", Fordham Corp. L. Inst., 1996, p. 307.

[310] Nota de actualização: Veja-se o novo regulamento de isenção por categoria, Regulamento (CE) n.º 2790/1999 da Comissão, de 22 de Dezembro de 1999, relativo à aplicação do n.º 3 do artigo 81.º do Tratado CE a determinadas categorias de acordos verticais e práticas concertadas, J.O. L 336, de 29.12.99, p. 21; e ainda a Comunicação da Comissão "Orientações relativas às restrições verticais" (2000/C 291/01), J.O. C 291, de 13.10.2000, p. 1. Esta evolução, prenunciada em algumas decisões judiciais, não deixa de ser surpreendente face à resistência expressa em algumas decisões da Comissão da primeira metade da década de 90. Ver o nosso estudo "EC competition law and the market for exclusionary rights contracts", in *Estudos Jurídicos e Económicos em Homenagem ao Professor João Lumbrales*, FDUL/Coimbra Editora, Lisboa, 2000, p. 815.

[311] Esta instrumentalização das regras de concorrência de forma a abrir à concorrência mercados ineficientes responde a modificações tecnológicas que eliminaram algumas características desses sectores que as qualificavam como monopólios naturais. A concorrência surge, assim, em primeiro lugar por efeito de transformações tecnológicas. Mas

um objectivo e um processo. Como tal a acção dos instrumentos de política de concorrência continua a ser necessária para assegurar o seu sucesso.[312]

Outra consequência da finalidade de integração económica é a abertura do direito comunitário a um conjunto de valores provenientes das diferentes dimensões dessa mesma integração. Como é referido no início do XXVI Relatório da Comissão sobre a Política de Concorrência, relativo ao ano de 1996,

> "A política de concorrência ao agir sobre as próprias estruturas da economia europeia, visa conferir aos mercados, ou conservar, a flexibilidade indispensável para libertar as capacidades de iniciativa e de inovação e permitir uma afectação eficaz e dinâmica dos recursos da sociedade. Esta acção estrutural conduz a interacções entre a política de concorrência e a maior parte das outras políticas transversais, como o aprofundamento do mercado interno, a política de crescimento e de competitividade, a política de coesão, a política de investigação e desenvolvimento, a política do ambiente ou a política dos consumidores".

> "A política de concorrência é, portanto, simultaneamente uma política autónoma da Comissão Europeia e uma parte integrante de grande número de políticas da União, que contribui para a prossecução dos objectivos comunitários enunciados no artigo 2.° do Tratado, nomeadamente promover o desenvolvimento harmonioso e equilibrado das actividades económicas, um crescimento sustentável e não inflacionista que respeite o ambiente, um elevado nível de emprego e de protecção social, o aumento do nível e da qualidade de vida e a coesão económica e social".[313]

---

tal não diminui o papel da política de concorrência num duplo vector de liberalização e de garante da manutenção dessa concorrência, combinada com um movimento de desregulamentação e re-regulamentação desses sectores. Esta dualidade não é apanágio do direito da concorrência da União. Recorde-se, por exemplo, a cisão da AT&T nos anos 80, de que resultou uma verdadeira revolução nas telecomunicações, pela acção do Departamento de Justiça dos Estados Unidos num dos maiores casos de monopolização das últimas décadas. No entanto, o artigo 86.° do Tratado de Roma confere no seu n.° 3 um verdadeiro poder legislativo à Comissão no sentido da liberalização. Nota de actualização: Sobre este poder ver o nosso trabalho *O princípio do equilíbrio institucional na Comunidade Europeia*, AAFDL, Lisboa, 1998.

[312] Ver a Comunicação da Comissão, *Impacto e eficácia do mercado interno*, COM (96) 520 de 30.10.96. Ver ainda XXVI Rel. Pol. Conc., 1996, parágrafo 9.

[313] Parágrafos 1 e 2.

Encontramos reflexos formais dessa interpenetração na política industrial, no domínio do emprego, no ambiente, na coesão económica e social, na política agrícola e na política comercial, para destacar os mais importantes.

Esta abertura da política da concorrência a outras dimensões da política comunitária é favorecida pelo papel e pela própria estrutura da Comissão, principal responsável pela aplicação das regras comunitárias da concorrência. A tomada de decisões no âmbito de um órgão colegial leva, inevitavelmente, a que considerações alheias às preocupações típicas do direito da concorrência se infiltrem na fundamentação e, por vezes, ditem mesmo um resultado diferente do que foi proposto pelos funcionários da direcção-geral responsável pela concorrência, actualmente designada por DG COMP (ex-DG IV). Embora nos Estados Unidos as considerações sociais e políticas possam ser relevantes para estimular ou travar a acção das autoridades de concorrência, elas manifestam-se informalmente e de modo pontual. Na Comunidade elas são parte integrante da definição da política de concorrência.

Por último, importa referir um núcleo de valores tutelados pelo direito da concorrência comunitário que não tem hoje em dia paralelo nos Estados Unidos. Trata-se da utilização das regras de concorrência como instrumento de protecção da lealdade no mercado. A preocupação com a lealdade no mercado não significa que as regras comunitárias visem uma protecção contra a concorrência desleal, embora a influência do direito alemão da concorrência no domínio da noção de abuso de posição dominante tenha importado alguns conceitos provenientes da lei alemã sobre concorrência desleal.[314] A lealdade no mercado é tratada pela Comissão a três títulos.[315] Em primeiro lugar, ela implica a manutenção da igualdade de oportunidades para todos os operadores económicos. Mas esta igualdade de oportunidades reflecte-se essencialmente na eliminação de distorções da concorrência criadas pelos Estados. O segundo aspecto visa a consideração das condições de concorrência por forma a privilegiar as PME. Por último, a lealdade no mercado implica a consideração dos interesses dos trabalhadores, utilizadores e consumidores.

---

[314] A distinção traçada por NIPPERDEY a propósito da UWG (Gesetz gegen den unlauteren Wettbwerb), de 7.6.1909, entre a concorrência pelo mérito (*leistungswettbewerb*) e a concorrência de obstrução ou impedimento (*Behinderungswettbewerb*) foi acolhida na GWB.

[315] IX Rel. Pol. Conc., 1980, parágrafo 10.

Apesar dessa abertura, esses valores alheios às preocupações centrais do direito da concorrência apenas desempenham um papel marginal na aplicação das regras comunitárias de concorrência, com excepção talvez da protecção das PME.[316] E mesmo quando estão presentes, são normalmente justificados com base em critérios tradicionais. É caso da *failing firm defense*, recentemente reconhecida em sede de controlo de concentrações.[317]

Neste sentido consideramos que as diferenças em relação aos objectivos da política de concorrência nos Estados Unidos não são tão significativas como grande parte da doutrina defende. A consideração de objectivos políticos alheios ao direito da concorrência é uma arma pouco usada. A Comissão, ou melhor a Direcção-Geral Concorrência (DG COMP) e os seus responsáveis têm pugnado na última década pela adopção de uma política centrada em objectivos económicos de promoção e defesa da concorrência. A referência a outros objectivos é meramente formal e desprovida de alcance útil. O exemplo mais dramático da preponderância dos objectivos da política de concorrência é a aplicação do Regulamento n.º 4064/89 sobre o controlo de concentrações. Embora muitos defendam que as suas disposições substantivas devam ser aplicadas tendo presentes considerações de política industrial, salvo raras excepções, ainda assim apoiadas numa argumentação concorrencial, a política de concentrações tem-se mantido alheia a essas preocupações exógenas.[318] O mesmo se pode dizer da consideração da coesão económica e social, expressamente referida no considerando 13 do Regulamento mas que não teve até ao momento qualquer reflexo digno de nota na aplicação deste diploma.[319]

---

[316] Para uma perspectiva mais ampla da situação das PME no contexto da integração europeia, ver NICHOLAS MOUSSIS, "Small And Medium Enterprises in the Internal Market", E.L.Rev., 1992, vol. 17, nª 6, p. 483.

[317] Decisão Kali und Salz/MdK/Treuhand, de 14.12.93, J.O. L 186/15, de 21.7.94.

[318] As excepções são a decisão Kali und Salz/MdK/Treuhand, de 14.12.93, J.O. L 186/15, de 21.7.94 (consagra a *failing firm defense* no quadro do controlo comunitário de concentrações) e a decisão Mannesmann/Vallourec/Ilva, de 31.1.94, J.O. L 102/15, de 21.4.94 (cujo resultado parece prosseguir objectivos de política industrial e não de manutenção da concorrência efectiva).

[319] Sobre este tema ver MIGUEL MOURA E SILVA, "Controlo de concentrações na Comunidade Europeia", Direito e Justiça, Vol. VIII, Tomo I, 1994, p. 133, *maxime* pp. 181 e ss. Análises mais recentes confirmam o entendimento que defendemos naquele trabalho; ver AURELIO PAPPALARDO, "La réglementation communautaire de la concurrence – Deuxième partie: Le contrôle des concentrations d'entreprises: récents développements", RIDE, tomo X, 1996, n.º 3, p. 299, *maxime* p. 339.

Os princípios liberais da livre concorrência surgem assim, na constelação de valores a defender pela integração comunitária, como uma das referências centrais do sistema. A melhor ilustração desta centralidade é, para nós, o artigo 4.°, n.ᵒˢ 1 e 2 do Tratado de Roma que subordina a condução quer da política económica, quer das políticas monetária e cambial únicas à conformidade com o "princípio de uma economia de mercado aberto e de livre concorrência". Seguramente não se tratará de um valor absoluto a proteger a todo o custo. Mas a livre concorrência só deve ser derrogada em circunstâncias muito limitadas e nunca eliminada.

b. *A dicotomia proibição/isenção*

Para lá da preponderância dos aspectos relacionados com a promoção da integração económica, o direito da concorrência da União Europeia difere ainda do direito americano, quer pelo seu sistema de regras quer pela importância atribuída à teoria económica.

Quanto à estrutura das regras de concorrência aplicáveis às empresas, as disposições substantivas são os artigos 81.° e 82.° do Tratado de Roma. Uma vez que o objecto central do nosso trabalho envolve a aplicação da primeira das disposições mencionadas a ela dedicamos os comentários que se seguem.

O artigo 81.° apresenta uma estrutura mais complexa do que a § 1 do *Sherman Act*. No n.° 1 do artigo 81.° são considerados "incompatíveis com o mercado comum e proibidos todos os acordos entre empresas (...) que sejam susceptíveis de afectar o comércio entre Estados-membros e que tenham por objectivo ou efeito impedir, restringir ou falsear a concorrência no mercado comum", seguindo-se um elenco exemplificativo destes acordos. O número seguinte comina a nulidade daqueles acordos. A flexibilização da proibição do n.° 1 é operada através da possibilidade de isenção conferida pelo n.° 3, desde que preenchidos os requisitos aí mencionados, correspondendo ao chamado balanço económico.[320]

O primeiro problema colocado pela estrutura do artigo 81.° é o da definição de restrição da concorrência. Inspirado pelos ensinamentos da Escola de Friburgo, o direito comunitário da concorrência procura salvaguardar a liberdade dos agentes económicos considerando qualquer restri-

---

[320] Sobre os pressupostos de aplicação do artigo 81.°, ver VALENTINE KORAH, *op. cit.*, pp. 35 e ss..

ção contratual do comportamento das partes como uma restrição de concorrência.[321] As implicações desta tese são sobejamente conhecidas e constituem o núcleo das muitas críticas dirigidas, sobretudo, à Comissão por amplos sectores da doutrina e mesmo pelo Tribunal de Justiça.[322]

Poder-se-ia à primeira vista pensar que a possibilidade de isenção nos termos do n.º 3 do artigo 81.º constitui um instrumento capaz de flexibilizar o rigor da proibição do seu n.º 1.[323] A consideração da dimensão institucional, todavia, punha em causa essa visão optimista. Em primeiro lugar colocava-se uma questão de repartição de competências. Porque os n.os 1 e 2 do artigo 81.º produzem efeito directo, a verificação dos seus pressupostos pode ser conhecida pelos tribunais nacionais. Mas só a Comissão dispunha de competência para conceder as isenções previstas no n.º 3, no contexto da apreciação de acordos que lhe sejam notificados ou de isenções por categoria.[324] O resultado desta estrutura era uma redução drástica da flexibilidade inerente no sistema, empolada pelas dificuldades de gerir o sistema de notificações.[325] A Comissão adopta anualmente 20 decisões formais e cerca de 150 cartas de conforto. Apesar dos esforços tendentes a envolver de modo mais próximo os tribunais e as autoridades nacionais da concorrência na aplicação das regras comunitárias, o sistema

---

[321] O pensamento da Escola de Friburgo desempenhou um papel essencial na génese do direito da concorrência na RFA e nas Comunidades Europeias; ver DAVID J. GERBER, "Constitutionalizing the Economy: German Neo-liberalism, Competition Law and the 'New' Europe", Am. J. Comp. L., vol. XLII, 1994, n.º 1, p. 25. Para maiores desenvolvimentos sobre o pensamento da Escola de Friburgo, ver WOLFGANG FIKENTSCHER, *Wirtschaftsrecht, vol. II – Deutsches Wirtschaftsrecht*, C.H. Beck, Munique, 1983, pp. 41 e ss, bem como as muitas indicações bibliográficas citadas na nota 57 da mesma obra.

[322] Ver, por todos, IAN FORRESTER, CHRISTOPHER NORALL, "The Laicization of Community Law – Self-Help and the Rule of Reason: How Competition Law is and Could be Applied"; Fordham Corp. L. Inst., 1983, p. 305; IAN FORRESTER, "Competition Structures For the 21st Century", apresentado na 21st Annual Conference of the Fordham Corporate Law Institute, 28 de Outubro de 1994.

[323] <u>Nota de actualização</u>: O texto que se segue referia-se ao sistema resultante do Regulamento n.º 17/62, que será substituído pelo novo Regulamento (CE) n.º 1/2003, de 16 de Dezembro de 2002, relativo à execução das regras de concorrência estabelecidas nos artigos 81.º e 82.º, J.O. L 1, de 4.1.2003, p. 1. Este novo regime entrará em vigor a 1 de Maio de 2004. O nosso texto incorpora as alterações que daí decorrem para o sistema de aplicação do artigo 81.º.

[324] Ver artigo 9.º, n.º 1 do Regulamento n.º 17/62, J.O. 1962, p. 204.

[325] Sobre as dificuldades enfrentadas pela então DG-IV na aplicação do Regulamento n.º 17/62 ver D.G. GOYDER, *EC Competition Law*, 2.ª ed., Oxford Univ. Press, Oxford, 1993, pp. 33 e ss.

continuava a apresentar sérias deficiências neste ponto, agravadas pelo excessivo formalismo a respeito da interpretação do n.º 1. Não surpreende, pois, que muitos autores tenham sugerido a adopção de uma *rule of reason* ao abrigo do n.º 1 que permitisse descentralizar mais o sistema e aliviar os recursos da Comissão permitindo-lhe concentrar-se nos casos mais importantes.[326]

Este movimento teve tradução numa maior receptividade por parte do Tribunal de Justiça e do Tribunal de Primeira Instância quanto à justificação de certo tipo de restrições ao abrigo do artigo 81.º, n.º 1. É o caso de certos acordos de compra exclusiva, mas também de alguns acordos de licença de tecnologia, que teremos ocasião de analisar mais detalhadamente na Quarta Parte.[327]

Esta questão tem implicações práticas que dificilmente podem ser exageradas. Destacam-se, desde logo, os problemas de segurança jurídica colocados às partes cujos contratos estejam sujeitos ao Artigo 81.º do Tratado de Roma e que colocam questões de equilíbrio negocial. Como veremos, o sistema comunitário tendia a criar um incentivo para alguns licenciados no sentido de incumprir os contratos de licença, sobretudo após a comunicação irreversível de *know-how* ou saber-fazer, invocando a chamada "euro-defesa". A "euro-defesa", *i.e.*, a invocação da violação do Artigo 81.º n.º 1 e da cominação prevista no seu n.º 2, por exemplo, contra uma cláusula que impede o licenciado de efectuar vendas activas no território de outro licenciado, permite ao tribunal nacional que conhecer do incumprimento contratual considerar aquela cláusula nula, desde que

---

[326] Ver o estudo clássico na doutrina europeia sobre a *rule of reason* de um ponto de vista comparado RENÉ JOLIET, *The Rule of Reason in Antitrust Law*, Martinus Nijhoff, Den Hag, 1967; ver ainda VALENTINE KORAH, "The Rise and Fall of Provisional Validity – the Need for a Rule of Reason in EEC Antitrust", Nw. J. Int'l L. & Bus., 1981, p. 320; MARK CLIFFORD SCHECHTER, "The Rule of Reason in European Competition Law", LIEI, 1982, n.º 2, p. 1; RICHARD WHISH, BRENDA SUFFRIN, "Article 85 and the Rule of Reason", YEL, vol. 7, 1987, p. 1; ROBERT KOVAR, "Le droit communautaire de la concurrence et la 'règle de raison'", RTDE, vol. 23, n.º 2, 1987, p. 237; JAN PEETERS, "The Rule of Reason Revisited: Prohibition on Restraints of Competition in the Sherman Act and the EEC Treaty", Am. J. Comp. L., vol. 37, 1989, p. 521; WILS, "'Rule of Reason': une règle raisonnable en Droit Communautaire", CDE, ano 26, n.º 1-2, 1990, p. 19.

[327] Quanto aos primeiros ver Acórdão do Tribunal de Justiça no Proc. C-234/89, Stergios Delimits c. Henninger Bräu AG, Colect. 1991, p. I-935. Sobre este acórdão ver VALENTINE KORAH, "The Judgment in Delimitis: A Milestone towards a Realistic Assessment of the Effects of an Agreement or a Damp Squib?", EIPR, 1992, n.º 5, p. 167.

possa ser autonomizada do resto do contrato.[328] Esta vulnerabilidade é agravada pela tendência da Comissão a concentrar em si o poder de apreciar a compatibilidade destes contratos.[329] Na sua proposta de Regulamento sobre acordos de licença de tecnologia, a Comissão introduzira uma disposição que deixaria de fora do âmbito da isenção por categoria um número significativo de contratos, aumentando a insegurança das partes no momento da própria negociação. Na versão definitiva este efeito foi atenuado pela reintrodução do chamado processo de oposição, que será analisado adiante. Todavia, a recomendação às partes que detêm quotas de mercado superiores a 40% de notificar os seus acordos mantém alguma incerteza. Devido às deficiências do sistema de notificação individual, esta não se afigura uma alternativa viável para muitas empresas.[330] A este título, o sistema dos Estados Unidos oferece a vantagem de um sistema mais descentralizado através da aplicação da *rule of reason*, à excepção de alguns tipos de cláusulas sujeitas à regra da proibição *per se*.[331]

---

[328] A redução do negócio jurídico obedece às regras da lei aplicável ao contrato.

[329] Não obstante as tentativas de descentralização do sistema de aplicação do direito comunitário da concorrência. Ver a Comunicação da Comissão (93/C 39/05) sobre a cooperação entre os tribunais nacionais e a Comissão, J.O. 1993, C 39/5.

[330] Ver Mario Siragusa, "Technology Transfers Under EEC Law: A Private View", 1982 Ford. Corp. L. Inst. (B.Hawk ed., 1983), p. 95.

[331] Esta maior descentralização não é isenta de perigos. Com algumas excepções, entre as quais se destaca o regime do National Cooperative Research Act de 1984, os acordos ilegais podem implicar para as partes um gravoso regime de responsabilidade civil para com terceiros lesados por esse acordo pelo qual o montante da indemnização é triplicado (*treble damages*); ver Clayton Act § 4: "(qualquer pessoa) injured in his business or property by reason of anything forbidden in the antitrust laws (...) shall recover threefold the damages by him sustained, and the cost of suit, including a reasonable attorney's fee". Sobre o regime de *treble damages*, ver Philip Areeda, Louis Kaplow, *Antitrust Analysis*, 4.ª ed., Little, Brown & Co., Boston, 1988, pp. 83 e ss.; Herbert Hovenkamp, *Federal Antitrust Policy*, West Publ., St. Paul, MINN., 1994, pp. 584 e ss.. Para uma crítica deste regime na perspectiva da análise económica do direito, ver ainda W. Breit, K. Elzinga, Antitrust Enforcement and Economic Efficiency: The Uneasy Case for Treble Damages", J. L. & Econ., vol. 17, 1974, p. 329; A. Mitchell Polinsky, "Detrebling versus Decoupling Antitrust Damages: Lessons from the Theory of Enforcement". Geo. L.J., vol. 74, 1986, p. 1231. Quanto às violações *per se*, pode haver lugar à responsabilidade criminal dos participantes, sendo a violação das §§ 1 e 2 do *Sherman Act* punível com pena de prisão de até três anos e multa de até USD 350.000 para pessoas singulares e USD 10 milhões para sociedades. A responsabilidade penal apenas ocorrerá quanto às violações mais graves. Sobre os casos em que o *Department of Justice* inicia o processo crime ver Areeda e Kaplow, op. cit., p. 63.

Pode-se discutir longamente a questão de saber em que medida o direito comunitário incorpora ou não uma *rule of reason*, se o faz no n.º 1 ou no n.º 3, se a análise do balanço económico previsto nesta última disposição se identifica ou não com o balanço concorrencial que se inclui na *rule of reason* (e que não se confunde com esta, como vimos).[332] Formulada nestes termos, a questão não apresenta grande interesse. As diferenças entre o sistema norte-americano e o sistema comunitário são demasiado significativas para permitir a incorporação da *rule of reason* enquanto tal no direito comunitário. Se alguma conclusão definitiva se pode retirar do estudo comparativo a que procedemos nesta parte é a de que qualquer comparação deve ser rodeada de imensa prudência e evitar juízos simplistas. Na verdade, se atentarmos nos resultados do sistema, concluímos que eles não diferem tão significativamente quanto as diferenças estruturais permitem supor.

---

[332] Nota de actualização: Num acórdão recente, o Tribunal de Primeira Instância rejeitou uma interpretação do n.º 1 do artigo 81.º com base nos princípios da *rule of reason* com o fundamento de que "é apenas no âmbito preciso [do n.º 3 do artigo 81.º] que uma ponderação dos aspectos pró-concorrenciais e anticoncorrenciais de uma restrição pode ter lugar [citações de acórdãos omitidas]. O artigo [81].º, n.º 3, do Tratado perderia em grande parte o seu efeito útil se um tal exame devesse já ter sido efectuado no âmbito do artigo [81].º, n.º 1, do Tratado", ver Acórdão do Tribunal de Primeira Instância de 18 de Setembro de 2001, Métropole télévision (M6) e o. C. Comissão, Processo T-112/99, Colect. 2001, p. II-2459, considerando 74. Nos termos do mesmo aresto, os acórdãos onde se evidencia um entendimento menos formalista da proibição do n.º 1 do artigo 81.º "não podem ser interpretados como consagrando a existência de uma "rule of reason" em direito comunitário da concorrência. Inscrevem-se antes numa corrente jurisprudencial mais ampla, segundo a qual não há que considerar, de modo completamente abstracto e indistinto, que todo e qualquer acordo que restrinja a liberdade de acção das partes ou de uma delas cai necessariamente no âmbito da proibição fixada no artigo [81].º, n.º 1, do Tratado. Com efeito, é necessário, para efeitos de análise da aplicabilidade desta disposição a um acordo, ter em conta o quadro concreto em que produz os seus efeitos, nomeadamente o contexto económico e jurídico em que operam as empresas em causa, a natureza dos produtos e/ou serviços visados por esse acordo e as condições reais do funcionamento e da estrutura do mercado" (considerando 76). Conclui então o Tribunal que "esta interpretação permite, sem deixar de respeitar a estrutura normativa do artigo [81].º do Tratado e, em especial, o efeito útil do seu n.º 3, evitar que a proibição prevista no n.º 1 desta disposição se estenda, de maneira completamente abstracta e indistinta, a todos os acordos que tenham por fim restringir a liberdade de acção das partes ou de uma delas. Há, portanto, que sublinhar que uma tal abordagem não implica, todavia, uma ponderação dos efeitos pró-concorrenciais e anticoncorrenciais de um acordo, para efeitos de determinar a aplicabilidade da proibição estabelecida no artigo [81].º, n.º 1, do Tratado" (considerando 77).

Também não contribui para uma completa compreensão do tema o véu místico que envolve a *rule of reason* para muitos autores europeus. Como vimos, ela é apenas uma regra metodológica ao serviço das finalidades do direito da concorrência. Nas palavras de ROBERT H. BORK,

> "The rule of reason (...) is simply a set of general categories that are given content by ideas about the proper goals of the law, economics, and the requirements of the judicial process. As ideas about these matters change, the substantive law – the content of the categories – also changes".[333]

Precisamente por isso, preferimos, no texto original deste trabalho, salientar a maior abertura a uma interpretação flexibilizante do n.º 1 do artigo 81.º, não descurando a multiplicidade de valores que inspiram a política comunitária de concorrência e a sua finalidade específica – a integração económica. O caminho para essa flexibilização passaria, em nosso entender, por um maior recurso à teoria económica de modo a determinar se uma restrição produz ou não um impacto real no mercado.

Posteriormente à discussão deste trabalho ocorreu um desenvolvimento que configura uma verdadeira revolução do direito comunitário da concorrência: a aprovação de um novo regime legal para a execução das regras do Tratado que transforma o sistema de autorização num sistema de excepção legal. Não sendo este o objecto que nos ocupa, não podemos deixar de tecer alguns comentários aos aspectos do novo regime que assumem maior pertinência para o tema em análise.

Assim e como já referimos noutro local, a solução recentemente adoptada significa que todas as entidades com competência para conhecer da aplicação do n.º 1 do artigo 81.º passam também a dispor de iguais poderes para considerar que aquela proibição é inaplicável por se encontrarem preenchidos os requisitos do n.º 3 do mesmo artigo.[334]

Parece assim dar-se o que poderíamos chamar de "americanização" do direito comunitário da concorrência, ainda que não acompanhada de

---

[333] ROBERT H. BORK, *The Antitrust Paradox*, p. 21.

[334] Nota de actualização: No nosso estudo "Descentralização da aplicação do direito comunitário da concorrência – uma visão pessoal", Revista Jurídica da AAFDL, n.º 24, 2000, p. 190, tratámos esta questão a respeito do Livro Branco da Comissão para a modernização das regras de aplicação dos artigos 81.º e 82.º (1999/C 132/01), J.O. C 132, de 12.5.1999, p. 1. No texto que segue iremos acompanhar de perto as considerações aí tecidas, à luz do novo regulamento entretanto publicado.

alguns aspectos específicos daquele ordenamento, como os "*treble damages*" ou as sanções penais para as infracções mais graves.

À primeira vista, deste aspecto da reforma operada pelo recente Regulamento n.º 1/2003 parecem resultar três corolários:

- Aos tribunais nacionais será exigida a decisão de casos concretos segundo princípios que permitem uma apreciável margem de discricionariedade e que, até aqui, têm sido aplicados a nível comunitário por uma autoridade administrativa, ainda que sujeita ao controlo da legalidade dos seus actos pelas instâncias comunitárias;
- O sistema atingirá um elevado grau de descentralização, com competências paralelas e por vezes concorrentes, o que aumenta o risco de uma aplicação incoerente e não uniforme das regras comunitárias, problema que se espera venha a ser superado pela chamada rede de autoridades de concorrência (ver artigo 11.º do Regulamento n.º 1/2003);
- A eliminação das decisões de isenção recoloca a questão da repartição de competências entre o direito comunitário e o direito nacional da concorrência;[335]

Vejamos mais demoradamente o impacto exercido na interpretação do artigo 81.º. A passagem a um sistema de excepção legal implica, como vimos, que as autoridades e tribunais que sejam chamados a conhecer da proibição do n.º 1 possam, caso os requisitos da proibição estejam preenchidos no caso em espécie, aplicar a excepção do n.º 3.

No ponto 78 do Livro Branco de 1999, a Comissão indica que "no tratamento de processos individuais (...) adoptará uma abordagem mais económica na aplicação do n.º 1 do artigo [81.º], o que limitará o âmbito de aplicação desta disposição às empresas que disponham de um certo

---

[335] O artigo 3.º do Regulamento n.º 1/2003 começa por impor às autoridades nacionais uma obrigação de aplicação (se necessário cumulativa) do direito comunitário da concorrência (n.º 1); quanto a situações de potencial conflito, o n.º 2 dispõe no sentido da primazia do direito comunitário sobre as disposições nacionais em matéria de concorrência, as quais não poderão proibir o que aquele ordenamento permite. É deixada ainda uma margem para a aplicação de regras nacionais como as disposições sobre abuso de dependência económica (n.º 2, *in fine*) ou de controlo de concentrações (n.º 3, primeira frase) bem como de disposições nacionais "que tenham essencialmente um objectivo diferente do dos artigos 81.º e 82.º do Tratado" (n.º 3, segunda frase).

poder de mercado". Este é o ponto fulcral de uma abordagem unitária do artigo 81.º. Com efeito, a divisão de competências que introduzia uma dicotomia na análise jus-concorrencial tendia a divisões artificiais com um âmbito de aplicação do n.º 1 demasiado extenso, sendo a questão do poder de mercado tratada apenas no contexto da apreciação dos requisitos do n.º 3.

Com efeito, o formalismo da Comissão na definição de restrição da concorrência conduzia, se levado às suas últimas consequências, a resultados absurdos, o que teremos adiante oportunidade de constatar a respeito dos acordos de licença de tecnologia (*maxime* a propósito da decisão da Comissão que está na base do Acórdão *Windsurfing*). É por isso que se nos afigura que a verdadeira revolução a que assistimos neste momento consiste no reconhecimento pela Comissão do carácter essencial do conceito de poder de mercado para a definição do que é ou não restritivo da concorrência.

Note-se ainda que, desta forma, o n.º 1 passará a funcionar como um limiar mais realista para uma análise complexa. Tal como nos Estados Unidos onde a *rule of reason* implica uma análise preliminar do poder de mercado das empresas antes de se proceder a um balanço concorrencial, o artigo 81.º, numa visão unitária, poderá receber o mesmo tipo de interpretação.

Sucede, todavia, que, como tivemos oportunidade de constatar, a *rule of reason* é uma criação jurisprudencial destinada a atenuar os rigores de uma proibição que, num sentido literal, corresponderia a pôr em causa a validade de todos os contratos. No sistema comunitário, pelo contrário, a excepção do n.º 3 parece ter sido concebida como um poder discricionário a confiar a autoridades administrativas especializadas, seguindo uma tradição europeia de regulação da economia. E neste ponto surgiram algumas interrogações legítimas sobre o grau de liberdade de conformação do legislador à luz da própria estrutura do sistema instaurado pelos autores do Tratado. Só o tempo dirá se a reforma não será posta em causa com base em argumentos desta natureza.

III. ACORDOS DE LICENÇA DE TECNOLOGIA NO DIREITO DA CONCORRÊNCIA DOS ESTADOS UNIDOS

Como vimos na Primeira Parte, a inovação tecnológica é hoje em dia vista como a principal força motriz do crescimento económico nos países desenvolvidos. O direito da concorrência não é alheio à sua importância e trata das questões colocadas a nível competitivo sob diversas perspectivas.

Por um lado, a criação da inovação pode resultar do esforço isolado de uma determinada empresa. Nesse caso, dois problemas se colocam do ponto de vista da concorrência. Em primeiro lugar, essa inovação pode resultar num monopólio em sentido económico, em especial quando protegida pelos exclusivos conferidos pelos direitos de propriedade intelectual. Adiante examinaremos quais as consequências que daí podem advir para a empresa em posição de monopólio em termos de limites à sua liberdade de acção quanto à exploração desses direitos (Parte III.C.). Em segundo lugar, a empresa inovadora pode não dispor de meios que lhe permitam explorar convenientemente a sua inovação. Nesse caso ela pode licenciar outra empresa, concorrente ou não, de maneira a que esta explore a sua inovação, recebendo o licenciante uma contrapartida. Encontramo-nos então no contexto dos acordos de transferência de tecnologia (Parte III.A. e B.). Quando uma das empresas envolvidas no acordo desfruta já de uma posição de poder económico num mercado relevante, o direito de concorrência impõe limites acrescidos às condições contratuais que podem ser estipuladas pelas partes (Parte III.C.).

A. Aspectos gerais

Datando o principal texto legislativo federal relativo à concorrência de 1890, é natural que os problemas resultantes da interrelação entre a propriedade intelectual e o direito da concorrência (*patent-antitrust interface*) se tenham manifestado numa fase precoce, assumindo a forma da doutrina do abuso de patente (*patent misuse*).[336] Desta fase chegam até nós alguns casos importantes sobre determinadas cláusulas, em particular quanto à subordinação de contratos (*tying*) e à fixação de preços, que ainda hoje se mantêm *good law*.[337] A *patent misuse doctrine* corresponde a um desenvolvimento da propriedade industrial e não a uma teoria do direito da concorrência. Daí que um determinado comportamento pudesse ser considerado um *patent misuse* apesar de não violar o direito da concorrência.[338] Mais recentemente, a tendência a nível legislativo e jurisprudencial aponta para uma convergência do conteúdo substantivo de ambos os sistemas.[339] Ao longo destes anos ocorreram ainda alterações muito significativas nesta matéria, seguindo de perto as oscilações do debate quanto às finalidades do direito da concorrência.[340]

Na esteira do acórdão *Schwinn*, o qual aplicou, pela primeira vez, a regra da proibição *per se* a restrições verticais não relacionadas com preços, o Departamento de Justiça adoptou nos anos 70 os chamados *Nine No-Nos* pelos quais diversos tipos de cláusulas em acordos de licença de patentes foram considerados ilegais *per se*.[341] Após ter abandonado esta posição nos anos 80, o Departamento de Justiça iniciou mais recentemente

---

[336] A teoria do abuso de patente é aplicada no contexto da tutela dos direitos conferidos pela patente, levando à sua inoponibilidade contra quem viole esses direitos. Na explicação de MILLER e DAVIS, "'Misuse' means that the patent owner has overeached and tried to do more than legitimately is authorized by the patent monopoly (...) Until the patentee 'purges' himself of the misuse, he cannot enforce the patent". Ver ARTHUR R. MILLER, MICHAEL H. DAVIS, *Intellectual Property – Patents, Trademarks, and Copyrights*, West Publ., St. Paul, Minn., 1990, pp. 137-140. Trata-se de um instituto próximo do abuso de direito dos países de tradição civilística.

[337] Ver HERBERT HOVENKAMP, *Federal Antitrust Policy*, p. 218.

[338] Ver, por exemplo, *Zenith Radio Corp. v. Hazeltine Research, Inc.*, 395 U.S. 100 (1969), pp. 140-141.

[339] Neste sentido ver o acórdão *USM Corp. v. SPS Technologies, Inc.*, 694 F.2d 505 (7th Cir. 1982), p. 512: "If misuse claims are not tested by conventional antitrust principles, by what principles should they be tested? Our law is not rich in alternative concepts of monopolistic abuse; and it is rather late in the day to try to develop one without in the process subjecting the rights of patentholders to debilitating uncertainty"; ver ainda o *Patent Misuse Act* de 1988.

[340] Sobre estas últimas, ver, *supra*, II.B.1.a.

[341] *U.S. c. Arnold, Schwinn & Co.*, 388 U.S. 365 (1967). Ver ERNEST GELLHORN e WILLIAM E. KOVACIC, *Antitrust Law and Economics*, 4.ª ed., West Publ., St. Paul, 1994, p. 409.

uma reapreciação da aplicação das regras de concorrência às licenças de tecnologia.[342] Esta mudança, iniciada sobretudo pela mudança política resultante da substituição da administração Bush pela administração Clinton, teve como principal resultado a aprovação das Directrizes de 1995 em conjunto com a FTC, a 6 de Abril de 1995. Mais recentemente destaca-se também a realização pela FTC de um conjunto de audiências públicas sobre a inovação e o direito da concorrência.[343]

As Directrizes de 1995 têm por objecto acordos de licença de patentes, direito de autor, segredos comerciais e *know-how*.[344] A estrutura de análise assenta em três princípios. O primeiro é o de que a propriedade intelectual está sujeita às mesmas regras de concorrência que regulam outras formas de propriedade. Deve, no entanto, referir-se que não é líquido que os mesmos princípios aplicados a outras formas de propriedade se devam aplicar indiscriminadamente aos direitos de propriedade intelectual, na medida em que as particularidades destes direitos são tidas em conta na aplicação do direito da concorrência.[345] Apesar das afirmações

---

[342] ILENE KNABLE GOTTS, STEPHEN A. BENT, "Heightened Scrutiny of Intellectual Property Transfers by US Antitrust Officials is the Trend", EIPR, 1994, n.º 6, p. 245.

[343] Ver, *supra,* nota 2.

[344] A inclusão do direito de autor distingue as Directrizes de 1995 do Regulamento da Comissão o qual apenas é aplicável a acordos de licença de patentes e/ou de *know-how*. Limitamos, por isso, a nossa análise ao âmbito destes últimos institutos. Uma vez que a jurisprudência e a doutrina norte-americanas se têm centrado nas questões suscitadas pelas licenças de patentes daremos particular atenção a esta figura. Quanto às licenças de *know-how*, estas são acolhidas favoravelmente pelos tribunais: "The critical question in an antitrust context is whether the restriction may fairly be said to be ancillary to a commercially supportable licensing arrangement, or whether the licensing scheme is a sham set up for the purpose of controlling competition while avoiding the consequences of antitrust laws", *A. & E. Plastik Pak Co. v. Monsanto Co.*, 396 F.2d 710 (9th Cir. 1968), p. 715. Mais recentemente é de notar a protecção ao abrigo de direito de autor dos programas de computador. Esta instrumentalização do direito de autor ao serviço da tutela de inovações de cariz tecnológico suscita novos problemas em termos do âmbito de protecção a que o direito de concorrência não pode ficar alheio. Estas questões serão tratadas noutro ponto deste trabalho. Ver, *infra*, III.C.. Ver o nosso estudo "Protecção de programas de computador ...".

[345] Neste sentido se pronunciavam LEWIS e YAO (este último autor foi recentemente Comissário na FTC), a propósito do projecto de directrizes, "Many argue that intellectual property should be treated the same as other property. Identical treatment would appear to imply that intellectual property should not be given special status, for example, allowing any type of license or combination with another firm except when that firm is an actual or potential competitor. However, identical treatment may only mean that the framework for

em contrário constantes das Directrizes de 1995, parece existir uma dualidade de critérios, a qual apenas se torna manifesta em função dos diferentes efeitos competitivos dos direitos de propriedade intelectual e dos direitos de propriedade tradicionais.

Quanto ao segundo princípio que preside às directrizes, o princípio segundo o qual não se presume a existência de poder de mercado a partir da titularidade de direitos de propriedade intelectual, o mesmo foi já analisado noutro ponto deste trabalho.[346] As Directrizes utilizam a análise de mercado delineada nas Directrizes sobre concentrações de 1992.[347] A § 2 do *Sherman Act*, que proíbe os delitos de monopolização e de tentativa de monopolização, pode ser aplicada contra certo tipo de práticas unilaterais de titulares de direitos de propriedade intelectual.

> "Se uma patente (...) conferir poder de mercado, esse poder de mercado não viola, por si só, as leis da concorrência. Tal como qualquer outro bem, tangível ou intangível, que permite ao seu titular obter lucros supra-competitivos significativos, o poder de mercado (ou mesmo um monopólio) que é apenas a consequência de um 'produto superior, de excelência empresarial ou de um acidente histórico' não viola as leis da concorrência [nota-de--rodapé suprimida] (...) no entanto, o poder de mercado obtido ou mantido de forma ilegal, ou ainda que legalmente adquirido e mantido, seria relevante para apurar a capacidade de um titular de um direito de propriedade

---

assessing agency action should remain the same; it is possible that intellectual property as a class will generally present different issues and fact situations than other types of property, and these differences, in turn, will often lead to different antitrust decision outcomes. (...) In other words, the characteristics of intellectual property could mean that it, on average, should be treated more leniently by antitrust officials. We believe that this is likely to be the case". Como características distintivas da propriedade intelectual perante outras formas de propriedade, os autores indicam a incerteza quanto ao seu valor, utilidade e viabilidade comercial, a assimetria de informação entre o inventor e os licenciados (embora reconhecendo que esses problemas se colocam também a propósito de outras formas de propriedade, os autores consideram que estas características são mais importantes no caso da propriedade intelectual) e a dificuldade de controlar o seu uso e disseminação, que lhe dão caracteristicas de bem público. TRACY R. LEWIS, DENNIS A. YAO, "Some Reflections on the Antitrust Treatment of Intellectual Property", Antitrust L. J., vol. 63, 1995, p. 603, *maxime*, pp. 604 a 606.

[346] Ver, *supra*, I.C.1..

[347] Para uma introdução às Directrizes de 1992 e indicações bibliográficas sobre as mesmas, ver MIGUEL MOURA E SILVA, "Controlo de concentrações na Comunidade Europeia", Direito e Justiça, Vol. VIII, Tomo I, 1994, p. 133. As Directrizes de 1992 foram recentemente revistas a 8 de Abril de 1997.

intelectual prejudicar a concorrência através de uma conduta não razoável relativa àquele direito".[348]

Mas o princípio mais interessante e com maiores implicações para esta área do direito da concorrência é o de que as licenças de propriedade intelectual devem ser vistas em função da promoção de uma afectação óptima de recursos. A abordagem das Directrizes pressupõe que o titular de um direito de propriedade intelectual procura maximizar os seus lucros através da concessão de licenças a empresas que sejam capazes de organizar os *inputs* produtivos de forma a atingir um volume de produção que maximize os lucros. Este pressuposto assenta na análise das restrições verticais enunciada pelo Supremo Tribunal no acórdão *GTE Sylvania*. Uma vez que o titular de uma patente pode sempre reservar para si a exploração da mesma, a concessão de licenças pode favorecer a concorrência na medida em que difunde a utilização da inovação a outras empresas. Por seu turno, a existência de diversas empresas aumenta a concorrência quanto ao uso da nova tecnologia, assegurando que a mesma será devidamente explorada e que existem incentivos para a investigação de melhoramentos tecnológicos.[349] Não existindo uma obrigação legal de conceder licenças (partindo do princípio de que a aquisição do direito de propriedade intelectual não viola a § 2 do *Sherman Act*), o titular da patente deve poder obter a recompensa pelo seu investimento através de lucros supranormais ou de monopólio.[350]

É interessante notar que algumas abordagens recentes procuram resolver este problema através de uma análise de custo/benefício.[351] Embora esta teoria seja atraente em termos intuitivos, levanta consideráveis dificuldades de ordem prática. Uma das principais críticas que lhe podemos apontar é a de que coloca os tribunais perante a difícil questão de determinar o que é uma compensação excessiva.

Este método é idêntico às propostas de permitir uma defesa dos cartéis quando os preços por eles fixados sejam razoáveis. Uma tal orientação foi rejeitada pelo direito americano logo no início do desenvolvimento do direito da concorrência. Por outro lado, ao contrário do artigo 82.º do Tratado de Roma, a § 2 do *Sherman Act* não proíbe a prática de preços de monopólio. À luz das dificuldades suscitadas pela análise dos preços

---

[348] Directrizes de 1995, Ponto 2.2.
[349] GELLHORN e KOVACIC, *op. cit.*, p. 410.
[350] Ver, *infra*, III.C..
[351] LOUIS KAPLOW, "The Patent-Antitrust Intersection: A Reappraisal", Harv. L. Rev., vol. 97, 1984, p. 1815.

excessivos noutros domínios, parece pouco aconselhável estendê-la à propriedade intelectual. As Directrizes parecem partir da premissa segundo a qual o titular de um direito de propriedade intelectual deve poder obter o máximo de lucro que lhe seja concedido pelo mercado. De resto, este é um mecanismo descentralizado de criação de maiores incentivos para as inovações mais valiosas, tal como elas são vistas pelo mercado e pela disponibilidade dos utilizadores em pagar mais por elas.[352]

É nesta perspectiva que certas práticas que podem aumentar a produção são encaradas favoravelmente pelas Directrizes: "[b]y potentially increasing the expected returns from intellectual property, licensing also can increase the incentive for its creation and thus promote greater investment in research and development."[353] Deste modo se justificam as restrições relativas à protecção do licenciante contra os respectivos licenciados. Todavia, a necessidade de incentivos é igualmente sentida pelo licenciado que, em particular quanto a novos produtos ou novas tecnologias, tem de partilhar o risco de as mesmas não serem bem sucedidas no mercado. Este é o fundamento para a permissão de restrições que protegem o licenciado contra o licenciante e outros licenciados.

Em suma, a aplicação do direito da concorrência aos acordos de licença de tecnologia deve contemplar as duas vertentes: difusão e criação tecnológicas.

As principais preocupações que devem ser objecto de atenção pelo direito da concorrência devem ainda ser limitadas ao risco de repartição do mercado ou fixação de preços quando haja uma relação de concorrência (logo horizontal) entre o licenciante e o licenciado, e ao risco de exclusão de concorrentes de qualquer uma das partes, no caso de acordos de natureza vertical.[354]

---

[352] Não ignoramos que este critério tem as suas insuficiências. Ver POSNER, *Economic Analysis of Law*, 4.ª ed., 1992, cap. 1.

[353] Directrizes de 1995, Ponto 2.3.

[354] Referimo-nos, essencialmente, à chamada *raising rivals' costs theory* que demonstra como, em determinadas circunstâncias, um acordo de natureza vertical pode ter como consequência a exclusão de concorrentes de uma das partes. Os trabalhos pioneiros neste domínio são HERBERT HOVENKAMP, "Antitrust Policy After Chicago", Mich. L. Rev., vol. 84, 1985, p. 213; THOMAS G. KRATTENMAKER, STEVEN C. SALOP, "Anticompetitive Exclusion: Raising Rivals' Costs to Achieve Power over Price", Yale L. J., vol. 96, 1986, p. 209. Ver ainda HERBERT HOVENKAMP, "Antitrust Policy, Restricted Distribution, and the Market for Exclusionary Rights", Minn. L. Rev., vol. 71, 1987, p. 1293; TIMOTHY J. BRENNAN, "Understanding 'Raising Rivals' Costs", Antitrust Bull., vol. 33, 1988, p. 95.

Ao contrário do direito comunitário, as Directrizes afirmam claramente que não se pretende forçar o licenciante a criar concorrência na sua tecnologia (análoga à *intra-brand competition*). Isto resulta do pressuposto tradicional de que, se o licenciante pode excluir outros concorrentes ao impedir o uso da tecnologia protegida, a eficiência produtiva beneficiará da disseminação da tecnologia e os consumidores beneficiarão em última análise se o licenciamento contribuir não só para aumentar o volume de produção e/ou a intensidade de utilização da tecnologia, designadamente através da discriminação de preços, mas também para criar um maior incentivo para invenções futuras. Retornamos, pois, ao modelo de concorrência delineado por SCHUMPETER e que analisámos noutro ponto deste trabalho. A concorrência em termos de inovação passa a ter lugar entre sistemas diferentes, entre tecnologias distintas.

B. As Directrizes de 1995

1. *Definição do mercado relevante*

a. *Aspectos gerais*

As Directrizes propõem aquilo que qualificam como uma abordagem realista à questão da definição do mercado relevante. Em primeiro lugar, o objectivo declarado das regras da concorrência nesta matéria consiste em apreciar as práticas que são susceptíveis de "afectar prejudicialmente os preços, quantidades, qualidades ou variedade de bens e serviços actualmente existentes ou potenciais" (3.2.) Estes efeitos prejudiciais são apreciados dentro de um ou mais dos seguintes mercados: o mercado de bens ou serviços, o mercado de tecnologia e o mercado da inovação. As duas primeiras categorias colocam exactamente os mesmos problemas que a definição do mercado relevante noutros contextos. Daí que a remissão para o esquema analítico contido nas Directrizes sobre concentrações de 1992 do DOJ e da FTC seja adequada ao desenvolvimento destes conceitos.[355]

---

[355] Para uma análise introdutória às Directrizes sobre concentrações de 1992, ver o nosso estudo, "Controlo de concentrações na Comunidade Europeia", Direito e Justiça, Vol. VIII, Tomo – I, 1994, p. 133, *maxime* pp. 145 e ss.

b. *O conceito de mercado de tecnologia*

Em boa verdade, o conceito de mercado de tecnologia limita-se a clarificar que, quando a tecnologia protegida consiste num processo de produção novo ou melhorado, o seu titular não goza necessariamente de poder de mercado. A concorrência de tecnologias e de bens que sejam substitutos próximos limitará a sua capacidade de exercer poder de mercado através de uma redução da produção. Daí que a análise a efectuar seja paralela à utilizada na definição do mercado de bens ou serviços: "the smallest group of technologies or goods over which a hypothetical monopolist of those technologies and goods likely would exercise market power – for example, by imposing a small but significant and nontransitory price increase" (3.2.3.).

É fácil compreender a necessidade ocasional de ter em consideração um mercado de tecnologia. Por essência, é esse o objecto dos acordos de licença de tecnologia. Nem constitui obstáculo a esta noção o facto de a tecnologia ser muitas das vezes respeitante a processos de fabrico, sendo que algumas das tecnologias concorrentes não são objecto de transacções no mercado. Um concorrente pode controlar uma determinada tecnologia que utiliza em exclusivo. O facto de essa tecnologia não ser objecto de transacção no mercado não reduz a concorrência. O que importa é encontrar um mercado no qual um hipotético monopolista poderia exercer poder de mercado através de um aumento significativo e não-transitório do preço. Se a tecnologia do concorrente for suficientemente eficiente, este poderá aumentar a sua produção para fazer face à redução da quantidade produzida.[356]

A dificuldade de avaliar a informação relativa a tecnologias é tida em conta através da consideração da relação de substituibilidade com tecnologias de custo comparável ao da que é objecto do contrato de licença. Parece-nos que o custo deve ser encarado numa perspectiva dinâmica. A adopção inicial de uma nova tecnologia pode ter custos muito elevados mas que são rapidamente amortizados a partir do momento em que atinge um volume óptimo de produção. A segunda dificuldade consiste em calcular a importância da concorrência actual e potencial. A quota ou parte de mercado detida pelos participantes actuais é preponderante mas não deter-

---

[356] A não difusão de uma tecnologia por via de licenças pode dever-se não só ao desejo do seu criador de a manter em exclusivo como também devido a problemas de apropriação da mesma, e.g., dificuldade de manter o segredo uma vez comunicada, etc..

minante na análise do mercado. Daí que sejam considerados elementos subjectivos, tais como a importância relativa das empresas no mercado de tecnologia. Supletivamente, à falta de dados sobre a parte de mercado e quando as tecnologias apresentam um grau de eficiência comparável, são atribuídas partes iguais às empresas presentes no mercado. Por último, as novas tecnologias são apreciadas através de uma estimativa da sua implantação previsível no mercado num período de dois anos após a primeira comercialização, sendo para o efeito utilizada a melhor informação disponível.

c. *O conceito de mercado de inovação*

(1) O conceito de mercado de inovação nas Directrizes de 1995

Um desenvolvimento interessante das Directrizes de 1995 diz respeito à terceira categoria de mercado – o mercado de inovação ou *innovation market*. Esta noção tem alguns antecedentes no direito americano.[357] Objecto de uma tomada de posição oficial por parte do DOJ nas Directrizes de 1988 sobre operações internacionais,[358] esta noção foi aplicada em apenas três casos até à entrada em vigor das Directrizes de

---

[357] O antigo Assistant Attorney-General para o direito da concorrência, WILLIAM BAXTER (próximo da Escola de Chicago) enunciava já esta tripartição entre mercados de produto (ou serviço), de tecnologia e de inovação num trabalho de 1984; ver WILLIAM BAXTER, "The Definition and Measurement of Market Power in Industries Characterized by Rapidly Developing and Changing Technologies", Antitrust L. J., vol. 53, 1985, p. 717. A nível legislativo, o *National Cooperative Research Act* de 1984 impõe a apreciação dos efeitos concorrenciais de empresas comuns de investigação e desenvolvimento no quadro de "properly defined, relevant research, development, product, process and service markets"; 15 U.S.C. 4302 (1984).

[358] As Directrizes de 1988, embora formalmente preocupadas com a aplicação do direito da concorrência americano a transacções internacionais, constituíam um sumário do entendimento do DOJ quanto a diversos problemas de ordem substantiva. As novas directrizes sobre operações internacionais de 1995 abandonam esse prisma e centram-se exclusivamente no problema do âmbito territorial de aplicação do direito da concorrência. Nas directrizes de 1988 definia-se um mercado relevante de investigação e desenvolvimento por forma a incluir todas as empresas "que aparentem ter o incentivo e capacidade, por si sós ou em cooperação com outras, para empreender um esforço de investigação e desenvolvimento comparável à investigação e desenvolvimento proposto pela empresa comum (...)". Estas viriam a ser substituídas por novas directrizes de 1995, mais centradas nos problemas relativos à defesa da concorrência num contexto internacional.

1995.[359] A partir desta data, porém, registou-se um grande aumento do número de casos onde foram definidos mercados de inovação. Todos estes casos, como de resto os anteriores, diziam respeito a operações de concentração, e em nenhum caso houve necessidade de intervenção judicial.[360] A par da aplicação deste conceito cresceu a polémica doutrinal sobre a sua fundamentação. Daí o interesse de lhe dedicarmos uma atenção mais prolongada, tanto mais que podemos daí retirar importantes lições para a aplicação do direito comunitário da concorrência. Começaremos por examinar nesta secção a definição de mercado de inovação à luz das Directrizes de 1995 e dos argumentos dos seus principais defensores. Na secção seguinte examinaremos o papel de um instrumento mais tradicional de análise, a teoria da concorrência potencial, que tem sido avançada como uma alternativa mais adequada para a apreciação dos efeitos da concentração económica na inovação. Veremos depois a aplicação deste conceito em operações de concentração e no contexto de acordos de licença de tecnologia. Por último apresentamos as nossas conclusões sobre esta nova teoria.

O conceito de mercado de inovação apenas adquire relevância quando as características específicas de uma empresa ou certos bens, materiais ou imateriais, dessa empresa são necessários para empreender actividades de investigação e desenvolvimento no campo em apreço. Um mercado de inovação é definido como consistindo na "pesquisa e desenvolvimento dirigida a bens ou processos novos ou melhorados, bem como os substitutos próximos em relação a essa investigação e desenvolvimento". As Directrizes definem uma noção ampla de substitutos próximos

---

[359] Roche Holdings Ltd., 113 F.T.C. 1086 (1990); United States v. General Motors Corp. et al., Civ. No. 93-530 (D.Del. filed November 16, 1993); United States v. Flow International Corp. and Ingersoll-Rand Co., Civ. No. 94-71320 (E.D. Mich. filed April 14, 1994).

[360] Ver *American Home Products-American Cyanamid*, C-3557, 5 Trade Reg. Rep. (CCH) ¶ 23,712 (FTC Feb. 14, 1994) (Comm'r Azcuenaga concurring); *Glaxo-Wellcome*, C-3586, 5 Trade Reg. Rep. (CCH) ¶ 23,784 (FTC June 14, 1995); *Sensormatic/Knogo*, C-3572 (FTC April 24, 1995); *Wright Medical Technology*, C-3564, 5 Trade. Reg. Rep. (CCH) ¶ 23,726 (FTC March 23, 1995); *Boston Scientific*, C-3573, 5 Trade, Reg, Rep. (CCH) ¶ 23,774 (FTC April 28, 1995); *Royal Dutch Petroleum*, FTC File No. 941-0043 (FTC Jan. 11, 1995); *Hoechst-Marion Merrell Dow*, C-3629, 5 Trade Reg. Rep. (CCH) ¶ 23,895 (FTC Dec. 5, 1995); *The Upjohn Co.-Pharmacia Aktiebolag*, C-3638, 5 Trade Reg. Rep. (CCH) ¶ 23,914 (FTC Feb. 8, 1996); *Ciba Geigy/Sandoz*, FTC File No. 961-0055 (FTC 1997).

de modo a abarcar "esforços de investigação e desenvolvimento, tecnologias e bens que limitem significativamente o exercício de poder de mercado relativamente à investigação e desenvolvimento em questão, por exemplo, limitando a capacidade e o incentivo de um monopolista de retardar o ritmo da investigação e desenvolvimento". As partes de mercado podem ser calculadas com base na quota detida por cada empresa relativamente aos bens ou características de que depende a investigação e desenvolvimento, percentagem de investimento em investigação e desenvolvimento ou às partes de mercado relativamente a um produto similar.

Esta noção de mercado de inovação suscita-nos dois comentários. Em primeiro lugar, as Directrizes parecem exigir que a investigação e desenvolvimento estejam já em curso ou que sejam seriamente consideradas para que possam ser tratadas em sede de definição do mercado. Este parece ser o sentido da expressão "esforços". A mera capacidade de efectuar essa investigação e desenvolvimento deve ser considerada na perspectiva da possível entrada de novas empresas no mercado, não na definição do mesmo. Esta distinção é importante na medida em que dela resultará uma definição de mercado que tende a acentuar o peso das empresas nele incluídas. Resta saber como será apreciada a questão da possibilidade de entrada nos mercados de inovação. Em segundo lugar, as Directrizes utilizam linguagem aparentemente tributária do acórdão *ALCOA*, segundo o qual se presume que o monopolista tem a capacidade e o incentivo de retardar o progresso tecnológico. Esta afirmação pode ser verdadeira em determinados mercados mas não pode ser generalizada, como vimos, supra, I.C.2..

A teoria subjacente à definição do mercado de inovação foi desenvolvida recentemente por RICHARD GILBERT e STEVEN SUNSHINE.[361] Para estes Autores, o conceito de mercado de inovação constitui um instrumento valioso para a apreciação dos efeitos de alterações estruturais resultantes de concentrações de empresas na investigação e desenvolvimento, bem como no progresso da inovação industrial.[362] A tese de GILBERT e SUNSHINE assenta em duas premissas básicas. Em primeiro lugar, o conceito de mercado de inovação supõe que o aumento da concentração leva, ou pode conduzir, a uma redução da investigação e desenvolvimento, em

---

[361] RICHARD J. GILBERT, STEVEN C. SUNSHINE, "Incorporating Dynamic Efficiency Concerns in Merger Analysis: The Use of Innovation Markets", Antitrust L. J., vol. 63, 1995, p. 568 (adiante GILBERT e SUNSHINE, "Innovation Markets ...").
[362] GILBERT e SUNSHINE, "Innovation Markets ...", p. 570.

termos análogos à relação observada entre a concentração e o aumento dos preços.[363] A segunda premissa é a de que tais efeitos não podem ser adequadamente tratados ao abrigo das teorias existentes em matéria de concentrações, como a análise dos efeitos competitivos em mercados de produto ou tecnologia ou a teoria da concorrência potencial, ou chegam mesmo a escapar-lhes por inteiro.[364] Uma vez que a teoria da concorrência potencial seguida no direito dos Estados Unidos apresenta alguma complexidade, examinaremos neste ponto a primeira premissa da teoria de GILBERT e SUNSHINE, bem como a metodologia por eles proposta e as críticas que lhes podem ser dirigidas. No ponto seguinte examinaremos a teoria da concorrência potencial como alternativa à definição de mercados de inovação.

GILBERT e SUNSHINE qualificam a investigação e desenvolvimento simultaneamente como uma dimensão de concorrência em mercados reais (consequentemente indiciando a sua inspiração schumpeteriana) e como um *input* produtivo.[365] Enquanto dimensão de *nonprice competition*, a inovação não se distingue, à partida, de outras formas de concorrência deste tipo, como a concorrência através da diferenciação de produtos ou de publicidade.[366] Dada a dificuldade de determinar em que medida mais

---

[363] Como nota RAPP, esta tese tem subjacente uma outra premissa – a de que mais investigação e desenvolvimento (aferida em função dos investimentos realizados) corresponde a mais inovação ou a um ritmo mais rápido de inovação. Naturalmente, a correcção desta premissa depende não só de uma relação causa-efeito que os estudos económicos não conseguem comprovar como também de saber se mais inovação ou inovação mais rápida é ou não do interesse da sociedade. Sobre a relação entre a estrutura de mercado e a inovação ver, *supra*, I.C.2.. Este é, de resto, um problema comum quanto à apreciação das formas de concorrência que não através do preço. Por exemplo, a diferenciação de produtos traz benefícios aos consumidores ao permitir-lhes maior liberdade de escolha e evitar uma uniformização dos produtos pelo menor denominador comum, mas tem também inconvenientes ao estimular essa diferenciação para além do que seria socialmente útil. Do mesmo modo, a publicidade gera vantagens para o consumidor ao reduzir os seus custos de apreciação dos produtos mas cria o risco de, através da sua generalização, perder utilidade.

[364] Embora os autores sublinhem que a análise de mercados de inovação pode ser complementar à teoria da concorrência potencial: "A focus on innovation markets also facilitates analysis of the effects of a merger or acquisition on potential competition"; GILBERT e SUNSHINE, "Innovation Markets ...", p. 570.

[365] GILBERT e SUNSHINE, "Innovation Markets ...", p. 581: "Research and development is an input into the production of final goods and services".

[366] Como os autores reconhecem, GILBERT e SUNSHINE, "Innovation Markets ...", p. 572: "(...) competition has many dimensions of which price is only one. These other

nonprice competition é ou não melhor para os consumidores, o direito da concorrência centra tradicionalmente a sua atenção na dimensão da concorrência em matéria de preço, como é aliás exemplificado pelas Directrizes sobre concentrações de 1992.[367]

Para GILBERT e SUNSHINE, a concorrência em matéria de inovação apresenta uma diferença significativa em relação às restantes formas de *nonprice competition* – é mais fácil demonstrar os benefícios que advêm para o consumidor de um aumento de inovação devido ao impacto que a inovação tem na redução de custos de produção ou nos benefícios na dimensão de qualidade dos produtos.[368] Obviamente podemos perguntar-nos em que é que estes aspectos distinguem verdadeiramente a concorrência em matéria de inovação da concorrência noutras dimensões qualitativas. Por exemplo, a diferenciação de produtos pode também aumentar o grau de satisfação do consumidor. Isso não significa, todavia, que passemos a proibir concentrações pelas quais se elimina um determinado tipo de produto quando este tem outros substitutos próximos.[369] O que verdadeiramente distingue estas dimensões é o pressuposto de que o actual fluxo de inovação é inferior ao óptimo do ponto de vista social. Ora esta é uma questão muito controversa na doutrina económica e em relação à qual os autores se limitam a citar um estudo (que não é em si mesmo conclu-

---

dimensions include the diversity and quality of the products, promotional effort, and presale and post-sale services. Innovation of course is another type of nonprice competition".

[367] No entanto, ver E. THOMAS SULLIVAN, "On Nonprice Competition: An Economic and Marketing Analysis", U. Pitt. L. Rev., 1984, vol. 45, p. 771. Este Autor critica o que considera ser uma excessiva preocupação com a concorrência em matéria de preço e destaca o potencial de expansão da produção que pode resultar de algumas formas de *nonprice competition*.

[368] GILBERT e SUNSHINE, "Innovation Markets ...", p. 573: "For many years, innovation shared the general neglect bestowed by antitrust authorities on other forms of nonprice competition. However, innovation's role in generating economic growth and in enhancing global competitiveness warrants a more central role in antitrust analysis. (...) Compared to many other forms of nonprice competition, it is easier to show that consumers benefit from increased competition. Innovation generates new products that consumers can enjoy, and consumers buy the new products only if they provide net positive surplus. (...) Consumers are also better off, or at least no worse off, when innovation leads to less expensive products or cheaper means of manufacture".

[369] Ver, no entanto, a teoria dos efeitos unilaterais das concentrações nas Directrizes de 1992, § 2.21, a qual assenta essencialmente nesta dimensão. Ver ainda JONATHAN B. BAKER, "Product differentiation through space and time: some antitrust policy issues", Antitrust Bull., Spring 1997, p. 177.

sivo) em apoio da afirmação de que "the available empirical evidence, however, confirms the conventional wisdom that society is better off with greater investment in research and development".[370] Esta visão é contrariada pela abundante doutrina económica sobre o problema das corridas para a obtenção de patentes (*patent races*), a qual indica que, em certos casos, a concorrência pode ser excessiva do ponto de vista social, uma vez que diferentes empresas estão dispostas a investir até ao limite dos benefícios que esperam apropriar da inovação (com o natural desconto relativo ao tempo previsto para a exploração dessa inovação), fazendo com que o valor total dos seus investimentos seja superior ao benefício social da inovação. Também a prática em matéria da apreciação de empresas comuns de investigação e desenvolvimento contraria esta tese. Se dessa colaboração podem resultar benefícios sociais, designadamente, os resultantes da eliminação de esforços de investigação e desenvolvimento redundantes, porque não podem esses benefícios ser obtidos através de uma concentração?[371]

Exposta a dependência da teoria dos mercados de inovação de um pressuposto discutível, o de que mais investigação e desenvolvimento contribui para o bem-estar dos consumidores e o progresso económico em geral, vejamos o passo seguinte. Para GILBERT e SUNSHINE, existe uma correlação negativa entre a concentração económica e a inovação. Vimos na primeira parte que esta correlação, podendo embora ser estabelecida em alguns casos, não é susceptível de generalizações.[372]

---

[370] GILBERT e SUNSHINE, "Innovation Markets ...", p. 573. Ver também a nota 17, que afirma, a propósito do estudo de EDWIN MANSFIELD, *et al.*, "Social and Private Rates of Return form Industrial Innovations", 91 Q.J.Econ., 1977, p. 221, "Their work implies that, at the margin, society would be better off with more R&D, although it is not sufficient to determine how much more R&D would be desirable".

[371] Neste sentido, ver RICHARD T. RAPP, "The Misapplication of the Innovation Market Approach to Merger Analysis", Antitrust L. J., vol. 64, 1995, p. 19. Sobre os benefícios da combinação de esforços de investigação e desenvolvimento ver JANUSZ A. ORDOVER, ROBERT D. WILLIG, "Antitrust for High-Technology Industries: Assessing Research Joint Ventures and Mergers", J. of L. and Econ., vol. XXVIII, 1985, p. 311; THOMAS E. JORDE, DAVID J. TEECE, "Innovation and Cooperation: Implications for Competition and Antitrust", J. of Econ. Persp., vol. 4, n.º 3, 1990, p. 75; JOSEPH F. BRODLEY, "Antitrust Law and Innovation Cooperation", J. of Econ. Persp., vol. 4, n.º 3, 1990, p. 97; P.A. GEROSKI, "Antitrust Policy Towards Co-operative R&D Ventures", Oxford Review of Economic Policy, vol. 9, n.º 2, 1993, p. 58; MICHAEL L. KATZ, JANUSZ ORDOVER, "R&D Cooperation and Competition", Brookings Papers: Microeconomics, 1990, p. 137.

[372] Ver, *supra*, I.C.2..

A metodologia proposta por GILBERT e SUNSHINE supõe uma definição do mercado em termos substancialmente análogos aos da definição de mercado de produto estabelecida nas Directrizes de 1992. Contudo, em vez de procurar definir um mercado no qual um hipotético monopolista possa impor um aumento reduzido mas significativo e não transitório do preço, o mercado de inovação será definido em função de uma redução pequena mas significativa e não transitória do esforço de investigação e desenvolvimento.[373] O primeiro problema que se coloca é o de determinar se as empresas envolvidas têm ou não esforços de investigação e desenvolvimento concorrentes e suficientemente desenvolvidos para que deles possam resultar novos produtos ou processos.[374] O passo seguinte envolve a identificação de fontes alternativas de investigação e desenvolvimento.

Como GILBERT e SUNSHINE reconhecem, a delimitação do mercado é o problema prático mais significativo.[375] Em primeiro lugar, as inovações surgem muitas vezes em sectores pouco relacionados com as aplicações práticas a que serão destinadas. Tal leva a um segundo problema, o de limitar a noção de mercado de inovação aos casos em que a inovação está ligada à titularidade de certos activos especializados. Mas estes são talvez os casos em que a metodologia tradicional dificilmente deixará de ser aplicável, uma vez que, ao fim e ao cabo, estamos apenas a falar da facilidade de entrada num outro mercado (esse sim de produto ou de tecnologia). Esta questão será examinada adiante. Quanto à dimensão geográfica, o mercado de inovação será geralmente definido como um mercado mundial.[376]

Uma vez definido o mercado, é ainda necessário analisar o efeito da transacção na respectiva estrutura. GILBERT e SUNSHINE propõem a decomposição desta análise em três questões. Em primeiro lugar, saber se a empresa resultante da concentração tem a capacidade de reduzir o investi-

---

[373] GILBERT e SUNSHINE, "Innovation Markets ...", p. 594.

[374] GILBERT e SUNSHINE, "Innovation Markets ...", p. 595: "it is necessary to establish that the outcome of a proposed set of R&D activities can have a significant impact in one or more relevant downstream markets as a precondition for including the R&D activities in a relevant innovation market".

[375] GILBERT e SUNSHINE, "Innovation Markets ...", p. 588.

[376] Neste sentido ver JUDY WHALLEY, "The Use of Innovation Markets in Antitrust Evaluation of Mergers", Statement before the FTC Hearings on Global and Innovation--based Competition", 25 de Outubro de 1995, cit. electrónica: http://www.ftc.gov/opp/global/whalley.htm.. No entanto, em pelo menos um caso a FTC considerou um mercado de inovação limitado aos Estados Unidos e Canadá.

mento em matéria de investigação e desenvolvimento; seguidamente, caso ela tenha essa capacidade, saber se ela terá incentivos que a levem a realmente limitar a investigação e desenvolvimento; por fim, devem ainda ser considerados os possíveis benefícios em termos de eficiência económica.

A questão da capacidade da nova entidade para reduzir a investigação e desenvolvimento reconduz-se a determinar qual a importância dos recursos que ficam fora do seu controlo. No quadro da análise tradicional das concentrações, a principal preocupação é evitar que pela eliminação de mais um concorrente a estrutura de mercado fique de tal modo concentrada que leve a um comportamento oligopolístico por parte das restantes empresas. Mas, tal como em relação a outras dimensões de *nonprice competition*, é difícil coordenar reduções de investigação e desenvolvimento sem chegar a um acordo formal de cartelização, facilmente atacado ao abrigo da § 1 do *Sherman Act*. Mesmo que tal acordo seja possível, os problemas de fiscalização do cumprimento do acordo são consideravelmente mais difíceis do que os que se colocam ao controlo do preço. Daí que os defensores da teoria dos mercados de inovação reconheçam que o risco de colusão dificilmente será importante num caso destes.[377] Apenas quando a inovação reveste a natureza de pequenos acréscimos ao estado da arte anterior será provável um risco de colusão.[378] Retomando o modelo schumpeteriano, tendo as inovações tecnológicas o potencial de permitir o domínio de um mercado, dificilmente os concorrentes concordarão em diminuir a luta quando o prémio é tão elevado. Pelo contrário, na concorrência em matéria de preços o que está em jogo num mercado oligopolístico não é normalmente o domínio integral do mercado mas sim o aumento dos lucros em termos relativamente marginais.

---

[377] GILBERT e SUNSHINE, "Innovation Markets ...", p. 591: "The conditions required to sustain a collusive agreement, however, are particularly difficult to satisfy when the coordinated activity is research and development. Firms are likely to benefit in different ways from a successful R&D program and agreement over the 'spoils' of coordinated R&D activity is likely to be difficult. Monitoring will also be difficult since R&D typically involves private information. A firm that succeeds in an R&D program gains a substantial advantage over its competitors and retaliation by its unsuccessful rivals may be difficult or even impossible. In addition, when R&D does not require specialized assets, any collusive agreement to suppress R&D will be vulnerable to entry from innovators that are not members of the agreement".

[378] Ver *United States v. Automobile Manufacturers Association*, 307 F.Supp. 617 (C.D. Cal. 1969) (prática concertada entre três dos principais construtores de automóveis dos Estados Unidos no sentido de eliminar a concorrência em matéria de investigação, desenvolvimento, produção e instalação de equipamento de controlo da poluição).

Os principais casos em que a definição de mercado de inovação será relevante serão, por isso, casos em que há um risco dos chamados efeitos unilaterais, ou seja, em que a nova entidade é capaz, por si só, de reduzir o esforço de investigação e desenvolvimento. Para que tal seja possível, é necessário que as potenciais fontes alternativas de investigação e desenvolvimento sejam muito reduzidas ou inoperantes.

Mesmo que uma empresa tenha a capacidade de reduzir a investigação e desenvolvimento, tal não significa que ela tenha um incentivo para o fazer. Na perspectiva dos mercados de inovação, sendo a inovação um *input* em relação a um mercado real de produto ou serviço, a concorrência neste último pode reduzir ou mesmo eliminar qualquer incentivo de restringir a concorrência a montante.[379] O mesmo é dizer, acrescentamos nós, que um dos aspectos centrais desta teoria é a detenção de poder de mercado num mercado existente ou em formação.

Outro desincentivo para a redução de investimentos é a existência de outras empresas com os activos necessários para lançar um esforço de investigação e desenvolvimento. A teoria do mercado de inovação é, neste aspecto, pouco mais do que uma adaptação das novas teorias sobre comportamento estratégico em relações verticais. O mais preocupante é a tendência a empolar os efeitos num mercado de inovação a montante com base em presunções de fundamento duvidoso. GILBERT e SUNSHINE desvalorizam a concorrência no mercado a jusante quando as partes passam a controlar significativamente a investigação e desenvolvimento.[380] Isto porque, segundo aqueles autores, a concentração das actividades de investigação e desenvolvimento pode ter consequências a nível da dinâmica da investigação e desenvolvimento, reduzindo o investimento que anteriormente era efectuado por ambas as empresas em concorrência.[381] Ou seja,

---

[379] GILBERT e SUNSHINE, "Innovation Markets ...", p. 593: "Actual and potential competition is an important factor in the incentive of the merged firm to invest in R&D. Competition in the markets for final products, both actual and potential, affects the magnitude of the payoff to the merged firm from its R&D efforts. The merged firm has an incentive to invest more in R&D as its payoff increases, and its payoff can be expected to be larger when the merged firm can take market share away from competing suppliers of downstream products". Mas GILBERT e SUNSHINE consideram que "Competition in downstream markets is not, however, a perfect substitute for competition in R&D and does not assure that the merged firm will continue to invest in R&D at premerger levels.

[380] GILBERT e SUNSHINE, "Innovation Markets ...", p. 593.

[381] *Id., ibid.*, "Firms that compete in R&D are likely to dissipate profits in a race to be the successful innovator. A merged firm that has a monopoly or near-monopoly in R&D

um dos possíveis benefícios de uma concentração, a eliminação de esforços de investigação e desenvolvimento redundantes, é subitamente transformado num possível malefício.

Por último, os autores destacam ainda a possibilidade de a concentração criar eficiências que compensem os efeitos anticoncorrenciais, designadamente, a combinação de activos complementares que permitam aumentar a eficiência da investigação e desenvolvimento, a capacidade de realizar economias de escala em matéria de investigação e desenvolvimento e a possibilidade de reduzir custos através da eliminação de actividades de investigação e desenvolvimento redundantes.[382]

(2) A teoria da concorrência potencial como alternativa à definição do mercado de inovação

A necessidade da teoria dos mercados de inovação é justificada pelos seus defensores em função da possibilidade de formular hipóteses que não podem ser satisfatoriamente tratadas pela teoria da concorrência potencial, apresentando aquela uma complementaridade em relação a esta.[383] Antes de examinar a hipótese levantada por GILBERT e SUNSHINE, vejamos em que consiste a teoria da concorrência potencial, tal como ela é hoje entendida.

A teoria da concorrência potencial surgiu no contexto da análise de concentrações com a natureza de conglomerado (*conglomerate mergers*). Os conglomerados constituem uma categoria residual de operações de concentração, definida por contraposição às concentrações horizontais e verticais. Se a operação de concentração envolve empresas que produzem os mesmos produtos ou produtos similares em mercados geográficos distintos estaremos perante um conglomerado de extensão de mercado. Caso os produtos que ambas produzem sejam complementares ou possam ser produzidos ou distribuídos da mesma forma teremos um conglomerado de extensão do produto. Por fim, quando os produtos não têm qualquer relação entre si, temos um conglomerado puro ou de diversificação.

---

would invest at a level that maximizes its profits. This is likely to be less than the total level of R&D when the firms compete, although the difference may not be substantial if the payoff to R&D is large".

[382] GILBERT e SUNSHINE, "Innovation Markets ...", p. 594.

[383] GILBERT e SUNSHINE, "Innovation Markets ...", pp. 598 e 599; WHALLEY, *op. cit.*.

As Directrizes do DOJ de 1984 sobre concentrações distinguem apenas duas categorias de operações: as concentrações horizontais (hoje regidas pelas Directrizes conjuntas do DOJ e da FTC de 1992) e as concentrações não horizontais (ainda reguladas pelas Directrizes de 1984 no que toca à política do DOJ), englobando nestas últimas as concentrações verticais e as concentrações com a natureza de conglomerado. Em boa verdade, esta classificação é incorrecta. Pelo menos quanto aos conglomerados de extensão de mercado e, sobretudo, quanto aos conglomerados de extensão de produto, a sua apreciação concorrencial ao abrigo da teoria da concorrência potencial centra-se em problemas típicos das concentrações horizontais.[384] HOVENKAMP afirma a este respeito que

> "'Potential' competition is a misnomer. Potential competition is really actual competition assessed from the supply side rather than the demand side. (...) The separate standard for potential competition mergers developed at a time when antitrust policy makers equated 'competition' with a large number of firms in a market. Within that paradigm, 'competition' did not exist in a market with only one producer, even though the producer had absolutely no power to raise price above marginal cost without causing substantial new entry. Today antitrust law has generally adopted the economist's more useful definition of competition as that set of market conditions that drives prices toward marginal cost. In this sense, the 'potential competition' doctrine survives as a relic of an earlier era".[385]

Deste lúcido comentário de HERBERT HOVENKAMP podemos retirar dois pontos importantes para a nossa análise. O primeiro respeita à importância que hoje é dada à concorrência potencial, sobretudo devido à teoria dos mercados contestáveis. Segundo esta teoria, desde que os obstáculos à entrada (*barriers to entry*) num mercado sejam reduzidos e os custos irreversíveis (*sunk costs*) dessa entrada sejam negligenciáveis, qualquer mercado será vulnerável a raides de empresas que aí não costumam operar.[386]

---

[384] Ver ROBERT H. BORK, *The Antitrust Paradox*, que escreve na p. 260 acerca da teoria da concorrência potencial: "(...) the theory we are discussing is not properly a conglomerate merger theory at all. It is a horizontal merger theory, involving the elimination of competition between firms that would otherwise be rivals. It is appropriate, therefore, to apply reformed horizontal merger rules to claims of loss of potencial competition".
[385] HERBERT HOVENKAMP, *Federal Antitrust Policy*, p. 508.
[386] Sobre a teoria dos mercados contestáveis ver o trabalho pioneiro de BAUMOL, PANZAR, WILLIG, *Contestable Markets and the Theory of Industry Structure*, Hartcourt, Brace, Jovanovich, San Diego, 1982.

Por efeito da ameaça desses ataques rápidos, as empresas estabelecidas tendem a limitar os aumentos de preços na medida necessária a manter afastados esses concorrentes potenciais. Daí que na definição de mercado relevante segundo as Directrizes sobre concentrações horizontais de 1992, sejam incluídas na definição de participantes no mercado não só os concorrentes actuais (no sentido tradicional) como também as empresas capazes de abastecer o mercado em resposta a um aumento pequeno mas significativo e duradouro dos preços (e.g. 5%), no prazo de um ano a contar desse aumento, sem incorrer em custos irreversíveis significativos à entrada e saída do mercado.

As Directrizes de 1992 equiparam estes *uncommitted entrants* aos concorrentes que já operam no mercado relevante em função do seu efeito dissuasor sobre qualquer tentativa de exercício de poder de mercado por parte de um monopolista hipotético. Sempre que a entrada só seja possível através de um compromisso mais duradouro (e.g. custos irreversíveis muito elevados, elevados obstáculos à entrada), a mesma poderá ainda assim ser tida em conta mas, desta feita, apenas para atenuar os dados fornecidos pela medida da concentração no mercado.

O fundamento central das Directrizes de 1992 é, não o devemos esquecer, impedir que através da concentração se verifique uma facilitação de um comportamento de colusão tácita entre os membros de um oligopólio restrito que leve a um aumento não transitório dos preços a um nível significativamente superior àquele que se verificava antes da concentração. Outro fundamento prende-se com a teoria dos efeitos unilaterais, mais próxima da teoria central do controlo de concentrações da Comunidade Europeia. É aqui que se insere, em bom rigor, a teoria da concorrência potencial. Se, por uma operação de concentração entre duas empresas que não são concorrentes actuais é eliminado um concorrente potencial de uma delas, a concentração reduz a pressão competitiva sobre esta, aumentando o risco de colusão tácita entre as restantes. Naturalmente, a ênfase é deslocada para a questão de saber se existe ou não uma relação de concorrência potencial, o que se traduz em medir o grau de substituibilidade da oferta. A concentração só não se diz horizontal porque o grau de substituibilidade entre os respectivos produtos é demasiado baixo, levando a análise tradicional à conclusão de que se encontram em mercados distintos.[387]

---

[387] Neste sentido, ver HOVENKAMP, *op. cit.*, p. 508. Referimo-nos no texto essencialmente à questão da substituibilidade da procura. O mesmo raciocínio é aplicável quando os mercados são distintos devido à sua vertente geográfica.

Por outras palavras, a concentração envolve um dos participantes do mercado, definido este de acordo com as Directrizes de 1992, e um dos potenciais concorrentes ao abrigo da análise da facilidade de entrada no mercado.

De certa forma, porém, a teoria dos mercados contestáveis põe em causa a justeza da teoria da concorrência potencial como justificação para condenar conglomerados de extensão de produto ou de mercado. Para que empresas que não participam no mercado (seja por não estarem actualmente nele ou por não poderem ser considerados *uncommitted entrants*) possam ser consideradas como concorrentes potenciais, logo exercendo um efeito dissuasor sobre a política de preços dos participantes, é necessário que a entrada no mercado não seja impedida ou significativamente dificultada por elevados obstáculos à entrada. Mas, sendo assim, o mercado terá de ser definido ao longo de um amplo espectro de concentração desses concorrentes potenciais – de mercados mais concentrados, em que, pelas elevadas barreiras à entrada só algumas empresas podem exercer uma ameaça credível de entrada no mercado, a mercados quase-perfeitamente contestáveis, em que as barreiras à entrada são suficientes para impedir uma atomização dos chamados *uncommitted entrants*, mas não permitem definir um universo limitado de concorrentes potenciais. Para melhor clarificarmos este problema, vejamos de que modo os tribunais americanos têm encarado a teoria da concorrência potencial no contexto de conglomerados de extensão de mercado ou de produto.

Embora a teoria da concorrência potencial tenha surgido em 1964 em dois acórdãos do Supremo Tribunal, os casos mais importantes são o acórdão *FTC v. Procter & Gamble Co.*, de 1967 e o acórdão *United States v. Falstaff Brewing* de 1973.[388] Em *Procter & Gamble*, o Supremo Tribunal condenou a aquisição pela Procter & Gamble, uma grande empresa dedicada ao fabrico e comercialização de diversos produtos de limpeza para uso doméstico, da Clorox, o maior fabricante americano de lixívia, com cerca de 50% desse mercado. A Procter & Gamble não produzia lixívia,

---

[388] Os primeiros casos que aplicam a teoria da concorrência potencial são o acórdão *United States v. El Paso Natural Gas Co.*, 376 U.S. 651 (1964), e, no contexto de uma empresa comum entre não concorrentes, *United States v. Penn-Olin Chem. Co.*, 378 U.S. 158 (1964), on remand, 246 F.Supp. 917 (D.Del. 1965) (sobre o caso Penn-Olin, ver a crítica de RICHARD POSNER, *op. cit.*, pp. 113 e ss.); *FTC v. Procter & Gamble Co*, 386 U.S. 568 (1967); *United States v. Falstaff Brewing Co.*, 410 U.S. 526 (1973), mandate conformed to, 383 F.Supp. 1020 (D.R.I. 1974).

pelo que não era um concorrente da Clorox, e nunca manifestara qualquer intenção de entrar neste mercado. Não obstante, o Supremo Tribunal condenou a concentração por considerar que a Procter & Gamble era a empresa com maior probabilidade de entrar naquele mercado, pelo que a aquisição da Clorox inviabilizava a sua entrada directa no mercado por expansão interna. A questão que fica por responder é a de saber se o mercado de lixívia era suficientemente concentrado para que a eliminação de um concorrente potencial pudesse ter como resultado um aumento da probabilidade de colusão. Neste ponto os elementos factuais indicam que, embora concentrado (as duas maiores empresas detinham 65% do mercado), o mercado relevante não era susceptível de induzir a colusão tácita dos participantes (as seis maiores empresas representavam cerca de 80% do mercado e havia uma franja marginal de 200 pequenos produtores).[389]

O acórdão *Procter & Gamble* introduz, ainda que de modo confuso, duas ramificações na teoria da concorrência potencial. A primeira assenta na perceptibilidade por parte dos participantes no mercado da ameaça causada pelo concorrente potencial eliminado na sequência da operação de concentração – a chamada *perceived potencial entrant doctrine*. Independentemente de a empresa em questão poder ou mesmo querer entrar no mercado, o seu impacto no mercado visado depende sobretudo da convicção dos participantes quanto à ameaça que este pode colocar. Se os participantes pensam que essa empresa entrará no mercado caso ocorra um aumento de preço, a sua presença limita desde logo a capacidade de aqueles obterem um resultado colusivo. Esta teoria, desenvolvida no acórdão do Supremo Tribunal no caso *Falstaff*, é a que apresenta hoje em dia maior relevância.

A outra vertente da teoria da concorrência potencial encontra-se largamente desacreditada em termos económicos e nunca foi expressamente admitida pelo Supremo Tribunal, sendo embora aplicada em alguns casos por tribunais inferiores, razão pela qual não deve ser descartada sem mais.[390] Esta teoria é a chamada *'actual' potencial entrant doctrine*. Logo

---

[389] Para uma análise crítica desta decisão ver ROBERT H. BORK, *op. cit.*, pp. 259--260 e RICHARD POSNER, *op. cit.*, pp. 118 a 120.

[390] No acórdão *Falstaff*, o Supremo Tribunal "deixou para outro dia" a questão de saber se esta teoria era ou não compatível com a Section 7 do Clayton Act (a principal disposição de controlo de concentrações); ver *United States v. Falstaff Brewing*, 410 U.S. 526 (1973), pp. 537-538: "We leave for another day the question of the applicability of § 7 to

pela sua designação é fácil antever o seu carácter paradoxal. Mais surpreendente se afigura o seu conteúdo. A *'actual' potencial entrant doctrine* defende que, mesmo quando uma concentração não produz qualquer efeito no mercado visado, ou seja, é neutra do ponto de vista dos seus efeitos competitivos, ela deve ser condenada caso se demonstre que a empresa adquirente podia e teria entrado com uma razoável probabilidade no mercado visado por uma entrada directa ou através da aquisição de uma pequena empresa participante (*'toe-hold' acquisition*). Esta teoria traduz um velho preconceito – o de que o crescimento interno é preferível ao crescimento por aquisição, presumivelmente por aquele se traduzir num aumento da luta competitiva enquanto este último é neutro. É fácil compreender porque é que esta teoria é raramente aplicada e se encontra desacreditada.[391]

Em primeiro lugar, a teoria levanta obstáculos probatórios quase intransponíveis. É necessário demonstrar que a entrada através desses meios alternativos (entrada de novo ou *toe-hold acquisition*) ocorreria num futuro próximo com razoável probabilidade ou mesmo com certeza.[392] Ora a prova subjectiva dessa entrada dificilmente poderá ser obtida com um grau suficiente de certeza. Por outro lado, os meios objectivos de prova assentam em modelos teóricos que apenas demonstram que essa entrada por meios alternativos é viável, não que ela seja provável e menos ainda que seja certa. Aliás a escolha da via da aquisição tende a demonstrar, por si só, que esta alternativa é superior às restantes do ponto de vista da empresa em causa.

Em segundo lugar, se atentarmos no fundamento desta teoria verificamos que ela pretende condenar concentrações não por elas reduzirem a

---

a merger that will leave competition in the markeplace exactly as it was, neither hurt nor helped, and that it is challengeable under § 7 only on grounds that the company could, but did not, enter *de novo* or through 'toe-hold' acquisition and that there is less competition than there would have been had entry been in such a manner. There are traces of this view in our cases (...) but the Court has not squarely faced the question, if for no other reason than because there has been no necessity to consider it".

[391] Esta teoria foi aplicada com sucesso no caso *Yamaha Motor Co. v. FTC*, 657 F.2d 971 (8th Cir. 1981). Para HOVENKAMP, "The actual potential entrant doctrine should join reciprocity and tying in the scrapheap of defunct merger theories", Hovenkamp, *op. cit.*, p. 513.

[392] A exigência de uma razoável probabilidade foi formulada pelo Segundo Círculo federal no seu acórdão *British Oxygen Co. v. FTC*, 557 F.2d 24 (2d Cir. 1977); o Quarto Círculo aplicou o requisito mais exigente segundo o qual essa entrada seria certa a não ser pela concentração em causa, *FTC v. Atlantic Richfield*, 549 F.2d 289 (4th Cir. 1977).

concorrência mas por não serem suficientemente pro-competitivas, aproveitando a concentração para introduzir medidas de desconcentração da estrutura de mercado pré-existente.

> (3) Aplicação do conceito de mercado de inovação no contexto da análise de concentrações

Apesar de consagrado nas Directrizes de 1995 sobre acordos de licença de tecnologia, o conceito de mercado de inovação nasceu e desenvolveu-se no quadro do controlo de concentrações, tendo sido invocado em diversos casos, quer pelo DOJ quer pela FTC. Até ao momento este conceito não foi apreciado pelos tribunais uma vez que as empresas envolvidas ou abandonaram os seus projectos de concentração ou aceitaram as modificações negociadas com as autoridades de controlo da concorrência. Na exposição dos diferentes casos em que este conceito foi aplicado seguimos a classificação ensaiada por RICHARD RAPP que distingue entre os casos em que se verifica uma clara sobreposição das actividades das partes num mercado de produto, os casos em que uma das empresas é concorrente potencial da outra parte e ambas estão envolvidas a nível de investigação e desenvolvimento, e os casos nos quais não há ainda qualquer produto mas tão só esforços de investigação e desenvolvimento em curso.[393]

Na primeira categoria, a dos casos onde as partes já são concorrentes em mercados actuais, inserem-se os dois casos de mercados de inovação levantados pelo DOJ, o caso *United States v. General Motors* de 1993 (adiante *GM/ZF*) e o caso *United States v. Flow International and Ingersoll Rand* de 1994 (adiante *Flow International*), bem como o caso *Shell/Montedison*.

No primeiro caso, a GM, nos Estados Unidos, e a ZF Friedrichshafen, AG, na União Europeia, desenvolviam e produziam transmissões automáticas para camiões médios e pesados, autocarros e outros veículos comerciais e militares. No entanto, nos Estados Unidos aquelas empresas apenas concorriam quanto às transmissões automáticas para camiões de recolha de lixo e para autocarros. O DOJ considerou que as empresas eram concorrentes a nível mundial num mercado de "inovação tecnológica na concepção, desenvolvimento e produção de tais transmissões". A definição do

---

[393] Ver RICHARD RAPP, *op. cit.*.

mercado de inovação levou o DOJ a incluir nele apenas as empresas que dispusessem de certos bens, em especial, uma unidade de produção de transmissões automáticas capaz de gerar a experiência operacional e permitir o desenvolvimento de inovações quanto aos produtos e processos envolvidos. Uma vez que só existia mais uma empresa a nível mundial que preenchesse esses requisitos, o DOJ opôs-se à concentração com o fundamento de que a mesma restringia a concorrência de modo substancial no mercado de inovação. Este caso é talvez o melhor exemplo da verdadeira tautologia em que se pode por vezes concretizar o conceito de mercado de inovação. À luz da análise tradicional de mercado, as partes passariam a deter 78% do mercado de transmissões para autocarros e 100% do mercado de transmissões para camiões pesados de recolha de lixo. A consideração do mercado de inovação é inteiramente decalcada da importância relativa das partes num mercado actual. Por um lado, os bens ou características específicas que permitem a investigação e desenvolvimento são nada mais, nada menos do que as unidades de produção actuais. Por outro, e em consequência deste último aspecto, o cálculo das partes de mercado é equivalente à respectiva quota de mercado. Em suma, a referência ao mercado de inovação é inteiramente redundante.

No caso *Flow International*, esta empresa e uma subsidiária da Ingersoll-Rand projectavam uma concentração das suas actividades. As partes eram os fabricantes dominantes de bombas para jactos de água de pressão ultra elevada, um componente utilizado em sistemas de jacto de água para aplicações industriais de corte e limpeza. A parte de mercado da entidade resultante da concentração era de cerca de 90%. Mais uma vez, a concentração ao nível dos produtos existentes priva a análise do mercado de inovação de qualquer utilidade.

Na petição contra a empresa comum *Shell/Montedison*, a FTC considerou que esta transacção levaria à diminuição da concorrência a nível mundial no mercado de tecnologia para o fabrico de polipropileno, no mercado de licenciamento dessa tecnologia e de licenciamento, produção e venda de catalisadores de polipropileno. Ao nível dos Estados Unidos e do Canadá, a empresa comum afectava o mercado de produção e venda de resinas copolímeras de polipropileno. Esta decisão considerou ainda os efeitos no comércio de exportação dos Estados Unidos, tendo sido adoptada em colaboração com a Comissão Europeia. Em todos os mercados definidos, a Montedison é o principal produtor, seguido da Shell quanto aos diferentes mercados de produto. A Shell é também a líder na tecnologia de catalisadores e um concorrente significativo no fabrico de resinas de polipropileno e de resinas copolímeras de polipropileno nos Estados Unidos e Canadá.

O mercado de investigação, desenvolvimento e licenciamento de tecnologia de polipropileno é liderado pela Montedison, sendo a Shell em cooperação com a Union Carbide o seu maior concorrente neste mercado e no mercado correspondente para a tecnologia de catalisadores. A Montedison coordena a sua actividade de licenciamento de tecnologia com a Mitsui, mantendo com esta um esquema de partilha de royalties condenado pela FTC na mesma decisão. A grande concentração no sector, acompanhada da consideração de que as restantes tecnologias não ofereciam suficiente concorrência, levaram a FTC a ordenar a venda de bens que assegurem um concorrente viável à Montedison e à Montell na investigação, desenvolvimento e licenciamento de tecnologia de polipropileno e de catalisadores, bem como na produção e venda de catalisadores de polipropileno e de resinas de polipropileno.

Adiante teremos oportunidade de contrastar esta decisão com a apreciação efectuada pela Comissão Europeia no mesmo caso. Da queixa da FTC apenas resulta que os efeitos concorrenciais podiam ter sido adequadamente tratados ao abrigo de uma noção de mercado de tecnologia. O que estava em causa era o poder de mercado das partes no mercado de tecnologia de polipropileno e de catalisadores, reforçada por aspectos verticais devido à concentração do próprio mercado de polipropileno e ao historial de cartelização desta indústria nos últimos anos.

A segunda categoria de casos envolve a apreciação dos efeitos de uma concentração entre uma empresa que produz um determinado bem ou serviço e uma empresa que embora ainda não concorra naquele mercado, desenvolve esforços de investigação e desenvolvimento concorrentes com os da primeira. Como é evidente, o problema aqui colocado respeita à eliminação de um concorrente potencial. Os casos deste tipo apreciados pela FTC respeitam todos ao sector da saúde. Temos assim os casos *Boston Scientific*, *Wright Medical Technology*, *Glaxo-Wellcome* e *Hoechst/MMD*.

O caso *Boston Scientific* examinou duas aquisições. Na primeira, a Boston Scientific propunha-se adquirir a Cardiovascular Imaging Systems (CVIS), um seu concorrente no mercado de cateteres de ultra-sons intravasculares (IVUS). Combinadas, as duas empresas representariam 90% do mercado, ficando os restantes 10% nas mãos de uma terceira empresa. Pela segunda aquisição, a Boston Scientific pretendia adquirir a SCIMED Life Systems, a qual, não sendo embora um concorrente naquele mercado desenvolvera já um protótipo de um produto de nova geração que, segundo a FTC, lhe permitiria entrar no mercado no período de dois a três anos. Para além dos efeitos causados pela concentração no mercado de inovação de IVUS, a FTC alegou ainda os efeitos resultantes do aumento dos obstáculos à entrada no mercado devido à concentração das diferentes carteiras de patentes sobre diversos aspectos daquela tecnologia. A concentração foi aprovada mas a Boston Scientific foi obrigada a conceder licenças gratuitas e não exclusivas a qualquer empresa interessada em entrar no mercado quanto às patentes detidas por qualquer das entidades no domínio de IVUS, bem como a conceder licenças sobre segredos comerciais, informação não patenteada e *know-how* detidos pelas entidades adquiridas.

No caso *Wright Medical Technology*, a Wright que controlava 95% do mercado de implantes ortopédicos de dedos, propunha-se adquirir a Orthomet. Esta última não dispunha de nenhuma prótese comercializável para mãos. Mantinha, no entanto um esforço bastante avançado de investigação e desenvolvimento para produzir uma nova geração de próteses, pelo que era um potencial concorrente da Wright. Alguns elementos probatórios reunidos pela FTC indiciavam que o produto em desenvolvimento podia eliminar as actuais próteses, criando um novo mercado.

A queixa apresentada pela FTC levantava duas objecções. Em primeiro lugar, a concentração era considerada lesiva da concorrência ao criar um incentivo para que a nova entidade eliminasse, reduzisse ou atrasasse o desenvolvimento, a qualidade e a diversidade da investigação e desenvolvimento para o produto de nova geração. Tal retardaria ou eliminaria mesmo a concorrência potencial no mercado actualmente monopolizado pela Wright. O segundo tipo de efeitos centrava-se na análise de um mercado futuro, o qual seria afectado negativamente caso a Wright estivesse actualmente a prosseguir o desenvolvimento de um produto da nova geração. Mais uma vez se verifica que a análise do mercado de inovação é inútil. Com 95% do mercado actual, a eliminação de um concorrente potencial tão significativo dificilmente poderia deixar de preencher os requisitos da teoria da concorrência potencial.

Na sua decisão no caso *Glaxo*, a FTC opôs-se à aquisição pela Glaxo da Wellcome devido aos efeitos no mercado de investigação e desenvolvimento de um tipo de medicamentos utilizados no tratamento de enxaquecas, os agonistas não injectáveis 5HT1D. A decisão teve em consideração o número de linhas de pesquisa e a possibilidade de uma redução da investigação e desenvolvimento. O caso foi resolvido por acordo, tendo a Glaxo concordado em vender a um terceiro os activos de investigação e desenvolvimento detidos a nível mundial pela Wellcome no que respeita aos agonistas 5HT1D.

A operação de concentração *Hoechst/Marion Merrell Dow* criou a terceira maior empresa farmacêutica do mundo, pelo que não é surpreendente que a mesma tenha suscitado amplas oportunidades para aplicar a nova metodologia do mercado de inovação. Em todos os quatro mercados afectados pela concentração os problemas essenciais diziam respeito a mercados de inovação.

No primeiro, o mercado de medicamentos para o tratamento da hipertensão e da angina, a MMD dispunha de um produto no mercado, o Cardizem CD, enquanto que a Hoechst desenvolvia um produto concorrente, o Tiazac, em conjunto com uma empresa canadiana, a Biovail. A preocupação da FTC prendia-se com o risco de as partes na concentração atrasarem o processo de aprovação do novo medicamento junto da Food and Drugs Administration (FDA). Esta possibilidade era reforçada pela existência de um processo de infracção de patente contra a Hoechst//Biovail interposto pela MMD. A FTC obrigou a Hoechst a fornecer a terceiros o acesso à informação necessária sobre a toxicologia e a entregar toda a informação confidencial em sua posse e a MMD a abandonar o processo, ficando proibida de interpor novas acções relativamente ao seu medicamento Cardizem.

Nos restantes mercados uma das empresas tinha já um medicamento aprovado pela FDA e em comercialização enquanto a outra tinha um produto concorrente em desenvolvimento. Em todos os casos a solução imposta foi idêntica e típica de um caso horizontal. As partes foram obrigadas a escolher entre o produto aprovado e o produto em desenvolvimento.

A terceira categoria de casos respeita às situações onde as empresas não são ainda concorrentes porque não existe um mercado. Estes casos, os de uma concentração pura de actividades de investigação e desenvolvimento, são os únicos onde a teoria do mercado de inovação tem verdadeiramente aplicação a título principal. Veremos que são também os casos onde é mais fácil errar. Nesta categoria temos os casos *American Home Products/American Cyanamid* (adiante *AHP*), *Sensormatic*, *Upjohn/Pharmacia* e *Ciba Geigy/Sandoz*.

No caso *AHP*, a FTC analisou a concentração entre a American Home Products e a American Cyanamid do ponto de vista de diversos mercados para vacinas. Do ponto de vista da investigação e desenvolvimento, a sua atenção centrou-se nos efeitos ao nível de uma vacina Rotavirus. Apenas três das empresas que conduziam à época investigação e desenvolvimento de uma vacina Rotavirus foram consideradas pela FTC como estando em condições de produzir uma vacina superior. Nenhuma empresa comercializava aquela vacina, pelo que não existia sequer um mercado de produto. Nos termos do acordo celebrado com as partes, estas comprometeram-se a transmitir os direitos sobre a investigação e desenvolvimento da American Cyanamid a um terceiro e a fornecer-lhe assistência técnica numa fase inicial.

No caso *Sensormatic*, a Knogo e a Sensormatic eram duas empresas que produziam e comercializavam equipamentos de vigilância electrónica utilizados em estabelecimentos comerciais para impedir furtos. Estes sistemas consistem numa etiqueta colocada nos produtos pelos funcionários de cada estabelecimento que acciona um alarme situado à saída do mesmo. A Knogo desenvolveu uma nova tecnologia, a Superstrip, que permite aos próprios fabricantes dos artigos incorporar nestes uma etiqueta electrónica (etiquetas de origem). A Sensormatic e outras empresas concorrentes estavam a desenvolver esforços de investigação e desenvolvimento de tecnologias concorrentes. Nos termos da transacção, a Sensormatic adquiriu os activos da Knogo fora dos E.U.A e do Canadá, bem como os direitos de propriedade da Knogo sobre a tecnologia Superstrip, estabelecendo-se ainda uma licença recíproca e gratuita quanto aos melhoramentos introduzidos naquela tecnologia. Ou seja, do ponto de vista do mercado de produto não se verificava qualquer sobreposição nos mercados dos Estados Unidos e Canadá. A FTC, contudo, opôs-se à transacção alegando os seus efeitos nos mercados de investigação e desenvolvimento de etiquetas de origem e de processos de fabrico de etiquetas de origem nos Estados Unidos e Canadá. Nos termos do acordo, a Sensormatic fica impedida de adquirir quaisquer direitos exclusivos sobre a tecnologia Superstrip nos Estados Unidos e Canadá. Curiosamente, a FTC definiu o mercado geográfico como correspondendo apenas a estes dois países, sem avançar qualquer justificação para uma definição tão restrita.[394]

Por último, no caso *Upjohn/Pharmacia*, as empresas envolvidas integravam um pequeno grupo que se encontra numa fase avançada de desenvolvimento de inibidores anticancerígenos (*topoisomerase I inhibitors*) que podem contribuir para o tratamento do cancro colo rectal, uma forma

---

[394] Ver a declaração de voto da Comissária AZCUENAGA: "The market should not be so narrowly defined as to presume that only North American firms could effect a significant breakthrough that might alter the current competitive balance".

de cancro que não responde aos métodos de quimioterapia existentes. Por motivos de confidencialidade, a FTC não divulgou o estado nem o número de outros projectos neste domínio. Quanto ao mercado potencial, as estimativas da FTC apontam para um mercado com vendas superiores a USD 100 milhões no ano 2002. A Upjohn detém nos Estados Unidos os direitos de propriedade industrial sobre o CPT-11, um produto desenvolvido no Japão e que se encontrava em fase final de aprovação pela FDA, esperando-se que venha a ser o primeiro do seu género a ser comercializado nos Estados Unidos. A Pharmacia, uma empresa sueca, detém os direitos mundiais sobre o 9-AC nos termos de um acordo com o National Cancer Institute, estando previsto para breve o pedido da sua aprovação pela FDA. A queixa da FTC levantou três tipos de objecções. Em primeiro lugar, a concentração levaria à eliminação da concorrência actual, substancial e directa em termos de investigação e desenvolvimento de inibidores anti cancerígenos que podem contribuir para o tratamento do cancro colo rectal. Em segundo lugar, a concentração poderia levar a um atraso na aprovação do 9-AC. Por último, a FTC considerou ainda os efeitos na eliminação de concorrência futura em termos de preço. Nos termos do acordo que aprovou a transacção, a nova entidade obrigou-se a transmitir a uma terceira empresa os direitos sobre o 9-AC, para que "duas empresas farmacêuticas independentes continuem a investigar e desenvolver os respectivos inibidores topoimerase I nos Estados Unidos após a concentração".

O caso *Ciba Geigy/Sandoz* respeita à combinação destas duas empresas numa nova entidade, a Novartis. A FTC opôs-se à transacção com base nos seus efeitos nos mercados de investigação e desenvolvimento de métodos terapêuticos genéticos, de herbicidas para milho e de insecticidas contra pulgas. Apenas o primeiro constitui um verdadeiro mercado de inovação.[395] Neste mercado, a Ciba-Geigy encontra-se presente através de uma sociedade que controla com 46,5% dos votos, a Chiron. Os métodos terapêuticos genéticos consistem na modificação de células dos pacientes através de um de dois processos. O processo *ex vivo*, em que as células são modificadas geneticamente e depois introduzidas no paciente e o processo *in vivo* em que os genes são introduzidos no paciente. Até ao momento não há nenhuma terapia deste tipo aprovada pela entidade regulamenta-

---

[395] A FTC apreciou os efeitos a nível da inovação no mercado de insecticidas contra pulgas para animais domésticos. No entanto, esse aspecto era meramente redundante dada a elevada concentração no mercado de bens existentes.

dora, a FDA, prevendo-se que tal venha a suceder no ano 2000. Entretanto decorrem ensaios clínicos destes métodos sobretudo no domínio da oncologia, transplantes e doenças do sistema nervoso central. Apenas no domínio da oncologia, a FTC estima um volume de vendas superior a USD 600 milhões no ano 2002. Em termos agregados, as terapêuticas genéticas podem representar cerca de USD 45 biliões em 2010. Dentro do mercado de métodos terapêuticos genéticos, a FTC distinguiu quatro sub mercados: a aplicação da terapia conhecida como HSV-tk para o tratamento do cancro; a aplicação da terapia HSV-tk para o tratamento da rejeição a transplantes; terapias genéticas para o tratamento de hemofilia e terapia genética para aumentar a resistência à quimioterapia. A FTC considerou que não há substitutos para estes tratamentos.

(4) Aplicação do conceito de mercado de inovação no contexto de acordos de licença de tecnologia

O conceito de mercado de inovação, enunciado nas Directrizes de 1995, não teve até ao momento qualquer aplicação no contexto dos acordos de licença de tecnologia. Daí que a nossa análise tenha de ser circunscrita aos exemplos fornecidos pelas autoridades norte-americanas.[396]

A situação descrita no primeiro exemplo de mercado de inovação é a seguinte: "Duas empresas especializadas em metalurgia avançada celebram um acordo de licença recíproca de futuras patentes relacionadas com o desenvolvimento de um novo componente para motores a jacto para aviões. A inovação no desenvolvimento deste componente exige a capacidade de trabalhar com materiais com grande força tênsil para motores a jacto. Alguns aspectos deste acordo de licença de tecnologia levantam a possibilidade de a concorrência na investigação e desenvolvimento neste componente e noutros com ele relacionados ser diminuída".[397] Da discussão deste exemplo pelas autoridades norte-americanas resulta que quando duas empresas que concorrem no mesmo mercado de produto celebram uma licença recíproca quanto a patentes a obter no futuro relativas ao desenvolvimento de um novo produto, o risco de restrição da con-

---

[396] Nota de actualização: A 1 de Outubro de 1999 seriam aprovadas pela Federal Trade Commission e pelo Department of Justice as *Antitrust Guidelines for Collaborations Among Competitors*, as quais contemplam igualmente o conceito de mercado de inovação [3.32(c)].

[397] Exemplo n.º 3 das Directrizes de 1995.

corrência é considerado quer relativamente ao produto a desenvolver quer quanto aos efeitos noutros produtos O mesmo é dizer que a preocupação central é a de evitar que, mediante a fachada de um acordo de licença, as partes estejam, na verdade, a repartir os respectivos mercados, ou ainda que os efeitos da sua cooperação levem a uma coordenação do seu comportamento concorrencial noutros mercados (*spillover*). Daí que seja necessária uma análise aprofundada de forma a determinar se a colusão entre as partes é ou não provável.

As autoridades propõem-se definir um mercado de inovação nesta situação se as empresas com a capacidade para trabalhar com os materiais especiais exigidos pelo desenvolvimento do novo produto puderem ser identificadas com base nos critérios enunciados nas Directrizes. Caso o número dessas empresas seja elevado, o mercado será considerado competitivo.

Esta análise enferma das insuficiências apontadas em relação ao conceito de mercado de inovação. O exemplo citado configura essencialmente um caso de concorrência potencial, ainda que quanto a um novo produto. A configuração de um mercado de inovação nestas circunstâncias levará, essencialmente, a repetir os dados obtidos quanto aos mercados em que estas empresas se encontram ou, quando muito, a considerar um mercado de tecnologia no qual sejam apreciados os efeitos deste acordo. O problema central em apreço diz respeito a saber se por este acordo se elimina a concorrência potencial de qualquer dos participantes, suscitando-se a questão prévia de saber se algum deles estaria disposto a desenvolver os esforços tendentes à inovação por si só.

Mas o aspecto mais preocupante é o da apreciação dos potenciais *spillovers* em sede de investigação e desenvolvimento de outros produtos. Como vimos, a coordenação da investigação e desenvolvimento entre diferentes produtores dificilmente poderá ter como fundamento a vontade de atingir um equilíbrio colusivo. A ideia de a cooperação numa área se estender a outros domínios de investigação e desenvolvimento só poderia ser sustentada com base em acordos mais amplos que não deixarão de colocar problemas familiares em mercados actuais de produtos ou serviços.

O segundo exemplo de mercado de inovação surge no contexto de uma empresa comum que tem por objecto a investigação e desenvolvimento de um novo produto. "Três dos maiores produtores de plástico utilizado em garrafas de tara perdida projectam encetar conjuntamente investigação e desenvolvimento para a produção de um novo tipo de plástico rapidamente biodegradável. A empresa comum concederá aos seus membros (mas a mais nenhuma entidade) licenças relativas a todas as patentes e uso de know-how".[398] A análise deste caso efectuada nas Directrizes corresponde essencialmente às preocupações típicas das empresas comuns. Mas logo à partida é definido um mercado de inovação que consiste na "investigação e desenvolvimento de embalagens biodegradáveis (e outras embalagens que respeitem o ambiente)". Neste mercado participariam as empresas com a capacidade e incentivo para desenvolver esforços de investigação e desenvolvimento susceptíveis de substituir a actividade da empresa comum, incluindo-se ainda empresas que não participam no mercado de produto subjacente.

Mais uma vez a análise mistura preocupações tradicionais do direito da concorrência sob nova roupagem. O objecto essencial deste caso deve ser um mercado de produto definido em conformidade com as directrizes de 1992 sobre concentrações. Só num mercado de plásticos para embalagens será possível apreender aquilo que são, essencialmente, efeitos competitivos de um acordo de colaboração horizontal no mercado a montante do mercado de embalagens. Saber se da empresa comum resultam efeitos negativos para a concorrência implica a análise da concorrência entre os diferentes fabricantes de plásticos para embalagens, a relação de substituibilidade entre as embalagens de plástico e outras embalagens descartáveis, a possibilidade de fabricantes de outros produtos plásticos podem facilmente entre no mercado em causa, ou seja, factores familiares à noção de mercado de produto. Eventualmente poderiam ainda ser considerados certos efeitos verticais se os fabricantes de plásticos estivessem integrados verticalmente no fabrico de embalagens.

A análise de um mercado de inovação nada acrescenta à apreciação dos efeitos da concentração sobre mercados de produto actuais. Neste caso nem sequer tem cabimento a objecção tipicamente apontada pelos defensores da metodologia de mercados de inovação a métodos mais convencionais segundo a qual estaríamos perante um produto novo, o que implica que a apreciação de mercados actualmente existentes não permite extrapolar sobre os efeitos nesse mercado futuro. As próprias autoridades admitem que "os concorrentes em mercados de produtos actuais concorrem também em muitos casos nos mercados conexos de investigação e desenvolvimento". Ou seja, os proponentes desta teoria não demonstram em que

---

[398] Exemplo n.º 4 das Directrizes de 1995.

medida a análise dos efeitos nos mercados actuais não oferece já uma base adequada para a consideração de efeitos em mercados futuros. O único caso em que esta teoria seria útil, a de um produto inteiramente novo, sem quaisquer substitutos actuais, é precisamente a aplicação mais perigosa da teoria uma vez que tende a dar à partida como certo que esse novo produto será desenvolvido quando é precisamente o risco que a investigação e desenvolvimento venham a ser infrutíferos que leva à necessidade de colaborar com outras empresas.

As Directrizes exemplificam os perigos desta abordagem ao considerar um aspecto crucial e preliminar ao abrigo da teoria da concorrência potencial apenas no domínio das eficiências. Trata-se de apurar "o potencial de combinar bens de investigação e desenvolvimento de tal forma que torne o sucesso da inovação mais provável, ou que se torne possível mais rapidamente, ou que permita obter uma redução nos custo de investigação e desenvolvimento". O que se remete para a análise das eficiências como justificação de uma transacção que aumenta a concentração no "mercado de inovação" é precisamente um aspecto preliminar – o de determinar se as partes são ou não concorrentes potenciais quanto ao produto ou tecnologia objecto do esforço de investigação e desenvolvimento.

Mas remeter estes aspectos para a análise das eficiências coloca ainda difíceis problemas de quantificação dos respectivos efeitos. A dificuldade inerente à apreciação da defesa relativa à eficiência criada no domínio da análise tradicional de concentrações é necessariamente exacerbada num contexto onde as conclusões que podemos retirar da concentração do mercado são discutíveis e em que quer os efeitos negativos quer as eficiências são dificilmente quantificáveis. Mais sentido faria optar pela limitação da análise a mercados de produto onde estes efeitos podem ser previstos, imperfeitamente é certo, mas ainda assim com muito mais certeza do que quanto a um mercado futuro.

(5) Conclusões

A característica central da teoria dos mercados de inovação reside na tentativa de considerar no quadro da definição do mercado a capacidade de outras empresas de realizarem investigação e desenvolvimento nos domínios relevantes, factores esses tradicionalmente encarados sob a perspectiva da estrutura do mercado. Em que medida se pode dizer que a noção de mercado de inovação traduz uma perspectiva mais adequada do que a teoria da concorrência potencial?

De um ponto de vista analítico, a definição de mercado é o instrumento mais adequado para considerar os efeitos concorrenciais de uma determinada restrição. A noção de mercado procura recriar as condições de concorrência e antecipar as principais consequências de qualquer alteração estrutural do mesmo ou qualificar os efeitos do comportamento das empresas que nele operam ou podem vir a operar. Qualquer definição de mercado encerra, por isso, deficiências; trata-se de um modelo económico, ainda que complexo. O problema do conceito de mercado de inovação é levar essa abstracção a um grau demasiado elevado. Em si mesma, a inovação não é um bem transaccionável. O que constitui objecto de transacções é o resultado dessa inovação, seja directamente através da transmissão ou licença de direitos de propriedade intelectual sobre essa inovação, seja indirectamente através da venda de bens ou prestação de serviços que a incorporam. Postular um mercado onde ele não existe de todo é, por isso, um exercício de abstracção sem uma base empírica sólida.

A definição de um mercado de inovação levanta ainda outro risco. Dada a dificuldade de delimitar rigorosamente quais as empresas que participam nesse "mercado", corre-se o risco de obter sistematicamente mercados altamente concentrados. Nestas circunstâncias, as presunções que os tribunais normalmente retiram das elevadas partes de mercado podem ditar um excessivo pendor proibicionista com base nesses factores, deixando de lado factores mais dinâmicos, como saber se a concentração permitirá uma mais rápida difusão da inovação.

A teoria da concorrência potencial não é isenta de críticas, é certo. Afinal, também ela se preocupa com conjecturas e abstracções. Mas o que nos parece de maior importância é que ela define mais correctamente as questões em jogo. Na medida em que inovação é uma dimensão da concorrência, ela reflecte-se num mercado real, seja ele de tecnologias ou de produtos ou serviços. A capacidade de inovar reflecte a capacidade competitiva das empresas e a possibilidade de se manter o processo competitivo no futuro. Daí que a questão deva ser analisada na perspectiva da estrutura da oferta e não através de uma definição totalmente artificial de um mercado de inovação.

Como vimos na análise dos casos em que a nova abordagem foi utilizada, na maior parte das situações, a teoria da concorrência potencial permite atingir os mesmos resultados que a definição de um mercado de inovação. Quanto à crítica de que a teoria da concorrência potencial não contempla as situações em que há um produto inteiramente novo, a questão que se deve colocar antes do mais é a de saber se devemos ou não intervir nessas situações. A teoria económica examinada na Primeira Parte indicia que quando o produto é novo o risco e a incerteza são maiores.[399] É essa a razão de ser da atitude relativamente permissiva do direito da concorrência em relação às empresas comuns de investigação e desenvolvimento.[400] Proibir concentrações ou impedir acordos de licença de tecnologia nessas circunstâncias pode resultar num atraso ou mesmo no abandono de um esforço de inovação.

Apesar disso, as consequências da definição de mercados de inovação parecem mais gravosas no contexto das concentrações onde a urgência da obtenção de uma decisão de aprovação leva as partes a ceder perante

---

[399] Ver RICHARD NELSON, *The Sources of Economic Growth*, Harvard Univ. Press, Cambridge, MA, 1996, p. 32.

[400] Ver JANUSZ A. ORDOVER, ROBERT D. WILLIG, "Antitrust for High-Technology Industries: Assessing Research Joint Ventures and Mergers", J. of Law and Econ., vol. XXVIII, 1985, p. 311; THOMAS E. JORDE, DAVID J. TEECE, "Innovation and Cooperation: Implications for Competition and Antitrust", J. of Econ. Persp., vol. 4, n.º 3, 1990, p. 75; JOSEPH F. BRODLEY, "Joint Ventures and Antitrust Policy", Harv. L. Rev., vol. 95, 1982, p. 1521; JOSEPH F. BRODLEY, "Antitrust Law and Innovation Cooperation", J. of Econ. Persp., vol. 4, n.º 3, 1990, p. 97; MANFRED CASPARI, "Joint Ventures – The Intersection of Antitrust and Industrial Policy in the EEC", 1985 Fordham Corp. L. Inst. (B. Hawk ed., 1986), p. 449; P.A. GEROSKI, "Antitrust Policy Towards Co-operative R&D Ventures", Oxford Review of Economic Policy, vol. 9, n.º 2, 1993, p. 58; BARRY E. HAWK, "Joint Ventures Under EC Law", 1992 Fordham Corp. L. Inst. (B. Hawk ed, 1993), p. 557; ALEXIS JACQUEMIN, BERNARD SPINOIT, "Economic and Legal Aspects of Cooperative Research: A European View", 1985 Fordham Corp. L. Inst. (B. Hawk ed., 1986), p. 487; ALEXIS JACQUEMIN, "Cooperative Agreements in R&D and European Antitrust Policy", European Economic Review, vol. 32, 1988, p. 551; MORTON I. KAMIEN, EITAN MULLER, ISRAEL ZANG, "Research Joint Ventures and R&D Cartels", Am. Econ. Rev., vol. 82, n.º 5, 1992, p. 1293; MICHAEL L. KATZ, JANUSZ ORDOVER, "R&D Cooperation and Competition", Brookings Papers: Microeconomics, 1990, p. 137; NEIL M. KAY, HARVIE RAMSAY, JEAN-FRANÇOIS HENNART, "Industrial Collaboration and the European Internal Market", Journal of Common Market Studies, vol. 34, n.º 3, 1996, p. 465; VALENTINE KORAH, "Collaborative Joint Ventures for Research and Development Where Markets are concentrated: the Competition Rules of the Common Market and the Invalidity of Contracts", Y.E.L., vol. 13, 1993, p. 39; ALBERT N. LINK, "Research Joint Ventures: Patterns from *Federal Register* Filings", Review of Industrial Organization, vol. 11, 1996, p. 617; ALBERT N. LINK, DAVID J. TEECE, WILLIAM F. FINAN, "Estimating the Benefits from Collaboration: The Case of SEMATECH", Review of Industrial Organization, vol. 11, n.º 5, 1996, p. 737; JOHN TEMPLE LANG, "European Community Antitrust Law and Joint Ventures Involving Transfer of Technology", 1982 Fordham Corp. L. Inst., p. 203; ERIC L. WHITE, "Research and Development Joint Ventures Under EEC Competition Law", IIC, vol. 16, 1985, p. 663.

as condições que lhes são impostas. Essa mesma urgência leva a que raramente essas decisões sejam contestadas pelas partes perante os tribunais, criando-se assim um défice de controlo judicial e colocando nas mãos das agências federais verdadeiros instrumentos de controlo e definição das estruturas de mercado.

2. *Relações horizontais e verticais*

As Directrizes reconhecem a necessidade de introduzir, para efeito de análise, uma distinção entre as relações verticais e horizontais. Assim, se um acordo de licença afecta actividades complementares, a relação entre as partes é qualificada como uma relação vertical. Caso as empresas sejam, antes da celebração do acordo de licença, concorrentes actuais ou concorrentes potenciais prováveis, a sua relação será horizontal.

Este aspecto preliminar de qualificação não determina o carácter competitivo ou anticoncorrencial de qualquer destes tipos de acordo. No entanto, permite distinguir consoante os benefícios e riscos típicos de cada categoria de acordo, centrando a sua apreciação nos verdadeiros problemas. Embora formalmente sujeitos a um enquadramento comum, os acordos de natureza vertical tendem a receber um tratamento mais favorável, reflectindo a actual atitude judicial em relação a este tipo de acordos.

A metodologia de análise utilizada para a maior parte das cláusulas de acordos de licença é a da *rule of reason*.[401] Quanto às restantes, a proibição *per se* poderá ser aplicada quando "a natureza e o efeito necessário sejam flagrantemente anticoncorrenciais".[402] As Directrizes estabelecem cinco categorias de restrições sujeitas à proibição *per se*. São elas a fixação de preços, restrições do volume de produção, repartição do mercado entre concorrentes, alguns tipos de boicote colectivo e a fixação de preços a retalho.[403] O aspecto determinante para a qualificação é o de saber se uma determinada restrição envolve uma integração da acti-

---

[401] Ver, *supra*, II.B.1.b..

[402] *National Society of Professional Engineers v. United States*, 435 U.S. 679 (1978), p. 692.

[403] Nota de actualização: Na sequência do acórdão *State Oil v. Khan* (1997), entendemos que deve considerar-se excluída desta referência a fixação de preços máximos a retalho.

vidade económica das partes que promove a eficiência económica.[404] Quando essa integração pró-concorrencial não acontece e a restrição cai no âmbito de uma das cinco categorias acima referidas, a mesma será proibida *per se*.

Visando simplificar a análise segundo a *rule of reason*, as Directrizes propõem a aplicação de uma *truncated rule of reason* ou regra de razão abreviada. Assim, caso seja improvável que o acordo produza efeitos restritivos da concorrência, o mesmo não será contestado pelas autoridades competentes. Por outro lado, invocando a regra enunciada no acórdão *Indiana Federation of Dentists*, quando, pela sua aparência e sem necessidade de uma análise aprofundada do seu carácter, uma restrição pertença ao tipo de restrições que leva sempre ou quase sempre a uma redução do volume de produção ou a um aumento de preços, e não esteja razoavelmente ligada à criação de ganhos de eficiência económica, a mesma será considerada ilegal *per se*, dispensando-se uma análise aprofundada do mercado.[405] A título indicativo, as Directrizes fornecem o exemplo de um acordo de repartição de mercado sob a capa de um acordo de licença quando não há sequer qualquer transferência de tecnologia entre as partes (exemplo n.º 7).

Quando a *rule of reason* abreviada é insuficiente para determinar a natureza do acordo de licença, as Directrizes avançam com uma análise mais sofisticada. Em primeiro lugar, os efeitos anticoncorrenciais são considerados à luz da estrutura do mercado, do risco de colusão e de exclusão de concorrentes. Em segundo lugar, a existência de cláusulas de exclusividade é analisada separadamente. Seguidamente, se a restrição for susceptível de produzir um efeito anticoncorrencial, as Directrizes permitem a consideração de eventuais ganhos de eficiência. Por último, quando a quota das partes é inferior a 20%, o acordo não será contestado por se enquadrar na chamada zona de segurança.

A questão da estrutura de mercado demonstra a diferença entre os problemas colocados pelos acordos verticais e horizontais.

Quanto aos acordos horizontais, os principais riscos são o de um aumento da possibilidade de colusão, tácita ou explícita, ou de restrições da produção, de que levem à aquisição ou manutenção de poder de mer-

---

[404] *Broadcast Music (BMI) v. CBS*, 441 U.S. 1 (1979).
[405] FTC v. Indiana Federation of Dentists, 476 U.S. 447 (1986). Nota de actualização: Importa, todavia, ter presente o mais recente acórdão *Califórnia Dental Association v. F.T.C.*, 526 U.S. 756 (1999).

cado, ou que retardem o desenvolvimento de novos produtos e tecnologias. A probabilidade de esses riscos serem reais depende, em larga medida, do grau de concentração do mercado, da facilidade de entrada no mesmo e da elasticidade da procura e da oferta. Todos estes aspectos são apreciados segundo a metodologia das Directrizes sobre concentrações (Directrizes de 1995, ponto 4.1.1.).

Por seu turno, os acordos verticais levantam dois tipos distintos de riscos anticoncorrenciais. O risco de exclusão de concorrentes e/ou de aumento dos custos dos concorrentes é analisado em função da *ratio* de exclusão e da duração da restrição, em combinação com os factores relativos à estrutura do mercado acima mencionados.[406] De modo a assegurar que o sucesso de uma determinada tecnologia não leve automaticamente à sua ilegalidade, permite-se que o seu potencial de aumento da eficiência económica leve à exclusão de todos os restantes concorrentes. O raciocínio subjacente parece ser o de que, nessas circunstâncias, é a eficiência económica do novo produto ou tecnologia que exclui os concorrentes e não uma prática restritiva. Em suma, teremos um verdadeiro monopólio natural.

O segundo risco levantado por estes acordos é o de a licença facilitar ou estabelecer um cartel, quer ao nível do licenciante quer do licenciado e respectivos concorrentes. Este risco apenas será objecto de análise quando a entrada de novas empresas é difícil e o mercado se encontra tão concentrado que se torna possível controlar o comportamento de empresas que pretendam furar o cartel, dificultando assim o seu desmoronamento espontâneo.

Constata-se, assim, que independentemente da natureza horizontal ou vertical da relação entre as partes do acordo, o que importa são os seus efeitos concorrenciais em cada patamar de mercado. Caminha-se, pois, para uma "horizontalidade" das restrições verticais. Estas só suscitam problemas de direito da concorrência quando possam ser instrumentalizadas de modo a restringir a concorrência num dos segmentos afectados. Neste ponto se encontrava até há pouco tempo uma das principais divergências entre o direito da concorrência dos Estados Unidos e da Comunidade Europeia.

---

[406] Estes são princípios já anteriormente aplicados no caso *U.S. v. Microsoft I*, que será examinado adiante.

3. Eficiência económica como justificação

Sempre que se verifica um efeito anticoncorrencial, a aplicação da *rule of reason* exige que sejam consideradas possíveis justificações com base na eficiência económica, subdividindo-se a análise em dois aspectos. Primeiro, deve ser demonstrado o potencial da transacção para aumentar a eficiência. Seguidamente, a restrição deve ser razoavelmente necessária para que as eficiências visadas sejam atingidas. O balanço final sobre o efeito líquido da restrição no mercado levará à conclusão sobre a sua compatibilidade ou não com o direito da concorrência. A natureza qualitativa deste critério leva a que as autoridades responsáveis disponham de um amplo poder discricionário. A única referência para o exercício desse poder consiste na afirmação de que o nível de eficiência esperado deve ser tanto maior quanto maior for o efeito restritivo sobre a concorrência (5.4.).

Seguindo a jurisprudência do Supremo Tribunal, a qual tende a rejeitar teorias abstractas sobre a competitividade de uma prática sem prova factual adequada, as Directrizes exigem ainda que não exista uma via alternativa de obter os mesmos ganhos de eficiência que implique efeitos menos restritivos da concorrência. A duração da restrição é outro elemento relevante, embora a sua inclusão faça mais sentido no contexto de acordos verticais que aumentem o risco de exclusão de outros concorrentes ou em acordos horizontais que possam ter por efeito restringir o desenvolvimento de novas tecnologias ou produtos. Se a duração exceder o período julgado essencial para obter os ganhos de eficiência, o acordo pode ser considerado ilegal.

4. A "zona de segurança"

A existência de uma atitude mais favorável em relação à propriedade intelectual por comparação com outros domínios do direito da concorrência é demonstrada pela chamada "zona de segurança". Este novo instituto corresponde a um compromisso da parte das autoridades competentes de não questionar a legalidade de acordos de licença quanto a restrições que não sejam, em primeira análise, anticoncorrenciais, desde que as quotas de mercado conjuntas do licenciante e dos licenciados não excedam 20%. Note-se, todavia, que as directrizes não vinculam os tribunais e a legalidade desses acordos pode sempre ser contestada por outras empresas lesadas. Uma dificuldade levantada por esta isenção diz respeito ao cômputo da quota de mercado, a qual é particularmente significativa quanto a novos produtos ou tecnologias. Assim, quanto aos mercados de tecnologias, a zona de segurança poderá ser aplicada desde que existam pelo menos quatro tecnologias em relação de substituibilidade e com custos semelhantes. Nos mercados de inovação é necessário estar em presença de pelo menos quatro empresas que tenha quer os activos quer as características necessárias e o incentivo para se dedicarem a investigação de uma tecnologia ou produto substitutos.

A existência desta zona de segurança não significa que todos os restantes acordos estejam sujeitos a uma análise complexa ao abrigo da *rule of reason*. Como vimos, a abordagem abreviada pode igualmente ser aplicável, simplificando a apreciação dos acordos que suscitam menos preocupações. Por outro lado, as Directrizes recusam explicitamente qualquer presunção de ilegalidade ou de tratamento menos favorável dos acordos que não beneficiam da zona de segurança.

5. *Tratamento de restrições específicas*

a. *Exclusividade e restrições territoriais*

As licenças exclusivas pelas quais o licenciante se compromete a não conceder licenças a terceiros e/ou a não explorar directamente a tecnologia licenciada são encaradas favoravelmente pelas Directrizes de 1995, na linha da jurisprudência federal.[407] Enquanto tal, uma licença exclusiva não viola o direito da concorrência, nem constitui um abuso de patente.[408] Quanto às restrições territoriais, o Supremo Tribunal reconhece a sua legalidade.[409] Este facto não surpreende se tivermos em conta

---

[407] Ver *Cataphoto Corp. v. DeSoto Chem. Coatings*, 456 F.2d 769 (9th Cir. 1971), *certiorari denied*, 408 U.S. 929 (1972), p. 774: as licenças exclusivas não são "nem pouco usuais nem sinistras".

[408] Ver *United States v. E.I. du Pont de Nemours*, 118 F.Supp. 41, (D.Del. 1953), aff'd, 351 U.S. 377 (1956).

[409] Ver *Ethyl Gasoline Corp. v. United States*, 309 U.S. 436 (1940), p. 456: "the patentee may grant licenses to make, use or vend, restricted in point of space or time (...) save only that (...) he may not enlarge his monopoly". No domínio das licenças de *know--how*, os tribunais aceitam a sua legalidade desde que não façam parte de um esquema de repartição de mercados entre concorrentes, ver *Thoms v. Sutherland*, 52 F.Supp. 592 (3rd Cir. 1931) e *United States v. ICI*, 100 F.Supp. 504 (S.D.N.Y. 1951).

que a própria lei sobre patentes permite ao titular da patente conceder licenças exclusivas para todo o território dos Estados Unidos ou para uma parte dos mesmos.[410] Contudo, a natureza federal do direito de patentes tem como consequência o esgotamento dos direitos do titular de uma patente após a primeira comercialização. Não é, pois, possível impedir ao abrigo da patente que um cliente ou um distribuidor que adquira a um licenciado ou ao próprio licenciante utilizem ou comercializem o produto protegido em qualquer parte dos Estados Unidos.[411] Essas restrições devem então ser apreciadas no domínio da jurisprudência sobre restrições verticais.[412]

O efeito anticoncorrencial destas restrições depende não só da natureza da relação entre as partes (horizontal ou vertical) mas também do contexto específico em que se inserem. A única conclusão que se pode daqui retirar é a de que as licenças territorialmente delimitadas não exclusivas raramente serão contestadas com base no direito da concorrência na medida em que o licenciante mantém a faculdade de licenciar terceiros ou de concorrer com o próprio licenciado, caso este último tente reduzir o volume de produção ou não explore eficazmente a tecnologia licenciada. Reconhecemos aqui o mesmo receio manifestado noutros contextos a propósito das restrições verticais, ou seja de que tais restrições sirvam apenas como um instrumento de repartição do mercado entre os diferentes licenciados ou como um mecanismo que facilita a coordenação do licenciante com os respectivos concorrentes.[413]

Quando a protecção territorial é utilizada de forma a prosseguir uma repartição do mercado pura e simples os tribunais tenderão a considerá-la contrária às regras da concorrência.[414] No acórdão *Sealy*, uma restrição dessa natureza foi considerada ilegal com o fundamento de que a mesma permitia proteger cada licenciado da concorrência dos outros licenciados.[415]

---

[410] 35 U.S.C. §261 (1988). Um tribunal de segunda instância aceitou igualmente uma proibição de exportação do produto patenteado, ver *Brownell v. Ketcham Wire & Manufacturing Co*, 211 F.2d 121 (9th Cir. 1954).

[411] Ver Keeler v. Standard Folding Bed Co., 157 U.S. 659 (1895); American Industrial Fastener Corp. v. Flushing Enter., 362 F.Supp. 32 (N.D. Ohio 1973).

[412] Ver *Continental TV v. GTE Sylvania*, 433 U.S. 36 (1977).

[413] A origem da restrição desempenha um papel crucial na determinação dos potenciais efeitos dessas cláusulas; ver AMERICAN BAR ASSOCIATION, *Antitrust Law Developments (Third)*, ABA, 1992, p. 828.

[414] Ver *Timken Roller Bearing Co. v. U.S.*, 341 U.S. 593 (1951).

[415] *U.S. v. Sealy*, 388 U.S. 350 (1967).

O alcance desta decisão é limitado, todavia, pelo facto de o Supremo Tribunal ter baseado o seu raciocínio no sistema de fixação de preços a retalho que acompanhava a protecção territorial. No acórdão *Topco*, o Supremo Tribunal viria a estabelecer que a repartição territorial do mercado simples é ilegal *per se*. A bondade da solução do Supremo Tribunal tem sido questionada pelos tribunais federais.[416] No entanto, o próprio Supremo Tribunal citou recentemente esta decisão para fundamentar a ilegalidade das restrições territoriais no contexto de acordos de repartição do mercado.

As cláusulas que estabelecem obrigações de compra exclusiva ou a proibição de comercializar produtos concorrentes ou de utilizar tecnologias concorrentes são analisadas segundo o enquadramento tradicionalmente reservado aos acordos de compra exclusiva.[417] Neste domínio incluem-se não só casos de obrigações explícitas de compra exclusiva como também cláusulas que produzem o mesmo efeito ao reduzir o incentivo para recorrer a produtos ou tecnologias concorrentes.[418] As Directrizes apresentam um argumento que segue a teoria do aumento dos custos dos concorrentes (*"raising rivals' costs"*), aceitando, ainda assim os possíveis benefícios económicos da compra exclusiva, em particular no que se refere à necessidade de criar um incentivo ao licenciado para que este explore a tecnologia licenciada. Uma vez que, *ex ante*, o licenciante corre o risco de o licenciado se revelar incompetente na utilização da sua tecnologia ou de este optar por uma tecnologia concorrente, as cláusulas relativas à obrigação de compra exclusiva e de proibição de comercialização ou utilização de produtos ou tecnologias concorrentes permitem reduzir os custos de licenciamento.

Na apreciação destas cláusulas, as Directrizes colocam a ênfase em dois factores: o contributo desta obrigação para a exploração da tecnologia licenciada e o seu impacto em termos da exclusão de tecnologias ou produtos concorrentes.

Um aspecto particularmente importante consiste no reconhecimento pelo DOJ e pela FTC do chamado *"free rider argument"*, bem como de outras justificações tradicionalmente invocadas a favor das restrições ver-

---

[416] Ver *Rothery Storage & Van v. Atlas Van Lines*, 792 F.2d 210 (D.C.Cir.1986) (Relator: Juiz BORK), *cert.* denied, 479 U.S. 1033 (1987).

[417] A *patent misuse doctrine* tem sido invocada por alguns tribunais para justificar a ilegalidade da proibição contratual de o licenciado comercializar produtos concorrentes.

[418] Ver, *infra*, III.C.3.

ticais.[419] Esta atitude mais favorável era já seguida pelos tribunais que, no contexto dos acordos de licença de tecnologia, permitiam alguma margem de protecção territorial.[420] O objecto dos acordos de licença de tecnologia é normalmente o de produzir ganhos de eficiência, pelo que raramente serão considerados como acordos puros de repartição de mercado, como resulta aliás das próprias Directrizes.[421]

Não podemos encerrar o tratamento das restrições territoriais sem considerar sumariamente o problema dos acordos de licença internacionais. Os acordos internacionais estão sujeitos ao direito da concorrência dos Estados Unidos nas condições definidas pela jurisprudência do Supremo Tribunal e pelas Directrizes de 1995 sobre operações internacionais. A exemplo da sua atitude quanto às restrições territoriais no interior dos Estados Unidos, também nesta matéria os tribunais têm uma posição bastante permissiva.

No caso *U.S. v. Westinghouse*, foi considerada legal uma licença recíproca entre a Westinghouse e a Mitsubishi, pela qual a primeira concedia a esta uma licença exclusiva para o fabrico de certos produtos no Japão, e a Mitsubishi concedia à Westinghouse uma licença não exclusiva quanto às patentes e *know-how* necessários para o fabrico de certos produtos em todo o mundo com excepção do Japão.[422] Para o tribunal, a Westinghouse limitara-se a licenciar algumas das suas patentes e a recusar a licença de outras.[423] Deste acórdão retiramos a conclusão de que pelo menos este tribunal tende a encarar as patentes paralelas como sendo diferentes patentes, ainda que de idêntico conteúdo.

A resultado semelhante chegara outro tribunal de segunda instância no caso *Dunlop*.[424] Estava aqui em causa um conjunto de acordos entre o licenciante e os seus diferentes licenciados para alguns países estrangeiros, que continham uma proibição de exportação para os Estados Unidos. O tri-

---

[419] Ver HOVENKAMP, *Federal Antitrust Policy*, p. 217 (sublinhando o problema da apropriação).

[420] *Ethyl Gasoline Corp. v. U.S.*, 309 U.S. 436 (1940).

[421] Um caso respeitante ao direito de autor e direitos conexos considerou um acordo de licença como uma restrição ilícita uma vez que fazia parte de um acordo de repartição do mercado entre as partes, ver *Palmer v. BRG of Georgia*, 486 U.S. 46 (1990), on remand, 928 F.2d 1097 (11th Cir.1991).

[422] *United States v. Westinghouse Electric Corp.*, 648 F.2d 642 (9th Cir. 1981).

[423] *Id.*, p. 647.

[424] *Dunlop Co. v. Kelsey-Hayes Co.*, 484 F.2d 407 (6th Cir. 1973), *certiorari denied*, 415 U.S. 917 (1974).

bunal considerou que este acordo não violava o direito da concorrência, pois tratava-se de "meras licenças territoriais concedidas pelo titular da patente tal como as permitidas pela § 261 do Patent Act".[425] Ambos os casos optaram por uma atitude formalista e fecharam os olhos aos potenciais efeitos anticoncorrenciais daqueles acordos.

Quando as restrições territoriais procedem a uma repartição de mercados que vai substancialmente para além do objecto da patente ou se integram num esquema de restrição do comércio nos Estados Unidos ou do comércio externo deste país, serão consideradas ilegais.[426]

b. *Restrições de clientela e domínios de aplicação técnica*

Com o argumento *a maiori ad minus* de que o titular de um direito de propriedade intelectual pode reservar para si a exploração do mercado, os tribunais aceitaram desde cedo que o licenciante reserve para si certas categorias de clientes.[427] As restrições a certos domínios de aplicação técnica, são igualmente considerados lícitas.[428] No caso *General Talking Pictures*, o Supremo Tribunal autorizou uma restrição a um domínio de aplicação técnica. Neste caso, o titular da patente reservara para a sua subsidiária o mercado de amplificadores para teatros e licenciara um terceiro para fabricar e comercializar amplificadores para uso em aparelhos de rádio para uso privado.[429]

---

[425] *Id.*, p. 407.

[426] Ver *United States v. Singer Manufacturing Co.*, 374 U.S. 174 (1963); *United States v. ICI*, 100 F.Supp. 504 (S.D.N.Y. 1951); *United States v. Timken Roller Bearing Co.*, 83 F.Supp. 284 (N.D. Ohio 1949), modified and aff'd, 341 U.S. 593 (1951); *United States v. General Electric Co.*, 82 F.Supp. 753 (D.N.J. 1949); *United States v. National Lead Co.*, 63 F.Supp. 513 (S.D.N.Y. 1945, aff'd, 332 U.S. 319 (1947).

[427] *In re Yarn Processing Patent Validity Litigation*, 541 F.2d. 1127 (5th Cir.1976), cert. denied, 433 U.S. 910 (1977) (os produtos patenteados apenas podem ser vendidos a pessoas a quem o titular da patente tenha conferido uma licença de utilização).

[428] *General Talking Pictures Corp. v. Western Electric Co.*, 304 U.S. 175, on rehearing 305 U.S. 124 (1938); quanto às licenças de *know-how*, ver *A. & E. Plastik Pak Co. v. Monsanto Co.*, 396 F.2d 710 (9th Cir. 1968).

[429] *General Talking Pictures Corp. v. Western Electric Co.*, 304 U.S. 175, aff'd on rehearing, 305 U.S. 124 (1938).

c. *Restrições relativas ao preço e quantidade*

Embora a fixação de preços a nível horizontal através de acordos de licença seja considerada uma violação *per se* do *Sherman Act*, no caso dos acordos verticais o acórdão *General Electric* permite ao licenciante exercer algum controlo sobre os preços praticados pelos licenciados.[430] Este caso envolvia a concessão de uma licença de exploração de patente a um concorrente pela qual a General Electric impunha ao licenciado/concorrente o preço a que o produto final podia ser comercializado. O Supremo Tribunal considerou a importância de permitir ao titular da patente obter a máxima rentabilidade em relação ao investimento efectuado. Além disso, como à luz do direito da concorrência e da propriedade industrial a General Electric podia validamente excluir o seu concorrente recusando-lhe a licença, era razoável presumir que a prática em questão produzia ganhos de eficiência. A não ser assim, a General Electric poderia ter auferido os correspondentes lucros de monopólio reservando para si a exploração do invento. Outra forma de obter o mesmo resultado consiste em estabelecer um montante de "royalties" a pagar pelo licenciado que permita capturar todos os lucros de monopólio auferidos no mercado, assegurando a sua apropriação pelo licenciado.[431] Uma explicação provável para a fixação directa do preço pode ser a dificuldade inerente a calcular *ex ante* um montante óptimo de "royalties", bem como a intenção da General Electric de reservar para si e/ou para os outros licenciados uma parte do mercado.[432] Alguns comentadores avançam ainda uma outra teoria a este respeito, essa sim conducente a uma violação do direito da concorrência. O acordo de licença pode ter estabelecido uma forma de repartição de mercado através de uma patente que, de outra forma, teria sido contestada do ponto de vista da validade pela Westinghouse.[433]

---

[430] *U.S. v. General Electric Co.*, 272 U.S. 476 (1926). Esta regra exclui a fixação de preços quanto a bens não patenteados. Num acórdão anterior tinha sido aceite a legalidade de uma cláusula pela qual o licenciado era obrigado a respeitar um preço mínimo com base no argumento de que quem pode o mais pode o menos. Se o licenciante tem o direito de excluir terceiros, deve ter também o direito de obrigar o licenciado a vender o produto patenteado a um preço mínimo; ver *E. Bement and Sons v. National Harrow*, 186 U.S. 70 (1902).
[431] Ver HOVENKAMP, *op. cit.*, p. 221.
[432] Ver GELLHORN e KOVACIC, *op. cit.*, p. 417: "setting a minimum price may be the most efficient way to protect the patentee, to encourage licensing, and, as the Court said, to assure that GE obtained its monopoly reward".
[433] Ver GELLHORN e KOVACIC, *op. cit.*, p. 419.

Contudo, o alcance deste caso é limitado uma vez que qualquer tentativa de controlar o preço praticado pelos clientes do licenciado através da fixação de preços a retalho ser condenada como uma violação per se ao abrigo da jurisprudência *Dr. Miles*.[434] Nos casos em que há fundadas suspeitas de que a cláusula de preços mínimos serve apenas para repartir mercados, o Supremo Tribunal tende a considerar tais acordos ilegais, distinguindo cada situação do caso GE com base em aspectos factuais.[435] As Directrizes sublinham que a fixação de preços a retalho será considerada uma violação *per se*.

Outra forma de limitar a concorrência dos licenciados consiste em impor limites à quantidade a produzir. Ao criar uma escassez artificial do produto, o licenciante consegue manter a sua parte do mercado e fazer subir o preço. À primeira vista os tribunais seguem uma linha bastante permissiva em relação a este tipo de cláusulas, embora a questão não tenha sido ainda objecto da atenção devida.[436]

d. *"Tying"*

Os primeiros casos de *tying* foram tratados pelos tribunais com base na *patent misuse doctrine*. No acórdão *Morton Salt*, o Supremo Tribunal recusou o exercício de uma patente em virtude de o licenciante ter subordinado a licença de utilização das suas máquinas de aplicação de sal (objecto da patente) à utilização dos comprimidos de sal por si comercializados.[437] No campo do direito da concorrência, a prática de *tying* está sujeita a uma regra situada a meio caminho entre a proibição *per se* e a *rule of reason*.[438]

---

[434] *U.S. v. Univis Lens Co.*, 316 U.S. 241 (1942).

[435] Ver GELLHORN e KOVACIC, *op. cit.*, p. 420: "Today the GE rule for patent licenses that contain price controls appears limited to cases involving unilateral licensing and a single licensee".

[436] Neste sentido ver AREEDA e KAPLOW, *op. cit.*, p. 437: "Whether licenses may lawfully contain output limitations is far from clear, although scant authority seems to permit it". Limites à quantidade do produto patenteado a produzir foram aceites no caso *United States v. du Pont*, 118 F.Supp. 41 (D.Del. 1953), aff'd, 351 U.S. 377 (1956). Quanto aos limites de quantidade a produzir utilizando um processo patenteado a situação é ainda menos clara, pelo menos quando haja a suspeita de o acordo permitir restringir a concorrência quanto ao produto não patenteado, como sucedeu no caso *American Equipment Co. v. Tuthill Building Material Co.*, 69 F.2d 406 (7th Cir. 1934).

[437] *Morton Salt Co. v. G.S. Suppiger Co.*, 314 U.S. 488 (1942).

[438] A prática de *tying* é contrária à *Section 1* do *Sherman Act* e à *Section 3* do *Clayton Act*.

Assim, essa prática será considerada uma violação *per se* caso se considerem preenchidos os seguintes requisitos: em primeiro lugar, estarmos em presença de dois produtos distintos; em segundo, que a venda de um produto (*tying product* ou produto subordinante) seja subordinada à compra de outro (*tied product* ou produto subordinado);[439] seguidamente, é necessário que a empresa em causa disponha de poder de mercado quanto ao produto subordinante; por último, é necessário que a prática afecte de modo relevante o comércio interestadual do produto subordinado.[440]

No domínio da propriedade intelectual, o terceiro requisito é o mais problemático. Os tribunais presumiam frequentemente que o titular de uma patente ou de um direito de autor ou direito conexo dispunha de poder de mercado.[441] Como vimos na primeira parte deste trabalho, essa presunção não tem qualquer fundamento económico. No domínio da teoria do abuso de patente, esta presunção foi expressamente abandonada pelo Congresso através da revisão da *Section 271 (d) (5)* do *Patent Act* por forma a exigir a demonstração de poder de mercado quanto ao produto subordinante segundo os critérios tradicionais do direito da concorrência.[442]

---

[439] No contexto de acordos de licença pode suceder que o produto subordinante seja uma licença de *know-how* e o produto subordinado uma licença de patente ou de *know-how* sobre outro tipo de conhecimentos técnicos, ver *Technograph Printed Circuits, Ltd. v. Bendix Aviation Corp.*, 218 F.Supp. 1 (D.Md. 1963), *aff'd per curiam*, 327 F.2d 497 (4th Cir.), *certiorari denied*, 379 U.S. 826 (1964).

[440] Ver *Jefferson Parish Hospital District No. 2 v. Hyde*, 466 U.S. 2 (1984).

[441] *IBM v. U.S.*, 298 U.S. 131 (1936); *International Salt Co. v. U.S.*, 332 U.S. 392 (1947). Quando o produto ou processo subordinante é apenas protegido por *know-how*, pelo menos um tribunal considerou que não havia lugar a uma presunção de poder de mercado; ver *In Re Data General Corp. Antitrust Litigation*, 529 F.Supp. 801 (N.D.Cal. 1981), *aff'd in part and rev'd in part sub nom., Digidyne Corp. v. Data General Corp.*, 734 F.2d 1336 (9th Cir. 1984), *certiorari denied*, 473 U.S. 908 (1985).

[442] 35 U.S.C. § 271 (d) (5): "No patent owner otherwise entitled to relief for infringement or contributory infringement of a patentshall be denied relief or be deemed guilty of misuse or illegal extension of the patent right by reason of having done one or more of the following: (...) (5) conditioned the license of any rights to the patent or the sale of the patented product on the acquisition of a license to rights in another patent or purchase of a separate product, unless, in view of the circumstances, the patent owner has market power in the relevant market for the patent or the patented product on which the license or sale is conditioned". Já anteriormente o tribunal do círculo federal, competente para as acções relativas a patentes, abandonara a presunção formal de poder de mercado, ver *Windsurfing International, Inc. v. AMF, Inc.*, 782 F.2d 995 (Fed.Cir. 1986), nas pp. 1001-1002: "to sustain a misuse defense (...) a factual determination must reveal

O mais recente acórdão do Supremo Tribunal sobre *tying* contém um *obiter dictum* da opinião da maioria segundo o qual o poder de mercado quanto ao produto subordinante pode ser presumido "if the Government has granted the seller a patent or similar monopoly over a product, it is fair to presume that the inability to buy the product elsewhere gives the seller market power".[443] Mas nesse mesmo acórdão quatro juízes subscreveram a declaração de voto da Juiz O'CONNOR, segundo a qual "a patent holder has no market power in any relevant sense if there are close substitutes for the patented product". Esta é, de resto, a opinião que tem sido seguida pelos tribunais inferiores, e que as Directrizes parecem acolher.[444] Segundo as Directrizes, as cláusulas de subordinação apenas serão contestadas caso se verifiquem três requisitos cumulativos: (1) o licenciante disponha de poder de mercado quanto ao produto subordinante; (2) a prática em questão provoque um efeito adverso no mercado do produto subordinado; e (3) os efeitos anticoncorrenciais não sejam compensados por ganhos de eficiência. Esta solução resulta da teoria segundo a qual o *tying* pode ser eficiente e, na ausência de poder de mercado quanto ao produto subordinante, não suscitar verdadeiros problemas de direito da concorrência. Para todos os efeitos práticos, estas restrições estão sujeitas a um tratamento análogo ao da *rule of reason*.

e. *"Royalties"*

O princípio estabelecido pela jurisprudência do Supremo Tribunal em matéria de *royalties* é o da sua livre fixação pelo titular da patente.[445] Devido ao exclusivo económico conferido pelos direitos de propriedade intelectual, os tribunais tendem a reprovar qualquer tentativa de alargar o âmbito de protecção mediante a extensão daquele monopólio legal a produtos não patenteados. A teoria que subjaz este entendimento, a *leverage theory*, não se limita ao domínio dos direitos da propriedade intelectual e é aplicada igualmente noutras áreas de aplicação da *Section 2* do *Sherman Act*.

---

that the overall effect of the license tends to restrain competition unlawfully in an appropriately defined relevant market".
[443] *Jefferson Parish v. Hyde*, 466 U.S. 2 (1984). Neste caso não havia qualquer questão de propriedade intelectual a apreciar.
[444] Ver *Abbott Laboratories v. Brennan*, 952 F.2d 1346(Fed.Cir.1991), cert. denied, 112 S.Ct. 2993 (1992).
[445] Ver *Brullotte v. Thys Co.*, 379 U.S. 29 (1964).

Quanto às cláusulas de pagamento de *royalties*, esta teoria é aplicada de forma a proibir o licenciado de obter lucros relativamente a produtos que não são objecto de protecção pelo direito licenciado. Este tipo de cláusulas é geralmente equiparado ao *tying*. O Supremo Tribunal afirma no acórdão *Zenith Rádio* que estas cláusulas sobre *royalties* que permitem ao licenciante estender o âmbito de protecção a produtos não cobertos pelos direitos de propriedade intelectual constituem uma forma de "to derive a benefit that is not attributable to use of the patent's teachings."[446] Igual solução é aplicada à cobrança de *royalties* após o termo da patente, a qual é considerada um abuso de patente.[447] Sendo este o fundamento teórico das objecções a cláusulas sobre *royalties*, deve ser aplicada a mesma regra que vigora para as cláusulas de *tying*, sendo que as mesmas serão lícitas quando o licenciante não dispõe de poder de mercado quanto ao produto ou tecnologia licenciada. O Supremo Tribunal aceita cláusulas de *royalties* calculados sobre produtos não protegidos pelo direito licenciado quando se demonstre que tal foi convencionado devido à conveniência das partes e não ao abuso de direito do titular de uma patente.[448] De acordo com a teoria da extensão do poder de monopólio, as cláusulas que imponham o pagamento de *royalties* após terem expirado os direitos licenciados são ilegais.[449]

Como vimos, o titular de uma patente pode maximizar os seus lucros através da discriminação de preços. Esta prática tende a produzir benefícios para a sociedade em geral na medida em que corresponda a uma aumento da produção. A discriminação entre licenciados quanto aos *royalties*, que não é abrangida pelo *Robinson Patman Act*, permite ao titular da patente ajustar o efeito de *royalties* fixados com base numa percentagem da produção.[450] Ao cobrar uma taxa mais elevada aos licenciados que utilizam a tecnologia de modo menos intensivo, o licenciante pode cobrar uma percentagem inferior aos grandes utilizadores e, dessa forma, encorajar um aproveitamento óptimo da sua tecnologia. Os tribunais têm demonstrado

---

[446] Zenith Radio Corp. v. Hezeltine Research, Inc., 395 U.S. 100 (1969), p. 135.
[447] Ver *Brulotte v. Thys*, 379 U.S. 29 (1964). Ver SEE e CAPRIO, "The Trouble with *Brulotte*: The Patent Royalty Term and Patent Monopoly Extension", Utah L. Rev., 1990, p. 813.
[448] *Zenith v. Hezeltine*, p. 138. Ver ainda *Automatic Radio Manufacturing Co. v. Hazeltine Research*, 339 U.S. 827 (1950).
[449] *Brulotte v. Thys Co.*, 379 U.S. 29 (1964).
[450] HOVENKAMP, *op. cit.*, p. 222.

grande abertura a este tipo de práticas, desde que não tenham por efeito ou por objecto restringir a concorrência.[451] Num acórdão de que foi relator o Juiz RICHARD POSNER, o Sétimo Círculo federal considerou que "there is no antitrust prohibition against a patent owner's using price discrimination to maximize his income from the patent".[452] No entanto, num acórdão anterior aquele tribunal exigiu a demonstração de uma base racional para a distinção entre os diferentes licenciados.[453]

f. *Licenças conjuntas*

Para reduzir os custos de transacção, o licenciante pode negociar um conjunto de licenças quando a respectiva tecnologia é protegida por diversas patentes. Quando as diferentes patentes estão intrinsecamente ligadas à exploração pretendida pelo licenciado, de tal modo que este não pode explorar uma sem violar as restantes, a concessão de licenças conjuntas não é considerada restritiva da concorrência.[454] Contudo, a subordinação da licença de uma determinada tecnologia à aceitação de um conjunto de licenças pode ser considerada uma prática de *tying* contrária ao direito da concorrência, pelo menos quando se demonstre que o licenciante se recusou a conceder licenças individuais.[455] O Congresso procurou, por isso, conferir alguma protecção aos licenciantes no quadro do direito das patentes ao aprovar em 1988 o *Patent Misuse Reform Act*, que exige a prova de

---

[451] Ver *Standard Oil v. United States*, 283 U.S. 163 (1931). Mas quando o licenciante tem poder de mercado e concorre com os licenciados a prática de *royalties* discriminatórios pode ser atacada; ver os *Shrimp Peelers cases*, *Peelers Co. v. Wendt*, 260 F. Supp. 193 (W.D. Wash. 1966), *Laitram Corp. v. King Crab, Inc.*, 244 F.Supp. 9 (D.Ala.), *modified*, 245 F.Supp. 1019 (D.Ala. 1965), e o processo resultante da acção da FTC, *Grand Caillou Packing Co*, 65 F.T.C. 799 (1964), *aff'd in part and rev'd in part*, 366 F.2d 117 (5th Cir. 1966).

[452] *USM Corp. v. SPS Technologies, Inc.*, 694 F.2d 505 (7th Cir. 1982), p. 512.

[453] *Bela Sealing Co. v. Poloron Prods., Inc.*, 438 F.2d 733 (7th Cir.), certiorari denied, 403 U.S. 933 (1971).

[454] Ver *International Manufacturing Co., v. Landon, Inc.*, 336 F.2d 723 (9th Cir. 1964), *certiorari denied*, 379 U.S. 988 (1965).

[455] *Automatic Radio Manufacturing Co. v. Hazeltine Research*, 339 U.S. 827 (1950). Neste caso o Supremo Tribunal considerou não ter havido abuso de patente quanto a uma licença conjunta que impunha *royalties* a uma taxa fixa sobre as vendas do licenciado, independentemente de este utilizar ou não todas as patentes licenciadas. O ónus da prova cabe, naturalmente, ao demandante, ver *Hensley Equipment Co. v. Esco Corp.*, 383 F.2d 252 (5th Cir.), *modified per curiam*, 386 F.2d 442 (5th Cir. 1967).

que o titular dispõe de mercado em relação não só à patente subordinante como também ao conjunto de licenças. As Directrizes reflectem esta atitude ao considerar as licenças conjuntas como uma forma de *tying*, reconhecendo os benefícios que delas podem advir em termos de redução dos custos de transacção, em termos que evocam o acórdão *BMI v. CBS*.

g. Comunidade de patentes

A comunhão de patentes, pela qual dois ou mais concorrentes concedem licenças recíprocas ou licenciam uma empresa comum, permite pôr termo a litígios quanto à validade e âmbito de patentes, sendo analisada ao abrigo da *rule of reason*, desde que as licenças não sejam exclusivas.[456] Quando as licenças concedidas têm carácter exclusivo, o acordo pode levantar a suspeita de ser um mero instrumento de facilitar a colusão entre as partes, sendo então submetido à proibição *per se*.[457]

A concessão de licenças recíprocas foi analisada no acórdão *Line Material*.[458] As partes eram titulares de uma patente de base e de uma patente dependente daquela. Sem a licença recíproca, o titular da patente dependente não poderia explorar o seu invento sem violar a patente de base, pelo que o risco para a concorrência era mínimo. O Supremo Tribunal considerou o acordo contrário ao *Sherman Act* devido à proibição *per se* de uma tal combinação entre concorrentes atendendo à presença de uma cláusula de limitação do preço (análoga à cláusula analisada no caso GE). Na ausência de cláusulas daquela natureza, as comunidades de patentes pelas quais se agrupam patentes de base e patentes dependentes são vistas favoravelmente pelos tribunais inferiores.[459]

---

[456] Englobam-se aqui duas situações distintas. Por um lado as comunhões de patentes ou *patent pools*, que designam, no direito americano, acordos pelos quais um dos membros do grupo detêm a respectiva titularidade em *trust*, concedendo licenças aos restantes membros. No caso das licenças cruzadas, não há qualquer modificação da titularidade das patentes. Ver CHEUNG, "Property Rights and Invention", Research in L. and Econ., vol. 8, 1986, p. 5, nota 16. Ver ainda ROGER B. ANDEWELT, "Analysis of Patent Pools Under the Antitrust Laws", Antitrust L. J., vol. 53, 1985, p. 611.

[457] *Zenith Radio Corp. v. Hezeltine Research, Inc.*, 395 U.S. 100 (1969).

[458] *United States v. Line Material*, 333 U.S. 287 (1948).

[459] Ver, por exemplo, *Carpet Seaming Tape Licensing Corp. v. Best Seam, Inc.*, 616 F.2d 1133 (9th Cir. 1980), *aff'd in part and rev'd in part*, 694 F.2d 570 (9th Cir. 1982), *certiorari denied*, 464 U.S. 818 (1983), p. 1142: "a well recognized legitimate purpose for a pooling agreement is exchange of blocking patents".

As Directrizes apresentam um elenco dos diversos aspectos pró-concorrenciais das licenças recíprocas e das comunidades de patentes: a integração de tecnologias complementares, a redução dos custos de transacção, a eliminação de patentes que bloqueiam a exploração de tecnologias mais recentes e, por último, a resolução de litígios.

Como referimos na Primeira Parte, o direito exclusivo conferido pelas patentes tem como consequência excluir terceiros de usar essa invenção num produto ou processo melhorados. Da própria definição do objecto patenteável resulta a possibilidade de desenvolver os princípios e ideias contidos na invenção protegida e alcançar novos produtos ou processos susceptíveis de exploração industrial. Estes novos produtos e processos podem, por conseguinte, ser objecto de novas patentes. Naturalmente, a descentralização do conhecimento científico leva a que qualquer tecnologia complexa seja objecto de diversas patentes detidas por diferentes titulares. Permitir ao titular da patente anterior opor-se a qualquer exploração de tecnologias posteriores que incorporem um substancial avanço teria como grave consequência impedir o progresso científico e tecnológico, pelo menos durante a vida útil da patente. Mais preocupante ainda é o facto de *ex ante* ser difícil antever se uma determinada inovação vai ou não colidir com patentes anteriores. Tal aumenta o risco, logo diminui o incentivo para desenvolver essa inovação, com o consequente impacto em termos agregados no nível de inovação. Aqui faz pleno sentido a crítica de PLANT ao emparcelamento de ideias como um custo social.

Por outro lado, "expropriar" o direito de propriedade do titular da patente anterior seria injusto à luz da finalidade de incentivo do investimento que caracteriza o sistema da propriedade industrial. O resultado provável seria o desincentivo quanto às inovações de base.

Tal como o direito de produção tem (pelo menos fora dos Estados Unidos) como contrapartida uma obrigação de explorar a patente, também o direito de desenvolvimento inerente à patente implica algumas limitações.[460] Desde logo, porque a patente não confere ao seu titular o direito de impedir que terceiros estudem a sua invenção com vista a realizar outra invenção ou a introduzi-la num processo ou produto. Já se esses terceiros procurarem produzir e comercializar esse produto ou utilizar esse processo e tais actos violarem os direitos do titular da patente de base, este poderá opor-se a esses actos. Como ultrapassar então esse conflito? Nos Estados

---

[460] Seguimos aqui a terminologia de Cheung, *op. cit.*, p. 13.

Unidos, a atitude dos tribunais tem sido a de definir o âmbito concreto de uma patente em termos estritos.[461] Esta abordagem apresenta diversas desvantagens, sobretudo na medida em que se traduz num juízo *a posteriori* sobre qual das inovações é mais valiosa em termos sociais. O risco é, uma vez mais, o de desvalorizar a pesquisa de base com o correspondente desincentivo ao trabalho de investigação e desenvolvimento verdadeiramente pioneiro. Daí que o caminho frequentemente apontado seja o da negociação entre o titular da patente de bloqueio e quem a pretende utilizar no contexto de um melhoramento. Outra forma de resolver esse conflito poderia ser a previsão normativa de um mecanismo que permitisse ultrapassar esse impasse, culminando, quando o interesse público assim o exigisse, na concessão de uma licença obrigatória.[462] A hostilidade do direito americano às licenças obrigatórias torna essa possibilidade inviável num futuro próximo.

Sempre que estes acordos revistam as características de um cartel pelo qual as partes exploram conjuntamente os respectivos direitos de propriedade intelectual e fixam os preços a praticar, as autoridades competentes podem contestar a legalidade do acordo a menos que seja demonstrado que a integração das actividades das partes conduz a ganhos de eficiência significativos. Os casos de fronteira citados são os do acórdão *NCAA* e do acórdão *BMI*. Embora esse aspecto não seja tratado explicitamente, tudo leva a crer que as autoridades competentes não vão ao ponto de exigir que dessa integração resulte um novo produto, como sucedia no caso *BMI*. Quanto aos restantes benefícios apontados em termos gerais apenas podemos concluir que as partes devem demonstrar que eles são reais e que o acordo não constitui um cartel.

Quando a comunidade de patentes corresponde a uma transacção susceptível de produzir ganhos de eficiência, a questão que de seguida se coloca é a de saber se os participantes são ou não obrigados a aceitar que outros concorrentes adiram ao acordo, no seguimento do acórdão *Associated Press*. As Directrizes referem que, na ausência de uma posição dominante colectiva por parte dos membros do acordo, a exclusão de terceiros não merece qualquer reparo.[463] No entanto, caso as partes dis-

---

[461] Ver HOWARD F. CHANG, "Patent Scope, Antitrust Policy, and Cumulative Innovation", Rand J. of Econ., vol. 26, 1995, p. 34.

[462] É esta a solução adoptada em Portugal pelo Código da Propriedade Industrial de 1995.

[463] *Northwest Wholesale Stationers, Inc. v. Pacific Stationary*, 472 U.S. 284 (1985).

ponham de poder de mercado e os restantes concorrentes não possam competir no mercado do produto que incorpora a tecnologia licenciada, é necessário efectuar um exame mais aprofundado sobre a razoabilidade da exclusão, bem como do seu impacto sobre o mercado.[464] Independentemente do poder de mercado das partes, o Supremo Tribunal considera ilegais as comunidades de patentes pelas quais os membros ficam impedidos de conceder licenças sobre as patentes de que são titulares a terceiros.[465]

O poder de mercado das partes pode igualmente suscitar dúvidas sobre a legalidade do acordo quando existe uma cláusula de licença de melhoramentos pela qual os licenciados podem obter acesso aos mesmos sem incorrerem um custo significativo, retirando-lhes, por isso, o incentivo para desenvolver por meios próprios a tecnologia licenciada (exemplo 9).

h. *Resolução de litígios e cláusulas de não-oposição*

As autoridades contestarão os acordos que põem fim a um litígio sempre que o seu efeito seja o de reduzir ou eliminar a concorrência actual ou potencial. Sempre que tais acordos façam parte de um plano para excluir os concorrentes, os mesmos serão também considerados ilegais.[466]

Quanto às cláusulas de não-oposição pelas quais o licenciado se obriga a não contestar a validade dos direitos licenciados, estas são inoponíveis ao licenciado, ainda que não seja líquido que as mesmas constituam uma violação do direito da concorrência ou um abuso de patente. Como se afirma no acórdão *Lear*, "Licensees may often be the only individuals with enough economic incentive to challenge the patentability of an inventor's

---

[464] A criação ou reforço do poder de mercado das partes é uma consideração decisiva para alguns tribunais. Ver *United States v. Krasnov*, 143 F.Supp. 184 (.E.D. Pa. 1956), *aff'd per curiam*, 355 U.S. 5 (1957) (comunidade de patentes que criava um monopólio e pela qual as partes se obrigavam a não conceder licenças a terceiros sem o consentimento dos restantes membros; o acordo incluia ainda a repartição dos mercados, fixação de preços pelo licenciante e o exercício conjunto da defesa dos direitos combinados); *United States v. National Lead Co.*, 63 F.Supp. 513 (S.D.N.Y. 1945), *aff'd*, 332 U.S. 319 (1947) (reforço da posição dos dois maiores produtores de dióxido de titânio e exclusão dos concorrentes).

[465] *Zenith Radio Corp. v. Hezeltine Research, Inc.*, 395 U.S. 100 (1969).

[466] *U.S. v. Singer Manufacturing Co.*, 374 U.S. 174 (1963). Ver CRANE e PFUNDER, "Antitrust and *Res Judicata* Considerations in the Settlement of Patent Litigation", Antitrust L. J., vol. 62, 1993, p. 151.

discovery. If they are muzzled, the public may continually be required to pay tribute to would-be monopolists without need or justification".[467]

i. *Licenças de melhoramentos*

De modo a reduzir o risco de o licenciado desenvolver melhoramentos relativamente à tecnologia do licenciante aos quais este não tenha acesso, as cláusulas de licença de melhoramentos (*grantback clauses*) permitem assegurar a transmissão das inovações, quer do licenciado para o licenciante como o inverso. As objecções levantadas pelo direito da concorrência a este tipo de cláusulas prendem-se com as cláusulas de licença exclusiva pelas quais é possível retardar a inovação e dissuadir os licenciados de investir no desenvolvimento tecnológico.[468] Ainda segundo a *patent misuse doctrine*, tal como ela é aplicada desde a aprovação da lei de 1988, é exigida prova de que a parte que impõe a licença exclusiva detém poder de mercado.[469]

O Supremo Tribunal considera que as mesmas escapam à proibição *per se*, devendo, por isso, ser analisadas segundo a *rule of reason*.[470] Os factores mais relevantes na aplicação da *rule of reason* a licenças de melhoramentos são a duração dessa obrigação e o seu carácter exclusivo.[471] As licenças de melhoramentos não exclusivas são pouco susceptíveis de levantar problemas de direito da concorrência. Mesmo as licenças exclusivas podem ser compatíveis desde que não sejam acompanhadas

---

[467] Sobre a faculdade do licenciado de contestar a validade dos direitos licenciados, ver *Lear, Inc. v. Adkins*, 395 U.S. 653 (1969), na p. 670. Quanto ao abuso de patente, ver *Bendix Corp. v. Balax, Inc.*, 471 F.2d 149 (7th Cir. 1972), *certiorari denied*, 414 U.S. 819 (1973) e *Windsurfing International, Inc. v. AMF, Inc.*, 782 F.2d 995 (Fed. Cir.), *certiorari denied*, 477 U.S. 905 (1986).

[468] Ver *United States v. Hartford-Empire*, 46 F.Supp. 541 (N.D. Ohio, 1942), modified, 323 U.S. 386 (1945).

[469] HOVENKAMP, *op. cit.*, p. 225.

[470] *Transparent-Wrap Machine Corp. v. Stokes & Smith*, 329 U.S. 637 (1947).

[471] Ver *Santa Fe-Pomeroy, Inc. v. P&Z, Co.*, 569 F.2d 1084 (9th Cir. 1978), p. 1101: "the grantback was limited in time and subject matter (...) and therefore had no restrictive or 'chilling' effect on any improvements". Outros factores relevantes são o direito de o licenciado utilizar os melhoramentos, no caso de licenças de melhoramentos exclusivas; a rigorosa delimitação do âmbito da obrigação às patentes licenciadas; a natureza gratuita ou onerosa da licença; o poder de mercado das partes; e o efeito daquela obrigação nos incentivos para a investigação e desenvolvimento da patente licenciada.

de outras restrições.[472] No entanto, as licenças não exclusivas podem ser consideradas ilegais quando se integrem num esquema de monopolização do mercado e de eliminação da concorrência após o termo das patentes de base.[473] Sendo a principal preocupação relativamente a estas cláusulas a de impedir que as mesmas criem limites à inovação, as autoridades centram a análise destes casos em torno dos mercados de tecnologia e de investigação e desenvolvimento, deixando de fora os mercados de produto. Caso se verifique uma redução dos incentivos para o desenvolvimento da tecnologia licenciada, as autoridades podem impor a demonstração de aspectos pro-competitivos que permitam compensar aquela restrição. Entre os possíveis benefícios destacam-se a promoção da disseminação dos melhoramentos tecnológicos introduzidos pelos licenciados, o aumento dos incentivos dos licenciantes para que estes disseminem a respectiva tecnologia, ao eliminar o risco de serem depois excluídos quanto à exploração de eventuais melhoramentos por parte dos licenciados, e o aumento da produção ou da concorrência em termos de inovação no mercado (em termos análogos à *interbrand competition*).

j. *Cláusulas de não-concorrência*

As cláusulas de não-concorrência pelas quais o licenciado é obrigado a não fabricar ou comercializar produtos concorrentes são consideradas abuso de patente por alguns tribunais.[474] Um tribunal condenou como uma *unreasonable restraint* a obrigação do licenciante de não fabricar produtos concorrentes.[475] A necessidade de proteger o incentivo do licenciado de concentrar as suas atenções na tecnologia ou produto objecto da licença leva porém a uma abordagem mais flexível quanto a cláusulas pelas quais uma licença exclusiva se converte automaticamente

---

[472] *Santa Fe-Pomeroy, Inc. v. P&Z, Co.*, 569 F.2d 1084 (9th Cir. 1978), p. 1101.

[473] Ver United States v. Aluminum Co. of America, 91 F. Supp. 333 (S.D.N.Y. 1950); United States v. General Electric, 82 F. Supp. 753 (D.N.J. 1959).

[474] Ver *National Lockwasher Co. v. George K. Garrett Co.*, 137 F.2d 255 (3rd Cir. 1943); *McCullough v. Kammerer Corp.*, 166 F.2d 759 (9th Cir.), *certiorari denied*, 335 U.S. 813 (1948); *Berlenbach v. Anderson & Thompson Ski Co.*, 329 F.2d 782 (9th Cir.), *certiorari denied*, 379 U.S. 830 (1964); *Columbus Auto. Corp. v. Oldberg Manufacturing Co.*, 387 F.2d 643 (10th Cir. 1968), *aff'd* 264 F.Supp. 779 (D.Colo. 1967).

[475] *Compton v. Metal Products*, 453 F.2d 38 (4th Cir. 1971), *certiorari denied*, 406 U.S. 968 (1972).

em não exclusiva caso o licenciado passe a produzir ou comercializar produtos concorrentes.[476]

C. Abuso de monopólio no contexto de acordos de licença de tecnologia

1. *Aspectos gerais*

A posição no mercado das partes de um acordo de transferência de tecnologia pode ser relevante do ponto de vista do direito da concorrência. Um acordo cujas cláusulas seriam, em princípio, lícitas do ponto de vista das disposições sobre acordos, como a § 1 do *Sherman Act*, pode contrariar outras disposições, como a § 2 do mesmo diploma, relativa aos delitos de monopolização e de tentativa de monopolização. Por outro lado, a aquisição de direitos de propriedade intelectual configura uma aquisição de activos passível de controlo ao abrigo da lei sobre a concentração de empresas, a § 7 do *Clayton Act* de 1914. Daí que qualquer tratamento dos acordos de transferência de tecnologia fique incompleto a menos que sejam igualmente contempladas estas duas dimensões do direito da concorrência. É esse o objectivo deste capítulo.

O delito de monopolização impõe dois requisitos:

"The offense of monopoly under § 2 of the Sherman Act has two elements: (1) the possession of monopoly power in the relevant market and (2) the willful acquisition or maintenance of that power as distinguished from growth or development as a consequence of superior product, business acumen, or historical accident".[477]

O primeiro requisito, respeitante à estrutura do mercado e à posição da empresa em causa, é a existência de poder de monopólio, definida por HOVENKAMP como "um grande poder de mercado". Este poder de mercado é definido pelo Supremo Tribunal como "o poder de controlar os preços ou de excluir a concorrência".[478] Em termos quantitativos, as palavras do

---

[476] Ver *Naxon Telesign Corp. v. Bunker Ramo Corp.*, 517 F.Supp. 804 (N.D. Ill. 1981), aff'd, 686 F.2d 1258 (7th Cir. 1982).
[477] *U.S. v. Grinnell Corp.*, 384 U.S. 563 (1966), pp. 570-71.
[478] *U.S. v. E.I. du Pont de Nemours*, 351 U.S. 377 (1956), pp. 391-392.

Juiz LEARNED HAND a propósito da quota de mercado da ALCOA, considerando que 90% do mercado constitui sem dúvida um monopólio, continuam hoje em dia a servir de guia para os tribunais.[479]

Quanto ao poder de monopólio, a titularidade de direitos de propriedade intelectual não permite um preenchimento automático deste requisito. É esse o entendimento resultante do acórdão *Walker Process* de 1965, no qual o Supremo Tribunal exigiu a definição de um mercado relevante, não se bastando com a prova de existência de direitos exclusivos de propriedade intelectual.[480]

O segundo requisito, mais controverso, prende-se com a conduta imputada à empresa visada. Apesar de uma anterior orientação jurisprudencial pender para uma responsabilidade objectiva, na qual um monopolista comete o delito de monopolização sempre que desenvolve a sua actividade (sujeito a uma defesa por excepção quando o poder de monopólio lhe seja imposto pelo próprio mercado, seja em razão da superioridade dos seus produtos, de uma gestão eficaz ou de um mero acidente histórico), o entendimento jurisprudencial dominante aponta para a exigência de um comportamento tendente à exclusão dos concorrentes.

Curiosamente, o monopolista pode livremente praticar preços de monopólio, não existindo qualquer meio de o obrigar a praticar preços razoáveis (aliás um aspecto em que o direito *antitrust* difere significativamente do direito da concorrência europeu). Esta solução pode ser explicada tendo em atenção a própria filosofia que preside à § 2 do *Sherman Act*, pelo menos tal como foi desenvolvida pelos tribunais. Ao praticar preços de monopólio, o monopolista torna a entrada no mercado de novos concorrentes, ou a expansão do volume de produção das restantes empresas no mercado, mais atraente. Por assim dizer, *o lucro de monopólio atrai a concorrência*. Naturalmente, o instinto do jurista de formação europeia levá-lo-á a questionar a viabilidade dessa concorrência. Ora, é precisamente por isso que o direito norte-americano procura impedir que a essa concorrência sejam colocados obstáculos injustificados pelo monopolista.

---

[479] "It is doubtful whether sixty or sixty-four percent would be enough; and certainly thirty-three percent is not", *U.S. v. Aluminum Co. of America*, 148 F.2d 416 (2d Cir. 1945), p. 424.

[480] Ver *Walker Process Equip., Inc. c. Food Machinery & Chemical Corp.*, 382 U.S. 172 (1965), na p. 177. Esta posição foi reiterada mais recentemente, ver *Spectrum Sports c. McQuillan*, 113 S.Ct. 884 (1993), na p. 890. Note-se que ambos os casos se referem ao delito de tentativa de monopolização.

Daí o segundo requisito exigir a existência de um comportamento tendente à exclusão de concorrentes. Mas mesmo neste caso subsiste uma dificuldade. Alguns comportamentos do monopolista vão inevitavelmente excluir concorrentes mas contribuem igualmente para a eficiência económica. Por isso se diz que nem todas as práticas de exclusão são proibidas.[481]

2. *A teoria dos efeitos externos positivos das redes como elemento qualificativo do poder de mercado*

Vimos na primeira parte deste trabalho que surgiu recentemente nos Estados Unidos uma corrente doutrinária que defende ser necessário um novo paradigma para a compreensão da concorrência nas chamadas indústrias de alta tecnologia.[482] Para esta corrente, certas actividades cruciais para o crescimento das modernas economias industrializadas, como sejam as telecomunicações e a informática, seriam caracterizadas pela presença de efeitos de rede. Estes manifestar-se-iam a dois níveis. Por um lado, na presença de importantes economias de escala no lado da procura. Quanto mais consumidores optarem por um determinado sistema informático, mais atraente este se tornará para os potenciais aderentes, dada a proliferação de bens complementares. Por outro, ao aderir a um dos sistemas, os consumidores ficam ligados a ele pelos investimentos efectuados (*lock-in* ou dependência do consumidor). Um exemplo simples permite ilustrar esta situação. Um consumidor que tenha optado pelo sistema informático Apple Macintosh e pretenda agora transferir-se para o sistema IBM PC/MS-DOS/WINDOWS, suportará um custo elevado resultante da necessidade de adquirir novos programas de computador, das dificuldades de conversão de documentos entretanto criados e do custo de adquirir outros bens complementares não transferíveis (e.g., uma impressora ou um modem). Os factores apontados levariam então a que, após uma hesitação inicial do mercado entre diferentes sistemas concorrentes, o primeiro concorrente a destacar-se dos restantes criasse um círculo virtuoso que o levaria inexoravelmente ao domínio do mercado.[483]

---

[481] Ver HERBERT HOVENKAMP, *op. cit.*, p. 246.
[482] Ver, *supra*, I.C.3..
[483] Como sinteticamente afirma W. BRIAN ARTHUR, "Increasing returns are the tendency for that which is ahead to get further ahead, for that which loses advantage to lose further advantage"; "Increasing Returns ...", p. 100.

Como vimos na secção anterior, a § 2 do *Sherman Act* apenas qualifica como delito de monopolização a aquisição de poder de monopólio ou a tentativa de aquisição do mesmo mediante a utilização de certos meios ilegais. Cumulativamente, esses meios devem ser aptos a produzir o resultado em causa, *i.e.*, causa adequada da monopolização. Ora, no caso das indústrias caracterizadas pelos efeitos externos de rede, não são normalmente necessárias práticas ostensivamente ilegais para atingir aquele resultado. Práticas aparentemente inócuas podem ser suficientes para fazer com que o mercado oscile na direcção de um dos concorrentes iniciando o processo inexorável de transformação da empresa assim favorecida num monopolista. Por outras palavras, práticas que são normalmente consideradas *de minimis* podem ter um impacto decisivo na definição do vencedor da corrida tecnológica. Justifica-se então, no entender dos defensores deste novo paradigma, que seja dada mais atenção às práticas anticoncorrenciais nos sectores em causa.

Mais preocupante ainda, para os defensores desta tese, é o risco de essa posição de vantagem conseguida num determinado segmento da indústria poder ser um poderoso instrumento de projecção de poder económico para outros mercados (*leverage*). Usando uma parábola biológica, os produtos das indústrias de ponta como a informática existem num ecossistema complexo, ou seja, são interdependentes e geram reciprocamente efeitos de retorno positivos (*positive feedbacks*).[484] Servindo-se de uma estratégia de criação de elos e de projecção de poder de mercado (*linking and leveraging*), a empresa que controla um dos segmentos pode tirar proveito de uma ampla base instalada de clientes para conquistar os restantes.[485]

Esta nova visão da concorrência nas indústrias de tecnologia de ponta foi abraçada recentemente pelas autoridades norte-americanas, representando já o discurso das "indústrias de rede" o carácter de nova ortodoxia daquelas entidades.[486] A nomeação de CARL SHAPIRO, um dos expo-

---

[484] Para uma boa ilustração dessa inter-dependência dos produtos informáticos ver The Economist, *A Survey of the Computer Industry*, 27.2.1993, p. 10.

[485] Ver W. BRIAN ARTHUR, *op. cit.*, pp. 105-106.

[486] Ver, a título exemplificativo, FEDERAL TRADE COMMISSION STAFF, *Anticipating the 21st Century – Vol. I: Competition Policy in the New, High-Tech, Global Marketplace*, Washington D.C., 1996, cap. 9 – "Networks and Standards"; CHARLES E. BIGGIO, "Antitrust and Networks", Address before the Corporate Counsel Institute and Business Development Associates conference "Antitrust for Hi-Tech Companies, The Westin Hotel, San Francisco, 2.II.96; CARL SHAPIRO, "Antitrust in Network Industries", Address before the

entes da análise económica dos efeitos externos de rede, para liderar a equipa de economistas do Departmento de Justiça ilustra bem a importância dada a esta nova corrente. Não é de admirar, por isso, que as teses expostas tenham estado na base de dois dos principais casos tratados pelo Departmento de Justiça nos últimos anos – o processo contra a Microsoft por monopolização do mercado de sistemas operativos para os computadores IBM e compatíveis, e a aquisição da Intuit pela Microsoft.

3. Aquisição de direitos de propriedade intelectual

a. *Aplicação da § 2 do Sherman Act à aquisição de direitos de propriedade intelectual*

Quanto à aquisição originária de direitos exclusivos como resultado da actividade económica de uma empresa ou de um inventor, ela não constitui, em princípio, uma violação das regras de concorrência, ainda que do direito assim obtido venha a resultar um verdadeiro monopólio em sentido económico.[487]

No que respeita à aquisição por transmissão *inter vivos* de direitos de propriedade intelectual, a regra fixada jurisprudencialmente é a da legalidade da mera acumulação de patentes.[488] No entanto, poderemos estar perante uma violação das regras de concorrência sempre que essa transacção se integre num propósito mais amplo de restrição da concorrência. De especial relevo para as questões em análise é o caso *Kobe, Inc. c. Dempsey Pump Co.*, decidido pelo Tribunal Federal do 10.° Círculo, no qual se considerou que a aquisição, não uso e proibição de uso por terceiros de todas as patentes importantes num determinado domínio técnico com o objectivo de excluir a concorrência constitui uma violação da *Section 2* do *Sherman Act*, quando acompanhada de outros comportamen-

---

American Law Institute and American Bar Association Conference "Antitrust/Intellectual Property Claims in High Technology Markets", Stouffer Stanford Court Hotel, San Francisco, 25.1.96.

[487] Ver *SCM Corp. c. Xerox Corp.*, 645 F.2d 1195 (2d Cir. 1981), *certiorari denied*, 455 U.S. 1016 (1982), na p. 1206: "the procurement of a patent (...) will not violate § 2 even where it is likely that the patent monopoly will evolve into an economic monopoly".

[488] Ver *Automatic Radio Mfg. Co. c. Hazeltine Research*, 339 U.S. 827 (1950), na p. 834: "The mere accumulation of patents, no matter how many, is not in itself illegal".

tos restritivos da concorrência.[489] Estas transmissões caem ainda no âmbito da *Section 7* do *Clayton Act*, a disposição relativa às concentrações, como veremos no ponto seguinte.

Como notam AREEDA e KAPLOW, a aplicação das regras da concorrência à aquisição de direitos exclusivos por empresas monopolistas coloca um dilema. Por um lado, uma atitude permissiva levará ao reforço desse monopólio, emprestando-lhe os meios legais necessários para impedir potenciais concorrentes de entrar no mercado relevante. Por outro, ao excluir do leque de adquirentes potenciais uma empresa monopolista, o direito da concorrência corre o risco de eliminar precisamente quem está disposto a pagar mais pela inovação em causa.[490]

b. *Aplicação da § 7 do Clayton Act à aquisição de direitos de propriedade intelectual*

A § 7 do *Clayton Act* proíbe as concentrações "which substantially lessen competition".[491] Em relação às concentrações horizontais, as mais susceptíveis de restringir a concorrência, as Directrizes de 1992 apontam como principal objectivo evitar que através de um aumento da concentração do mercado se criem condições para comportamentos de colusão tácita. Só em segundo lugar elas visam aquilo a que se chamam os efeitos unilaterais, mais próximos do objecto do controlo comunitário de concentrações. Porque a malha é mais fina, muitas concentrações que criam algum poder de mercado podem ser proibidas, apesar de não conduzirem necessariamente a um monopólio.

Vimos já neste trabalho que a aquisição de direitos de propriedade intelectual constitui por vezes o objecto central de casos de concentração ao abrigo da § 7 do *Clayton Act*. A atestá-lo estão não só os casos citados a propósito da noção de mercado de inovação como o recente caso da proposta aquisição da Intuit pela Microsoft, abandonada após a oposição do DOJ em 1995.

---

[489] Ver *Kobe, Inc. c. Dempsey Pump Co.*, 198 F.2d 416 (10th Cir.), *certiorari denied*, 344 U.S. 837 (1952).
[490] AREEDA e KAPLOW, *op. cit.*, p. 558.
[491] Sobre o tratamento das concentrações no âmbito da § 7 do *Clayton Act* ver, por todos, HOVENKAMP, *op. cit.*, pp. 441 e ss.

4. Obrigação de conceder licenças

Dos pontos tratados neste capítulo, este é o que mais reflecte a posição preponderante do direito da propriedade intelectual face ao direito da concorrência. Assim, contrariamente ao que sucede na generalidade dos países industrializados, não encontramos no direito norte-americano qualquer obrigação de exploração de direitos de propriedade intelectual, nem qualquer remédio destinado a superar tal situação, como sejam as licenças obrigatórias. Esta singular posição deriva da própria noção de patente:

"A patent owner is not in the position of a quasi-trustee for the public or under any obligation to see that the public acquires the free right to use the invention. He has no obligation either to use or to grant its use to others. If he discloses the invention in his application so that it will come into the public domain at the end of the 17-year period of exclusive right he has fulfilled the only obligation imposed by the statute. This has been settled doctrine since at least 1896".[492]

Assim, a recusa de conceder licenças a concorrentes do titular da patente constitui apenas uma das faculdades que lhe é conferida pelo direito exclusivo, pelo que não existe nem abuso de direito nem violação do direito da concorrência quando uma empresa dominante adopta tal comportamento.[493]

5. Abusos contratuais – O caso *United States c. Microsoft*[494]

Se a recusa de conceder licenças a terceiros resulta da própria essência do direito exclusivo e não constitui uma violação das regras de con-

---

[492] *Hartford-Empire Co. c. United States*, 323 U.S. 386, *clarified*, 324 U.S. 570 (1945).

[493] Ver, por exemplo, *Continental Paper Bag Co. c. Eastern Paper Bag Co.*, 210 U.S. 405, na p. 429: "As to the suggestion that competitors were excluded from the use of the new patent, we answer that such exclusion may be said to have been of the very essence of the right conferred by the patent, as it is the privilege of any owner of property to use or not use it, without question of motive". Ver ainda *SCM Corp. c. Xerox Corp.*, 645 F.2d 1195 (2d Cir. 1981), *certiorari denied*, 455 U.S. 1016 (1982).

[494] Nota de actualização: Referimo-nos aqui ao caso Microsoft I. Posteriormente à conclusão deste trabalho foram iniciados dois outros processos contra a Microsoft. Um dos processos tinha por base a alegada violação do *consent decree* que pôs termo ao processo

corrência, o exercício da faculdade de conceder licenças está sujeito ao respeito daquelas regras. No presente capítulo apenas nos interessa a caracterização de certas práticas como violações da *Section 2* do *Sherman Act*. O principal caso de monopolização através de cláusulas inseridas em contratos de licença de direitos de propriedade intelectual é o recente caso *United States c. Microsoft I*, resolvido por acordo entre as partes em 1995. Como veremos, este caso levanta um amplo leque de questões que ilustram bem as dificuldades enfrentadas pelo direito da concorrência nesta área. Daí termos optado por fazer dele o principal objecto de estudo deste capítulo. De resto, a existência de um processo idêntico a nível da Comunidade Europeia permitirá uma comparação útil entre as concepções actualmente predominantes nos Estados Unidos e as soluções defendidas a nível comunitário.

a. *Enquadramento geral – breve caracterização da indústria informática*[495]

Para que os computadores pessoais possam funcionar é necessário que disponham de uma unidade central de processamento ou microprocessador, de um programa de base e de programas informáticos adequados às tarefas que o utilizador pretende realizar.[496] O programa de base é o sistema operativo. Cada computador dispõe de pelo menos um microprocessador e um sistema operativo (SO). Tendo estes dois elementos, o utilizador pode então optar por diversos programas destinados à realização de tarefas específicas ou aplicações, como o processamento de texto, a cria-

---

Microsoft I, sendo designado por Microsoft II: ver a decisão de segunda instância *U.S. v. Microsoft*, 147 F.3d 935 (1998); o outro processo dizia respeito a alegações muito mais vastas (centradas no comportamento da Microsoft na chamada "guerra dos *browsers*"), sendo designado por Microsoft III: ver a decisão do Círculo Federal: *U.S. v. Microsoft*, 253 F.3d 34 (2001).

[495] Nota de actualização: o texto que se segue refere-se à situação do mercado à data em que este trabalho foi originalmente redigido (Setembro de 1997).

[496] Seguimos neste ponto a descrição de KENNETH C. BASEMAN, FREDERICK R. WARREN-BOULTON, GLENN A. WOROCH, "Microsoft Plays Hardball: The Use of Exclusionary Pricing and Technical Incompatibility to Maintain Monopoly Power in Markets for Operating System Software", Antitrust Bull., vol. XL, n.º 2, 1995, p. 265 (adiante BASEMAN ET AL.). Para maiores desenvolvimentos sobre o sector da informática ver The Economist, *A Survey of the Computer Industry*, 27.2.93 e The Economist, *A Survey of the Software Industry*, 25.5.96.

ção e gestão de bases de dados ou a utilização de folhas de cálculo. Para facilitar a utilização do computador, alguns sistemas operativos são complementados por uma interface gráfica do utilizador, ou seja, por um programa que se sobrepõe ao sistema operativo permitindo ao utilizador trabalhar num ambiente de mais simples compreensão. O exemplo mais conhecido é o popular programa Windows.[497] Note-se, contudo, que este é um elemento opcional para o utilizador.

Os computadores pessoais dirigidos ao grande público obedecem hoje essencialmente a dois sistemas. Um é o sistema de computadores compatíveis com as especificações IBM-PC, lançado pela IBM em 1981, e que tem por base microprocessadores Intel. O outro é o sistema Apple Macintosh. Embora exista uma compatibilidade dos dados e documentos realizados pelos diferentes sistemas, os sistemas operativos e as aplicações são criados especificamente para um determinado sistema. Assim, não é possível instalar uma cópia de um processador de texto criado para IBM-PC num Apple Macintosh.[498] Em suma, o utilizador que pretenda adquirir um computador pessoal é confrontado desde logo com uma opção entre um destes dois sistemas.

O sistema Apple Macintosh é hoje em dia claramente marginal em relação ao sistema IBM-PC, representando cerca de 4% do mercado. O sistema IBM-PC caracteriza-se por uma forte concorrência a nível de marcas com centenas de fabricantes que utilizam componentes fabricados por empresas especializadas e que lutam para reduzir os respectivos custos de produção de modo a sobreviver. A montante encontramos uma empresa dominante, a Intel, que fornece grande parte dos microprocessadores utilizados nos IBM-PC. Os microprocessadores da Intel são designados genericamente de x86 e incluem as sucessivas gerações de processadores Intel 286, 386, 486, e os mais recentes Pentium.

Aquando do lançamento do IBM-PC em 1981, esta empresa seleccionou o microprocessador Intel 8088 e o SO da Microsoft, o MS-DOS. Este sistema operativo baseia-se num sistema mais antigo, o CP/M, desenvolvido em 1976 pela Digital Research Incorporated (DRI) para o proces-

---

[497] A actual versão, o Windows 95, é um verdadeiro sistema operativo que incorpora a *interface* gráfica do utilizador, a exemplo do sistema operativo dos computadores Apple Macintosh.

[498] Embora tal seja possível com os novos computadores da Apple baseados num novo microprocessador, os Power PC. Mas nesse caso, o computador funciona de modo a emular o funcionamento de um IBM-PC, pelo que os sistemas continuam separados.

sador Intel 8080. A Microsoft adquiriu em 1980 por 100 mil dólares os direitos exclusivos sobre um programa derivado do CP/M, chamado Disk Operating System que, após algumas modificações se transformou no MS-DOS primitivo.

Durante a infância dos PCs, coexistiram diversos sistemas operativos. Para além do MS-DOS e de outros programas derivados daquele (como o Compaq DOS e o NEC DOS), a IBM, após terminar a sua colaboração com a Microsoft, desenvolveu uma variante do MS-DOS, o PC-DOS, e criou um novo sistema operativo que combinava igualmente uma interface gráfica do utilizador, o OS/2. A DRI (adquirida pela Novell em 1991) continuou a desenvolver o CP/M lançando diversas gerações desse produto – o CP/M 86, o DOS PLUS e o DR-DOS. A versão de 1990, o DR-DOS 5.0 atingiu um grande sucesso comercial terminando o ano com uma quota de 10% das vendas, contra 70% do MS-DOS e 18% do PC-DOS.

Respondendo à ameaça colocada pelo sucesso do DR-DOS, a Microsoft anunciou um mês depois do lançamento daquele produto uma nova versão do MS-DOS que incluiria grande parte das inovações introduzidas pelo DR-DOS 5.0. No entanto, o produto anunciado, o MS-DOS 5.0 só viria a ser comercializado mais de um ano depois do seu anúncio.

Antes ainda do MS-DOS 5.0. surge em 1991 uma nova versão do programa de interface gráfica do utilizador Windows, lançado inicialmente pela Microsoft em 1985. Dos computadores vendidos nesse ano cerca de 18,5% incluíam a combinação MS-DOS/Windows 3.1. No ano seguinte a quota de vendas desses produtos era já de 59,7%. A situação em 1993 colocava o MS-DOS com 79% do mercado de SO para IBM-PCs, o PC-DOS com 13%, o OS/2 com 4%, o DR-DOS com 3% e o UNIX com 1%.

b. *Enquadramento processual*

As práticas da Microsoft começaram a ser investigadas nos Estados Unidos em 1990 pela Federal Trade Commission. Segundo a Microsoft, a investigação teve por objecto o alegado favorecimento das suas aplicações através da não divulgação de informação relativa às características do seu sistema operativo; a prática de *vaporware*, ou seja, o anúncio prematuro de novas versões do seu sistema operativo de modo a dissuadir os utilizadores de optar por sistemas concorrentes; a subordinação da licença do seu sistema operativo à licença das suas aplicações; a exigência de *royalties* por cada processador vendido, independentemente de o computador em causa incluir ou não o MS-DOS.[499] A investigação não produziu qualquer resultado devido à divisão verificada entre os comissários da FTC. Perante a escusa de um dos cinco comissários, o resultado de dois votos a favor da abertura de um processo formal e dois votos contra correspondeu a uma decisão de não abertura de um processo formal.

Entretanto, a nova equipa do DOJ, chefiada pela *Assistant Attorney General* ANNE BINGAMAN tomou conta da investigação e, após lhe dedicar muitas centenas de horas, chegou a um acordo com a Microsoft em Junho de 1994. O acordo tinha por objecto as condições contratuais das licenças ao abrigo das quais os fabricantes de computadores comercializavam o MS-DOS conjuntamente com os respectivos produtos. Segundo o DOJ, essas condições permitiam à Microsoft adquirir e manter uma posição de monopólio nos sistemas operativos. Marginalmente surgia ainda a questão dos acordos de confidencialidade impostos pela Microsoft às empresas que recebiam versões preliminares do MS-DOS e Windows. Por outras palavras, o acordo centrava-se nos problemas colocados ao nível da concorrência nos sistemas operativos.

Enquanto o acordo aguardava a homologação pelo tribunal federal de Washington, D.C., surgiram perante esta jurisdição diversas participações por parte de um conjunto de interessados, na qualidade de *amici curiae*, opondo-se ao acordo.[500] A tese central da principal oposição (apresentada pelo advogado GARY REBACK em nome de um conjunto de interessados que invocou a necessidade de anonimato para evitar retaliações por parte da Microsoft) alegava a insuficiência das disposições do acordo face às práticas anticoncorrenciais imputadas à Microsoft e à posição por esta adquirida.[501] Para os *amici curiae* a Microsoft havia adquirido uma posição de monopólio que, dadas as características do sector, em especial os efeitos externos de rede, dificilmente seria posta em causa. Pior, a natureza dos mercados em causa fazia antever a extensão desse monopólio a outros mercados, como é o caso do mercado de aplicações. Este fenómeno,

---

[499] Ver *United States c. Microsoft*, Memorandum Opinion by Judge Sporkin, Civ. Action No. 94-1564.

[500] A participação de terceiros num processo de aprovação de um *consent decree* é autorizada em termos bastante amplos. Esta participação não se confunde com o incidente de intervenção, o qual é encarado de modo bastante restritivo no que respeita a processos cíveis interpostos pelo Governo.

[501] O juiz SPORKIN parece ter ficado impressionado com o pedido de anonimato num processo perante um tribunal federal.

tido como inevitável dada a posição da Microsoft no sector chave dos sistemas operativos, só podia ser combatido através de medidas mais drásticas, como seja a própria divisão da Microsoft em duas empresas, uma dirigida aos sistemas operativos e outra ao desenvolvimento de aplicações informáticas.

Os argumentos dos *amici curiae* foram acolhidos pelo juiz a quem o processo fora distribuído, o juiz STANLEY SPORKIN. Numa decisão controversa, o juiz SPORKIN rejeitou o acordo em termos contundentes e mesmo violentos. O acordo demonstraria, em seu entender, a incapacidade ou a indisponibilidade do Governo dos Estados Unidos para fazer face a uma ameaça potencial ao bem-estar da nação e constituiria uma capitulação perante o poder económico da Microsoft. A principal preocupação do juiz era a ausência de qualquer remédio dirigido aos alegados riscos de monopolização do mercado de aplicações e não condenação da alegada prática de *vaporware*. No essencial, o juiz SPORKIN insurgiu-se por o Governo não ter ido suficientemente longe na sua queixa.

Esta decisão fundamentava-se numa interpretação discutível da competência dos tribunais em matéria de homologação de transacções judiciais quanto à aplicação das regras de concorrência. Essa competência está contida no *Tunney Act* de 1988, designação corrente do *Antitrust Procedures and Penalties Act*.[502] Nos termos deste diploma, para que o *consent decree* seja aprovado, o tribunal deve verificar se essa aprovação é do interesse público.[503] O principal argumento do DOJ prende-se com a limitação do objecto do processo pela queixa. Uma vez que as razões invocadas pelo juiz SPORKIN diziam respeito a aspectos da investigação não contemplados na queixa, a decisão era ilegal por exceder as suas competências no quadro do *Tunney Act*.

O tribunal federal de segunda instância do círculo federal deu razão às teses do DOJ.[504] Para este órgão jurisdicional, o *Tunney Act* não permite aos juízes ir para lá da queixa de modo a apreciar comportamentos não alegados pelo Governo bem como as razões pelas quais este os não alegou. O *Court of Appeals* concluiu distinguindo o papel do juiz ao abrigo do *Tunney Act* do papel do *Attorney General*.

---

[502] 15 U.S.C. § 16 (b) – (h).
[503] 15 U.S.C. § 16 (e).
[504] Ver *U.S. v. Microsoft*, 56 F.3d 1148 (1995).

c. *A posição de monopólio da Microsoft*

O DOJ definiu o mercado relevante como sendo o mercado de sistemas operativos para computadores pessoais que utilizam processadores x86 ou equivalentes. A dimensão geográfica do mercado é mundial.[505] Esta definição deixa de fora outros sistemas informáticos, como o Apple Macintosh, dada a impossibilidade de instalar num IBM-PC um sistema operativo concebido para um computador com outra arquitectura.

Do ponto de vista do consumidor, todavia, a escolha que se lhe coloca é, precisamente, uma escolha entre os diversos sistemas informáticos existentes, ainda que a escolha de um deles implique uma limitação da possibilidade de escolha dos componentes do sistema. Por exemplo, no sistema Apple Macintosh, a própria Apple produz o respectivo sistema operativo sem concorrência, existindo um mercado competitivo quanto aos diferentes tipos de aplicações. A opção pelo Macintosh implica, pois, uma opção por um determinado sistema operativo. Mas é o sistema composto pelo conjunto computador–sistema operativo–aplicações que é decisivo para o consumidor. Assim sendo, a definição do mercado dada pelo DOJ apenas faz sentido na medida em que os consumidores que optam pelo sistema IBM-PC ficam limitados na sua escolha posterior. Uma vez aderindo a um dos sistemas, os utilizadores ficam cativos da sua escolha. Este fenómeno de *lock-in* significa que os consumidores são vulneráveis na medida em que as possibilidades de optar por outro sistema são limitadas pelos custos do equipamento adquirido, pela eventual impossibilidade de transferir dados acumulados num dado sistema para outro sistema alternativo, etc. Segundo esta tese, que está na base do caso *Kodak* de 1992, os consumidores podem ser explorados sem ter qualquer alternativa senão suportar os comportamentos alegadamente abusivos.[506] Em todo o caso, o alargamento da definição do mercado de produto não teria grande impacto nas teses do DOJ. Por qualquer definição, a Microsoft dispunha de quotas de mercado que lhe confeririam uma posição dominante.

---

[505] Ver pontos 13 e 14 da queixa.

[506] No entanto, o caso *Kodak* de 1992, cuja complexidade exigiria um tratamento mais demorado, respeita à possibilidade de uma empresa exercer poder de mercado sobre os seus próprios produtos, apesar de no mercado mais amplo ela não deter uma posição de domínio. O equivalente deste caso é, em direito comunitário, o caso Hugin/Liptons no qual a Hugin foi considerada como estando em posição dominante no mercado de peças sobresselentes para as suas máquinas, enquanto detinha apenas 12% do mercado de máquinas registadoras.

No mercado relevante assim definido, a posição da Microsoft foi sempre muito elevada, situando-se em mais de 70% desde meados da década de 80. Mas a análise das partes de mercado dificilmente será determinante para estabelecer uma posição de monopólio, salvo nos casos de partes próximas do domínio total do mercado. Uma posição de mercado elevada pode desaparecer rapidamente, a menos que importantes obstáculos impeçam a expansão dos concorrentes actuais ou a entrada de novos concorrentes.

O mercado de sistemas operativos é descrito na queixa em termos que evocam a teoria dos efeitos externos de rede.[507] A entrada seria dificultada não só pelo elevado custo de desenvolvimento de um novo sistema operativo e pelo tempo necessário para o efeito como também por três factores que se reforçam mutuamente: a inexistência de um conjunto de aplicações de alta qualidade que corram no novo sistema operativo e a dificuldade de convencer os produtores de aplicações independentes a desenvolvê-las; a inexistência de uma base instalada de utilizadores; a dificuldade de convencer os fabricantes de computadores a oferecer e promover um sistema operativo que não o da Microsoft, em especial um sistema com uma pequena base instalada e com poucas aplicações disponíveis.

Os efeitos externos de rede estarão presentes de modo a reforçar esses obstáculos à entrada na medida em que para o utilizador o valor de um sistema operativo é uma função da existência de uma ampla variedade de aplicações de alta qualidade que com ele possam ser utilizadas e do número de utilizadores daquele sistema. Os produtores de aplicações, por seu turno, tenderão a desenvolver aplicações para o sistema com a maior base instalada de utilizadores, aumentando o valor deste sistema para os consumidores e reforçando a atracção deste para os consumidores.

Neste contexto, as práticas da Microsoft adiante examinadas teriam, no entender do DOJ, aumentado significativamente os obstáculos à entrada no mercado de sistemas operativos ao criar junto dos fabricantes de computadores um forte desincentivo à promoção de sistemas concorrentes.

As características do mercado de sistemas operativos explicam, em parte, esta forte concentração da oferta. O custo de desenvolvimento de um sistema operativo é bastante elevado, enquanto que os restantes custos

---

[507] Como reconhece o economista KENNETH J. ARROW que apresentou um depoimento escrito em favor das teses do Governo.

de produção são diminutos. Uma empresa que se proponha desenvolver um novo sistema operativo enfrenta, por isso, custos fixos muito elevados e, na sua maior parte, irreversíveis. Um novo concorrente no mercado de sistemas operativos deve ainda tomar uma decisão quanto à compatibilidade com aplicações concebidas para os sistemas actualmente comercializados. O novo concorrente pode optar por um sistema inteiramente novo, entrando simultaneamente no mercado de sistemas operativos e de aplicações, ou limitar a sua entrada ao primeiro, procurando garantir a compatibilidade com as aplicações existentes. Uma vez que o sistema dominante é o MS-DOS e seus derivados, qualquer novo concorrente deve garantir que as aplicações criadas para estes sistemas operativos podem ser utilizadas com o seu novo sistema operativo de modo a beneficiar da oferta existente. Esta dependência do sistema dominante permite à Microsoft manipular o mercado através de modificações das interfaces de base com o simples propósito de entravar a acção dos seus concorrentes, aspecto que adiante examinaremos.

Ao descrever a oferta de sistemas operativos como uma indústria caracterizada pelos rendimentos crescentes à escala e por efeitos externos de rede, o DOJ teve de reconhecer que a posição de monopólio da Microsoft foi o resultado de vantagens fortuitas (como foi o caso da escolha da Microsoft para desenvolver o sistema operativo para o IBM-PC, uma decisão imputável apenas à IBM) e da sua superioridade em termos de produto e estratégia comercial. Como afirma KENNETH J. ARROW no seu depoimento,

> "For the most part, Microsoft appears to have achieved its dominant position in its market as a consequence of good fortune and possibly superior product and business acumen".

Se a indústria informática tende para a criação de um monopólio natural, a Microsoft apenas pode ser condenada por monopolizar o mercado a partir do momento em que penalizamos o próprio comportamento inovador e empreendedor. Mesmo nos casos em que se foi mais longe na definição do ilícito de monopolização, o caso ALCOA, nunca essa posição foi defendida.

Colocados perante a inevitabilidade de um monopólio nos sistemas operativos, a única objecção que pode ser levantada prende-se com a identidade do vencedor. Podemos entender que a Microsoft ganhou devido a acasos históricos (a escolha da IBM) ou a pequenas vantagens resultantes da antecipação aos restantes concorrentes que se ampliaram com o tempo. O seu triunfo no mercado seria então obra do acaso e não da superioridade dos seus produtos. Pior, o seu triunfo podia ter sido garantido pelas práticas anticoncorrenciais que alegadamente teria adoptado. Como vimos na primeira parte deste trabalho, a teoria dos efeitos externos de rede atribui importância decisiva aos acontecimentos aparentemente insignificantes que fazem com que o mercado penda a favor de um determinado sistema. As práticas imputadas à Microsoft seriam então o grão de areia que fez pender decisivamente a balança do mercado a seu favor. Uma vez que o resultado necessário dessas práticas é fazer com que o mercado tombe para a Microsoft, elas permitiram-lhe monopolizar o mercado, logo, sendo práticas ilícitas elas constituem um delito de monopolização, ainda que individualmente pareçam não ser decisivas.

Esta tese da entropia de práticas restritivas permitiria assim condenar uma empresa por monopolização mesmo que as práticas que lhe são imputadas sejam aparentemente insuficientes para por si só ditar o domínio do mercado. No mercado em causa, essas práticas são adequadas a criar um monopólio porque cada acontecimento que reforça um sistema garante que ele seja o vencedor. O óbvio problema que se coloca é o de saber como manter a concorrência sem coarctar excessivamente as empresas que em cada momento lideram. Aliás, no início da luta pelo domínio de um mercado, a teoria dos efeitos externos de rede defende que o resultado é imprevisível. Assim sendo é difícil saber qual a empresa que dispõe do melhor produto e que deve ser protegida de práticas que podem fazer com que o mercado penda para o produto de qualidade inferior. Ao fim e ao cabo regressa-se a uma lógica de política industrial como *picking up winners*. Desta feita, porém, a política de concorrência é exercida como uma forma de *picking on winners*.[508]

Tendo como ponto de partida a caracterização do mercado de sistemas operativos como uma "indústria de rede", o DOJ foi bastante cauteloso nas conclusões que daí retirou. Assim, no essencial, a posição da

---

[508] Na base destas políticas encontra-se o problema do conhecimento, magistralmente teorizado por F.K. HAYEK. No fundo, põe-se aqui a questão de se substituir a escolha descentralizada do mercado por juízos qualitativos formados pelas autoridades governamentais. Ver F.K. HAYEK, *Individualism and Economic Order*, Univ. of Chicago Press, Chicago, 1948, *maxime*, caps. II – Economics and Knowledge e IV – The Use of Knowledge in Society; ver ainda F.K. HAYEK, *Law, Legislation and Liberty*, Univ. of Chicago Press, Chicago, 1973-79, em especial os caps. 10 e 15.

Microsoft no mercado foi considerada como o resultado de uma decisão da IBM, de uma gestão bem sucedida e da qualidade dos seus produtos que decidiram a batalha pelo sistema operativo do IBM-PC.

Por isso, o caso Microsoft terminou com um acordo que se limitou a aspectos horizontais que terão reforçado as já elevadas barreiras à entrada, dissuadindo os seus concorrentes de continuar a desenvolver novos produtos.

Analisaremos de seguida as diferentes práticas que a Microsoft terá alegadamente empregue para obter ou reforçar o seu monopólio.

d. *As práticas imputadas à Microsoft*

Um dos aspectos centrais do caso prende-se com a própria origem da posição de monopólio da Microsoft no mercado de sistemas operativos. Para o DOJ, a conquista dessa posição ficou a dever-se a diversos factores que não podem ser atacados ao abrigo da *Section 2* do *Sherman Act*. Nessa medida, as práticas atacadas apenas lhe permitiram manter esse monopólio através da exclusão de concorrentes por meios que não a concorrência pelo mérito.[509] Nesta lógica, o *consent decree* procurou impedir a Microsoft de utilizar esses meios ilícitos de concorrência, dessa forma eliminando as barreiras artificiais à concorrência. O delito de monopolização cobre não só os casos em que a própria posição de monopólio é obtida através de meios contrários ao direito da concorrência como também a situação em que uma tal posição é licitamente conquistada mas é depois mantida ou reforçada por meios ilícitos.

A alegada restrição resultante das condições contratuais estabelecidas nas licenças concedidas aos fabricantes de equipamento contribuía para bloquear o principal canal de distribuição de sistemas operativos. Com efeito, a própria Microsoft vende o MS-DOS exclusivamente aos fabricantes, comercializando por intermédio de retalhistas especializados apenas as actualizações de MS-DOS. Também o grosso das vendas de Windows ocorre no canal de venda aos fabricantes (80% no primeiro semestre de 1994).

As condições restritivas teriam sido impostas pela Microsoft aos fabricantes uma vez que, dada a posição de monopólio daquela, os fabricantes consideravam ter de oferecer os seus produtos. Estamos assim perante uma posição dominante relativa, *i.e.*, os fabricantes estariam na dependên-

---

[509] Ver ponto 35 da queixa

cia dos produtos da Microsoft. Implícito neste raciocínio está o pressuposto de que os fabricantes teriam preferido manter a sua liberdade de oferecer sistemas concorrentes.[510]

Outro aspecto relevante da queixa aponta para o objecto da exclusão: os principais fabricantes de computadores. Logo, esse canal devia ser essencial para os concorrentes da Microsoft, algo que não resulta claramente dos argumentos do DOJ. Se os concorrentes da Microsoft pudessem escoar os seus produtos através dos fabricantes que não tinham contratos "por processador", não se verificaria um efeito de exclusão.

Segundo a queixa, a partir de 1988, a Microsoft induziu os principais fabricantes de computadores a aderir às licenças "por processador". O DOJ considerou que estes fabricantes eram indispensáveis para o sucesso de qualquer novo sistema operativo, ou seja, o acesso aos pequenos fabricantes não permitia viabilizar um novo sistema operativo.[511] Deste modo, os vinculos contratuais com a Microsoft dissuadem quaisquer novos concorrentes.

O efeito das práticas imputadas à Microsoft seria assim o de excluir os seus concorrentes através de meios anticoncorrenciais.[512] Ao dissuadir

---

[510] Ver ponto 20 da queixa.

[511] Ver ponto 27 da queixa.

[512] Curiosamente, a tese do DOJ recorda a posição do Supremo Tribunal no célebre caso *Standard Oil c. United States*. Neste caso o Governo dos Estados Unidos apoiou-se simultaneamente na Section 1 e na Section 2 do Sherman Act. O Juiz Presidente WHITE defendeu a propósito da relação entre estas duas disposições que "although the statute by the comprehensiveness of the enumerations embodied in both the first and second sections makes it certain that its purpose was to prevent undue restraints of every kind of nature, nevertheless by the omission of any direct prohibition against monopoly in the concrete it indicates a consciousness that the freedom of the individual right to contract when not unduly or improperly exercised was the most efficient means for the prevention of monopoly, since the operation of the centrifugal and centripetal forces resulting from the right to freely contract was the means by which monopoly would be inevitable prevented if no extraneous or sovereign power imposed it and no right to make unlawful contracts having a monopolistic tendency were permitted". Neste acórdão foi defendida uma interpretação da Section 2 como completando o alcance da Section 1: "In other words, having by the first section forbidden all means of monopolizing trade, that is unduly restraining it by means of every contract, combination, etc., the second section seeks, if possible, to make the prohibitions of the act all the more complete and perfect by embracing all attempts to reach the end prohibited by the first section, that is, restraints of trade, by any attempt to monopolize, or monopolization thereof, even although the acts by which such results are attempted to be brought about or are brought about be not embraced within the general enumeration of the first section". 221 U.S. 1 (1911).

os fabricantes de celebrarem acordos de licença com outros sistemas e de vender esses sistemas, as práticas teriam aumentado o preço dos computadores vendidos com sistemas operativos concorrentes, desencorajando a procura e restringindo a oferta desses produtos. Desta forma a Microsoft teria excluído uma parte importante do mercado. No entanto, apenas 60% das vendas de MS-DOS e 43% das de Windows foram efectuadas segundo as licenças "por processador" no ano de 1993. De fora ficavam ainda as partes de mercado dos concorrentes.

(1) As licenças e respectivas cláusulas

A prática inicial da Microsoft consistiu na concessão de licenças individuais a cada fabricante de PCs com base num montante fixo para um número ilimitado de cópias. A Microsoft introduziu progressivamente um novo tipo de contrato de licença, a licença "por processador". Esta licença implicava o pagamento de *royalties* por cada processador vendido, ainda que o respectivo computador não fosse vendido com uma cópia do MS--DOS. Esta modalidade contratual pela qual se realizavam cerca de 20% das vendas de MS-DOS em 1989 passou a representar 60% das mesmas em 1992. A Microsoft continuou a manter outras modalidades de licença à disposição dos fabricantes interessados, mas com preços mais elevados.

O método de cálculo dos *royalties* relativo à licença "por processador" obrigava os fabricantes de computadores a adquirir uma quantidade mínima, a qual era aparentemente calculada de modo a corresponder ao total esperado de vendas para o período de um ano. Essa quantidade x era então multiplicada por um preço unitário y, o qual variava consoante o fabricante mas que se situava, em média, nos 15 USD.[513] As vendas que excedessem aquela quantidade seriam facturadas ao mesmo preço unitário de y. Caso o fabricante comercializasse também os seus computadores sem qualquer sistema operativo ou com outros sistemas concorrentes do MS-DOS e não atingisse aquela quantidade mínima não teria direito a qualquer desconto. Deste modo, a opção por outro produto tornava-se menos atraente na medida em que o fabricante teria de pagar sempre o equivalente a uma cópia de MS-DOS. Daí o DOJ defender na queixa que esta condição correspondia a uma penalização pela comercialização de um sistema concorrente.

---

[513] Segundo a estimativa de BASEMAN ET AL., *op.cit.*.

Os contratos de licença "por processador" eram celebrados por períodos de dois anos. Caso no final desse período o fabricante não tivesse atingido o volume mínimo estipulado a Microsoft poderia autorizá-lo a transportar as quantidades em questão para o ano seguinte. Ao creditar essas quantidades no ano seguinte, a Microsoft concedia um desconto aos fabricantes que renovassem os respectivos contratos, prolongando a sua duração por períodos superiores aos dois anos inicialmente previstos. Na queixa, o DOJ defende que as licenças eram concluídas por períodos de três anos ou mais, ou seja por um período igual ou superior ao ciclo de produto da maior parte dos sistemas operativos. Por outras palavras, a Microsoft excluía cada fabricante durante cada geração de sistemas operativos impedindo a entrada de um concorrente em cada ponto de desenvolvimento. Através da sua prorrogação, as licenças podiam chegar a períodos totais de cinco anos.

As licenças "por processador" podem, em abstracto, ser justificadas com base em dois argumentos económicos. Em primeiro lugar, a Microsoft podia através destas licenças discriminar entre os diferentes fabricantes. Em segundo lugar, a licença "por processador" pode permitir um controlo mais eficaz da pirataria informática, correspondendo, por isso, a um mecanismo de salvaguarda dos direitos de autor da Microsoft sobre os seus programas.

Quanto ao primeiro argumento, ele é desmentido pela concretização das condições remuneratórias dos contratos de licença por processador. Como notam BASEMAN *et al.*, para tal basta que um fabricante compre mais cópias de MS-DOS do que outro produtor e comercialize mais computadores com um sistema concorrente ou sem qualquer sistema operativo. Nessa situação, o custo unitário do MS-DOS será superior em relação ao fabricante que compra menos cópias mas que não comercializa sistemas concorrentes.[514]

O segundo argumento é mais complexo. A Microsoft tem um interesse legítimo na protecção do MS-DOS perante práticas de contrafacção que violam o seu direito de autor sobre aquele programa. Nesta medida, as licenças "por processador" asseguram que nenhum computador vendido por um licenciado deixará de pagar o *royalty* correspondente ao valor de uma cópia do MS-DOS. Diversos factores põem, todavia, em causa a bondade deste argumento, em particular a ausência de um controlo da Microsoft sobre o número de PCs produzidos pelos licenciados "por pro-

---

[514] Ver BASEMAN ET AL., *op. cit.*, pp. 280 e ss.

cessador".[515] Sem qualquer garantia séria de que os números fornecidos pelos licenciados quanto ao volume de produção são verdadeiros, a margem de pirataria permanece. Este factor não foi, porém, objecto da queixa apresentada pelo DOJ.

O carácter sumário da informação revelada sobre a investigação impede uma análise mais aprofundada das práticas da Microsoft. Em todo o caso, parece-nos razoável a tese do DOJ segundo a qual as licenças "por processador" produziram um efeito de exclusão. Mais difícil é quantificar esse efeito. Perante a falta de qualquer referência às restantes práticas alegadas contra a Microsoft, compreendemos a exasperação do Juiz SPORKIN. A estratégia da Microsoft só faz sentido caso ela tivesse alguma forma de obrigar os restantes fabricantes de computadores a não comercializar produtos concorrentes. Embora alguns comentadores dêem conta dessas práticas elas não são mencionadas na queixa pelo que essas alegações devem ser encaradas com cepticismo.[516]

As ambiguidades do caso são patentes no que toca aos remédios propostos pelo DOJ. Nos termos da decisão judicial que homologa o acordo, a Microsoft fica proibida em relação aos seus licenciados de celebrar licenças "por processador"; de os obrigar a pagar uma quantia fixa pela licença; de lhes impor a compra de quantidades mínimas dos seus sistemas operativos; de celebrar contratos de licença por períodos superiores a um ano (embora as licenças possam ser renovadas por iguais períodos a pedido dos licenciados); e de subordinar a compra dos seus sistemas operativos à aquisição e distribuição de outros produtos Microsoft.

De fora fica a possibilidade de praticar descontos de quantidade. É sabido que este tipo de descontos pode ser configurado para obter a exclusão de concorrentes, sobretudo quando a estrutura de descontos procura fidelizar de tal modo o cliente que este perde o incentivo de adquirir produtos concorrentes.[517] O próprio DOJ assim reconhece no *Competitive Impact Statement* que acompanha a queixa:

"While the Department of Justice recognizes that volume discount pricing can and normally is pro-competitive, volume discounts can also be structu-

---

[515] Ver BASEMAN ET AL., *op. cit.*, pp. 286 e ss.
[516] Ver BASEMAN ET AL., *op. cit.*.
[517] Os casos clássicos em direito comunitário são os acórdãos *Hoffmann-La Roche c. Comissão* (Acórdão do Tribunal de Justiça no Proc. 85/76, Colect. 1979, p. 461) e *Michelin c. Comissão* (Acórdão do Tribunal de Justiça no Proc. 322/81, Colect. 1983, p. 3461).

red by a seller with market power (such as Microsoft) in such a way that buyers, who must purchase some substantial quantity from the monopolist, effectively are coerced by the structure of the discount schedule (as opposed to the level of the price) to buy all or substantially all of the supplies they need from the monopolist. Where such a result occurs, the department believes that the volume discounts structure would unlawfully foreclose competing suppliers from the marketplace – in this case, competing operating systems – and thus may be challenged".

No entanto, a cautela manifestada pelo DOJ levou a que a Microsoft não fosse impedida de praticar esses descontos, uma vez que aquela agência não dispunha de provas de que aquela empresa tivesse até àquela data estruturado descontos de quantidade de modo anticoncorrencial. Este é, talvez, o testemunho mais eloquente da relativa brandura com que o DOJ tratou o caso. Afinal de contas, reconhece-se a necessidade de a Microsoft manter os descontos de quantidade de modo a competir no mercado, relegando para momento ulterior a apreciação de novos efeitos anticoncorrenciais que daí possam resultar.

(2) Práticas destinadas a dissuadir os fabricantes de comercializar sistemas concorrentes

Os eventuais efeitos das licenças "por processador" eram agravados por alegadas práticas da Microsoft tendentes a penalizar os fabricantes que comercializassem parte dos seus produtos com sistemas operativos concorrentes.[518] A Microsoft podia excluir unilateralmente o transporte das quantidades não realizadas ou exigir uma renegociação, caso o fabricante tivesse comercializado produtos concorrentes. Outra possibilidade de retaliação aberta àquela empresa era a recusa de prestação de apoio técnico, criando grandes dificuldades ao fabricante. Por último, a Microsoft podia retaliar aumentando o preço do seu programa Windows.

Apesar de denunciadas pelos concorrentes da Microsoft e pela imprensa especializada, estas alegações não foram retomadas pelo DOJ na sua queixa. Apenas podemos conjecturar que as investigações da FTC e do DOJ não conseguiram obter provas suficientes dessas alegações.

---

[518] Estas práticas não foram relatadas na queixa apresentada pelo DOJ. Ver BASEMAN ET AL., op. cit., pp. 275-276.

(3) Criação de incompatibilidades com produtos concorrentes e acordos de confidencialidade

As empresas que desenvolvem aplicações necessitam do acesso a certas partes do sistema operativo escolhido como base.[519] Uma vez que é do interesse da empresa que produz o sistema operativo que haja um número tão grande quanto possível de aplicações no mercado, este fornece versões preliminares, as chamadas versões "beta", destinadas precisamente a testar a sua funcionalidade e a sua compatibilidade com as aplicações no mercado.

A Microsoft rodeia os testes das versões "beta" dos seus sistemas operativos de mecanismos contratuais destinados a proteger a confidencialidade dos seus produtos. Segundo o DOJ, a Microsoft teria celebrado acordos de confidencialidade com os principais produtores de aplicações e respectivos programadores que os impediam de trabalhar com sistemas operativos concorrentes e limitavam a sua capacidade de desenvolver produtos competitivos.[520] Estas restrições foram impostas aquando do lançamento do seu novo sistema operativo, o Windows 95, o primeiro a dispensar o MS-DOS.

A prática da indústria informática de divulgar junto dos principais produtores de software as versões preliminares, beta, permite aos programadores identificar as características do sistema operativo, testar eventuais incompatibilidades com produtos existentes e desenvolver novas aplicações. Uma vez que o valor de um sistema operativo para o utilizador será tanto maior quanto maior o número de aplicações que com ele podem ser utilizadas, o próprio produtor do sistema operativo tem um interesse na pré-divulgação.

A divulgação antecipada comporta, todavia, o risco de os programadores divulgarem aspectos do sistema operativo aos concorrentes da Microsoft, daí os acordos de confidencialidade.

Aparentemente, os acordos de confidencialidade celebrados a propósito do Windows 95, então ainda conhecido pelo seu nome de código Chicago, eram mais restritivos do que os utilizados anteriormente. Segundo as condições neles estabelecidas, os programadores não podiam trabalhar

---

[519] Sobre o problema do acesso às *interfaces* necessárias para obter a interoperabilidade, do ponto de vista do direito de autor, ver o nosso estudo, "Protecção de programas de computador ...".

[520] Ver ponto 30 da queixa.

com sistemas concorrentes e tecnologias concorrentes durante um período de tempo bastante prolongado. O acordo que pôs fim ao processo proíbe assim a Microsoft de impor cláusulas de confidencialidade que restrinjam a liberdade de os programadores trabalharem com programas concorrentes.

Além destes instrumentos contratuais, a Microsoft terá alegadamente criado incompatibilidades artificiais entre o seu programa Windows e os sistemas operativos de outros concorrentes. Como referimos, até à versão Windows 95, este programa não consistia num verdadeiro sistema operativo e sim numa interface gráfica para o utilizador que se sobrepunha ao sistema operativo, em princípio o MS-DOS. Uma vez que os seus principais concorrentes dispunham de produtos derivados de um antepassado comum, o CP/M da DRI, estes conseguiam atingir a compatibilidade com o Windows sem infringir qualquer direito da Microsoft. Deste modo, o Windows podia trabalhar sobre o PC-DOS da IBM e sobre o DR-DOS da DRI. Aquando do lançamento do Windows 3.1, porém, a Microsoft não só impediu o acesso à versão "beta" por parte da DRI, como terá ainda empregue um estratagema tendente a induzir os potenciais compradores em erro.[521] Se o Windows 3.1 fosse instalado num computador que operava com o DR-DOS, aquele programa emitia mensagens de erro alertando para problemas de compatibilidade. Aparentemente, o Windows 3.1 fora programado para identificar o sistema operativo utilizado, reagindo com mensagens de erro sempre que esse programa não fosse o MS-DOS, independentemente de qualquer incompatibilidade real. Na sua versão final, o programa Windows 3.1 alertava os utilizadores para os riscos de utilizar outro sistema operativo que não o MS-DOS.

Uma vez mais, estas alegações não foram retomadas pelo DOJ.

(4) Anúncios prematuros de novos produtos

No mercado de programas informáticos, é prática corrente anunciar com antecedência o lançamento de novos produtos quando estes se encontram ainda numa fase de desenvolvimento. Se por um lado esses anúncios servem para informar o consumidor das características de novos programas em aperfeiçoamento, garantindo que este não se arrependerá por não ter esperado mais alguns meses para obter um programa mais avançado, os mesmos podem corresponder a um intuito de travar as vendas de pro-

---

[521] Ver BASEMAN ET AL., *op. cit.*, pp. 277 e ss.

dutos concorrentes.[522] Esta prática, ou pelo menos algumas manifestações deste comportamento, é designada de *vaporware*.[523] Embora o DOJ não tenha contemplado a alegada prática de *vaporware* por parte da Microsoft, este foi um dos aspectos mais discutidos do caso, devido aos argumentos do dossier Reback e ao seu acolhimento por parte do juiz SPORKIN.

O juiz SPORKIN definiu *vaporware* como "o anúncio público de um produto informático antes de estar pronto a comercializar com o único objectivo de levar os consumidores a não adquirir um produto concorrente que já foi desenvolvido e que ou já está a ser comercializado ou está prestes a entrar no mercado". Atendendo à caracterização do mercado de sistemas operativos como apresentando elevados obstáculos à entrada, o Juiz SPORKIN considerou essa acusação tanto mais importante quanto a prática de *vaporware* permitiria, em seu entender, que a Microsoft mantivesse a sua posição através de "agressivos anúncios prévios de novos produtos face à introdução de produtos concorrentes que fossem possivelmente superiores aos seus (...) Ao dizer ao público que 'desenvolvemos um produto que estamos prestes a comercializar (quando não é esse o caso) que é tão bom como os existentes e que é compatível com as suas antigas aplicações', a Microsoft pode desencorajar os consumidores e os fabricantes de computadores de considerar mudar para o novo produto".

O advogado dos *amici curiae* anónimos, GARY REBACK apresentou em tribunal dois documentos internos da Microsoft que corroboravam esses receios. Num deles, um funcionário da Microsoft referia no contexto do seu relatório de desempenho semestral como acção em prol daquela

---

[522] Ver JOSEPH FARRELL, GARTH SALONER, "Installed Base and Compatibility: Innovation, Product Preannouncements, and Predation", Am. Econ. Rev., vol. 76, n.° 5, 1986, p. 940.

[523] A noção de *vaporware* é equívoca. Fontes ligadas à indústria informática, citadas *in United States c. Microsoft*, Memorandum of the United States of America in response to the Court's inquiries concerning "vaporware", Civ. Action No. 94-1564, qualificam-na como "slang for announced software that may never materialize" (DONALD D. SPENCER, *Computer Dictionary*, 1992), "a term used sarcastically for promised software that misses its announced release date, usually by a considerable lenght of time" (*Microsoft Press Computer Dictionary*, p. 359, 1991), "software that does not exist (...) usually refers to products that are advertised but that are not ready for delivery to customers" (ALAN FREEDMAN, *The Computer Glossary*, p. 725, 1989), "a product that the vendor keeps promising is about to arrive any moment (*real soon now*) – but it goes so long past its shipment date that no one believes it will ever really ship. Sometimes it never does" (ROBIN WILLIAMS, STEVE CUMMINGS, *Jargon: An Informal Dictionary of Computer Terms*, p. 576, 1993).

empresa, "o anúncio prévio do QB3 para travar os compradores de Turbo". No outro documento, uma ficha de autoavaliação de um funcionário da Microsoft, este referia ter desenvolvido um "plano de lançamento do Quick C e CS que se concentrava em minimizar a vantagem da Borland (um concorrente) em ter sido a primeira no mercado, através de anúncios prévios com uma campanha agressiva de comunicação".

O argumento central do Juiz SPORKIN era o de que a prática de *vaporware*, ainda que não fosse ilegal à luz dos critérios impostos para qualificar um comportamento como um delito criminal nos termos da Section 2, configurava um delito civil nas circunstâncias do caso. Além disso, a jurisdição cível num caso de concorrência permite ao Governo obter os remédios necessários para abrir à concorrência um mercado que foi isolado através de restrições ilícitas.[524] Em seu entender qualquer remédio seria ineficaz se a prática de *vaporware* não fosse proibida. Daí os duros comentários dirigidos ao Governo por este se ter remetido para um entendimento restritivo do *vaporware* enquanto ilícito concorrencial.

> "The Government itself is so anxious to close this deal that it has interpreted certain anticompetitive practices so narrowly that it possibly has given green light for persons to engage in anticompetitive practices with impunity. To in any way condone the practice of announcing products before they are ready for market to freeze a competitor's product is terribly bothersome to this Court. 'Vaporware' is a practice that is deceitful on its face and everybody in the business community knows it. Why else has the business community dubbed the practice 'vaporware'? It is interesting that business leaders know that the practice is improper but the Government does not".

Para o DOJ, todavia, os anúncios antecipados de produtos apenas são ilícitos à luz do direito da concorrência quando quem os emite tem consciência de que eles são falsos e os anúncios contribuem para a aquisição, manutenção ou exercício de poder de mercado.[525]

A posição dos tribunais federais vai igualmente no sentido de que apenas os anúncios falsos podem dar lugar a uma violação das regras de

---

[524] *U.S. v. AT&T*, 552 F.Supp. 131 (D.C.D.C. 1982), p. 150, aff.'d *Maryland v. United States*, 460 U.S. 1001 (1983).

[525] Ver *Memorandum of the United States of America in Response to the Court's Inquiries Concerning 'Vaporware'*, Civ. Action No. 94-1564.

concorrência, mesmo quando o produto anunciado não chega a ser comercializado.[526]

No caso da Microsoft, o DOJ não dispunha aparentemente de qualquer prova de terem sido efectuados anúncios falsos de produtos, embora tenha reservado a possibilidade de tomar as medidas necessárias caso venham a ser reunidas no futuro provas desse facto.

A posição do Juiz SPORKIN parece dar demasiado relevo ao nome e à conotação pejorativa da prática em questão nos meios empresariais do sector. As suas conclusões apontam mais no sentido de se tratar de uma prática de concorrência desleal do que de uma violação das regras de concorrência. Até à data, nenhum tribunal aceitou a existência de uma violação com base em anúncios antecipados de produtos, mesmo quando esses anúncios eram falsos e os seus autores tinham disso consciência.[527]

Uma das questões mais controversas em matéria do delito de monopolização é a relevância da intencionalidade do agente. Ou seja, ainda que o comportamento não tivesse um efeito de exclusão, a mera intenção de excluir concorrência seria suficiente para qualificar essa conduta como uma violação da § 2 do *Sherman Act*. O problema levantado por esta interpretação é o da difícil distinção entre concorrência agressiva e práticas restritivas da concorrência. Na luta pela clientela, a intenção das empresas é sempre a de triunfar à custa dos seus rivais. "Intent to harm rivals' is not a useful standard in antitrust (...) Neither is 'intent to do more business', which amounts to the same thing. Vigorous competitors intend to harm rivals, to do all the business they can. To penalize intent is to penalize competition".[528] Para além desta preocupação, os tribunais americanos procuraram sempre evitar converter a § 2 do *Sherman Act* num meio de combater práticas desleais: "Even an act of pure malice by one business competitor against another does not, without more, state a claim under the federal antitrust laws; those laws do not create a federal law of unfair com-

---

[526] Ver *Ronson Patents COrp. c. Sparklets Devices*, 112 F.Supp. 676 (E.D. Mo. 1953), p. 688. Ver ainda *MCI Communications c. AT&T*, 708 F.2d 1081 (7th Cir.), p. 1129.

[527] Ver, por exemplo, *Berkey Photo c. Eastman Kodak*, 603 F.2d 263 (2d Cir. 1979), p. 288, nota 41: "the Sherman act is not a panacea for all evils that may infect business life. Before we would allow misrepresentation to buyers to be the basis of a competitor's treble damage action under § 2, we would at least require the plaintiff to overcome a presumption that the effect on competition was de minimis".

[528] *Ball Memorial Hospital c. Mutual Hosp. Ins.*, 784 F.2d 1325 (7th Cir. 1986), pp. 1338 e 1339.

petition or 'purport to afford remedies for all torts committed by or against persons engaged in interstate commerce'".[529]

Muitos autores destacam ainda os potenciais ganhos de eficiência resultantes de anúncios efectuados de boa fé. Para DONALD TURNER, PHILIP AREEDA, "reasonable good faith statements about research, development, and forthcoming production serve the social interest in maximizing the relevant information available to buyers".[530]

Perante a dificuldade de formular regras claras e eficazes quanto ao anúncio de produtos quando esses anúncios não sejam intencionalmente falsos, o DOJ optou pela solução tradicional de evitar a adopção de regras demasiado restritivas e que ponham em causa a própria eficiência económica.

(5) Utilização da posição de monopólio nos sistemas operativos para obter vantagem no mercado de aplicações

O argumento principal dos concorrentes da Microsoft, expresso no memorando REBACK, sugere que esta está em posição de pôr em causa a própria democracia nos Estados Unidos. Na base desta conclusão está uma verdadeira teoria da conspiração sobre o efeito dominó da expansão da Microsoft. Uma vez que esta domina o mercado de sistemas operativos, ela pode utilizar o seu poder de mercado nesse segmento para dominar os diferentes mercados de aplicações informáticas. Algumas das práticas alegadas nesse documento fundamentam as acusações. A Microsoft teria, por exemplo, procedido a subsídios cruzados de modo a projectar o seu poder em mercados conexos, tirado partido do acesso a informação confidencial sobre as características dos seus sistemas operativos para criar programas mais eficientes do que os dos concorrentes e combinado os seus diferentes produtos em pacotes completos oferecidos a baixo preço com os seus sistemas operativos. Mais, servindo-se de aquisições como a proposta tomada de controlo da Intuit (proibida entretanto pelo DOJ), a Microsoft pode estender esse poder a quase todos os domínios do software. Essa tendência só poderia ser travada com a cisão da Microsoft em duas empresas, uma dedicada aos sistemas operativos e outra às aplicações.

---

[529] *Brooke Group c. Brown & Williamson Tobacco Corp.*, 113 S.Ct. 2578 (1993), p. 2589; a citação é retirada de *Hunt c. Crumboch*, 325 U.S. 821 (1945), p. 826.

[530] DONALD TURNER, PHILIP AREEDA, *Antitrust Law*, vol. 3, Little & Brown, 1978, p. 284.

A tese em apreço tem por base a chamada *leverage theory* ou teoria da extensão do monopólio, segundo a qual uma empresa pode tirar proveito da sua posição de monopólio num mercado para o estender a um mercado conexo.[531] Esta teoria, porém, além de ter sido posta em causa nos seus pressupostos pelos escritos da escola de Chicago, não tem merecido um acolhimento uniforme junto dos tribunais.[532] Talvez por isso o DOJ não a tenha invocado no caso Microsoft.

Em termos teóricos, o primeiro problema que a teoria da extensão do monopólio levanta é a questão do monopólio bilateral. Se o monopolista controla a produção de um determinado bem, de nada lhe serve estender esse monopólio a jusante ou a montante. O lucro de monopólio é um só. O controlo de um dos patamares do mercado permite-lhe apropriar-se por inteiro desse lucro supra-normal. No caso Microsoft, o mercado de sistemas operativos e de aplicações encontra-se precisamente numa relação vertical. Nesse caso é difícil descortinar qualquer efeito útil das práticas alegadas.[533] Os verdadeiros casos de extensão de poder de monopólio são aqueles em que o poder de monopólio é alargado a um mercado que não esteja em relação vertical com o mercado de base.

Na sua acepção mais restritiva, a *leverage theory* implica a projecção do poder de monopólio num dado mercado de forma a adquirir um monopólio noutro mercado conexo. Esta situação reconduz-se a um delito de monopolização ou de tentativa de monopolização. Mas, como vimos, o delito de tentativa de monopolização impõe requisitos exigentes.[534]

---

[531] Ver Louis Kaplow, "Extension of Monopoly Power Through Leverage", Colum. L. Rev., vol. 85, 1985, p. 515.

[532] Para críticas acérrimas a esta teoria ver, Robert H. Bork, *The Antitrust Paradox*, pp. 365 a 381; Frank Easterbrook, "The Limits of Antitrust", Tex.L.Rev., vol. 63, 1984, p. 1; Richard Posner, *Antitrust Law: An Economic Perspective*, pp. 171 a 174.

[533] Isto não significa que não haja casos em que a extensão do poder de monopólio em termos verticais possa produzir efeitos anticoncorrenciais. Destacamos o caso de um produtor de um *input* que seja utilizado em proporções variáveis pelo utilizador. Nesse caso, a conquista do mercado a jusante permite ao monopolista corrigir essa substituição. A outra situação conhecida é a dos monopolistas sujeitos a preços máximos. Através da integração vertical eles podem artificialmente aumentar os seus custos no mercado regulamentado e assim evitar os limites de preço impostos pelo Estado. Esta última situação estava na base do caso AT&T do início dos anos 80.

[534] Para além da intenção específica de monopolizar é igualmente necessário provar que existe uma probabilidade perigosa (*dangerous probability*) de que a conduta imputada ao agente lhe permitirá monopolizar um mercado em concreto. Ver *Spectrum Sports v. McQuilan*, 113 S.Ct. 884 (1993), p. 892.

No seu sentido mais amplo, a *leverage theory* inclui a utilização do poder de monopólio de modo a ganhar uma vantagem competitiva num mercado conexo.

O primeiro caso da *leverage theory* é precisamente um caso em que o poder de mercado é estendido a mercados geograficamente distintos. No caso *U.S. v. Griffith*, uma empresa proprietária de diversas salas de cinema em vários estados foi condenada pelo delito de monopolização devido à prática de negociar contratos com os distribuidores para todas as suas salas.[535] Esses contratos davam-lhes direitos exclusivos em todas as cidades cobertas pelos distribuidores, mesmo aquelas que tinham vários cinemas concorrentes. O efeito desses exclusivos seria o de impedir os seus concorrentes de obter filmes daqueles distribuidores. Neste caso, aceitando que o contrato foi conseguido graças ao seu poder de monopólio, verificava-se uma verdadeira extensão do poder de monopólio das cidades em que a Griffith detinha os únicos cinemas para as restantes cidades. Sendo mercados geograficamente distintos, a prática era lucrativa porque lhe permitia auferir lucros de monopólio em localidades onde até aqui enfrentava a concorrência.

Mas o que ficou para a história foi a seguinte afirmação do Juiz DOUGLAS: "(...) the use of monopoly, however lawfully acquired, to foreclose competition, to gain a competitive advantage, or to destroy a competitor, is unlawful". O acórdão Berkey Photo c. Eastman Kodak, proferido pelo 2.º Círculo Federal, considerou que "a firm violates § 2 by using its monopoly power in one market to gain a competitive advantage in another, albeit without an attempt to monopolize the second market".[536]

Mais recentemente, porém, este conceito tem sido questionado por diversos tribunais de recurso, entre os quais o do 9.º Círculo Federal:

> "(...) the elements of the established actions for 'monopolization' and attempted monopolization' are vital to differentiate between efficient and natural monopolies on the one hand, and unlawful monopolies on the other. Berkey Photo's monopoly leveraging doctrine fails to differentiate properly among monopolies. The anticompetitive dangers that implicate the Sherman Act are not present when a monopolist has a lawful monopoly in one market and uses its power to gain a competitive advantage in the second market. By definition, the monopolist has failed to gain, or attempt to gain,

---

[535] *U.S. v. Griffith*, 334 U.S. 100 (1948).
[536] *Berkey Photo v. Eastman Kodak*, 603 F.2d 263 (2d Cir.1979), p. 275, *cert.denied*, 444 U.S. 1093 (1980).

a monopoly in the second market. Thus, such activity fails to meet the second element necessary to establish a violation of Section 2. Unless the monopolist uses its power in the first market to acquire and maintain a monopoly in the second market, or to attempt to do so, there is no Section 2 violation".[537]

A rejeição da teoria expressa no acórdão *Berkey Photo* foi igualmente expressa pelo 3.° Círculo Federal.[538] O recente acórdão do Supremo Tribunal no caso *Spectrum Sports* veio tornar ainda mais difícil a posição dos que defendem aquela interpretação da *leverage theory*.[539]

Perante este quadro jurisprudencial, é fácil compreender por que motivo o DOJ não quis apreciar as queixas dos concorrentes da Microsoft. Esta última não dispõe de um monopólio em qualquer dos segmentos do mercado de aplicações. O único caso em que dispõe de partes de mercado muito elevadas respeita aos pacotes de programas que combinam diversas aplicações. Mas este dificilmente pode ser considerado um mercado relevante.[540]

e. *Conclusão*

Os dois processos que envolveram recentemente a Microsoft demonstram bem o alcance do novo paradigma proposto pelos teóricos dos efeitos externos de rede. A *Section 2* do *Sherman Act* constitui, na sua interpretação tradicional, uma orientação normativo-paramétrica do comportamento das empresas em posição de monopólio. Essencialmente, a essas empresas são vedados os chamados meios de exclusão deixando-as, porém livres de concorrer em termos do mérito dos seus produtos e serviços. Contudo, a teoria dos efeitos de rede veio destacar possíveis limites

---

[537] *Alaska Airlines v. U.S.*, 948 F.2d 536 (9th Cir. 1991), p. 548.
[538] *Fineman v. Armstrong World Industries, Inc.*, 980 F.2d 171 (3rd Cir. 1992).
[539] *Spectrum Sports v. McQuillan*, 113 S.Ct. 884 (1993). Neste sentido, ver JOSEPH KATTAN, "The Decline of the Monopoly Leveraging Doctrine", Antitrust, vol. 9, 1994, p. 41: "This is the new antitrust environment for monopoly leveraging, and the only significant remaining question is just when the doctrine's passing from the antitrust scene will be declared official". Em defesa da *leverage theory* no contexto da actual jurisprudência ver, ROGER D. BLAIR, AMANDA ESQUIBEL, "Some Remarks on Monopoly Leveraging", Antitrust Bull., vol. XL, n.° 2, p. 371.

[540] Nota de actualização: actualmente esta afirmação deve ser qualificada à luz dos desenvolvimentos do mercado.

da actual dimensão normativa da *Section 2* ao exacerbar os efeitos competitivos de comportamentos que ou são considerados tradicionalmente como visando a exclusão de concorrentes mas que caem fora da proibição devido aos seus efeitos *de minimis* ou casos de concorrência pelo mérito mais agressivos. A chamada de atenção para a determinação do resultado concorrencial por pequenos acontecimentos significa que estas práticas podem ser decisivas na estratégia de monopolização.

Mas a principal lição que se poderá retirar é a de que a inovação tecnológica continua a ser o melhor instrumento para destruir monopólios. Em tempos, a IBM ocupava no sector informático uma posição aparentemente inexpugnável, comparável à que actualmente detém a Microsoft. O processo que contra ela foi interposto pelo DOJ terminou todavia com o abandono por este último, após anos e anos de litígio perante os tribunais. Quando o processo se aproximava do seu termo, já a revolução dos computadores pessoais tinha reduzido significativamente o poder de mercado daquela empresa.

O mesmo poderá vir a suceder com a Microsoft. A ampla base de utilizadores que actualmente trabalha com base nos seus sistemas operativos cria simultaneamente um peso morto que a pode prejudicar seriamente caso se dê uma nova revolução nos sistemas operativos. Ao actualizar rapidamente o seu sistema operativo, a Microsoft precisa de ter em conta o facto de muitos utilizadores continuarem a trabalhar com aplicações concebidas para as versões anteriores, assegurando assim que as vantagens da base instalada são transpostas para a nova geração. Mas isso pode criar dificuldades técnicas tais que um novo sistema operativo que ofereça vantagens significativas aos utilizadores possa adquirir uma posição de domínio.

Perante a incerteza que rodeia o processo de inovação tecnológica, o direito da concorrência enfrenta um dos principais desafios do momento. A atitude a tomar deve deixar tanto quanto possível que seja o livre funcionamento do mercado a ditar quais as tecnologias dominantes. Qualquer interferência sobre o resultado do processo competitivo corre o risco de substituir aos mecanismos descentralizados do mercado os juízos relativamente arbitrários da administração pública sobre qual a tecnologia que merece vencer. Trata-se apenas de deixar que o processo de destruição criativa siga o seu rumo normal. Mas se a posição a adoptar deve evitar esse juízo sobre quem deve triunfar no mercado, não se pode perder de vista que o regular funcionamento do mercado pode ser comprometido pelas práticas de empresas dominantes, atrasando a inovação. Daí a necessidade de ter em atenção as práticas das empresas que detêm posições de monopólio sobre tecnologias importantes de modo a assegurar que em cada nova geração tecnológica o processo competitivo decorre, tanto quanto possível, em condições de igualdade.

O caso Microsoft é um bom exemplo dos cuidados a ter com a aplicação do direito da concorrência nesta área. Certamente que o seu resultado não terá sido bem acolhido por muitos. Mas a alternativa era um litígio prolongado e que poderia inibir a introdução de novas tecnologias ao dividir a Microsoft em várias empresas com custos elevados e benefícios incertos.

IV. ACORDOS DE TRANSFERÊNCIA DE TECNOLOGIA NO DIREITO COMUNITÁRIO DA CONCORRÊNCIA

A. Aspectos gerais

A atitude inicial da Comissão relativamente a acordos de licença de tecnologia foi particularmente branda, sendo caracterizada por um autor como um "benign neglect".[540] Esta abordagem permissiva, traduzida na chamada Comunicação de Natal,[541] viria a ser abandonada em 1979 com a publicação da primeira proposta de um regulamento de isenção por categoria de acordos de licença de patentes, embora algumas decisões anteriores a esta data fossem já caracterizadas por uma orientação mais restritiva.

Reflectindo a abordagem do Tribunal de Justiça ao abrigo do princípio do esgotamento dos direitos de propriedade intelectual, a Comissão mantém hoje em dia uma posição muito rígida em matéria de acordos de licença exclusiva. Mesmo quando se afigure necessária para induzir o licenciado a realizar os investimentos necessários ao sucesso da tecnologia licenciada, a Comissão tende a considerar a exclusividade como uma restrição da concorrência contrária ao artigo 81.° n.° 1 do Tratado.[542] Esta posição da Comissão foi expressa nas primeiras decisões formais nesta matéria: "Uma patente confere ao seu titular o direito exclusivo de explorar a invenção por ela protegida. O titular pode conferir o uso dos direitos conferidos pela patente num determinado território por licença. Se, contudo, o titular se comprometer a limitar a exploração do seu direito exclu-

---

[540] HAWK, *United States, Common Market and International Antitrust: A Comparative Guide*, Vol. II, 2.ª ed., 1990 Supp., p. 626.
[541] Comunicação da Comissão de 24 de Dezembro de 1962, J.O. 1962, n.° 139, p. 2922/62.
[542] Decisão da Comissão no caso *Davidson Rubber*, J.O. 1972, L143/31.

sivo a uma só empresa num território e assim confere a essa única empresa o direito de explorar a invenção e de impedir terceiros de a utilizar, o titular perde o poder de contratar com outros interessados numa licença. Em alguns casos, uma tal licença exclusiva sobre direitos de propriedade intelectual pode restringir a concorrência e cair sob a proibição do Artigo 85.°, n.° 1".[543] Ou seja, a restrição do comportamento do licenciante, no sentido de ficar privado da faculdade de contratar outros licenciados, é equiparada a uma restrição da concorrência.[544] Esta abordagem formalista é contrariada pela análise ao abrigo do artigo 81.° n.° 3, onde é aceite a justificação da necessidade de proteger os incentivos do licenciado. Em suma, a Comissão continua decidida a manter amplos poderes de apreciação no domínio das licenças de tecnologia.[545]

---

[543] *Id.*, parágrafo 7.

[544] Naturalmente, colocar-se-á ainda a questão de saber se estaremos ou não perante um acordo de importância menor, ou *de minimis*. Nos termos da Comunicação da Comissão relativa aos acordos de importância menor de 3 de Setembro de 1986, a Comissão considera que um acordo não estará abrangido pelo Artigo 81.°, n.° 1 do Tratado desde que as partes tenham uma quota não superior a 5% no mercado relevante e o respectivo volume de negócios não exceda os 300 milhões de Ecus. J.O. 1986, C 231/2, modificada pela Comunicação de 1994, J.O. C 368/20. Esta Comunicação não vincula os tribunais nacionais nem as instâncias comunitárias. Ver, quanto à posição do Tribunal de Justiça sobre a regra *de minimis* o acórdão do Tribunal de Justiça no Proc. 5/69, *Völk/Vervaecke*, Colect. 1969, p. 295, no qual este Tribunal considerou que um acordo de distribuição exclusiva que conferia protecção territorial absoluta ao distribuidor para a Bélgica e Luxemburgo não era contrário ao Artigo 81.°, n.° 1 por não restringir a concorrência e não produzir efeitos apreciáveis no comércio entre Estados-membros, já que o fabricante tinha na Alemanha uma quota de mercado inferior a 1%. No contexto dos acordos de transferência de tecnologia, a protecção conferida pela regra *de minimis* é limitada na medida em que o acordo seja bem sucedido. Assim que as partes deixem de preencher aqueles requisitos, as restrições contidas no contrato podem ser consideradas contrárias ao n.° 1 do Artigo 81.°. <u>Nota de actualização</u>: o texto citado foi depois substituído pela Comunicação de 9 de Dezembro de 1997, J.O. 1997, C 372/13. A mais recente Comunicação, de 22 de Dezembro de 2001, J.O. 2001, C 386/7, eleva para 10% e 15% os limiares relativos, respectivamente a acordos horizontais e a acordos entre não concorrentes.

[545] Ver KORAH, *An Introductory Guide to EEC Competition Law and Practice*, 5.ª ed., Sweet & Maxwell, London, 1994, pp. 208 a 212. Como a Autora refere, esta atitude contrasta com a abordagem mais liberal por parte da Comissão entre 1969 e 1972. <u>Nota de actualização</u>: com a entrada em vigor do Regulamento n.° 1/2003 (que ocorrerá a 1 de Maio de 2004) a Comissão perderá o monopólio de apreciação do n.° 3 do artigo 81.°.

Além do formalismo inerente à aplicação do n.º 1 do artigo 81.º, a Comissão não distingue entre acordos de licença verticais e horizontais, ao contrário das autoridades dos Estados Unidos.[546] Daí parece resultar um tratamento indiferenciado que abstrai da distinção entre esses dois tipos de acordos quanto aos seus efeitos restritivos. Tal só faz sentido se apenas tivermos em conta os acordos de licença *depois de produzidos os seus efeitos*.[547] Quando o licenciado obtém a licença, ele encontrar-se-á em condições de concorrer com o licenciante (a menos que este último não produza e comercialize o produto protegido ou os produtos obtidos através do processo protegido). No entanto, o que deve ser relevante para efeito da análise do direito da concorrência é a situação *ex ante*, *i.e.*, antes da concessão da licença. O problema consiste em saber se o licenciado teria entrado no mercado sem a respectiva licença. Caso a resposta seja afirmativa, a relação entre as partes deve ser considerada como uma relação horizontal, caso contrário como relação vertical. As Directrizes norte-americanas tiram as devidas consequências desta distinção ao entender que, na apreciação do tipo de relação, é necessário atender à concorrência potencial no mercado de tecnologia. Esta atitude contrasta com a facilidade com que a Comissão considera existir concorrência potencial, sobretudo no contexto das empresas comuns de cooperação.[548]

---

[546] Com algumas excepções, que adiante serão objecto de análise, relativas às restrições de clientela e domínios de aplicação técnica (considerando n.º 23 do Regulamento n.º 240/96) e à apreciação em processo de isenção individual de um período de protecção territorial para uma licença de saber-fazer (considerando n.º 14). Nota de actualização: como vimos, esta atitude sofreu recentemente uma profunda alteração, atestada pela Comunicação *de minimis* de 2001.

[547] Em defesa do ponto de vista da Comissão, ver JOHANNES, "Technology Transfer Under EEC Law – Europe Between the Divergent Opinions of the Past and the New Administration: A Comparative Law Approach", Fordham Corp. L. Inst., 1982, p. 65, p. 74 (B.Hawk ed., 1983) (criticando a distinção).

[548] Ver Decisão da Comissão no caso De Laval/Stork VOF, J.O. 1977, L59/32. Numa perspectiva comparativa, ver FOGT e GOTTS, "US Technology Licensing Arrangements: Do New Enforcement Guidelines in the United States Mirror Developments in the European Community?", ECLR, 1995, n.º 4, p. 215; FOGT e GOTTS, "A Tale of Two Continents: European Technology Transfer Block Exemption Takes Different Approach from US Counterpart Guidelines", ECLR, 1996, n.º 6, p. 327.

B. Acórdãos do Tribunal de Justiça

1. O acórdão Nungesser

O acórdão *Nungesser* do Tribunal de Justiça veio pôr em causa o formalismo que caracterizava a posição da Comissão.[549] Em 1960 e 1961, o INRA, um instituto público de pesquisa científica, cedeu o seu direito de obtenção vegetal sobre uma nova variedade de milho a um indivíduo residente na Alemanha Federal, Eisele. A nova variedade tinha sido desenvolvida por forma a assegurar uma maior resistência a climas frios. Mais tarde, aqueles direitos viriam a ser cedidos à empresa do Sr. Eisele, a Nungesser. De acordo com a lei francesa, o INRA encontrava-se impedido de explorar directamente a semente em França, tendo para o efeito concedido licenças a diversas empresas, as quais produziam sementes certificadas.

Nos termos dos referidos contratos, o INRA comprometeu-se a impedir os seus licenciados franceses de exportar para a Alemanha. Quer este, quer a Nungesser se obrigaram igualmente a exercer os respectivos direitos de obtenção vegetal de forma a impedir exportações da Alemanha para outros Estados-membros da Comunidade. Além destas cláusulas, os contratos estipulavam ainda um preço mínimo a aplicar pela Nungesser e uma obrigação de compra segundo a qual esta empresa procederia à aquisição junto do INRA de pelo menos dois terços das suas necessidades de semente certificada. O remanescente seria produzido pela Nungesser, directamente ou sob o seu controlo. Para obter as autorizações necessárias à comercialização na Alemanha, a Nungesser tinha de produzir a semente na Alemanha e de proceder às análises exigidas por este Estado-membro.

Quando a sociedade de direito alemão Louis David, KG, importou semente proveniente de França para revenda no mercado alemão, a Nungesser opôs-se a essa importação. Tendo as partes chegado a acordo, a Louis David, KG, comprometeu-se a não comercializar no mercado alemão sem autorização da Nungesser. Embora tal não tenha sido alegado perante o Tribunal de Justiça, havia fortes indícios de a semente exportada para a Alemanha ser de má qualidade, o que constituiria um acto de

---

[549] Acórdão do Tribunal de Justiça no Proc. 258/78, *L.C. Nungesser e Kurt Eisele c. Comissão*, Colect. 1982, p. 2015 (adiante Nungesser).

concorrência desleal.[550] Ao optar por impedir novas importações invocando os seus direitos de obtenção vegetal, a Nungesser chamou a atenção da Comissão, a qual viria a considerar a cessão daqueles direitos como uma violação do artigo 81.°, n.° 1.[551] No acórdão proferido em sede de recurso de anulação, o Tribunal de Justiça manteve parte da decisão da Comissão mas, simultaneamente, introduziu uma importante distinção. Segundo o Tribunal, é necessário distinguir entre licenças exclusivas abertas e licenças exclusivas que atribuem uma protecção territorial absoluta.

Uma licença exclusiva aberta consiste num acordo "... pelo qual o titular se obriga tão somente a não conceder outras licenças para o mesmo território e a não concorrer directamente no território do licenciado".[552] O Tribunal de Justiça considerou que, nas circunstâncias concretas daquele caso, tais licenças não constituem uma violação do artigo 81.°, n.° 1. Relativamente a essas circunstâncias, os factores determinantes na análise do Tribunal foram a natureza específica dos produtos, a novidade e importância da tecnologia bem como a dimensão da pesquisa necessária para o seu desenvolvimento, os riscos assumidos pelo licenciado relativamente ao seu investimento, bem como em que medida aquela exclusividade contribui para um aumento da concorrência entre marcas (*interbrand competition*). Muito embora o Tribunal não forneça qualquer indicação quanto à importância relativa destes factores, o acórdão sugere que a difusão da tecnologia e o seu efeito benéfico na concorrência entre marcas são aspectos decisivos.[553]

Em contrapartida, o Tribunal de Justiça recusou-se a aceitar que a protecção territorial absoluta fosse necessária, devendo receber uma isenção ao abrigo do n.° 3 do artigo 81.°. Para o Tribunal, "Porque se trata de semente destinada a ser utilizada por um grande número de agricultores na produção de milho, o qual é um produto importante para a alimentação humana e animal, a protecção territorial absoluta vai manifestamente para além do que seria indispensável para a melhoria da produção ou distribui-

---

[550] Ver KORAH, *op. cit.*, p. 213; ver ainda FOX, "Maize Seed: A Comparative Comment", 1982 Fordham Corp. L. Inst., p. 151.

[551] Decisão da Comissão no caso *Direitos de Obtenção Vegetal: Sementes de Milho*, J.O. 1978, L 286/23.

[552] Acórdão *Nungesser*, Considerando n.° 53.

[553] Ver MARIO SIRAGUSA, "Technology Transfers Under EEC Law: A Private View", Fordham Corp. L. Inst., 1982, p. 95., na p. 121.

ção ou para a promoção do progresso tecnológico (...)".[554] O Tribunal recusou, assim, aceitar o argumento do perigo de *free riders* e optou por manter a sua anterior proibição *per se* da protecção territorial absoluta.[555]

A questão que foi deixada em aberto pelo Tribunal diz respeito à situação das licenças situadas numa posição intermédia, *i.e.*, entre as licenças abertas e a protecção territorial absoluta. Tal será o caso de uma licença pela qual o licenciado se obriga a não efectuar vendas activas fora do seu território contratual, mas permanece livre de vender a clientes que exportam para o território de outro licenciado. A diferença relativamente à situação de protecção territorial absoluta reside na ausência de uma proibição das importações paralelas. Ou seja, subsistem oportunidades para que terceiros (relativamente ao licenciante e respectivos licenciados) possam proceder a importações de outros países caso um licenciado tente exercer poder de mercado e aumentar o preço no interior do seu território.

A Comissão incorporou o princípio resultante do acórdão *Nungesser* na sua apreciação de licenças de patentes. No entanto, com uma excepção, considerou sempre não estarem reunidos os pressupostos enunciados pelo Tribunal, designadamente quanto à natureza inovadora do produto em causa.[556] A abordagem mais restritiva da Comissão foi questionada em

---

[554] Acórdão *Nungesser*, Considerando n.° 77.

[555] Ver acórdão do Tribunal de Justiça nos Procs. Apensos 56 e 58/64, *Consten e Grundig c. Comissão*, Colect. 1966, p. 299. Embora a estrutura do artigo 81.° não permita identificar práticas insusceptíveis, *ope legis*, de beneficiar de isenção desde que preenchidos os requisitos do n.° 3, a fixação de preços e a protecção territorial absoluta (que visa excluir importações por canais não autorizados pelo produtor) tem sido encaradas como não sendo passíveis de autorização devido a operarem em detrimento da integração de mercados (na medida em que compartimentam os mercados em zonas de preços altos e áreas de preços baixos, impedindo que a arbitragem de terceiros elimine essas disparidades).

[556] Na Decisão da Comissão no caso *Rich Products/Jus-ROL*, J.O. 1988, L 69/21, a Comissão limitou o âmbito de aplicação do princípio Nungesser a acordos relativos a produtos novos, deixando de fora processos novos de obter produtos já existentes. Já na Decisão da Comissão no caso *Boussois/Interpane*, J.O. 1987, L 50/30, a Comissão aceitou este princípio relativamente a uma de duas tecnologias que permitiam produzir um produto novo, mas recusou a sua aplicação dada a presença de restrições ao comportamento dos diferentes licenciados (caindo, pois, na categoria intermédia deixada em aberto pelo acórdão *Nungesser*). Também a Decisão da Comissão no caso *Velcro/Aplix*, J.O. 1985, L233/22, contém uma referência ao acórdão *Nungesser*. Contudo, a Comissão apenas considerou este princípio aplicável quanto ao período entre a celebração do contrato e o termo das patentes de base da Velcro no final de 1977, na medida em que quando o contrato entrara em vigor se tratava de uma tecnologia nova, existia uma forte necessidade de in-

dois casos posteriores. Mas, uma vez mais, devido às características particulares de cada caso é duvidoso que os princípios aí delineados possam ser aplicados em termos gerais.

Num caso de direito de autor relativo aos direitos de radiodifusão, o Tribunal aceitou a protecção territorial absoluta do licenciado, destacando a estrutura particular do financiamento da indústria cinematográfica, em especial devido aos elevados riscos incorridos pelos investidores e a necessidade de aumentar as receitas relativas aos filmes com maior sucesso para compensar os prejuízos sofridos com outros filmes.[557] Noutro caso, semelhante ao acórdão *Nungesser*, mas desta feita relativo à semente de base (a partir da qual a semente certificada é obtida), o Tribunal afirmou que o titular do direito "deve ser capaz de obter protecção contra a manipulação indevida das variedades vegetais protegidas. Para o efeito, o produtor deve ter o direito de reservar a propagação para os estabelecimentos de propagação por si escolhidos como licenciados. Nessa medida, a cláusula que proíbe o licenciado de vender e exportar a semente de base não é abrangida pela proibição prevista no artigo 81.°, n.° 1 do Tratado".[558]

No Regulamento n.° 240/96, a Comissão aceita que, em conformidade com o acórdão *Nungesser*, um acordo de licença não viola o artigo 81.°, n.° 1 quando diga respeito "à introdução e à protecção de uma tecnologia nova no território objecto da licença, devido à amplitude da investigação efectuada, à intensificação da concorrência, em especial entre marcas, e à melhoria da competitividade das empresas em questão, decorrentes da divulgação da inovação na Comunidade". As restantes licenças exclusivas abertas que não preencham esses requisitos parecem cair no âmbito da proibição do artigo 81.°, n.° 1, devendo pois ser abrangidas pela isenção por categoria.[559]

---

vestimentos adicionais por parte do licenciado, e se verificara um efeito benéfico na concorrência com outros produtos. Quanto ao período posterior a 1977, esses requisitos já não se encontravam reunidos.

[557] Acórdão do Tribunal de Justiça no Proc. 262/81, *Coditel II*, Colect. 1982, p. 3361. Ver VALENTINE KORAH, "Commentary on the Impact of Coditel (2) on Competition Law", in W. R. CORNISH, (org.), *Copyright in Free and Competitive Markets*, ESC Publ., Oxford, 1986, p. 53.

[558] Acórdão do Tribunal de Justiça no Proc. 27/87, *Louis Erauw-Jacquéry v. La Hesbignonne*, Colect. 1988, p. 1919.

[559] Regulamento n.° 240/96, considerando n.° 10.

2. O Acórdão *Windsurfing International*

Se no seu acórdão *Nungesser*, o Tribunal de Justiça pareceu moderar a posição formalista da Comissão, no acórdão *Windsurfing* a análise económica do Tribunal de Justiça apresenta sérias incoerências com os princípios enunciados no caso anterior.[560] No caso *Windsurfing*, a Comissão emitira uma decisão ao abrigo do artigo 81.º, n.º 1 relativa aos acordos de licença não exclusivos celebrados entre a Windsurfing International e os seus seis licenciados alemães.[561] Nos termos dos acordos, cada licenciado era autorizado a fabricar e comercializar pranchas de windsurf no mercado alemão. Essas pranchas eram compostas por dois elementos: a prancha, propriamente dita, e a estrutura de mastreação da vela. Estava pendente no momento em que a Comissão adoptou a referida decisão um litígio sobre o alcance da protecção oferecida pela patente alemã detida pela Windsurfing International. A decisão da Comissão assentava no pressuposto de que a patente apenas protegia a estrutura de mastreação e não a prancha, entendimento que foi aceite pelo Tribunal de Justiça em sede de recurso de anulação.[562] Para apurar a compatibilidade com o artigo 81.º, n.º 1 de um conjunto de práticas, o Tribunal aplicou um critério formal. Sem qualquer análise dos efeitos económicos das cláusulas em questão, o Tribunal limitou-se a aceitar que quaisquer práticas que não fossem abrangidas pelo direito exclusivo conferido pela patente deviam ser consideradas como sendo restritivas da concorrência e tendentes a alargar o monopólio por ela conferido. Como destaca BARRY HAWK, "the Court's apparent reliance on the scope of the patent monopoly test partially explains its almost mechanical condemnation of certain of the patent licensing provisions as violations of Article 85 (1) without any market analysis. Although the scope of the patent monopoly test has also appeared in the United States antitrust case law, it constitutes a legal fiction which disguises the resolution or avoidance of policy considerations and economic judgments".[563] As cláusulas analisadas neste acórdão serão discutidas em seguida, a propósito da apreciação de certos tipos de cláusulas.

---

[560] Ver JAMES S. VENIT, "In the Wake of Windsurfing: Patent Licensing in the Common Market", IIC, vol. 18, n° 1, 1987, p. 1.

[561] Decisão da Comissão no caso *IMA AG/Windsurfing International*, J.O. 1983, L 229/1.

[562] Acórdão do Tribunal de Justiça no Proc. 193/83, *Windsurfing International c. Comissão*, Colect. 1986, p. 611.

[563] Ver BARRY HAWK, *op. cit.*, p. 647.

C. Acordos de licença de tecnologia: Isenção por categoria

1. *Aspectos gerais*

O domínio dos acordos de transferência de tecnologia é regulado por um conjunto de isenções por categoria, algumas tendo apenas um interesse secundário para o tema em análise. Os acordos de licença de patentes eram tratados pelo Regulamento n.º 2349/84.[564] Este foi seguido pelo Regulamento n.º 556/89, relativo aos acordos de licença de saber-fazer.[565] Uma vez que o regulamento sobre licenças de patentes caducava no final de 1994, a Comissão propôs a sua substituição por um novo regulamento que desse também um tratamento unificado às patentes e ao saber-fazer e eliminasse algumas disparidades de regime, justificadas pela evolução da posição da Comissão no período entre a aprovação daqueles diplomas.[566] É esse novo regulamento, entretanto adoptado, que constitui o objecto da análise que se segue.

Antes importa ainda chamar a atenção para uma outra isenção por categoria que diz respeito às transferências de tecnologia no contexto das empresas comuns de cooperação no domínio da investigação e desenvolvimento. Trata-se do Regulamento n.º 418/85, com a redacção que lhe foi dada pelo Regulamento n.º 151/93, e que isenta, ao abrigo do artigo 81.º, n.º 3, certos acordos de investigação e desenvolvimento conjuntos, que podem envolver também a produção conjunto e mesmo a distribuição con-

---

[564] J.O. 1984, L 219/15. Ver KORAH *Patent Licensing and the EEC Competition Rules – Regulation 2349/84*, ESC, Oxford, 1985.

[565] J.O. 1989, L 61/1. Ver KORAH, *Know-how Licensing and the EEC Competition Rules – Regulation 556/89*, ESC, Oxford, 1989; FRAZER, "*Vorsprung durch Technik*: The Commission's Policy on Know-How Agreements", Y.E.L., vol. 9, 1989, p. 1; ODLE e ZEYEN, "The EC Block Exemption Regulation 556/89 on Know-How: Practical Difficulties and Legal Uncertainties", ECLR, 1991, nº 6, p. 231; KORAH, "EEC Licensing of Intellectual Property", Fordham Intell. Prop., Media & Ent. L. J., vol. 4, 1993, p. 1.

[566] Sobre a atribulada e controversa história do Regulamento 240/96, ver AIDAN ROBERTSON, "Technology Transfer Agreements: An Overview of how Regulation 240/96 Changes the Law", ECLR, 1996, n.º 3, p. 157; VALENTINE KORAH, "Technology Transfer Regulation Still-born: Reflections on the Future", EBLR, Nov. 1995, p. 259. Ver ainda KERSE, "Block Exemptions under Article 85 (3): The Technology Transfer Regulation – Procedural Issues", ECLR, 1996, nº 6, p. 331; MITROPOULOS, "Technology Transfer: The New Regulation", Competition Policy Newsletter, vol. 2, nº 1, 1996, p. 10.

junta dos produtos resultantes dessa colaboração.[567] Um aspecto importante deste regulamento consiste na existência de um limite à quota de mercado detida pelas empresas envolvidas. Quando o acordo tenha lugar entre empresas concorrentes e diga respeito à investigação e desenvolvimento, à produção, ou a ambas as actividades, a isenção por categoria apenas será aplicável se a quota de mercado das partes não exceder 20%. Caso a cooperação seja estendida à distribuição conjunta, a isenção apenas será aplicável se a quota de mercado das partes não exceder 10%. Como veremos, a Comissão procurou durante o processo de aprovação do Regulamento n.º 240/96 transplantar para o domínio da transferência de tecnologia alguns limites semelhantes ao benefício da isenção por categoria.

2. Âmbito de aplicação

a. Âmbito material

O regulamento sobre transferências de tecnologia abrange três tipos de acordos e compreende ainda acordos onde sejam previstas cláusulas acessórias relativas a outros direitos de propriedade intelectual. Os acordos abrangidos são as licenças puras de patentes, as licenças puras de saber-fazer e os acordos mistos.[568] Como se verá adiante, esta classificação é importante no que respeita à duração da protecção territorial, que pode ser acordada entre as partes e reflecte a diferente natureza das patentes e do saber-fazer.

Uma inovação de alcance ainda incerto é a referência ao conceito de patentes "necessárias". Nos termos do regulamento, este é aplicável quando "(...) as patentes são necessárias para a realização do objecto da tecnologia licenciada por um acordo misto (...)".[569] Em termos mais am-

---

[567] Ver KORAH, *R&D Joint Ventures and the EEC Competition Rules – Regulation 418/85*, ESC, Oxford, 1986. Nota de actualização: Este diploma foi entretanto substituído pelo Regulamento (CE) n.º 2659/2000 da Comissão, relativo à aplicação do n.º 3 do artigo 81.º do Tratado a certas categorias de acordos de investigação e de desenvolvimento, J.O. 2000, L 304/7. Ver ainda as orientações da Comissão quanto à cooperação horizontal de 6 de Janeiro de 2001, J.O. 2001, C 3/2.

[568] Considerando n.º 4.

[569] Considerando n.º 5. A expressão "necessárias" foi introduzida na proposta da Comissão por uma corrigenda, J.O. 1994, C 187/16. Inicialmente o projecto continha a expressão "essenciais"; ver VALENTINE KORAH, "The Preliminary Draft of a New EC

plos, as patentes "necessárias" são definidas como "patentes cuja licença é necessária para a aplicação da tecnologia licenciada na medida em que, a não existir, a realização desta última não seria possível ou apenas em medida limitada ou em condições mais onerosas. Estas patentes deverão, por conseguinte, apresentar interesse técnico, jurídico ou económico para o licenciado".[570]

Este conceito pode ser entendido como servindo para excluir do alcance do regulamento acordos mistos nos quais a patente licenciada não sendo "necessária", é incluída no acordo de modo a aumentar a duração permitida da protecção territorial. A correcção desta interpretação é reforçada se tivermos em conta que esta foi uma preocupação manifestada pela Comissão no contexto de acordos de licença que continham uma cláusula de renovação automática pela inclusão de novas patentes de melhoramentos, ainda que não efectivamente exploradas.[571]

Esta interpretação leva a resultados semelhantes aos produzidos pelo direito norte-americano que exclui a invocação de uma patente quando tal corresponda a uma fraude (*sham*). No entanto, nos Estados Unidos o problema consiste em determinar se o acordo é um cartel, o que envolve a análise de quaisquer cláusulas que possam ser sujeitas à regra de proibição *per se*.

Na formulação da Comissão, o conceito de "patentes necessárias" corresponde ao interesse técnico, jurídico ou económico da patente para o licenciado, o que envolve um juízo de valor sobre o objecto da protecção. Tal permite excluir acordos de licença em que as partes, tendo agido em boa-fé, verificam após a celebração do acordo que as patentes não são

---

Group Exemption for Technology Licensing", EIPR, 1994, n.° 7, p. 263; ROBIN WHAITE, "The Draft Technology Transfer Block Exemption", EIPR, 1994, n.° 7, p. 259.

[570] Artigo 10.° n.° 5.

[571] Ver Decisão da Comissão no caso *AOIP/Beyrard*, J.O. 1976, L 6/8 (contrato cuja duração correspondia ao período de validade da mais recente patente de base ou de melhoramento); Decisão da Comissão no caso *Velcro/Aplix*, J.O. 1985, J.O. L 233/22 (a duração do contrato era igual ao período de validade das patentes licenciadas e de quaisquer outras patentes que possam vir a ser obtidas no mesmo domínio). Em ambas as decisões, a Comissão considerou que essas cláusulas de renovação automática, mediante a inclusão por acto unilateral de novas patentes no âmbito da licença, eram restritivas da concorrência, não podendo receber uma isenção. Naturalmente, a preocupação neste contexto era a de desvincular as partes em termos concorrenciais de um acordo que já não servia senão para limitar essa concorrência. Mas no caso *Velcro/Aplix* era o licenciado que pretendia obter um período mais amplo de protecção territorial ao abrigo de patentes que ele não explorava contra o licenciante e os restantes licenciados.

necessárias para o licenciado. Ora, um dos riscos suscitados pelos acordos de licença é precisamente o de a tecnologia licenciada se vir a demonstrar inadequada face ao objecto do contrato, particularmente no caso de novos processos ou produtos. Nestes casos surge um problema de equilíbrio negocial que é tradicionalmente corrigido mediante a inclusão de disposições contratuais tais como o cálculo de *royalties* com base na quantidade produzida. O Regulamento pode então ser interpretado de modo a permitir ao licenciado incumprir *ex post* o acordo, na medida em que se venha a constatar que a patente não era necessária. Parece-nos que o sentido correcto deste conceito deve ser limitado aos casos em que se procura alargar o período de protecção ou em que o acordo de licença é uma mera fachada para um acordo de repartição de mercados.

Quanto ao saber-fazer, este é definido como "informação técnica não patenteada, por exemplo, descrições de processos de fabrico, receitas, fórmulas, desenhos ou modelos".[572] Esta noção é concretizada pelo n.º 1 do artigo 10.º, que define o saber-fazer como "um conjunto de informações técnicas que são secretas, substanciais e identificadas por qualquer forma adequada". Considera-se que o saber-fazer é secreto desde que não seja normalmente conhecido ou de fácil obtenção. Parte do seu valor deriva do avanço ou *lead time* que confere ao licenciado, presumivelmente face aos seus concorrentes. No entanto, não se exige que cada elemento individual preencha este critério, bastando que o mesmo seja cumprido pelo todo do saber-fazer transmitido. A noção de substancialidade prende-se com a utilidade da informação e subdivide-se numa exigência positiva de que a informação transmitida contribua para melhorar a competitividade do licenciado e numa exigência negativa de que o mesmo não seja normalmente conhecido ou facilmente obtido. Por último, o saber-fazer deve ser identificado, ou seja deve ser descrito ou expresso num suporte material. A finalidade desta última exigência é a de permitir comprovar o cumprimento dos dois outros requisitos. Note-se que o saber-fazer comercial é excluído, sendo objecto da isenção por categoria aplicável aos acordos de franquia.[573]

---

[572] Considerando n.º 4.

[573] Regulamento da Comissão (CEE) n.º 4087/88, relativo à aplicação do Artigo 81.º, n.º 3 do Tratado a certas categorias de acordos de franquia, J.O. 1988, L 359/46. Na al. *f)* do n.º 3 do artigo 1.º deste diploma, o saber-fazer comercial é definido em termos que não garantem uma distinção quanto ao *know-how* tecnológico. O saber-fazer comercial é definido como um conjunto de informação prática não patenteada, resultante da experiência e experimentação do *franchisor*, que seja secreto, substancial e identificado.

Quanto às chamadas disposições acessórias, a terminologia empregue pela Comissão parece-nos criticável. Com efeito, com esta designação pretende-se nomear licenças de direitos de propriedade intelectual, esses sim acessórios ao objecto do contrato. Por outro lado, a expressão presta-se a confusão com a noção de restrições acessórias.[574] Quando, pelo contrário, seja o saber-fazer ou a patente objecto da licença que é acessório a outro direito de propriedade intelectual, o regulamento não será aplicável, como resulta da decisão da Comissão no caso *Moosehead/Whitbread*, na qual se entendeu que um acordo de franquia industrial não podia beneficiar da isenção por categoria uma vez que o saber-fazer era acessório à marca, verdadeiro objecto do contrato de licença.[575]

O Regulamento exclui ainda acordos que tenham por objecto a mera comercialização dos bens protegidos pela tecnologia licenciada. A este tipo de acordos serão aplicáveis os Regulamentos n.os 1983 e 1984/83.[576] Dito de outra forma, para que o Regulamento seja aplicável, é necessário que o licenciado produza directamente ou subcontrate com terceiro essa produção. A única excepção a esta exigência diz respeito ao fornecimento directo pelo licenciado durante um período de arranque da produção a cargo do licenciado, como sucedera já no caso *Delta Chemie/DDD*.[577]

b. Âmbito territorial

Quanto ao âmbito de aplicação territorial do Regulamento, ele é idêntico ao do artigo 81.º do Tratado.[578] Segundo o acórdão *Pasta de*

---

[574] O conceito de restrições acessórias, tendo embora uma antiga tradição nos Estados Unidos, só recentemente foi recebido no contexto do direito comunitário da concorrência. Ver, por todos, F. ENRIQUE GONZÁLEZ DÍAZ, "Some Reflections on the Notion of Ancillary Restraints Under EC Competition Law", Fordham Corp. L. Inst., 1995, p. 325.

[575] Decisão da Comissão no caso *Moosehead/Whitbread*, J.O. 1990, L 100/32. Ver KORAH, *An Introductory Guide* ..., p. 217.

[576] Nota de actualização: estes foram revogados e substituídos pelo novo regulamento de isenção: Regulamento (CE) n.º 2790/1999 da Comissão, de 22 de Dezembro de 1999, relativo à aplicação do n.º 3 do artigo 81.º do Tratado CE a determinadas categorias de acordos verticais e práticas concertadas, J.O. L 336, de 29.12.99, p. 21.

[577] Decisão da Comissão no caso *Delta Chemie/DDD*, J.O. 1988, L 309/34. Mas, nesse caso, o período de protecção da actividade de mera distribuição será contado para efeito da duração da protecção territorial conferida ao licenciado.

[578] Sendo igualmente aplicável no quadro do Espaço Económico Europeu nos termos do Artigo 53.º do Acordo do Porto.

Papel I, o Artigo 81.º é aplicável mesmo a acordos que, não tendo sido celebrados na Comunidade, aí sejam executados.[579] Não nos interessa aqui entrar na velha discussão sobre o alcance do direito comunitário da concorrência, pelo que nos limitamos a examinar um problema que surge frequentemente no contexto dos acordos de licença de tecnologia.[580] Trata-se do caso de acordos pelos quais são concedidas licenças a empresas situadas em países terceiros. Fiel à sua defesa da teoria dos efeitos, a Comissão entende que são abrangidos pelo Regulamento n.º 240/96, os acordos de licença relativos a países terceiros que produzam "efeitos no mercado comum susceptíveis de serem abrangidos pelo n.º 1 do Artigo 81.º".[581] Para tal é necessário que esses acordos produzam um efeito sensível na concorrência no mercado comum e sejam susceptíveis de afectar as trocas entre Estados-membros, o que, quanto aos acordos pelos quais são concedidas licenças exclusivas que isolam o mercado comum de outros mercados, só ocorrerá caso os produtos fabricados por um licenciado situado num país terceiro possam, por natureza, ser importados para a Comunidade.[582] Do mesmo modo, uma proibição imposta ao licenciado quanto às exportações para países terceiros não cai no âmbito do Artigo 81.º, n.º 1 caso seja improvável a sua reimportação para o território comunitário dadas as características do produto.[583]

---

[579] Acórdão do Tribunal de Justiça nos Procs. Apensos n.ºs 89/85, 104/85, 114/85, 116 e 117/85 e 125 a 129/85, *A. Ahlström Osakeyhtiö et al. c. Comissão*, Colect. 1988, p. 5193, *maxime* considerandos n.ºs 16 e 17.

[580] Sobre a questão da chamada aplicação extraterritorial do direito comunitário da concorrência ver, entre nós, o excelente estudo de MÁRIO MARQUES MENDES, *Antitrust in a World of Interrelated Economies*, ULB, Bruxelles, 1991, pp. 89 a 94 e bibliografia aí citada. Mais recentemente, ver EVELYNE FRIEDEL-SOUCHU, *Extraterritorialité du droit de la concurrence aux États-Unis et dans la Communauté europénne*, L.G.D.J., Paris, 1994. Ver ainda GUILLERMO CABANELLAS, *The Extraterritorial Effects of Antitrust Law on Transfer of Technology Transactions*, IIC Studies in Industrial Property and Copyright Law, vol. 10, VCH Verlag, Weinheim, 1988.

[581] Preâmbulo do Regulamento n.º 240/96, considerando n.º 7.

[582] Ver Decisão da Comissão no caso *Raymond/Nagoya Rubber*, J.O. 1972, L143/39.

[583] Ver Decisão da Comissão no caso *Kabelmetal/Luchaire*, J.O. 1975, L 222/34, Ponto II.8.(ii) (a repartição dos mercados de países terceiros quanto às exportações de peças fabricadas segundo a tecnologia licenciada não tem por objecto ou por efeito restringir a concorrência no mercado comum e não afecta as trocas entre Estados-membros por ser improvável a sua re-importação para o mercado comum: os produtos eram heterogéneos, fabricados segundo as especificações dos clientes, não existindo um mercado de intermediários que pudesse proceder à arbitragem entre diferentes mercados).

3. Protecção territorial

No considerando 12 do Preâmbulo do Regulamento n.° 240/96, a Comissão reconhece que as restrições territoriais contidas no artigo 1.° "contribuem, em geral, para a melhoria da produção e para a promoção do progresso técnico". Não obstante ser favorável a este tipo de restrições, a formulação utilizada pela Comissão é evocativa do n.° 3 do Artigo 81.°. Ou seja, as restrições territoriais devem ser cobertas por uma isenção, a menos que se verifiquem os requisitos específicos mencionados no acórdão *Nungesser*. Como vimos, a Comissão equipara qualquer licença exclusiva a uma restrição da concorrência, devido à limitação da faculdade de o licenciante conceder novas licenças para o mesmo território e ao afastamento de potenciais interessados nessas licenças.[584]

A análise da Comissão valoriza igualmente o incentivo criado pelas restrições territoriais. Incentivo esse quer quanto ao licenciante, para que este conceda licenças, como quanto ao licenciado, para que este invista na exploração de novos produtos ou processos.[585] Esta função de incentivo era já mencionada nos regulamentos de isenção por categoria relativos aos acordos de distribuição e de compra exclusiva. Em certa medida, este raciocínio estava subjacente aos limites impostos à isenção de restrições territoriais em função da parte de mercado do licenciado. Quanto maior a sua quota de mercado, menor a necessidade de ter o incentivo da protecção territorial. Ainda no âmbito preambular, a Comissão alarga a aplicação dos princípios do caso *Nungesser* à introdução de novos processos de fabricar produtos já existentes. Recorde-se que aquele caso se referia a produtos novos.[586]

---

[584] Ao abrigo da tese que equipara qualquer restrição da conduta das partes a uma restrição da concorrência, qualquer contrato é potencialmente restritivo da concorrência. Quando a empresa A arrenda um armazém á empresa B, A deixa de o poder arrendar a C, D, (...). Por sua vez, C, D, (...) deixam de poder arrendar aquele imóvel. É fácil compreender como esta tese pode chegar a resultados absurdos na sua essência, ainda que possam ser afastados por outros aspectos da análise concorrencial, como a questão dos efeitos sensíveis na concorrência. Esta teoria é um dos principais reflexos da influência exercida pela Escola de Friburgo na interpretação das disposições comunitárias de concorrência. Ver, *supra*, nota 321. Ver ainda ULLOA, "Licensing Contracts and Territoriality Clauses: Parallel Imports", ECLR, 1991, n° 6, p. 220.

[585] A preocupação fundamental da Comissão parece ser a de proteger os incentivos do licenciado, como resultava já de diversas decisões como, por exemplo, a Decisão da Comissão no caso *Velcro/Aplix*, J.O. 1985, L 233/22.

[586] Ver Decisão da Comissão no caso *Velcro/Aplix*, J.O. 1985, L 233/22.

Ao abrigo dos princípios traçados no acórdão *Nungesser*, o artigo 81.º n.º 1 só não é aplicável às licenças abertas que preencham os requisitos impostos pelo Tribunal. Daí que se justifique a precaução da Comissão de incluir esse tipo de licenças no Regulamento, uma vez que estas podem violar aquela disposição e necessitar de uma isenção.[587]

O artigo 1.º isenta as cláusulas pelas quais o licenciante se compromete a não licenciar terceiros para o mesmo território (*sole licence* ou licença única), bem como aquelas pelas quais o próprio licenciante se compromete a não concorrer com o licenciado dentro do referido território (*exclusive licence* ou licença exclusiva) (artigo 1.º, n.º 1, parágrafos 1.º e 2.º). Esta disposição isenta ainda as cláusulas que conferem ao licenciante protecção contra o licenciado (artigo 1.º, n.º 1, parágrafo 3.º). Este conjunto de cláusulas corresponde ao conceito de licenças abertas definido pelo Tribunal no acórdão *Nungesser*.

Quando o licenciante concede diversas licenças, ainda que com exclusividade dentro de cada território, a razão de ser da protecção do incentivo do licenciado dita que este deve obter igualmente protecção contra os restantes licenciados. Se o investimento do licenciado depende da protecção territorial conferida num período inicial, essa protecção é necessária contra qualquer concorrência *intrabrand*, venha ela da parte do licenciante ou de outros licenciados. Daí que o limite do conceito de licenças exclusivas abertas às restrições entre o licenciante e o licenciado seja artificial. Apenas o interesse de manter o comércio entre Estados-membros à custa dos incentivos do licenciado ou uma teoria de concorrência potencial (nunca enunciada pelas autoridades comunitárias) justificam esse limite. Quando os restantes licenciados eram já concorrentes actuais ou potenciais do licenciado em questão, podemos apresentar uma objecção forte a esse tipo de protecção com base na redução da concorrência que resultaria da sua protecção recíproca. Mas dizendo o princípio *Nungesser* respeito a novos produtos, é difícil que tal situação se verifique na prática.[588] Uma

---

[587] Ver BARRY HAWK, *op. cit.*, p. 663.

[588] Difícil mas não impossível. Basta pensarmos no caso *Boussois/Interpane*, no qual um produto novo era obtido através de duas tecnologias distintas, sendo o princípio *Nungesser* aplicável, em abstracto, a um contrato de licença relativo a uma dessas tecnologias. Decisão da Comissão no caso *Boussois/Interpane*, J.O. 1987, L 50/30. No entanto, se um dos licenciados fosse já titular ou licenciado quanto a uma das tecnologias, o princípio *Nungesser* não seria aplicável a uma licença da segunda tecnologia uma vez que a introdução do novo produto era possível ao abrigo da primeira tecnolo-

teoria de concorrência potencial que permitisse simultaneamente alargar a aplicação daquele princípio a restrições relativamente ao comportamento dos licenciados entre si e impedir que o mesmo fosse aplicável a verdadeiros acordos de repartição de mercados entre licenciados sob a capa de uma licença de tecnologia exigiria um maior rigor na definição do mercado relevante, aspecto que adiante trataremos.

Mas daqui não se deve concluir que o Regulamento é hostil às restrições da concorrência entre licenciados. É possível obter alguma protecção contra as vendas directas de outros licenciados. Daí que o Regulamento preveja diversas formas de conceder essa protecção.[589] Sobretudo no caso das patentes de processo ou do saber-fazer ligado à produção de um bem, a protecção pode ser prosseguida pela limitação das operações de produção ou uso da tecnologia licenciada a um determinado território (artigo 1.º, n.º 1, parágrafo 4.º). Este limite será particularmente eficaz quando os custos de transporte são elevados em relação ao valor unitário do produto, na medida em que a penetração nos mercados de outros licenciados seja inviável sem a construção de fábricas junto dos clientes. Claro que, no caso dos acordos puros de licença de patentes, tal limite nunca pode ser imposto validamente quanto ao território de Estados-membros nos quais o licenciante não dispõe de patentes. Não dispondo do direito de excluir em relação a terceiros, não deve o licenciante dispor contra-

---

gia. Concluindo, dificilmente aquele princípio será aplicável a casos em que os licenciados são, antes de receber a licença, concorrentes actuais ou potenciais. A situação mais verosímil é a que ocorre quando o produto é novo mas há substitutos próximos no mercado que limitam o poder de mercado do titular da patente ou tecnologia referente a esse produto. Nesta situação, o recrutamento dos produtores do produto substituto para fabricar o novo produto elimina a concorrência actual daquele substituto. Nesse caso, é necessária uma análise do mercado para verificar se a rede de licenças restringe ou não a concorrência.

[589] Além das que se referem à protecção territorial, destaca-se ainda a obrigação de o licenciado não conceder outras licenças em condições mais favoráveis (*most favoured licensee* ou cláusula do licenciado mais favorecido), a qual é considerada como não sendo, em geral, restritiva da concorrência (artigo 2.º, n.º 1, parágrafo 10). Numa decisão proferida há mais de 20 anos, a Comissão assumiu uma posição mais reservada quanto a estas cláusulas quando a única possibilidade de encontrar outros licenciados consiste em oferecer condições mais favoráveis do que as de que dispõe o licenciado já instalado no mercado. Nesta última situação a obrigação de oferecer o tratamento de licenciado mais favorecido pode ser considerada uma restrição apreciável da concorrência. Este princípio nunca foi aplicado na prática. Ver Decisão da Comissão no caso *Kabelmetal/Luchaire*, J.O. 1975, L 233/34, Ponto II.8.(i).

tualmente desse direito relativamente aos licenciados (ver considerando n.º 12).[590]

Nem sempre a proibição de produção no território de outro licenciado constitui meio idóneo de conferir protecção recíproca aos licenciados. Se o custo de transporte for irrisório, um licenciado poderá facilmente penetrar mercados geográficos adjacentes. Por outro lado, relativamente a muitos produtos tecnologicamente avançados o respectivo mercado tem dimensão mundial. Nessas situações é necessário conceder protecção ao licenciado através da imposição de limites à comercialização fora do respectivo território.

Na linha dos anteriores regulamentos, o licenciado pode ser proibido de praticar uma política activa, ou mesmo passiva, de vendas nos territórios concedidos a outros licenciados (artigo 1.º, n.º 1, parágrafos 5.º e 6.º). Estamos ainda fora do âmbito da protecção territorial absoluta condenada pelo Tribunal no acórdão *Nungesser*. Contudo, mesmo esta protecção fica sujeita a dois limites significativos. Em primeiro lugar, os esforços de vendas de importadores paralelos não podem ser bloqueados pelo comportamento individual ou colectivo do licenciante e respectivos licenciados, sob pena de ser afastada a aplicação ao acordo da isenção por categoria (artigo 3.º, n.º 3), sendo igualmente um fundamento para que a Comissão retire a isenção nos termos do artigo 7.º. Por outro lado, a protecção contra vendas passivas não pode exceder a duração de cinco anos após a primeira comercialização do produto no mercado comum por um dos licenciados (artigo 1.º, n.ºs 2, 3 e 4).

A isenção das cláusulas que conferem protecção territorial é limitada no tempo, variando a sua duração consoante o objecto do contrato em análise. Assim, nas licenças puras de saber-fazer, a Comissão limita a 10 anos o período de protecção ao abrigo da isenção por categoria, presumindo que tal prazo é adequado à protecção dos incentivos mencionados no considerando n.º 12. Desta presunção não resulta, porém, qualquer juízo de valor

---

[590] Tal corresponde à posição do Tribunal de Justiça no acórdão *Windsurfing*, onde o Tribunal manteve a parte da decisão recorrida na qual a Comissão considerava uma cláusula que limitava o licenciado à produção numa determinada instalação fabril situada na Alemanha era contrária ao Artigo 81.º, n.º 1 do Tratado. Entendeu-se que essa cláusula impedia a produção e venda nos Estados-membros não abrangidos pela protecção de patentes paralelas à patente alemã. O Tribunal interpretou essa estipulação como uma extensão do monopólio da patente ao abrigo da teoria do objecto da patente. Acórdão do Tribunal de Justiça no Proc. 193/83, *Windsurfing International c. Comissão*, Colect. 1986, p. 611, considerando n.º 92.

quanto a prazos de protecção mais dilatados. Todavia, esses prazos apenas poderão beneficiar de uma isenção individual, o que representa um obstáculo intransponível para quem exija a certeza da validade do contrato, uma vez que são poucas as isenções concedidas anualmente pela Comissão. Por outro lado, a Comissão adianta já que será mais receptiva a um pedido de isenção quando o mesmo visar "proteger investimentos onerosos e de risco, ou quando as partes não se encontravam em relação de concorrência aquando da concessão da licença" (considerando n.º 14).

Este prazo de protecção territorial pode ser alargado por via de isenção individual caso sejam efectuados melhoramentos na tecnologia licenciada ao longo da vida do contrato de licença. Para obviar qualquer tentativa de obter fraudulentamente a extensão indefinida da protecção territorial (devemos ter presente que o saber-fazer é protegido enquanto se mantiver secreto), a primeira proposta de regulamento indicava que os melhoramentos que justificariam essa extensão deviam ser substanciais e de não menos importância do que a tecnologia licenciada ou exigir um investimento dispendioso e arriscado (considerando 10 da proposta). Esta referência foi eliminada na versão final que se limita a concluir que "se da pesquisa de melhoramentos resultarem inovações distintas com relação à tecnologia facultada", as partes podem celebrar um novo acordo de licença ao abrigo do Regulamento (considerando 14).[591]

As cláusulas de protecção territorial nos contratos puros de licença de patentes beneficiam da isenção desde que se mantenham em vigor as patentes correspondentes nos territórios afectados pela restrição. A única excepção diz respeito à proibição de um licenciado efectuar vendas passivas destinadas ao território de outro licenciado, a qual, como acima foi referido, apenas pode ser imposta durante o período de cinco anos após a primeira comercialização por um licenciado no mercado comum.

O saber-fazer, ao contrário das patentes, não tem um período definido de protecção, neste aspecto apresentando uma semelhança em relação às marcas. Daí que um contrato de licença pura de saber-fazer não tenha um limite resultante do seu objecto como sucede com as licenças de patentes, mantendo-se em vigor enquanto o saber-fazer for secreto e substan-

---

[591] Esta posição da Comissão resulta das suas decisões nos casos *AOIP/Beyrard*, J.O. 1976, L 6/8, e *Velcro/Aplix*, J.O. 1985, L 233/22, nas quais foram consideradas contrárias ao n.º 1 do Artigo 81.º cláusulas que prorrogavam automaticamente o contrato de licença enquanto fossem válidas patentes de base ou de melhoramentos objecto da licença, ainda que estas não fossem, de facto, utilizadas na produção.

cial. A Comissão toma uma posição bastante restritiva quanto à protecção territorial no contexto de licenças puras de saber-fazer, estabelecendo uma conexão quase em exclusivo entre a sua justificação e a necessidade de proteger os incentivos dos licenciados. Esta abordagem deixa de fora a tutela do incentivo do licenciante, que não só diz respeito à concessão de licenças como também à própria inovação que esse *know-how* consubstancia.

Dito isto, importa advertir que há boas razões para não equipararmos o saber-fazer aos conhecimentos tutelados pelas patentes e outros direitos de propriedade industrial. Com efeito, um dos principais sustentáculos do exclusivo das patentes, a imposição da divulgação da inovação que permite a apropriação das ideias pela comunidade científica, está ausente no quadro do saber-fazer. Este último caracteriza-se precisamente pelo segredo. Mas no quadro do direito da concorrência a nossa preocupação deve igualmente alinhar-se pela procura da eficiência económica. A posição da Comissão parece corresponder a uma desvalorização do saber-fazer face às inovações protegidas por patentes. Contudo esse juízo é errado e induz em erro quanto ao que está em jogo. O valor da inovação em concreto é-nos dado pela disponibilidade que outros agentes económicos têm de pagar pela sua utilização.[592] Deste ponto de vista, inovações protegidas apenas enquanto saber-fazer podem ser consideravelmente mais valiosas do que muitas centenas de patentes que nunca foram exploradas. Por outro lado, o benefício para a sociedade da actividade inventiva não se mede em termos do número de patentes e sim do contributo da inovação para o progresso técnico e económico. Daí que deva ser irrelevante o modo como a inovação em causa é protegida.[593] Importante é, isso sim, manter o incen-

---

[592] Como vimos na primeira parte, o critério de valoração das inovações pelo mercado é o único critério objectivo, ainda que sofra, ele próprio, das limitações inerentes à desigual distribuição de rendimentos e à consequente diferença entre a disponibilidade de pagar um determinado preço e o valor real para a sociedade dessa inovação (diferença essa que pode estar relacionada com custos sociais não interiorizados pelo adquirente). Ver, em geral, RICHARD POSNER, *Economic Analysis Of Law*, 4.ª ed., Little, Brown, Boston, 1992, pp. 12 e ss.

[593] Como referem FRIEDMAN, LANDES e POSNER, o *know-how* tem uma função complementar relativamente aos direitos de propriedade intelectual de natureza técnica; "Inventors choose trade secret protection when they believe that patent protection is too costly relative to the value of their invention, or that it will give them a reward substantially less than the benefit of their invention (as reflected, in part, in the lenght of time before any else will invent it), either because the invention is not patentable or because the

tivo para que essas inovações sejam produzidas. E aqui voltamos ao problema do incentivo do inovador. Não há qualquer razão para pensar que o mesmo deva ser subordinado ao incentivo do licenciado.

A Comissão mantém-se certa de que o período de protecção é adequado para a protecção dos incentivos referidos. No caso das licenças exclusivas abertas, a protecção do território do licenciante, a proibição de fabrico, uso e comercialização activa no território concedido a outros licenciados é isenta pelo período de 10 anos a contar da primeira comercialização no mercado comum por um licenciado. Quanto à restrição de vendas passivas, como vimos, a mesma é limitada a um período de cinco anos.

Um último aspecto relativo aos períodos de protecção territorial diz respeito à data a partir da qual os mesmos começam a correr. No âmbito do antigo regulamento sobre contratos de licença de saber-fazer, aqueles períodos eram contados a partir da data da assinatura do primeiro acordo de licença celebrado sobre a tecnologia em questão para o interior da Comunidade (ver artigo 1.º, n.ºs 2 e 3 do Regulamento n.º 559/89). Este regime penalizava os licenciados que adquirissem essa qualidade mas não iniciassem imediatamente a produção. Tal atraso podia ficar-se a dever à própria complexidade do saber-fazer licenciado, à necessidade de construir uma nova unidade fabril, etc.

Para corrigir este resultado, a proposta previa como data a partir da qual seriam contados os prazos de protecção a da primeira comercialização do produto pelo licenciante ou pelo licenciado. Mas também esta solução tinha um inconveniente. Se o licenciante comercializar o produto directamente de forma a experimentar a sua recepção pelos consumidores fica coarctado quanto à protecção que pode oferecer a futuros licenciados caso o produto seja bem sucedido. Chegou-se assim à solução adoptada no Regulamento, sendo a data relevante a da primeira comercialização por um dos licenciados. Tal como no âmbito dos anteriores regulamentos, a Comissão procura incentivar o licenciante a disseminar a sua inovação tão

---

lenght (or other conditions) of patent protection is insufficient. By successfully maintaining their trade secret they provide evidence that their belief was correct. In effect the common law has plugged several economic holes in the patent statute. It has not done so costlessly; patenting results in the disclosure of socially valuable information, and trade secret protection does not. But it may be doubted how great this social cost is (...)". FRIEDMAN, LANDES e POSNER, "Some Economics of Trade Secret Law", J. of Econ. Persp., vol. 5, n.º 1, 1991, p. 61, na p. 64.

rapidamente quanto possível. Tendo a protecção territorial um valor para os potenciais licenciados (por diminuir os riscos da exploração da tecnologia licenciada), quanto maior o período de protecção maior o poder negocial do licenciante. A partir do momento em que confere a primeira licença, porém, esse poder diminui com a correspondente redução dos períodos de protecção territorial de que poderão usufruir futuras licenças. Por isso, o licenciante tem um incentivo para procurar uma solução global para a exploração da sua inovação no mercado comum.

Quanto aos acordos de licença mistos, as restrições territoriais podem ser aplicadas durante a vida das patentes necessárias que protegem a tecnologia licenciada, na medida em que esse período ultrapasse aquele que resulta da aplicação das regras enunciadas a propósito das licenças puras de saber-fazer. Confirma-se, pois, o entendimento de que a noção de patentes "necessárias" procura responder ao receio de um acordo de licença de saber-fazer beneficiar de protecção territorial pelo expediente da inclusão de uma patente irrelevante para a exploração da tecnologia licenciada.

As decisões de isenção individual indicam que as licenças exclusivas de produção são encaradas de modo mais favorável do que as licenças exclusivas de venda.[594] Contudo, no caso *Davidson Rubber*, até uma licença onde a protecção territorial se limitava à produção foi considerada contrária ao artigo 81.°, n.° 1, recebendo uma isenção nos termos do n.° 3 daquela disposição.[595] Neste caso, a Comissão equiparou uma restrição ao comportamento dos licenciados (impedindo-os de utilizar a tecnologia licenciada para produção fora do respectivo território) a uma restrição da concorrência. Paradoxalmente, a argumentação aduzida para justificar

---

[594] Referimo-nos, naturalmente às licenças que compreendem a produção e a venda. Como vimos, as licenças que se limitam à venda são excluídas do âmbito do Regulamento 240/96.

[595] Decisão da Comissão no caso *Davidson Rubber*, J.O. 1972, L 143/31. Num caso anterior, a Comissão exprimira já o entendimento segundo o qual as cláusulas de licença de produção exclusiva eram restritivas da concorrência, caindo no âmbito da proibição do n.° 1 do Artigo 81.°. Todavia, concedeu uma isenção individual com o fundamento de que não existia um grau significativo de concorrência pois o licenciado francês, Delplanque, detinha uma pequena quota de mercado em França e os restantes licenciados na Comunidade estavam autorizados a comercializar os produtos em qualquer parte do mercado comum. O produto, papel químico plastificado podia ser transportado facilmente e com custos reduzidos pelo que seria de esperar concorrência entre os diferentes licenciados. Ver Decisão da Comissão no caso *Burroughs-Delplanque*, J.O. 1972, L 13/50.

a isenção concedida sugere que, na verdade, não existia qualquer restrição da concorrência, a não ser no sentido formal a que anteriormente aludimos. Em primeiro lugar, sem a exclusividade os licenciados não teriam aceite realizar os investimentos necessários ao desenvolvimento do processo patenteado e sua adaptação ao mercado europeu (a licenciante era uma empresa norte-americana e o respectivo processo não era usado nos Estados-membros da Comunidade antes da respectiva licença). Por outro lado, o processo licenciado sofria, à data da decisão, a concorrência de outros processos tecnológicos mais avançados, os quais estavam já a substituir a tecnologia licenciada. Finalmente, não só o número de concorrentes era elevado, os próprios utilizadores da tecnologia eram grandes construtores de automóveis que produziam directamente cerca de um terço das suas necessidades.

Esta decisão, embora date de 1972, indica uma diferença radical relativamente à atitude das autoridades dos Estados Unidos nos termos das Directrizes de 1995, na medida em que a definição de mercado indicaria certamente a ausência de poder de mercado por parte do licenciante e, adicionalmente, subordinaria a sua apreciação à *rule of reason*.

As restrições territoriais à comercialização são consideradas contrárias ao artigo 81.°, n.° 1, carecendo de uma isenção ao abrigo do artigo 81.°, n.° 3.[596] Desde que a protecção territorial conferida pela licença não seja absoluta, a Comissão poderá conceder uma isenção desde que o acordo produza o mesmo tipo de benefícios referidos no Regulamento n.° 240/96.[597]

4. *O problema dos licenciados com posição dominante e os mercados oligopolísticos*

a. *Aspectos gerais*

Um dos aspectos mais controversos da proposta da Comissão era a inclusão de um limite à quota de mercado das partes, semelhante ao previsto pelo Regulamento n.° 418/85 a propósito das empresas comuns de investigação e desenvolvimento. A tentativa de subordinar a isenção a um

---

[596] Ver Decisão da Comissão no caso *AOIP/Beyrard*, 1976, J.O. L6/8.
[597] Ver Decisão da Comissão no caso *Boussois/Interpane*, J.O. 1987, L 50/30.

limite superior à parte de mercado fora igualmente ensaiada pela Comissão numa das primeiras versões do regulamento de isenção de patentes de 1984. Neste texto, a Comissão previa subordinar a isenção quanto à restrição territorial da comercialização para os casos em que a parte protegida tivesse um volume de negócios não superior a 100 milhões de Ecus. O fundamento deste limite correspondia à intenção da Comissão de afastar o benefício da isenção quanto aos licenciados que tivessem à sua disposição avultados recursos financeiros.

Este requisito viria eventualmente a ser abandonado, quer nas seguintes versões preliminares do regulamento quer na sua versão final, em virtude de a Comissão se considerar "persuadida mas não convencida" de que a protecção dos licenciantes contra os licenciados pode ser necessária para encorajar a própria concessão de licenças.[598] Hoje em dia, à luz do que é referido no considerando 12 do Regulamento n.º 240/96, a Comissão parece ter abandonado definitivamente esta posição. Para melhor compreender os problemas suscitados pelos acordos de licença em mercados oligopolísticos é necessário, antes do mais, precisar o conceito de mercado relevante neste contexto. Neste domínio daremos particular relevo à forma como a Comissão trata os efeitos de acordos abrangidos pelo artigo 81.º em termos da investigação e desenvolvimento. Como veremos, a Comissão introduziu recentemente uma noção de mercados futuros que corresponde, *grosso modo*, à noção das Directrizes de 1995 de mercado de inovação. Por último, será tratada neste capítulo a evolução do projecto da Comissão de inserir um limite relativo à quota de mercado do licenciado e a solução adoptada no Regulamento.

b. *Os conceitos de mercado de tecnologia e mercado de inovação e o direito comunitário da concorrência*

(1) Enquadramento do problema

Não iremos neste capítulo efectuar uma recapitulação da noção de mercado relevante em direito comunitário. Basta recordar que os efeitos de um acordo, tal como a noção de posição dominante, devem ser aferidos em função de um mercado economicamente relevante, nas suas dimensões

---

[598] Documento de trabalho da Comissão n.º IV/84/1, citado por BARRY HAWK, *op. cit.*, p. 665.

material e geográfica.[599] Quanto à dimensão geográfica, o aspecto mais importante no contexto dos acordos de licença de tecnologia prende-se com a grande mobilidade internacional das inovações e com o reduzido impacto que os custos de transporte exercem sobre alguns produtos tecnologicamente sofisticados. Afigura-se assim evidente que neste domínio alguns mercados podem assumir uma dimensão mundial.

Tendo em atenção o desenvolvimento nos Estados Unidos de um conceito de mercado decomposto, em termos materiais, no mercado tradicional de produto ou serviço, no mercado de tecnologia e no mercado de inovação, é importante aferir até que ponto esses conceitos encontram correspondentes analíticos no direito comunitário da concorrência. É esse aspecto que agora nos ocupa.

Quanto à definição do mercado de produto ou serviço, nada haverá a acrescentar de específico quanto aos acordos de licença de tecnologia, a não ser reafirmar as diferenças que subsistem entre os Estados Unidos e a União Europeia nesta questão.[600]

A noção de mercado de tecnologia também não é estranha ao direito comunitário, ainda que não tenha merecido uma definição formal como sucedeu com as Directrizes de 1995. Mas esta noção não se reveste na Comunidade de uma autonomia relativamente à noção tradicional de mercado de produto ou serviço. A existência de tecnologias substitutas tende a ser ponderada a dois títulos. Em primeiro lugar, quanto à definição do mercado de produto, no sentido de nele incluir apenas os produtos que apresentem características, utilizações e preços aproximados. Estamos ainda

---

[599] Embora o conceito de mercado relevante seja tradicionalmente estudado no quadro do abuso de posição dominante, ele assume também um sentido próprio no âmbito do Artigo 81.º. Ver o projecto de comunicação da Comissão sobre o conceito de mercado relevante. Não só devem os acordos produzir um efeito sensível na concorrência, um acordo apenas pode receber uma isenção ao abrigo do n.º 3 daquela disposição se não der às partes "a possibilidade de eliminar a concorrência relativamente a uma parte substancial dos produtos em causa". Este requisito apenas pode ser verificado no âmbito de um mercado relevante. Sobre o conceito de mercado relevante, na sua dimensão mercado de produto ou serviço e na dimensão geográfica, ver, por exemplo, RICHARD WHISH, *Competition Law*, 3.ª ed. Butterworths, London, 1993, pp. 249 e ss.; VALENTINE KORAH, *An Introductory Guide* ..., pp. 69 e ss.; BERTHOLD GOLDMAN, ANTOINE LYON-CAEN, LOUIS VOGEL, *Droit commercial européen*, 5.ª ed., Dalloz, Paris, 1994, pp. 413 e ss..

[600] Como vimos *supra*, III.B.1., nos Estados Unidos a definição do mercado de produto ou serviço é feita segundo as Directrizes sobre concentrações de 1992, um instrumento bastante sofisticado de análise económica. Na União Europeia, a definição de mercado é feita de modo bastante mais rudimentar, ainda que não radicalmente distinto.

no domínio da definição do mercado relevante tradicional. Mas as tecnologias substitutas podem ser igualmente relevantes de forma a enquadrar as partes de mercado do licenciante e licenciado, na perspectiva da substituibilidade do lado da oferta da tecnologia licenciada, bem como quanto à determinação da durabilidade dessas partes de mercado através da apreciação de eventuais obstáculos à entrada no mercado criados pela tecnologia ou falta de tecnologias alternativas. Em todo o caso, não encontramos uma autonomização do conceito enquanto um mercado no qual é necessário assegurar a concorrência.

Por maioria de razão, o mesmo se dirá a respeito do mercado de inovação. Para melhor justificar esta nossa conclusão, passamos a examinar algumas decisões no domínio dos acordos de licença. Mas estas decisões não permitem obter uma imagem completa. Ainda que os conceitos de mercado de tecnologia e de mercado de inovação não possam ser encontrados nas decisões sobre licenças de tecnologia (embora fosse mais natural que estes conceitos aflorassem neste terreno), devemos ainda considerar outras áreas do direito da concorrência onde a definição de mercado possa ter produzido uma primeira manifestação dessas figuras, em especial, os acordos de constituição de empresas comuns de investigação e desenvolvimento, o abuso de posição dominante e o controlo de concentrações. É neste último que encontramos uma abordagem mais nitidamente decalcada dos conceitos de mercado de tecnologia e de mercado de inovação a que anteriormente aludimos.

(2) Definição do mercado relevante: Acordos de licença de tecnologia

Na decisão *Burroughs/Delplanque*, o produto licenciado era um determinado tipo de papel químico multi-usos, ficando o licenciado com uma licença exclusiva para produção em França pelo prazo de 10 anos e uma licença não exclusiva de comercialização nos restantes Estados-membros.[601] A Comissão começou por definir um mercado amplo de papel químico multi-usos, analisando depois um sub-mercado relativo ao tipo de produtos licenciados, papel químico plastificado. Este último foi caracterizado como um produto novo e de preço superior pelas suas características e custo mas pouco disseminado em França, representando cerca de 10% do total de papel químico consumido em França. A estrutura da oferta deste tipo de produto era bastante concentrada com um produtor em

---

[601] Decisão da Comissão no caso *Burroughs/Delplanque*, J.O. 1972, L 13/50.

França, outro em Itália e um terceiro na Alemanha, sendo que esse produto era exportado para França vindo daqueles países.

A Comissão não pareceu particularmente impressionada com as diferenças entre o papel químico plastificado e os restantes tipos de papel químico multi-usos, tendo-se conformado com este mercado mais amplo. Assim, o licenciado detinha apenas uma pequena parte do mercado relevante (menos de 10%). Num primeiro exercício do que tem sido a sua abordagem normal neste tipo de casos, a Comissão estava mais preocupada em verificar se existia concorrência suficiente dentro dos produtos fabricados segundo o processo licenciado. Uma vez que os custos de transporte eram reduzidos, a licença exclusiva de produção em França não oferecia grande protecção contra o licenciante e um outro licenciado a operar na Alemanha.[602] A Comissão emitiu um certificado negativo quanto ao acordo de licença.

A decisão *Burroughs/Delplanque* representa, pois, uma aplicação sumária da definição tradicional de mercado relevante, olhando sobretudo à existência de produtos substitutos no mercado e à reduzida importância do sub-mercado (apenas esboçado) em que se inserem os produtos obtidos mediante o processo licenciado.

Já na decisão *Davidson Rubber*, a Comissão ponderou mais demoradamente o papel das tecnologias substitutas.[603] A Davidson Rubber era titular de duas patentes relativas ao processo e equipamentos a utilizar no fabrico de acessórios almofadados para automóveis, em especial bancos e apoios para os braços, bem como de *know-how* relativo a esse processo. Em 1959 o processo era protegido por patentes na Alemanha, Bélgica, França e Itália. O equipamento utilizado era protegido por patentes na Alemanha e na Itália, estando pendente em 1972 um pedido relativo à Holanda apresentado em 1959. O titular concedera inicialmente três licenças exclusivas de produção, para França, Alemanha e Itália, vindo mais tarde a conceder uma segunda licença para este último país.

Na caracterização que faz do processo protegido, a Comissão indica que o mesmo pode ser utilizado para outros fins que não os da indústria automóvel, mas que, nesta última, é apenas utilizada para o fabrico de apoios para braços. O fabrico de bancos envolvia já tecnologias mais avançadas do que a da Davidson Rubber.

---

[602] O contrato com o licenciado alemão foi objecto da Decisão da Comissão no caso *Burroughs/Geha-Werke*, J.O. 1972, L 13/53 (certificado negativo).
[603] Decisão da Comissão no caso *Davidson Rubber*, J.O. 1972, L 143/39.

Os clientes eram, quase exclusivamente, os fabricantes de automóveis que adquiriam os produtos directamente aos produtores para instalação em carros novos. O poder dos clientes era reforçado por não se tratar de um produto homogéneo. Cada fabricante efectuava as suas encomendas segundo as especificações necessárias para cada modelo de automóvel por si produzido.

Por outro lado, o processo licenciado era utilizado apenas numa parte reduzida da gama de produtos fabricados pelos licenciados, sendo que um deles estava em fase adiantada de substituição do processo licenciado por outro que ele próprio desenvolvera.

A Comissão atribuiu grande importância ao processo em questão precisamente por ser o único patenteado "podendo ser considerado o mais importante processo de fabrico de apoios para braços para automóveis". Dos outros processos concorrentes, dois eram antiquados (embora não se refira quão antigos eles eram à data e se obscureça a própria obsolescência do processo licenciado datado de 1959) e o outro, utilizado por alguns fabricantes de automóveis, era recente e necessitava ainda de melhoramentos. Neste ponto da decisão podemos antever uma primeira, mas muito ténue, manifestação da noção de mercado de tecnologia. A Comissão parece inclinada a definir um mercado de tecnologia necessária ao fabrico de apoios para braços a utilizar em automóveis, no qual o processo da Davidson Rubber seria o mais importante. Mas, logo de seguida, a Comissão retoma a análise segundo a perspectiva tradicional da definição de um mercado de produto, os apoios para braços para automóveis. E nesse mercado a parte correspondente aos licenciados da Davidson Rubber parece ser de apenas 1/3, sendo que a indústria estava relativamente desconcentrada com mais doze fabricantes na Comunidade, e os fabricantes de automóveis produziam directamente cerca de 1/3 das suas necessidades, alguns dos quais com uma licença gratuita da Davidson Rubber. Ou seja, o processo da Davidson Rubber concorria com outros processos utilizados por doze concorrentes e pelos construtores de automóveis, responsáveis por dois terços do mercado. Assim, a posição daquele processo de fabrico não lhe atribuía, directamente ou através dos seus licenciados, a possibilidade de eliminar uma parte substancial da concorrência no mercado em causa. A Comissão concedeu uma isenção ao acordo.

Na decisão *Kabelmetal/Luchaire*, o processo licenciado correspondia a um processo de fabrico de peças de aço por extrusão a frio, um método que era já conhecido no domínio dos metais desde o início do século mas que só foi aplicado ao aço em 1934 por uma empresa alemã. Dada a utilidade militar desta técnica, a mesma foi protegida por patentes secretas, as quais foram confiscadas pelos Aliados no final da Segunda Guerra, generalizando-se o uso desse processo na Europa e nos Estados Unidos. A partir do processo básico desenvolveram-se diversas técnicas, detendo a Kabelmetal uma patente de processo sobre o fabrico de peças de aço de dimensões irregulares. Tal como na decisão *Davidson Rubber*, as peças são fabricadas segundo as especificações dos clientes, exigindo aqui um substancial esforço de investigação e desenvolvimento de modo a encontrar o meio mais eficaz de produzir cada tipo de peça. Por outro lado, os clientes negoceiam directamente com os produtores.

Devido à natureza do mercado, composto por produtos muito diferentes, a Comissão ensaiou uma definição com base nas peças de aço obtidas com recurso ao processo de extrusão a frio ou com recurso aos diferentes processos tradicionais. Neste mercado, o licenciado Luchaire detinha, em 1974, 20% da produção dessas peças em França. Neste país, seis outras empresas fabricavam também essas peças com recurso a métodos de extrusão a frio.

O processo de extrusão a frio apresentava algumas vantagens quanto ao fabrico de certas peças, em especial as de formato irregular, a nível das propriedades mecânicas das peças e da poupança de material e equipamento. Mas era um processo mais caro e com custos de instalação muito elevados, da ordem dos vários milhões de Ecus. Embora o processo fosse utilizado por mais seis fabricantes em França e existissem tecnologias substitutas, a Comissão considerou que o acordo restringia sensivelmente a concorrência no mercado comum: "As tecnologias (...) licenciadas constituem técnicas importantes para o fabrico de peças irregulares e o número de processos estritamente concorrentes e comparáveis, tal como o número de fabricantes que os utiliza é relativamente pequeno". Cumulados com a parte de mercado da Luchaire que a Comissão reputa de substancial (sem indicar a que mercado se refere, se ao mercado das peças de aço, ao mercado das peças de aço irregulares, ou ao mercado destas últimas fabricadas segundo o método de extrusão a frio) e o "considerável volume de negócios" da licenciante Kabelmetal na Alemanha, estes factos levaram a que o acordo fosse considerado abrangido pela previsão do artigo 81.º, n.º 1. Mas, na tradicional inversão que ocorre sempre que a Comissão concede uma isenção, essa posição não dava às partes a possibilidade de eliminar a concorrência no mercado em causa, em especial devido à existência de outros processos de extrusão a frio e de processos tradicionais usados por diversas empresas no mercado comum e à liberdade de a Luchaire exportar para fora do seu território.

Nesta decisão encontramos pela primeira vez a preocupação com o problema do poder de mercado de um licenciado. Mas diversos aspectos da decisão são surpreendentes. Desde logo, a ausência de clareza quanto ao conceito de mercado relevante utilizado. Socorrendo-se da técnica usual de definir sucessivos sub-mercados sem nunca optar por um só, a Comissão parece dar particular importância a um mercado de produtos definidos em função de uma tecnologia em particular, o processo de extrusão a frio. Mas mesmo neste sub-mercado, a posição da licenciada era demasiado limitada pela presença de seis outros concorrentes que utilizam o mesmo processo, ainda que não aquele desenvolvido pela Kabelmetal. Um mercado com sete concorrentes (fora as empresas situadas noutros Estados-membros, de que a Comissão não dá notícia, embora se fique com a impressão de que os custos de transporte não eram determinantes)[604] dificilmente pode ser qualificado como mais do que um mercado moderadamente concentrado, se tivermos em atenção que sofria ainda a concorrência de outros fabricantes com processos tradicionais. Mais uma vez, a Comissão ensaia a noção de mercado de tecnologia, sem a desligar do conceito de mercado de produto.

No caso *AOIP/Beyrard*, o licenciante era um inventor por conta própria que obtivera patentes relativas ao fabrico e comercialização de reóstatos automáticos de arranque para motores eléctricos médios e pesados, utilizados por diversas indústrias (têxteis, cimento, refinaria de açúcar, pedreiras, siderurgia, indústria química e outras).[605] Entre diversas actividades, a licenciada AOIP fabricava esses motores recorrendo a dois tipos de reóstatos com base na tecnologia licenciada. O mercado definido foi o mercado relativo aos motores de arranque eléctricos nos quais a licenciada detinha cerca de 7% das vendas em França e 17,63% das exportações deste país para o resto do mercado comum. A Comissão não achou necessário autonomizar um mercado para a tecnologia de fabrico licenciada.

---

[604] A decisão refere que a licenciante Kabelmetal fornece directamente utilizadores em Itália, Reino Unido, Bélgica e Holanda a partir da Alemanha, ou seja, que uma empresa estava em condições de concorrer em qualquer dos então nove Estados-membros.

[605] Decisão da Comissão no caso *AOIP/Beyrard*, J.O. 1976, L 6/8.

(3) Idem: Acordos de cooperação em matéria de investigação e desenvolvimento

A cooperação entre empresas no domínio da investigação e desenvolvimento é objecto de um regulamento de isenção por categoria, o Regulamento n.º 418/85, e é tratada no âmbito da Comunicação da Comissão relativa ao tratamento das empresas comuns com carácter de cooperação à luz do artigo 81.º.[606]

Nas decisões emitidas pela Comissão, os efeitos ao nível da concorrência em termos de investigação e desenvolvimento são analisados em função do seu impacto na concorrência em matéria de investigação e desenvolvimento e no mercado de produtos e serviços.[607] Esta abordagem reflecte a preocupação central da Comissão nesta matéria: evitar que os efeitos da colaboração em matéria de investigação e desenvolvimento se repercutam ao nível dos produtos ou serviços que incorporam essas inovações. Daí que a Comissão empregue a tradicional análise da concorrência potencial em muitas decisões.[608]

Os casos mais interessantes para a questão que agora nos ocupa são os que envolvem a criação de um produto novo. Na decisão *Beecham/ /Parke Davis*, a Comissão aprovou um acordo de cooperação entre aquelas empresas farmacêuticas para a investigação de novos medicamentos para o tratamento da hipertensão, seguida de desenvolvimento caso aquela fosse bem sucedida.[609] A Comissão considerou, porém, que a colaboração entre aquelas empresas violava o artigo 81.º porque eliminava a possibilidade de uma das empresas adquirir uma vantagem competitiva em relação à outra. A isenção foi concedida tendo em conta precisamente o carácter inovador do produto, "farmacológica e terapeuticamente distinto de qualquer outro medicamento". A combinação dos esforços das partes permitia aumentar as possibilidades de sucesso. Mesmo nos casos em que uma

---

[606] Regulamento n.º 418/85, J.O. L 53/1, 22.2.85; Comunicação da Comissão 93/C 43/02, J.O. C 43/2, de 16.2.93. Nota de actualização: ver *supra* nota 567.

[607] Ver XV Rel.Pol.Con., 1986, § 282. Ver ainda a Comunicação sobre o tratamento das empresas comuns em sede do artigo 85.º, no parágrafo 37, a Comissão afirma que "uma empresa comum que se dedica à investigação e ao desenvolvimento pode restringir excepcionalmente a concorrência quando exclui a investigação e desenvolvimento individual dos fundadores ou quando a cooperação restringe igualmente a concorrência entre os fundadores no mercado dos produtos da investigação".

[608] Decisão da Comissão no caso *Interruptores de vácuo*, J.O. 1980, L 383/1.

[609] Decisão da Comissão no caso *Beecham/Parke Davis*, J.O. 1979, L 70/11.

empresa comum implica igualmente a produção conjunta, a Comissão tem-se mostrado favorável, desde que esse seja o único meio de reduzir os riscos de entrada no mercado.[610]

De um modo geral, as decisões da Comissão onde se poderiam colocar problemas de eliminação da concorrência ao nível da investigação e desenvolvimento não apresentam qualquer tratamento desenvolvido desse problema.[611] Os efeitos da empresa comum tendem a ser aferidos em função do mercado de produto, mesmo nos casos em que a cooperação tem por objecto um novo produto, desde que este enfrente a concorrência de outros produtos. Um exemplo desta tendência é a decisão *BBC/Brown Boveri*, na qual as partes se propunham desenvolver baterias para carros eléctricos com base numa nova tecnologia a desenvolver.[612] Na análise sobre o requisito do artigo 81.º, n.º 3 relativo à não eliminação da concorrência, a Comissão considerou a importância de outros concorrentes que procuravam desenvolver baterias com base em tecnologias semelhantes e salientou a concorrência que os veículos eléctricos teriam de enfrentar por parte dos veículos com motor de explosão.

Quando o mercado de produto é ainda indefinido, a Comissão considera a existência de concorrentes com o saber-fazer adequado ao desenvolvimento de produtos concorrentes, bem como a existência de tecnologias protegidas por direitos de propriedade intelectual.[613]

(4) Idem: abuso de posição dominante

Um dos principais casos onde foi examinado o impacto das práticas de uma empresa dominante num mercado de tecnologia foi o caso *Tetrapak*. Este caso será tratado adiante, pelo que para aí remetemos para maiores desenvolvimentos.

---

[610] Ver Decisão da Comissão no caso *Rockwell/Iveco*, J.O. 1983, L 236/30.

[611] Neste sentido, ver BARRY HAWK, *op. cit.*, p. 345. Este Autor justifica a atitude da Comissão como sendo o resultado da "abordagem ocasionalmente esquizofrénica" em matéria do artigo 81.º, enumerando os efeitos anticompetitivos na análise do n.º 1 e ignorando ou minimizando-os na apreciação dos requisitos do n.º 3.

[612] Decisão da Comissão no caso *BBC Brown Boveri*, J.O. 1988, L 301/68.

[613] Ver Decisão da Comissão no caso *Elopak-Metal Box-Odin*, J.O. 1990, L 209/15, ponto 27.

(5) Idem: concentrações

O impacto das concentrações a nível da inovação tem sido considerado em diversas decisões, embora seja difícil descortinar uma abordagem consistente. O Regulamento sobre o controlo de concentrações não contém qualquer referência à investigação e desenvolvimento.[614] Apesar disso, a redacção do artigo 2.º daquele diploma é suficientemente flexível para permitir a consideração do impacto em termos da concorrência em inovação no âmbito da análise da compatibilidade da concentração com o mercado comum. Assim, a al. *a*) do n.º 1 do artigo 2.º impõe à Comissão que tenha em conta "a necessidade de preservar e desenvolver uma concorrência efectiva no mercado comum, atendendo, nomeadamente, à estrutura de todos os mercados em causa e à concorrência actual ou potencial de empresas (...)". A al. *b*) da mesma disposição enuncia um conjunto de factores adicionais, alguns dos quais permitem considerar os efeitos em termos da inovação: "a posição que as empresas ocupam no mercado e o seu poder económico e financeiro", "a existência, de direito ou de facto, de barreiras à entrada no mercado", "a evolução da oferta e da procura dos produtos e serviços em questão", e "a evolução do progresso técnico e económico, desde que tal evolução seja vantajosa para os consumidores e não constitua um obstáculo à concorrência".

Várias decisões da Comissão tiram partido dessa flexibilidade para atender ao receio da redução da actividade de investigação e desenvolvimento.

Na decisão *Du Pont/ICI*, a Comissão manifestou a sua preocupação com a concentração de dois dos mais importantes fabricantes de fibras de *nylon* para tapetes devido aos seus efeitos na investigação e desenvolvimento de novos produtos.[615] Perante uma indústria com uma estrutura de oligopólio estrito, na qual "a diferenciação de produtos resultante de uma inovação constante constitui uma das forças motrizes deste mercado", e onde "a concorrência no desenvolvimento de produtos entre (as partes da concentração) tem sido, ao longo dos tempos, uma fonte importante de inovação na Comunidade, a Comissão concluiu que "o reforço da posição da Du Pont no mercado comunitário das fibras de *nylon* para tapetes conduz a uma redução substancial da concorrência, em especial no que se

---

[614] Regulamento do Conselho n.º 4064/89, J.O. 1989, L 395/1, corrigido no J.O. 1990, L 257/13, modificado pelo Regulamento do Conselho n.º 1310/97, de 30.6.97.
[615] Decisão da Comissão no caso *Du Pont/ICI*, J.O. L 7/13, de 13.1.93.

refere ao desenvolvimento de produtos".[616] Os compromissos apresentados pelas partes permitiram, no entanto, a aprovação da concentração, destacando-se a obrigação de a Du Pont transferir para um terceiro "uma instalação autónoma de investigação e desenvolvimento no sector dos tapetes, comparável (às suas principais unidades do género) e adequada à actividade transferida", devendo ainda incentivar o pessoal da ICI a transferir-se para esse concorrente.

Uma decisão importante do ponto de vista da comparação entre a abordagem das autoridades norte-americanas e a da Comissão é a decisão *Shell/Montecatini*.[617] Os factos que estão na origem do caso são os mesmos que foram investigados na decisão *Shell/Montedison* da FTC, atrás analisada. Nos termos do acordo inicial, a Montedison devia transferir para uma empresa comum daquela e da Shell, detida em partes iguais, todas as suas actividades mundiais no sector das poliefinas, incluindo todos os activos a nível da produção e da comercialização, os direitos de propriedade intelectual e as infra-estruturas de investigação e desenvolvimento, bem como todas as actividades a montante e a jusante. A Shell transferiria também a maioria das suas actividades no domínio do polipropileno (PP) e polietileno (PE). Os esforços de investigação e desenvolvimento das partes foram considerados na perspectiva dos eventuais obstáculos à entrada criados pelos direitos de propriedade intelectual sobre a tecnologia de polipropileno.[618] Muitos produtores de PP dependem de licenças concedidas pela Shell e outros grandes produtores para fabricar esse produto. Devido à sua importância, a Comissão definiu um mercado relevante de tecnologia, distinto do mercado de produção de PP.[619] Nesse mercado, as duas principais tecnologias, a Spheripol detida pela Himont (uma filial da Montedison) e a Unipol que combina um processo desenvolvido pela Union Carbide (UCC) e um catalisador desenvolvido pela Shell, representam entre 50% e 75%.

Pelo acordo de concentração, as filiais da Shell passariam a estar ligadas às duas principais tecnologias do sector. Ora sendo a concorrência entre elas "a principal força motriz no mercado de tecnologia PP, os efeitos restritivos da concentração eram evidentes, tanto mais que os direitos de propriedade industrial sobre as respectivas tecnologias aumentavam os

---

[616] *Idem*, parágrafo 47.
[617] Decisão da Comissão no caso *Shell/Montecatini*, J.O. L 332/48, de 22.12.94.
[618] Ver parágrafo 32 da decisão *Shell/Montecatini*.
[619] Ver parágrafos 33 e ss.

obstáculos que os seus concorrentes enfrentam no mercado de tecnologia". A concentração só foi aprovada após a modificação do acordo inicial consagrando a transferência da tecnologia Spheripol para uma empresa autónoma, sem qualquer ligação ao grupo Shell. A decisão acabou por ser modificada devido à alteração dos compromissos assumidos pelas partes na sequência da decisão da FTC sobre a concentração.[620]

Numa indústria caracterizada pela elevada concentração da produção e por diversos incidentes de colusão expressa, o controlo das principais tecnologias de fabrico de PP por uma só empresa ter-lhe-ia permitido organizar e gerir um cartel, através da concessão de licenças. O mercado em causa presta-se à definição de um mercado de tecnologia devido à existência de uma oferta e procura organizadas de um factor produtivo essencial, a tecnologia protegida por direitos de propriedade industrial. O mais importante, todavia, é notar como a Comissão atingiu os mesmos resultados da sua congénere norte-americana sem recorrer ao mercado de inovação. Perante os obstáculos à entrada no sector da tecnologia, a definição de um mercado de inovação seria meramente redundante.

Noutro caso, a decisão *Crown Cork & Seal-Carnaud Metalbox*, a Comissão invocou os efeitos da concentração do saber-fazer, da investigação e desenvolvimento e da tecnologia como factores que contribuíam para a criação de uma posição dominante.[621] As partes passariam a deter entre 60% e 70% do mercado de produto relevante, o de embalagens aerossóis de folha-de-flandres. A Comissão parece reconhecer que a combinação das empresas poderia ter ganhos significativos em termos da racionalização das actividades de investigação e desenvolvimento.[622] No entanto, dados os obstáculos à entrada e a importância crucial atribuída à inovação quer pelos clientes, quer pelos concorrentes, a Comissão considerou que a concentração produziria um impacto negativo na concorrência.[623]

---

[620] Decisão da Comissão *Shell/Montecatini*, J.O. L 294/10, 19.11.96. No essencial, a modificação dos compromissos traduz-se na alienação dos activos da Shell relativos ao catalisador utilizado na tecnologia Unipol, passando a UCC a ser a única titular dessa tecnologia.

[621] Decisão da Comissão no caso *Crown Cork & Seal-Carnaud Metalbox*, J.O. L 75/38, 23.3.96.

[622] Ver parágrafo 61

[623] Parece ter sido determinante uma nota enviada por um cliente à Comissão defendendo que apenas as partes da concentração dispunham dos recursos necessários para manter uma concorrência em termos de inovação tecnológica.

Talvez contagiada pela abordagem adoptada pela FTC que apreciava a operação do ponto de vista do direito da concorrência dos Estados Unidos, a Comissão adoptou uma nova abordagem na sua decisão *Ciba-Geigy/Sandoz*, emitida a 17 de Julho de 1996 e publicada mais de um ano depois.[624] Pela sua importância, procederemos aqui a um exame mais demorado dos argumentos da Comissão. Como vimos a propósito da decisão da FTC, esta operação criava uma pura concentração de actividades de investigação e desenvolvimento no domínio dos métodos de terapêutica genética.

A análise da Comissão centra-se no conceito de "mercados futuros".[625] Reconhecendo a dificuldade de avaliar a importância no mercado de empresas com actividades de investigação e desenvolvimento, a Comissão entende que esse potencial não pode ser ignorado em sede da avaliação da competitividade dessas empresas, "visto o nível de competitividade futura se basear precisamente nesse potencial".[626]

A posição das partes é vista sob uma perspectiva meramente qualitativa. Entre os factores relevantes para a Comissão estão as ligações das empresas a organismos e diversas empresas norte-americanas que se dedicam à investigação nos domínios da biotecnologia e da engenharia genética através de acordos de cooperação e de participações de capital. Esses acordos e participações conferem-lhes acesso às patentes que venham a proteger os resultados dessa investigação. Mas, para que se verifique um efeito concorrencial é necessário apurar se existe ou não uma sobreposição das actividades de investigação e desenvolvimento. Neste caso, ambas as partes tinham interesses no domínio da investigação no domínio da engenharia genética relativamente ao tratamento de tumores cerebrais e de outros tumores. A subsidiária integral da Sandoz, a GTI, dispõe de uma terapêutica HS-TK (herpes simples timidina-quinase) em fase avançada de aprovação, tendo já sido apresentados pedidos de patentes na Comunidade. A Viagen, uma filial da Chiron, empresa na qual a Ciba detém uma participação de 49% (que pode ser aumentada), tem em curso trabalhos de investigação na fase pré-clínica.

---

[624] Decisão da Comissão no caso *Ciba-Geigy/Sandoz*, J.O. L 201/1, 29.7.97.

[625] Este conceito já tinha sido empregue, ainda que num contexto distinto, na Decisão da Comissão no caso *MSG*, J.O. L364/1 , de 31.12.94.

[626] Parágrafo 95.

O segundo factor relevante na análise da Comissão foi o potencial efeito de encerramento do mercado que poderá ocorrer caso as partes venham a obter um amplo leque de patentes sobre estas terapêuticas:

> "Os pedidos de patentes [relativos aos resultados da investigação da Chiron e da Viagen] cobrem um amplo espectro de direitos de patente, cuja combinação, caso a patente seja autorizada com a cobertura solicitada ou similar, poderá significar, na sequência da concentração, que os outros concorrentes ficam largamente excluídos de partes deste sector de investigação (terapêutica genética para tumores cerebrais e outros tumores)".[627]

A Comissão identifica os direitos de patentes com importantes obstáculos à entrada de novos concorrentes num mercado futuro. Ao considerar a entrada no mercado, os potenciais concorrentes devem ponderar a necessidade de contornar os direitos exclusivos resultantes das patentes detidas por terceiros, sob pena de se verem confrontados com processos por contrafacção. A acumulação de patentes com uma cobertura muito ampla numa área específica de investigação elevará ainda mais esses obstáculos, dificultando ou mesmo impossibilitando o acesso de outros concorrentes. Esta tese é equivalente à que foi empregue no caso *Tetrapak I*: uma empresa que adquire o controlo das principais tecnologias, eliminando qualquer concorrência significativa no mercado abusa da sua posição dominante devido ao reforço desse domínio que tal aquisição permite.

Estamos aqui perante um dos problemas identificados a propósito do âmbito de protecção dos direitos de propriedade intelectual e que se põe com particular acuidade no domínio da biotecnologia.[628] Um âmbito de protecção demasiado alargado pode ter por efeito pernicioso eliminar actividades de investigação alternativas que são dissuadidas pela ameaça de processos longos e dispendiosos.[629]

---

[627] Parágrafo 98.

[628] Sobre o problema do âmbito das patentes, ver JOSHUA LERNER, "The Importance of Patent Scope: An Empirical Analysis", Rand J. of Econ., vol. 25, n.º 2, 1994, p. 319 e a bibliografia aí citada. A questão das invenções biotecnológicas e da sua protecção levanta ainda questões morais, ver CHRISTOPHER D. STONE, "What to do About Biodiversity: Property Rights, Public Goods, and the Earth's Biological Riches", Southern Calif. L. Rev., vol. 68, 1995, p. 578.

[629] Ver FEDERAL TRADE COMMISSION STAFF, *Anticipating the 21st Century – Vol. I: Competition Policy in the New, High-Tech, Global Marketplace*, Washington D.C., 1996, cap. 8, p. 14: "The hearings testimony stressed that the issuance of broad patents covering basic research in biotechnology may intensify two problems related to incremental and

No domínio da biotecnologia, os pedidos de patentes tendem a ser muito amplos na sua cobertura devido às ampla patentes concedidas pelo *Patent and Trademarks Office* dos Estados Unidos. Segundo EDWARD LENTZ,

> "Claims to biotechnology inventions seem uncommonly broad in comparison too typical chemical cases and, therefore, seem especially vulnerable to attack under the Patent Act. One can speculate as to the reason for this. Postulated reasons for this range from the inherent imprecisions of the biological sciences to, in some cases, overreaching and/or naivete".[630]

O âmbito excessivo dos pedidos de patentes em apreciação foi reconhecido pelas próprias partes (porque tal era do seu interesse), que consideraram "altamente improvável que sejam concedidos sem uma especificação mais pormenorizada". As partes alegavam ainda a ausência de uma sobreposição dos pedidos pois as patentes pedidas pela Chiron não cobriam o tratamento de tumores.

A natureza especulativa que rodeia esta noção de mercados futuros e a própria incerteza quanto ao real poder das partes, levou a Comissão a adoptar uma posição cautelosa. Esta considerou que só haveria a possibilidade de a concentração criar ou reforçar uma posição dominante num mercado futuro caso fossem preenchidas três condições:

Em primeiro lugar, seria necessário que a terapêutica genética se revelasse um método de tratamento eficaz. Uma vez que existia uma "probabilidade suficiente" de tal vir a ocorrer, a Comissão considerou que se justificava a protecção do mercado futuro em termos de concorrência.

Em segundo lugar, seria necessário demonstrar que os resultados de outras investigações não poderão abrir vias para contornar os obstáculos colocados pelas patentes. Essencialmente, esta condição impõe a consideração da pressão competitiva de outros concorrentes em matéria de inves-

---

follow-on research. First, inventors face increasing liability for infringement, which in turn reduces incentives for, and the feasibility of, incremental and follow-on research. To avoid such liability, inventors must negotiate license and royalty agreements with the holders of the relevant patents which can be difficult. Second, anticompetitive patent pooling may occur". As preocupações manifestadas pela Comissão no parágrafo 99 parecem reproduzir estas conclusões.

[630] EDWARD T. LENTZ, "Adequacy of Disclosures of Biotechnology Inventions", AIPLA Quarterly Journal, vol. 16, 1988, p. 314. Ver ainda ROBERT P. MERGES, RICHARD NELSON, "On the Complex Economics of Patent Scope" Colum.L.Rev., vol. 90, 1990, p. 839.

tigação e desenvolvimento. Ao contrário das Directrizes de 1995, porém, a Comissão não fornece qualquer indicação sobre a metodologia a seguir nessa apreciação, limitando-se a constatar que "embora qualquer tentativa [de contornar aqueles direitos] possa envolver despesas e atrasos adicionais, não se pode, de forma alguma, excluir a possibilidade de os concorrentes tentarem e encontrarem formas de o fazer".[631]

Por último, seria necessário demonstrar que as patentes requeridas pelas partes podem ter um efeito bloqueador. Aparentemente, embora os pedidos possam "exercer algum efeito perturbador junto dos concorrentes" e, "em termos abstractos", isso pudesse colocar um obstáculo aos concorrentes que pretendam entrar no mercado, "este facto, por si só, não é suficiente para concluir que as partes teriam uma posição dominante neste mercado".

Os compromissos assumidos pela Novartis quanto à concessão de licenças a terceiros sobre os direitos que venham a resultar dos pedidos de patentes da Viagen são mencionados na decisão mas após se ter chegado à conclusão da compatibilidade da concentração com o mercado comum. Por isso, apenas podemos concluir que eles foram irrelevantes para a decisão em causa.

O que pensar desta noção de "mercados futuros"? Trata-se, sem dúvida, de uma nova figura do direito comunitário da concorrência, simétrica ao conceito norte-americano de mercado de inovação. A atitude cautelosa da Comissão quanto à apreciação de efeitos na concorrência num mercado que ainda não existe é certamente de louvar. Aliás a fundamentação da decisão parece bastante preocupada com o facto de o produto poder nunca vir a ser comercializado. Esta preocupação é justificada, pois apenas 1 em cada 10.000 compostos investigados chega ao mercado e menos de 10% dos produtos que são testados em seres humanos chegam a ser comercializados.

Mas o que dizer da análise da concorrência em termos de investigação e desenvolvimento? A Comissão satisfaz-se com uma conjectura completamente abstracta. A decisão no caso *Ciba-Geigy/Sandoz* avança com outra noção, mas apenas relativamente a outros mercados. Trata-se da noção de "dimensão crítica" necessária para a realização de actividades de investigação e desenvolvimento eficazes.[632] Noutro passo da decisão,

---
[631] Parágrafo 104.
[632] Ver, por exemplo, parágrafo 171.

todavia, a Comissão fala da necessidade de atingir "uma determinada 'massa crítica' de actividades de I&D para obter uma perspectiva de sucesso".[633] Note-se a diferença entre ambas as noções. A "dimensão crítica" refere-se à importância das quotas dos concorrentes num mercado de produto actual; a "massa crítica" a actividades de investigação e desenvolvimento no passado e em curso, ou seja, à "presença de concorrentes com uma posição forte no domínio da I&D".

Já tivemos oportunidade de manifestar o nosso cepticismo em relação à definição de mercados de inovação. Mantemos essa posição no âmbito do direito comunitário, onde esse conceito nunca tinha sido utilizado até há pouco. Talvez seja ainda cedo para formular um veredicto rigoroso sobre o tratamento dos efeitos competitivos em mercado que não existem ainda (e cuja existência no futuro é ainda incerta). Mas da leitura que fazemos da decisão *Ciba-Geigy/Sandoz*, parece-nos claro que a Comissão quis com o conceito de mercados futuros importar para o direito comunitário da concorrência a noção de mercados de inovação. Como é típico das suas decisões em matéria de concentrações, todavia, ficamos com a impressão de que não houve o devido cuidado com a formulação de uma teoria coerente, a exemplo do que sucedeu nos Estados Unidos com as Directrizes de 1995.[634] Perante os dados inconclusivos que nos fornece a teoria económica sobre a relação entre concentração e inovação, é imperioso que a Comissão nos dê pistas mais claras sobre as situações em que poderá levantar objecções a uma concentração com fundamento nos efeitos num "mercado futuro". Resta-nos, pois, esperar futuros desenvolvimentos da política da Comissão relativamente ao tratamento dos "mercados futuros".

---

[633] Ver parágrafo 222.

[634] Observámos já no nosso trabalho "Controlo de concentrações na Comunidade Europeia", Direito e Justiça, Vol. VIII, Tomo I, 1994, p. 133, esta tendência para a imprecisão e mesmo inconstância da análise substantiva de concentrações, na p. 177: "A inexistência a nível comunitário de uma teoria rigorosa sobre as concentrações e respectivos efeitos leva a que sejam alcançados resultados menos precisos". Esta imprecisão foi igualmente sublinhada por DAMIEN NEVEN, ROBIN NUTALL, PAUL SEABRIGHT, *Merger in Daylight*, CEPR, Londres, 1993, pp. 131 e ss. Note-se que o projecto de comunicação da Comissão sobre a definição do mercado relevante para efeitos do direito comunitário da concorrência não faz qualquer menção à análise de mercados futuros.

(6) Conclusões

Quanto à noção de mercados de inovação, como vimos, a mesma não dispunha até há pouco tempo de qualquer conceito equivalente em direito comunitário. No projecto de comunicação sobre o conceito de mercado relevante para efeitos do direito comunitário da concorrência, a Comissão omite qualquer referência a este conceito, não mencionando sequer a noção de mercado de tecnologia.[635] A ponderação do efeito das restrições de concorrência em matéria de inovação era perspectivada segundo a óptica da concorrência potencial e da análise de elementos estruturais, tais como a facilidade de acesso ao mercado. Como vimos, a noção de mercado de inovação é controversa e de utilidade duvidosa. Nesse aspecto, parece-nos que a solução comunitária de concentrar a investigação em mercados reais, ponderando o impacto na investigação e desenvolvimento na análise dos obstáculos à entrada ou na apreciação da posição das partes é a mais adequada às incertezas que ainda reinam neste domínio.

A introdução no âmbito do controlo de concentrações da análise de mercados futuros veio pôr em causa a abordagem tradicional. Tudo parece indicar que a Comissão se prepara para incorporar este recente desenvolvimento do direito da concorrência norte-americano, sem ter em devida consideração os problemas que esse conceito levanta.

c. *O tratamento dos licenciados dominantes e mercados oligopolísticos no Projecto de 1994*

A versão preliminar do novo regulamento sobre transferências de tecnologia adoptava um limite expresso em termos de parte de mercado e não de volume de negócios. A principal preocupação da Comissão parece ter sido a de conferir uma protecção mais ampla apenas às pequenas e médias empresas e de impedir que empresas com uma posição dominante ou que se integrem num mercado concentrado possam beneficiar automaticamente de isenção quanto a restrições territoriais. Ou seja, reconhecendo a necessidade de preservar o incentivo do licenciante, a Comissão

---

[635] Nota de actualização: A Comunicação da Comissão relativa à definição de mercado relevante para efeitos do direito da concorrência (97/C 372/03) só viria a ser publicada após a conclusão deste trabalho; ver J.O. C 372, de 9.12.97, p. 5. No entanto, esta não se afasta do projecto considerado no texto original, pelo que os nossos comentários mantêm toda a pertinência.

centrou-se num juízo sobre a necessidade efectiva de os licenciados receberem protecção como incentivo para investir na tecnologia licenciada quando dispõem já de uma quota de mercado importante.[636]

Os requisitos da versão preliminar relativos às partes de mercado eram aplicáveis a dois tipos distintos de situações, consoante se tivesse em vista a protecção do licenciado face ao licenciante ou a protecção do licenciante em relação aos licenciados ou destes últimos entre si. Em primeiro lugar, o licenciado que detivesse no mercado relevante uma quota superior a 40% ou que operasse num mercado estruturalmente oligopolístico não poderia ser nomeado licenciado único (no sentido de que o licenciante se compromete a não conceder outra licença para o mesmo território mas reserva para si a possibilidade de aí concorrer directamente com o licenciado). O mercado era definido como correspondendo a um oligopólio com base num conjunto de presunções a partir do número de empresas e respectivas partes de mercado, análogo ao utilizado pela lei alemã sobre a concorrência para apurar uma posição dominante colectiva.[637]

Assim, seria caracterizado como um oligopólio qualquer mercado relevante no qual três ou menos empresas detivessem uma parte de mercado não superior a 50%, ou em que cinco ou menos empresas detivessem mais de dois terços do mercado. Para não penalizar as empresas que operam em mercados muito concentrados mas que têm uma importância marginal, a versão preliminar apenas integraria o licenciado no grupo oligopolista caso a sua parte individual fosse superior a 10% (artigo 1.°, n.° 5 da versão preliminar).

Em segundo lugar, a protecção territorial do licenciante contra os licenciados e destes entre si não beneficiaria da isenção por categoria caso a quota de mercado da parte protegida excedesse 20%.

d. *Os licenciados dominantes no Regulamento n.° 240/96*

A reacção dos agentes económicos às alterações projectadas pela Comissão foi extremamente negativa, levando-a a recuar e a eliminar este requisito da versão final. Em contrapartida, o Regulamento prevê expressamente a possibilidade de a Comissão retirar o benefício da isenção quando "o acordo tiver por efeito impedir que os produtos objecto de

---

[636] Ver, *infra*, IV.D.1 a aplicação destes princípios no caso *Tetrapak I – Licença BTG*.

[637] GWB, § 22, Abs. 3, s. 2.

licença não estejam sujeitos no território objecto de licença à concorrência efectiva de produtos ou serviços idênticos ou considerados intermutáveis ou substituíveis pelos utilizadores em razão das suas propriedades, preço e uso, o que poderá, nomeadamente, verificar-se quando o licenciado tem uma quota de mercado superior a 40%" (artigo 7.°, n.° 1).

Pela nossa parte é de saudar esta solução. Vimos na Primeira Parte deste trabalho que na concorrência em matéria de inovação é impossível estabelecer generalizações quanto ao impacto da estrutura de mercado na dinâmica da investigação e desenvolvimento. O recurso a presunções estruturais parece-nos, pois, descabido. Recordemos ainda o quadro traçado por SCHUMPETER, segundo o qual a concorrência em matéria de inovação teria nas grandes empresas o seu principal motor. Do nosso ponto de vista, a solução de manter a possibilidade de retirar o benefício da isenção em casos individuais é a mais correcta. A Comissão já manifestou numa decisão em que tipo de circunstâncias poderia recorrer a essa arma.[638] Mantém-se, pois, a utilidade do Regulamento enquanto instrumento de isenção por categoria, bem como a capacidade de intervenção da Comissão nos casos onde se suscitam verdadeiros problemas concorrenciais.

5. *As cláusulas não restritivas da concorrência: cláusulas relativas à protecção da tecnologia licenciada*

Certas cláusulas típicas dos acordos de licença são qualificadas como não restritivas da concorrência (artigo 2.°). Em relação a estas cláusulas não é necessária uma isenção na medida em que são compatíveis com o n.° 1 do artigo 81.°. O número destas cláusulas é limitado, compreendendo, essencialmente, as estipulações necessárias à salvaguarda da confidencialidade do saber-fazer licenciado, quer directamente quer mediante a proibição de uso da tecnologia após o termo do contrato. Este último tipo de cláusulas é particularmente útil no contexto das licenças de patentes ao legitimar a proibição de uso quando o período da licença é inferior à duração da protecção legal da invenção (artigo 2.°, n.° 1, parágrafo 3). Mas é no contexto dos acordos de licença de saber-fazer que esta cláusula adquire maior importância. Como a Comissão cedo reconheceu, a obrigação de não utilizar o saber-fazer licenciado após o termo da licença é indis-

---

[638] Ver, *infra*, IV.D.1 em relação à decisão *Tetrapak I – Licença BTG*.

sociável da essência do *know-how* técnico, a sua natureza secreta.[639] Por fim é igualmente considerada compatível com o artigo 81.º, n.º 1 do Tratado uma cláusula que impeça o licenciado de conceder sub-licenças ou de transmitir a sua posição a um terceiro (artigo 2.º, n.º 1, parágrafo 2). Esta cláusula integra o objecto da patente, ou é inerente à sua função essencial, na medida em que só o titular da patente pode permitir a sua utilização. O mesmo vale para a protecção do saber-fazer que exige a limitação ao licenciante da possibilidade de decidir a quem ele deve ser comunicado.[640]

A protecção da tecnologia licenciada pode exigir um comportamento activo por parte do licenciante, entidade melhor colocada para detectar eventuais infracções aos direitos do licenciante. São assim abrangidas pelo artigo 2.º, n.º 1, parágrafo 6, as cláusulas pelas quais o licenciado se obriga a informar o licenciante de quaisquer actos de apropriação ilícita de saber-fazer ou de contrafacção das patentes licenciadas, bem como a obrigação de intentar ou prestar assistência no quadro de uma acção judicial contra o infractor. Outras cláusulas mencionadas no artigo 2.º serão adiante examinadas, devido à necessidade de enquadrar o seu regime com as limitações resultantes dos artigos 3.º e 4.º.

6. *Tratamento de restrições específicas*

a. *Licenças de melhoramentos*

A necessidade de assegurar ao licenciante que o mesmo poderá beneficiar de qualquer melhoramento (ou nova aplicação da tecnologia licenciada) introduzido pelo licenciado é tida em conta pelo Regulamento n.º 240/96 de modo algo distinto do que sucedia ao abrigo dos

---

[639] Ver Decisão da Comissão no caso *Burroughs/Delplanque*, J.O. 1972, L 13/50, "a essência do saber-fazer técnico, que consiste num conjunto de processos industriais não protegidos pelas disposições legais da propriedade industrial, é o segredo. O segredo é a condição necessária para que o titular de saber-fazer técnico esteja em condições de o licenciar a outras empresas para a sua plena exploração e é, por isso, uma pré-condição para qualquer comercialização de saber-fazer técnico, desde que não tenha ainda caído no domínio público". Ver ainda Decisão da Comissão no caso *Davidson Rubber*, J.O. 1972, L 143/39; Decisão da Comissão no caso *Kabelmetal/Luchaire*, J.O. 1975, L 222/34.

[640] Ver Decisão da Comissão no caso *Burroughs/Delplanque*, J.O. 1972, L 13/50; Decisão da Comissão no caso *Davidson Rubber*, J.O. 1972, L 143/39; Decisão da Comissão no caso *AOIP/Beyrard*, J.O. 1976, L 6/8.

anteriores regulamentos. No âmbito dos anteriores regulamentos a imposição ao licenciado da obrigação de conceder uma licença não exclusiva ao licenciante sobre melhoramentos beneficiava da isenção. Contudo o regime introduzido relativamente ao saber-fazer apresentava alguma complexidade na medida em que era necessário distinguir consoante os melhoramentos fossem ou não dissociáveis do *know-how* licenciado.[641] Por outro lado, a isenção apenas era concedida caso o licenciante assumisse a obrigação recíproca de conceder licenças quanto aos respectivos melhoramentos.[642] Embora a noção de dissociabilidade mantenha relevância, o novo Regulamento veio simplificar significativamente as anteriores regras.

Assim, em todos os casos se impõe que o licenciante conceda uma licença, exclusiva ou não, sobre os seus próprios melhoramentos ao licenciado, em contrapartida da obrigação assumida por este. Quanto aos melhoramentos dissociáveis, a licença deverá ser não exclusiva, "de modo a que o licenciado possa utilizar livremente os seus próprios melhoramentos ou licenciá-los a terceiros, desde que a licença a estes últimos não revele o saber-fazer comunicado pelo licenciante que seja ainda secreto" (artigo 2.°, n.° 4). A atitude da Comissão face a estas cláusulas não exclusivas tem sido geralmente favorável, na medida em que "cada um dos licenciados permanece livre de transmitir a sua experiência a terceiros, ao mesmo tempo que beneficia da informação de natureza técnica de que [o licenciante] disponha ou venha a obter".[643] Todavia, em mercados de estrutura oligopolística, a Comissão tende a manter uma certa reserva uma vez que

---

[641] Sobre as complexidades deste regime, ver DAVID B. WINN, "Commission Know-how Regulation 556/89: Innovation and Territorial Exclusivity, Improvements and the Quid Pro Quo", ECLR, 1990, n.° 4, p. 135. ROBERTSON avalia do seguinte modo o regime das licenças de melhoramentos no domínio dos anteriores regulamentos: "The licensing back rules under the previous Block Exemptions were a mess. The Patent Licensing Block Exemption was too simplistic, requiring all licences of improvements to be non-exclusive. The Know-how Licensing Block Exemption was on the other hand too complicated in its attempt to allow exclusive licensing back of improvements on an equitable basis between licensor and licensee"; ver AIDAN ROBERTSON, "Technology Transfer Agreements: An Overview of how Regulation 240/96 Changes the Law", ECLR, 1996, n.° 3, p. 157, na p. 160.

[642] Seguindo o entendimento corrente em sede de decisões de isenção individuais. Ver, por exemplo, a Decisão da Comissão no caso *Delta Chemie/DDD*, J.O. 1988, L 69/21, na qual foi concedida isenção a uma cláusula de licença recíproca de melhoramentos.

[643] Decisão da Comissão no caso *Davidson Rubber*, J.O. 1972, L 13/50.

essa cláusula pode reduzir os incentivos do licenciado de obter uma vantagem concorrencial através do desenvolvimento da tecnologia licenciada.[644]

A *contrario*, o licenciante pode exigir que, no caso dos melhoramentos indissociáveis, a licença tenha carácter exclusivo. A razão de ser deste regime é evidente. Por um lado, deve ser assegurado ao licenciante o acesso aos melhoramentos introduzidos à sua tecnologia de modo a incentivá-lo a, *ex ante*, conceder a licença. Por outro, a protecção dos interesses do licenciado exige não só que este beneficie igualmente de uma licença automática quanto aos melhoramentos introduzidos pelo licenciante como também que seja mantido o seu incentivo para procurar desenvolver a tecnologia licenciada, deixando-lhe a liberdade de licenciar esses desenvolvimentos a terceiros. Por último, esta liberdade tem como limite natural a salvaguarda dos direitos do licenciante sobre a tecnologia de base, pelo que, quanto aos melhoramentos indissociáveis daquela o licenciante beneficiará de uma licença exclusiva e, quanto aos melhoramentos dissociáveis, o licenciado apenas poderá transmiti-los a terceiros caso não revele o saber-fazer do licenciante.

Sempre que sobre o licenciado incida a obrigação de transmitir para o licenciante a titularidade daqueles melhoramentos, o acordo não poderá beneficiar da isenção por categoria (artigo 3.º, n.º 6).[645]

b. *"Tying"*

Apesar de a Comissão ter eliminado a anterior referência às cláusulas de *tying*, cuja presença ditava a inaplicabilidade das isenções por categoria, tal não significa que as mesmas tenham sido inteiramente branqueadas à luz das regras da concorrência.[646] Segundo um alto funcionário

---

[644] Decisão da Comissão no caso *Kabelmetal/Luchaire*, J.O. 1975, L 222/34. Neste caso concreto, a Comissão entendeu que aquela cláusula não restringia a concorrência. Não temos notícia de que esta tese tenha alguma vez sido aplicada. Mas, apesar de volvidos mais de vinte anos desde essa decisão, o renovado interesse da Comissão nos efeitos estruturais dos acordos de licença de tecnologia pode contribuir para o ressuscitar desta tese.

[645] Ver Decisões da Comissão nos casos *Velcro/Aplix*, J.O. 1985, L 233/22 e *Direitos de obtenção vegetal: Rosas* J.O. 1985, L 369/9 (rejeita a isenção quanto a cláusulas de licença ou transmissão obrigatória da titularidade de patentes ou direitos de obtenção vegetal sobre melhoramentos).

[646] Estas cláusulas constavam da chamada lista negra, ou seja, a sua presença num acordo de licença de patentes, de saber-fazer ou misto ditava a inaplicabilidade dos

da Comissão, esta não considera as cláusulas de *tying* como sendo ilegais *per se*.[647] Todavia, não existe ainda uma formulação clara sobre a nova atitude relativamente a este tipo de cláusulas. Os únicos elementos disponíveis resultam de decisões da Comissão cuja relevância pode agora estar em causa, à luz deste novo entendimento.[648]

O caso *Vaasen c. Morris* dizia respeito a um contrato de licença de uso de máquinas patenteadas de fazer enchidos com uma secção quadrada, os "saucissons de Boulogne". O licenciante subordinava o uso a título gratuito dessas máquinas à compra dos respectivos invólucros por ele produzidos. Um outro fabricante desses invólucros queixou-se à Comissão do efeito desta cláusula.

Para beneficiar da licença gratuita, os fabricantes de enchidos abasteciam-se apenas junto de Morris, pelo que a Comissão não teve dificuldade em qualificar esta restrição do comportamento dos licenciados como uma restrição da concorrência. O facto de Morris deter apenas 5% do mercado de invólucros para enchidos não foi considerado significativo uma vez que a Comissão definiu o mercado relevante como sendo o de invólucros para "saussisons de Boulogne", sem apresentar qualquer justificação para uma definição tão restritiva. Neste último mercado, o licenciante deti-

---

regulamentos; cf. Regulamento n.º 2349/84, artigo 3.º, n.º 9, Regulamento n.º 556/89, artigo 3.º, n.º 3.

[647] SEBASTIANO GUTTUSO, "Technology Transfer Agreements", Paper presented at the 21st Annual Conference of the Fordham Corporate Law Institute, October 28, 1994.

[648] Decisão da Comissão no caso *Vaasen BV c. Morris*, J.O. 1979, L 19/32; Decisão da Comissão no caso *Velcro/Aplix*, J.O. 1985, L 233/22 (obrigação de obter os equipamentos necessários ao fabrico do produto licenciado junto de uma entidade designada pelo licenciante é contrária ao Artigo 81.º, n.º 1 após terem expirado as patentes de base sobre esse produto; uma vez que o produto era livremente fabricado por terceiros a partir do final de 1977, não havia qualquer razão para limitar o fornecimento dos equipamentos respectivos a uma só fonte pelo que a cláusula restringia a liberdade de acção do licenciado e afectava outros fabricantes desse equipamento que se viam privados de um importante concorrente; a Comissão não leva a cabo qualquer análise do mercado de equipamentos pelo que não é possível confirmar qual o impacto sobre terceiros). Destacam-se ainda outros casos relativos a práticas de *tying* mas, desta feita, no domínio do abuso de posição dominante, como, por exemplo, a Decisão da Comissão no caso *Eurofix-Bauco/ /Hilti*, J.O. 1988, L 65/19, confirmada pelo Acórdão do Tribunal de Primeira Instância no Proc. T-30/89, *Hilti c. Comissão*, Colect. 1991, p. II-1441; a Decisão da Comissão no caso *Tetra Pak II*, J.O. 1992, L 72/1, confirmada pelo Acórdão do Tribunal de Primeira Instância no Proc. T-83/91, *Tetra Pak c. Comissão*, Colect. 1994 e pelo Tribunal de Justiça no acórdão proferido no Proc. C-333/94P, *Tetra Pak c. Comissão*, Colect., I-5951.

nha cerca de dois terços do mercado. Como vimos a propósito deste tipo de cláusulas, este acordo dificilmente seria considerado contrário ao direito da concorrência nos Estados Unidos. Ainda que o licenciante detivesse uma posição dominante no mercado do produto subordinante, as máquinas de enchidos, tudo indica que o mercado do produto subordinado era competitivo e que Morris não poderia estender a ele o seu monopólio legal. Quanto ao efeito sobre os concorrentes no mercado de invólucros, não nos é dito porque motivo os fabricantes de invólucros de enchidos de secção circular não podiam também fabricar o mesmo tipo de produto para "saucissons de Boulogne" nem são apresentadas quaisquer barreiras à entrada neste mercado.

Nenhuma destas considerações foi atendida pela Comissão, que aplicou de forma mecânica o critério do objecto da patente. Podendo o seu titular exigir o pagamento de *royalties* em contrapartida da utilização das máquinas, a Comissão considerou que a cláusula subordinante não se enquadrava no objecto da patente, pelo que configurava uma extensão ilícita por via contratual do monopólio conferido pela patente. Por último, essa cláusula não podia beneficiar de uma isenção uma vez que tinha por efeito impedir o progresso económico, negando liberdade de acção aos fabricantes de enchidos quanto à escolha dos fornecedores de invólucros, e o uso dos invólucros fabricados por Morris não era necessário à utilização satisfatória das máquinas, que funcionavam da mesma forma com invólucros de outros fabricantes.

Dificilmente a Comissão podia ter errado mais na sua decisão. Morris não podia dominar o mercado dos invólucros para enchidos no qual apenas detinha 5%. Ainda que a sua posição relativamente aos invólucros para "saucissons de Boulogne" fosse elevada, nada nos leva a pensar que tal produzisse algum efeito sensível na concorrência a nível de fabricantes de invólucros. Quanto ao argumento relativo à liberdade de acção dos licenciados, é ainda mais evidente que Morris não podia auferir deles mais do que o lucro de monopólio resultante da sua invenção patenteada. Se Morris procurasse cobrar pelos invólucros mais do que o valor por unidade das máquinas, os fabricantes de enchidos teriam preferido utilizar os métodos tradicionais e adquirir os invólucros mais baratos vendidos pela Vaasen.

No caso *Windsurfing International*, esta empresa impusera uma proibição de venda dos mastros sem a correspondente prancha. Em defesa desta exigência a Windsurfing invocou a necessidade de impedir a infracção dos seus direitos por terceiros (*contributory infringement*). O Tribunal de Justiça nem sequer considerou esta questão limitando-se a reafirmar a doutrina do âmbito da patente, segundo a qual o âmbito do direito exclusivo por esta conferido é rigorosamente delimitado pelas reinvidicações.[649] Uma vez que se partiu do princípio de que apenas os mastros e respectiva estrutura estavam protegidos pela patente alemã, o Tribunal entendeu que a obrigação de vender o produto patenteado em conjunto com um produto não patenteado constituía uma extensão ilícita do direito exclusivo conferido pela patente.

c. *"Royalties"*

Em conformidade com a prática da Comissão antes da aprovação dos anteriores regulamentos de isenção por categoria, as cláusulas de escalonamento de *royalties*, pelas quais os pagamentos são fraccionados até ao termo do acordo, podem obrigar ao respectivo pagamento dentro desse período, ainda que o saber-fazer ou as patentes deixem de estar protegidos devido a facto não imputável ao licenciante.[650] O Regulamento n.° 240/96 veio pela primeira vez permitir que, no caso das patentes, seja imposta a obrigação de pagamento de *royalties* por um período superior à duração daquelas, desde que motivada pelo intuito de facilitar o pagamento [artigo 2.°, n.° 1, parágrafo 7, *b*)]. Nos Estados Unidos, as cláusulas de *royalties* em acordos de licença mistos pelas quais estes devem ser pagos mesmo após terem expirado as patentes licenciadas têm sido condenadas com base na teoria da extensão do monopólio.[651] O Tribunal de Justiça aceita os pagamentos de *royalties* após a patente expirar mas apenas quando o licenciado tem o direito de rescindir unilateralmente o contrato mediante um aviso prévio a prestar num prazo razoável.[652]

A Comissão parece agora adoptar um entendimento mais liberal quanto às cláusulas de *royalties* ao afirmar no considerando 21 que "regra geral, as partes não precisam de ser protegidas contra as consequências

---

[649] Ver BARRY HAWK, *op. cit.*, p. 650.

[650] Claro que se o facto for imputável ao licenciado, este poderá ser responsabilizado por incumprimento do acordo.

[651] *Meehan v. PPG Indus.*, 802 F.2d 881 (7th Cir.1986), cert. denied, 479 U.S. 1091 (1987); *Pitney Bowes v. Mestre*, 701 F.2d 1365 (11th Cir.1983), cert. denied, 464 U.S. 893 (1983).

[652] Acórdão do Tribunal de Justiça no Proc. 320/87, *Ottung c. Klee*, Colect. 1989, p. 1177.

financeiras previsíveis de um acordo livremente firmado, não devendo, por conseguinte, ser restringidas na sua liberdade de escolha do meio adequado para financiar a transferência de tecnologia e para repartir entre si o risco de exploração". Quanto ao Tribunal de Justiça, a sua posição no acórdão *Windsurfing* a respeito das cláusulas sobre *royalties* era já mais liberal ainda do que a da Comissão actualmente. Neste acórdão, o Tribunal aceitou que a Windsurfing impusesse *royalties* calculados com base no preço líquido de venda das pranchas completas, quando só a respectiva estrutura de mastreação estava protegida pela patente e as pranchas em si valiam mais 50 a 100% do que o produto patenteado. Na decisão recorrida, a Comissão entendeu que esta cláusula violava o artigo 81.º, n.º 1, na medida em que o encargo financeiro imposto pela Windsurfing levá-las-ia a recusar vender o mastro separado da prancha, afectando a capacidade competitiva de fabricantes de pranchas.[653] A Comissão aceitou que este método de cálculo podia ser justificado em determinadas circunstâncias, tais como os casos em que o processo de produção é demasiado complexo e não permite apurar o valor do produto patenteado ou quando o produto patenteado não pode ser comercializado separadamente.

O Tribunal rejeitou os argumentos da Comissão, concluindo que o método de cálculo em questão não tinha por objecto ou efeito restringir a venda de mastros sem a respectiva prancha. Esta conclusão fundamentou-se na aceitação pelos licenciados, após a renegociação do contrato imposta pela decisão da Comissão, de uma percentagem mais elevada de *royalties* calculada apenas com base nos mastros. Daqui podemos inferir que o Tribunal não considerou existir qualquer restrição no mercado de mastros uma vez que os licenciados estavam dispostos a pagar o mesmo preço que antes, desta vez calculado apenas com base naquele produto patenteado. A *Windsurfing* não estava a estender o seu direito exclusivo a um produto não protegido na medida em que podia auferir o mesmo montante de *royalties,* independentemente do método de cálculo escolhido. O Tribunal rejeitou igualmente a tese da Comissão de que esta cláusula restringia a concorrência quanto à venda de pranchas. Embora este resultado nos pareça correcto, a regra traçada pelo Tribunal é demasiado confusa e de pouca utilidade no momento em que as partes negoceiam o contrato. Só é possível fazer o tipo de demonstração exigida pelo Tribu-

---

[653] Uma variação deste argumento foi invocada no caso *Microsoft I.*

nal após a intervenção da Comissão e a renegociação do contrato. Ora a Windsurfing tinha suficiente poder negocial para impor o mesmo montante de *royalties* aos seus licenciados, mas nem sempre a posição do licenciante lhe permitirá tal sucesso.

Em decisões individuais, a Comissão aceitou os seguintes métodos de cálculo de *royalties*: uma percentagem sobre o preço líquido das vendas ou sobre o preço de custo das matérias-primas utilizadas na exploração do processo patenteado;[654] uma soma fixa paga em prestações;[655] uma soma fixa combinada com *royalties* anuais sobre as vendas a uma percentagem fixa do preço *ex-works*;[656] uma percentagem sobre o volume de negócios líquido relativo aos produtos objecto de licença ou que incorporem esses produtos.[657] Foi considerada contrária ao Artigo 81.°, n.° 1 uma cláusula pela qual seriam pagos *royalties* sobre produtos que não eram produzidos segundo o processo licenciado, por tal eliminar qualquer incentivo do licenciado de desenvolver uma tecnologia alternativa ou de promover outras tecnologias alternativas.[658]

Para assegurar que o licenciado dispõe de incentivos suficientes para explorar a tecnologia licenciada e reduzir o risco de que este não seja capaz de o fazer de um modo eficiente, o Regulamento isenta ainda as cláusulas que impõem o pagamento de um montante mínimo de *royalties* ou, consoante a tecnologia licenciada diga respeito a um produto ou a um processo, as obrigações de produzir uma quantidade mínima do produto protegido ou de efectuar um número mínimo de operações de exploração da tecnologia (artigo 2.°, n.° 1, ponto 9). Numa decisão de isenção individual, a Comissão aceitou uma cláusula pela qual o licenciado exclusivo perdia esse benefício caso os *royalties* não atingissem um determinado valor mínimo antes de uma determinada data.[659]

---

[654] Decisão da Comissão no caso *Davidson Rubber*, J.O. 1972, L143/39; Decisão da Comissão no caso *Kabelmetal/Luchaire*, J.O. 1975, L 222/34

[655] Decisão da Comissão no caso *Kabelmetal/Luchaire*, J.O. 1975, L 222/34.

[656] Decisão da Comissão no caso *Velcro/Aplix*, J.O. 1985, L 233/22.

[657] Decisão da Comissão no caso *AOIP/Beyrard*, J.O. 1976, L 6/8.

[658] Decisão da Comissão no caso *AOIP/Beyrard*, J.O. 1976, L 6/8. Neste caso, a cláusula inseria-se num acordo onde agravava os efeitos de uma proibição recíproca de concorrência. Além disso, o acordo tinha renovação automática, independentemente de as patentes licenciadas serem ou não utilizadas pelo licenciado.

[659] Ver Decisão da Comissão no caso *Raymond/Nagoya*, J.O. 1972, L 143/39.

d. *Restrições de clientela e domínios de aplicação técnica*

O Regulamento veio estender o regime aplicável no domínio do anterior regulamento sobre saber-fazer às licenças puras de patentes. Assim, passa a ser sempre possível limitar a licença não só a um domínio técnico de aplicação como também a um determinado mercado. (artigo 2.°, n.°1, ponto 8). No entanto, as restrições que tenham por objecto ou efeito repartir a clientela dentro de um mesmo domínio de aplicação ou de um mercado de produto, através de uma limitação da clientela que cada uma das partes pode fornecer, não podem beneficiar da isenção por categoria (considerando 23). Torna-se então distinguir consoante as partes sejam ou não concorrentes quanto aos produtos objecto de licença. A presença deste tipo de cláusulas num contrato entre concorrentes leva à inaplicabilidade do Regulamento (artigo 3.°, n.° 1, ponto 4). Já quanto aos acordos de natureza vertical, as restrições de clientela estão sujeitas ao processo de oposição previsto no artigo 4.°.[660]

e. *Cláusulas de não concorrência*

Nos acordos de licença entre duas empresas não concorrentes, a transferência de tecnologia permitirá ao licenciado concorrer com o licenciante, caso este último explore a sua inovação em termos industriais. Mesmo nos acordos de natureza horizontal a licença permite o acesso a uma tecnologia mais avançada ou eficiente. Como é natural, o licenciante apenas estará disposto a conceder uma licença a um concorrente actual ou potencial se receber em troca alguma protecção. Por outro lado, a sua tecnologia de pouco valerá se o licenciado concentrar os seus esforços em contornar as patentes licenciadas através de *reverse engineering*, em vez de se ocupar da exploração da tecnologia licenciada. Quanto ao primeiro problema, o licenciante pode beneficiar de alguma protecção territorial sem violar o artigo 81.°, n.° 1, desde que o produto em questão seja novo e não seja conferida protecção territorial absoluta a nenhuma das partes. Qualquer reforço da protecção territorial exige ou a conformação com o Regulamento n.° 240/96 ou a sua notificação à Comissão. A segunda questão prende-se com a protecção da tecnologia licenciada e é adequadamente satisfeita através de garantias de confidencialidade do *know-how* e de não

---

[660] Ver acórdão *Windsurfing*.

exploração do mesmo após o termo da licença. O incentivo do licenciado pode igualmente ser criado por estipulações de *royalties* mínimos, cláusulas de melhores esforços etc. Mas uma forma de assegurar todos estes objectivos é também através de cláusulas de não concorrência, pelas quais as partes se comprometem a não competir uma com a outra nos domínios abrangidos pelo acordo, normalmente combinadas com cláusulas de licença recíproca de melhoramentos.[661]

Coloca-se, pois, um dilema quanto a estas cláusulas. Por um lado, elas são um instrumento de reforço da tecnologia licenciada, a exemplo do que sucede quanto à obrigação de não comercializar produtos concorrentes no domínio dos acordos de distribuição e compra exclusiva. Ou seja, contribuem para um aumento da concorrência *interbrand* em detrimento da concorrência *intrabrand*. Mas, ao contrário do que sucede nos acordos de distribuição exclusiva, os riscos para a concorrência *interbrand* são maiores, sobretudo quando a tecnologia é complexa e há poucas tecnologias substitutas. Desde logo porque ao impedir o licenciado de usar tecnologias concorrentes, o licenciante pode afastar os seus concorrentes de um mercado indispensável para que as tecnologias concorrentes atinjam uma dimensão eficiente. Contudo, o risco coloca-se também quanto ao próprio incentivo do licenciado de procurar desenvolver soluções próprias, incentivo esse que é eliminado através desta cláusula, sobretudo quando combinado com uma obrigação de conceder uma licença de melhoramentos ao licenciante e restantes licenciados ou de lhes transmitir a informação técnica relevante. Compreende-se, por isso, a hostilidade da Comissão a este tipo de cláusulas, sobretudo quando há meios menos restritivos de tutelar as preocupações legítimas das partes.[662]

A abordagem codificadora da Comissão, que tende a conceder a isenção individual apenas às cláusulas que não são referidas na "lista negra", pode resultar numa aplicação automática desta regra ainda que

---

[661] Estas cláusulas podem proteger apenas o licenciante ou licenciado. Tudo depende do poder negocial das partes e da finalidade prosseguida por cada transacção concreta.

[662] A Comissão considerou que cláusulas de não-concorrência eram contrárias ao Artigo 81.º, n.º 1 e não podiam receber uma isenção nos seguintes casos: Decisão da Comissão no caso *AOIP/Beyrard*, J.O. 1976, L 6/8 (proibição de concorrência cumulada com a obrigação de o licenciado pagar *royalties* sobre os produtos ainda que não fabricados segundo a tecnologia licenciada); Decisão da Comissão no caso *Direitos de obtenção vegetal: Sementes de Milho*, J.O. 1978, L 286/23; Decisão da Comissão no caso *Velcro//Aplix*, J.O. 1985, L 233/22.

existam tecnologias alternativas.[663] A isto acrescem as dificuldades inerentes à análise de um mercado de tecnologia a que anteriormente fizemos referência.

O artigo 3.º, n.º 2 dita a inaplicabilidade do Regulamento caso este limite a concorrência em matéria de investigação e desenvolvimento, produção e utilização de produtos concorrentes e sua distribuição de uma das partes com a outra parte ou com empresas a ela ligadas, e/ou com outras empresas situadas no mercado comum. São, no entanto permitidos três tipos de cláusulas de natureza menos restritiva. As cláusulas de melhores esforços, o direito do licenciante de pôr termo à exclusividade ou de fazer cessar uma licença de melhoramentos caso o licenciado entre em concorrência nos domínios acima indicados e o direito do licenciante de exigir prova de que o saber-fazer licenciado não é utilizado fora do âmbito da licença (ver artigo 2.º, n.º 1, parágrafo 18).

Assim, a versão final do Regulamento introduziu uma nova disposição, que permite ao licenciante reservar o direito de, em certas circunstâncias, pôr termo à exclusividade que protege o licenciado e de deixar de lhe transmitir melhoramentos. Este direito pode ser exercido caso o licenciado entre em concorrência com o licenciante, "com empresas a este ligadas ou com outras empresas situadas no domínio da investigação e do desenvolvimento, do fabrico e utilização de produtos concorrentes e sua distribuição". No entanto, deve ser reservado o direito do licenciado de demonstrar que o saber-fazer objecto da licença não é utilizado na produção de outros produtos e serviços não abrangidos pela licença.

f. *Restrições relativas aos preços e quantidades*

Ao contrário dos Estados Unidos, não existe no direito comunitário um equivalente ao caso *General Electric*. Assim, qualquer tentativa por parte do licenciante de controlar o preço ou quantidade produzida pelos licenciados resultará na inaplicabilidade do Regulamento. O Tribunal e a

---

[663] Como acima referimos, a abordagem da Comissão na sua decisão de 1972 no caso *Davidson Rubber* denota a presença de tecnologias concorrentes apenas será relevante para efeito da atribuição de isenção, não para afastar a aplicação do Artigo 81.º, n.º 1. Daí que as partes fiquem numa posição de maior incerteza do que no contexto das Directrizes de 1995. Ver ainda a Decisão da Comissão no caso Velcro/Aplix, J.O. L 233/22, na qual a Comissão recusou a isenção de cláusulas de não-oposição após o termo das patentes de base.

Comissão têm considerado que a restrição da liberdade dos licenciados de definir os preços dos produtos e serviços a comercializar são contrárias ao artigo 81.º n.º 1, não merecendo isenção.[664] A intrínseca repulsa pelas restrições relativas aos preços é manifestada pelo regime mais favorável concedido a determinadas restrições que, tendo embora efeitos idênticos, se manifestam sob a forma de restrições de quantidade. Um dos casos é o do limite da quantidade produzida às necessidades próprias do licenciado, constante do artigo 1.º, n.º 1, parágrafo 8. Esta disposição confere ainda o benefício da isenção à obrigação de "vender o produto objecto de licença unicamente como parte integrante ou como peça sobresselente dos seus produtos, ou enquanto ligado de qualquer outro modo à venda dos seus próprios produtos". No entanto, o licenciado deve manter a liberdade de estabelecer qual a quantidade a produzir, sob pena de o Regulamento deixar de ser aplicável àquele acordo.

A outra restrição possível em matéria de quantidade respeita às licenças que visam apenas assegurar uma segunda fonte de abastecimento quanto aos produtos objecto da licença, sempre que um cliente requeira essa alternativa. A isenção abrange também este tipo de cláusulas quando é o licenciado que obtém a licença com o objectivo de assegurar por si próprio, directamente ou através de subcontratante, uma segunda fonte de abastecimento (artigo 2.º, n.º 1, parágrafo 13).

Outra restrição relacionada com estas é a prevista no parágrafo 12 do n.º 1 do artigo 2.º. Resulta desta disposição que a isenção será igualmente aplicável caso o licenciado seja obrigado a não utilizar a tecnologia licenciada para a construção de instalações para terceiros. O licenciado deve, todavia, permanecer livre de utilizar a tecnologia licenciada para os seus próprios fins, através de um aumento das instalações existentes ou da criação de novas instalações. É fácil perceber que a limitação do uso da tecnologia a uma fábrica já existente ou à sua capacidade actual teria exactamente o mesmo efeito que uma restrição de quantidade. Daqui não resulta, porém, que o licenciado possa expandir sem mais a sua produção. O Regulamento permite que esse direito seja enquadrado por "condições comerciais normais", em particular quanto à exigibilidade de *royalties* adicionais.

---

[664] Ver Acórdão do Tribunal de Justiça no Proc. 27/87, *Erauw-Jacquéry c. La Hesbignonne*, Colect. 1988, p. 1919.

g. *Controlo de qualidade e especificações mínimas*

A imposição de níveis mínimos de qualidade é uma das formas permitidas de exercer controlo sobre a quantidade produzida pelo licenciado (artigo 2.º, n.º 1, parágrafo 5). De certa forma, a imposição destes níveis mínimos contribui para limitar a eficiência do licenciado ao obrigá-lo a usar as técnicas ou matérias-primas seleccionadas pelo licenciante. Entre estes requisitos relativos ao nível de qualidade destaca-se a possibilidade de impor ao licenciado uma obrigação de compra exclusiva junto do licenciante ou de outra fonte por ele indicada.

No entanto, torna-se por vezes difícil determinar se a finalidade das restrições corresponde a uma verdadeira preocupação com a protecção da qualidade ou, pelo contrário, encerra motivos anticoncorrenciais, como tem sido exemplificado em diversos casos de aplicação do Artigo 82.º.[665] No domínio dos acordos de licença esta ambiguidade é demonstrada pelo caso *Windsurfing*, no qual o licenciante impôs aos licenciados a obrigação de explorar a invenção apenas para a montagem do mastro patenteado em certos tipos de prancha e a obrigação de submeter à aprovação prévia do licenciante qualquer novo tipo de prancha em relação ao qual eles pretendessem aplicar a invenção patenteada.[666] A Windsurfing argumentava que estas obrigações visavam assegurar que a invenção não seria usada com pranchas de qualidade inferior e que os licenciados não procediam a cópias servis dos modelos uns dos outros. A Comissão rejeitou esta tese com base no argumento segundo o qual não compete ao licenciante servir de juiz em casos de concorrência desleal.[667]

O Tribunal de Justiça aceitou a tese da Comissão de que o controlo de qualidade deve ter por objecto o produto protegido pela patente: "Tais controlos devem ser efectuados segundo critérios de qualidade e segurança acordados previamente e com base em critérios objectivamente comprováveis".[668]

---

[665] Ver Decisão da Comissão no caso *Tetrapak II*, J.O. 1991, L 72/1; Decisão da Comissão no caso *Hilti*, J.O. 1988, L 65/19, decisão mantida pelo Acórdão do Tribunal de Primeira Instância no Proc. T-30/89, Colect. 1991, p. II-1439.

[666] Considerando n.º 38.

[667] A proibição de auto-tutela colectiva em matéria de concorrência desleal quando tal viola o direito da concorrência não é um exclusivo do direito comunitário. Quanto aos Estados Unidos, ver os acórdãos do Supremo Tribunal de Justiça nos casos *Fashion Originators' Guild c. Federal Trade Commission*, 312 U.S. 457 (1941); *National Society of Professional Engineers v. United States*, 435 U.S. 679 (1978).

[668] Considerando n.º 46.

Reflectindo esta suspeição quanto aos verdadeiros motivos das restrições relativas a padrões de qualidade e à obrigação de se abastecer de determinados bens e serviços junto do licenciante, o Regulamento exige que estas sejam "necessárias para assegurar uma exploração tecnicamente correcta da tecnologia licenciada" ou para "garantir que o produto do licenciado seja conforme com as especificações em matéria de qualidade que são aplicáveis ao licenciante e outros licenciados (artigo 2.°, n.° 1, parágrafo 5). O licenciante pode ainda proceder a controlos junto do licenciado de forma a verificar o cumprimento destas exigências. Parece-nos igualmente aplicável o regime traçado pelo Tribunal no caso *Windsurfing* segundo o qual os critérios de qualidade devem ser objectivamente comprovados e objecto de acordo prévio entre as partes.

h. *Comunidades de patentes*

O Regulamento não é aplicável no contexto de diversos acordos de natureza horizontal. Um deles é o das empresas comuns que tenham por objecto a investigação e desenvolvimento de novos produtos ou tecnologias, as quais são tratadas por outro regulamento de isenção por categoria e não cabem no âmbito deste trabalho. O outro diz respeito às chamadas comunidades de patentes. Independentemente de quaisquer possíveis benefícios, a Comissão adoptou uma atitude negativa, tendo por diversas vezes condenado este tipo de acordos ao abrigo do artigo 81.°, n.° 1.[669]

i. *Resolução de litígios e cláusulas de não-oposição*

A Comissão assume uma também uma atitude crítica a respeito das cláusulas de não-oposição, pelas quais o licenciado se obriga a não contestar a validade de patentes licenciadas ou a natureza secreta ou substancial do saber-fazer objecto da licença. Logo na sua terceira decisão formal sobre acordos de licença de patentes, a Comissão obrigou as partes a retirar uma cláusula de não-oposição pois esta exigia que "cada licenciado se

---

[669] Decisão da Comissão no caso Acordo sobre Videogravadores, J.O. 1978, L 47/42; Caso *Concast-Mannesman*, 11.° Rel. Pol. Conc. § 93; Caso *IGR Televisão Estereofónica*, 11.° Rel. Pol. Conc. § 94 e 12.° Rel. Pol. Conc. § 92. No entanto, no caso *Philips//Matsushita-D2B*, J.O. 1991, C 220/2, a Comissão emitiu uma carta de conforto formal devido ao contributo para o progresso tecnológico e económico.

obrigasse a não contestar a validade das patentes durante a vigência dos contratos, o que impedia os licenciados de usar os poderes que lhes eram conferidos pelos respectivos direitos nacionais para se libertarem das suas obrigações contratuais por acção judicial de nulidade", e restringia a posição concorrencial, actual e potencial, dos licenciados sem qualquer prova da sua necessidade.[670] Esta posição foi reafirmada no caso *Windsurfing* onde a Comissão defendeu que "mesmo no caso em que o licenciado apenas é capaz de contestar a validade de uma patente devido à informação obtida através da sua relação privilegiada com o licenciante, o interesse público de que seja assegurado um sistema de concorrência essencialmente livre, com a consequente remoção de um monopólio que talvez tenha sido indevidamente concedido ao licenciante, deve prevalecer sobre qualquer outra consideração".[671]

Naquele caso, o Tribunal aceitou o argumento relativo ao interesse público e aplicou o critério do âmbito da patente, concluindo que uma cláusula de não-oposição ultrapassa o âmbito do direito exclusivo. Mesmo as cláusulas de não-oposição inseridas na transacção de um litígio podem ser consideradas contrárias ao artigo 85.º, n.º 1 pelo Tribunal.[672]

O Tribunal entende que não haverá uma restrição da concorrência caso a liberdade de acção do licenciado não seja limitada. Assim sucede quando a licença é atribuída a título gratuito, na medida em que o licenciado não é obrigado a pagar *royalties* sobre uma patente potencialmente inválida. Também não há restrição da concorrência quando a cláusula de não-oposição diz respeito a um processo ultrapassado que não é usado pelo licenciado. Ou seja, o Tribunal apenas aceita este tipo de cláusulas quando elas não prosseguem qualquer finalidade útil. No primeiro caso, é difícil entender qual a fundamentação da regra adoptada pelo Tribunal. Se efectivamente é o interesse público que dita a ilegalidade destas cláusulas, como sustenta a Comissão, então a consideração do pagamento de *royalies* não devia ser relevante. Sejam ou não pagos, o interesse público

---

[670] Decisão da Comissão no caso *Davidson Rubber*, J.O. 1972, L 143/39. Outros casos em que a Comissão condenou cláusulas de não oposição foram: Decisão da Comissão no caso *Kabelmetal/Luchaire*, J.O. 1975, L 222/34 (cláusula revogada a pedido da Comissão); Decisão da Comissão no caso *AOIP/Beyrard*, J.O. 1976, L 6/8; Decisão da Comissão no caso Direitos de obtenção vegetal: Rosas, J.O. 1985, L 369/9.

[671] Acórdão *Windsurfing*, considerando n.º 91.

[672] Acórdão do Tribunal de Justiça no Proc. 65/86, *Bayer v. Süllhöffer*, Colect. 1988, p. 5249, considerando n.º 15.

deve permanecer ainda que o incentivo para o licenciado seja mais reduzido ou mesmo nulo (afinal a patente protege o processo por ele utilizado ou o produto por ele produzido, impedindo a sua utilização pelos seus concorrentes). Quanto ao segundo caso, parece-nos que o exemplo é demasiado rebuscado para que tenha alguma utilidade.

Numa nota positiva, o Tribunal considera que mesmo quando haja uma limitação da liberdade de agir do licenciado, apenas estaremos perante uma restrição da concorrência se, pela posição das partes no mercado, a cláusula for de natureza a restringir a concorrência.[673] Esta última afirmação aponta para uma maior disponibilidade do Tribunal de fazer ceder o interesse público de que fala a Comissão, caso sejam apresentadas provas suficientes de que a concorrência não será restringida por aquela cláusula.

Pelo menos a Comissão parece ter assumido uma posição menos drástica ao excluir as cláusulas de não-oposição da "lista negra" que dita a inaplicabilidade do Regulamento. No entanto, estas cláusulas apenas podem beneficiar de isenção no quadro do processo de oposição [artigo 4.º, n.º 2, al. *b*)].

j. *Cláusulas relativas ao uso da marca do licenciante*

Para que possa beneficiar da isenção por categoria consagrada no Regulamento n.º 240/96, o acordo de licença não pode ter por objecto essencial uma licença de um direito de propriedade industrial que não uma patente. Sucede frequentemente que o acordo de tecnologia abrange igualmente uma licença relativamente à marca do licenciante, como forma de permitir a mais fácil identificação da origem dos produtos e a diferenciação quanto a produtos concorrentes. Quando a licença não tem carácter exclusivo e o licenciado pode apor a sua própria marca, a Comissão considera mesmo que não se verifica uma restrição da concorrência.[674] Se o licenciado é obrigado a utilizar apenas a marca do licenciante, sob uma licença exclusiva ou não, aquela obrigação será isenta desde que o licenciado retenha o direito de ser identificado como fabricante.[675] Uma licença de marca acessória a um acordo de transferência de tecnologia

---

[673] Considerando n.º 19.
[674] Ver Decisão da Comissão no caso *Burroughs/Delplanque*, J.O. 1972, L 13/50.
[675] Ver Acórdão *Windsurfing*.

não pode ter uma duração superior à que corresponda ao período de validade do acordo, em nenhum caso excedendo a duração das patentes de base.[676]

A obrigação de identificar o licenciante deve limitar-se aos produtos objecto da licença (artigo 2.º, n.º 1, parágrafo 11). Assim, a indicação "sob licença de ..." só pode ser afixada no produto protegido ou fabricado segundo o processo licenciado, de modo a evitar que os consumidores sejam induzidos em erro quanto ao objecto da patente.[677]

D. Abuso de posição dominante no contexto de acordos de licença de tecnologia

A aplicação do artigo 82.º aos direitos de propriedade intelectual desde há muito admitida pelo Tribunal de Justiça. De acordo com a jurisprudência daquele órgão, a titularidade de um direito de propriedade intelectual não confere, por si só, uma posição dominante ao seu titular.[678] A análise da posição dominante pressupõe a consideração de um mercado de produto mais amplo, nomeadamente, a existência de produtores e distribuidores de produtos substitutos e a respectiva dimensão.[679] A determinação de uma posição dominante deve, pois, seguir a análise corrente cen-

---

[676] Como resulta da Decisão da Comissão no caso *Velcro/Aplix*, J.O. 1985, L 233/22. ponto III.1.b).

[677] Acórdão *Windsurfing*, considerandos n.os 72 e 73.

[678] O conceito de posição dominante é tradicionalmente definido em direito comunitário como correspondendo a uma posição de poder económico de uma empresa que lhe permite impedir a manutenção da concorrência efectiva no mercado, conferindo-lhe o poder de se comportar, de forma assinalável, independentemente dos seus concorrentes, fornecedores e clientes e dos consumidores; ver Acórdão do Tribunal de Justiça no caso 22/76, *United Brands*, Colect. 1978, p. 207, considerando 65. Ver GYSELEN e KYRIAZIS, "Article 86 EEC: The Monopoly Power Measurement Issue Revisited", ELRev., vol. 11, 1986, p. 134.

[679] Ver quanto às patentes: Acórdão do Tribunal de Justiça no caso 24/67, *Parke, Davis c. Probel*, Colect. 1968, p. 55; quanto aos direitos conexos ao direito de autor: Acórdão do Tribunal de Justiça no caso 78/70, *Deutsche Grammophon c. Metro*, Colect. 1971, p. 487; Quanto às marcas: Acórdão do Tribunal de Justiça no caso 44/70, *Sirena c. Eda*, Colect. 1971, p. 69, considerando 16 e Acórdão do Tribunal de Justiça nos casos 51, 86 e 96/75, *EMI c. CBS*, Colect. 1976, p. 811. Ver GUY e LEIGH, *The EEC and Intellectual Property*, Sweet & Maxwell, Londres, 1981, p. 151.

trada na importância atribuída às partes de mercado.[680] A existência de direitos de propriedade intelectual pode ser tida como um indício da existência de uma posição dominante. Porém, esse será apenas um dos elementos a ter em consideração e, tão-somente, na medida em que, perante um caso concreto, esses direitos constituam barreiras à entrada significativas no mercado em causa.[681] Esta jurisprudência sofreu recentemente

---

[680] Embora não existam critérios exactos, da jurisprudência do Tribunal de Justiça podemos extrair um limite mínimo de 10% (Ver Acórdão do Tribunal de Justiça no caso 75/84, *Metro I*, Colect. 1986, p. 3201: uma quota de mercado de 10% exclui a existência de uma posição dominante a menos que se verifiquem circunstâncias excepcionais; Acórdão do Tribunal de Justiça no caso 247/86, *Alsatel c. Novasam*, Colect. 1988, p.5987: uma parte de mercado de 33% não basta para uma posição dominante quando um concorrente detém uma parte igual) e um limite máximo de 50% (ver Acórdão do Tribunal de Justiça no caso 85/76, *Hoffmann-La Roche*, Colect. 1979, p. 461: 60% do mercado da vitamina C bastaram para presumir a existência de uma posição dominante; Acórdão do Tribunal de Justiça no caso C-62/86, *Akzo*, Colect. 1991, p. 3359, considerando 60, onde o Tribunal, citando o Acórdão *Hoffmann-La Roche*, considerou que, salvo circunstâncias excepcionais, 50% bastavam para demonstrar a existência de uma posição dominante). O Tribunal de Primeira Instância atribui particular importância às partes de mercado, considerando que uma parte de mercado entre 70 e 80% constitui um indício claro da existência de uma posição dominante [ver Acórdão do Tribunal de Primeira Instância no caso T-30/89, *Hilti*, Colect. 1991, p.1441, considerando 92 (a exigência de uma parte de mercado elevada resulta da natureza do caso, *i.e.*, existência de uma posição dominante sobre os seus próprios produtos)]. Este indício deve ser reforçado por outros factores entre os quais se pode encontrar o próprio comportamento considerado abusivo (Acórdão *Hilti*, considerando 93). Sobre o problema da definição de poder de mercado e as insuficiências da análise das partes de mercado em geral ver HAWK, *op. cit.*, pp. 788 a 796. A Comissão considera que não é de excluir a existência de posições dominantes com partes de mercado entre os 20% e os 40%, ver 15.º Rel.Pol.Conc., 1986, §150.

[681] Veja-se a importância dada à reputação adquirida pela marca de bananas "Chiquita" no Acórdão do Tribunal de Justiça no caso 27/76, *United Brands*, Colect. 1978, p. 207. Às patentes detidas pela Hoffmann-La Roche foi igualmente atribuido carácter indiciário de uma posição dominante; cf. Acórdão do Tribunal de Justiça no caso 85/76, *Hoffmann-La Roche*, Colect. 1979, p. 461. O conceito de barreira à entrada não é pacífico. JOE BAIN destacou a importância de factores que constituem, no seu entender, barreiras à entrada, como o capital, a tecnologia, a integração vertical, entre outros; Ver BAIN, *Barriers to New Competition*, Harvard Univ. Press, Cambridge MA, 1956. No extremo oposto encontramos GEORGE STIGLER para quem uma barreira à entrada é um custo que uma empresa que pretende entrar num mercado tem de suportar e que as empresas já no mercado não tiveram de suportar aquando da sua entrada. O capital, em particular, não constitui uma barreira à entrada se a nova empresa for eficiente e o mercado de capitais funcionar correctamente. Para este autor as barreiras à entrada têm sobretudo origem em medidas estatais, pelo que se deve evitar a interferência do Estado nos mercados. Ver STIGLER, *The Organization of Industry*, Univ. Chicago Press, Chicago, 1968, p. 108.

algumas inflexões no sentido de aceitar que a titularidade de um desenho ou modelo industrial ou de um direito de autor pode, em determinadas circunstâncias conferir ao respectivo titular uma posição dominante.[682] O mero exercício de um direito de propriedade intelectual por parte de uma empresa em posição dominante não constitui, isoladamente, um abuso dessa mesma posição, a menos que esse exercício seja instrumental a um abuso.[683] Não iremos aqui considerar todas as situações de abuso de posição dominante por intermédio de direitos da propriedade intelectual. Trataremos apenas dos abusos que podem ocorrer no contexto de acordos de licença de tecnologia.

1. *Aquisição de direitos de propriedade intelectual*

Quer a aquisição por transmissão *inter vivos* de direitos de propriedade intelectual, quer a obtenção de licenças exclusivas sobre os mesmos, podem constituir um abuso de posição dominante, proibido pelo artigo 82.° do Tratado de Roma. Esta solução resulta da decisão da Comissão no caso *Tetrapak I – Licença BTG*, confirmada pelo Tribunal de Primeira Instância, no que toca à aquisição de licenças exclusivas.[684] Uma vez que com a transmissão dos direitos de propriedade intelectual o controlo obtido é definitivo, por maioria de razão lhe será aplicável o mesmo princípio. A decisão *Ciba-Geigy/Sandoz*, em sede de controlo de concentrações, permite concluir que a acumulação de pedidos de patente ou mesmo a reunião de recursos destinados às actividades de investigação e desen-

---

[682] Ver Acórdão do Tribunal de Justiça no caso 238/87, *Volvo c. Veng*, Colect. 1988, p. 6211, considerando 9 (onde tal como no Acórdão o Tribunal de Justiça no caso 53/87, *Maxicar c. Renault*, Colect. 1988, p. 6039, o TCE concluiu antecipadamente pela inexistência de um abuso); Acórdão do Tribunal de Justiça no caso 402/85, *Bassett*, Colect. 1987, p. 1747, considerando 21; Decisão da Comissão *Eurofix-Bauco/Hilti*, J.O. L 65/19, de 11.3.88, confirmada pelo Acórdão do o Tribunal de Primeira Instância no caso T-30/89, *Hilti c. Comissão*, Colect. 1991, p. 1441. Neste sentido, ver HAWK, *op. cit.*, pp. 771-772. Ver ainda GOVAERE, *The Use and Abuse of Intellectual Property Rights in E.C. Law*, Sweet & Maxwell, Londres, 1996, pp. 245 e ss.

[683] Acórdão TCE no caso 102/77, *Hoffmann-La Roche*, Colect. 1978, p. 1139, considerando 16.

[684] Decisão da Comissão no caso *Tetrapak I (Licença BTG)*, J.O. L 272/27, 4.10.88; Acórdão do Tribunal de Primeira Instância no Proc. T-51/89, *Tetra Pak Rausing c. Comissão*, Colect. 1990, p. II-309.

volvimento pode, em determinadas circunstâncias, constituir uma violação do artigo 82.º, desde que ela permita o reforço de uma posição dominante.

O caso *Tetrapak I* enuncia quais os princípios aplicáveis à aquisição de tecnologia por uma empresa em posição dominante e esclarece a relação entre o artigo 82.º e as isenções por categoria.[685] Vimos noutro ponto a importância dada à estrutura de mercado nos trabalhos preparatórios do Regulamento n.º 240/96. As preocupações então manifestadas resultaram em grande medida dos problemas colocados por este caso.

A Tetrapak liderava na altura o mercado de embalagens e máquinas para embalagem asséptica de alimentos líquidos, com perto de 90% do mercado. A sua principal concorrente, a PKL, fabricava máquinas de embalagem que empregavam uma tecnologia inferior à da Tetrapak, o que limitava as finalidades a que podiam ser afectados os seus equipamentos. Entretanto perfilava-se uma tecnologia concorrente, mas ainda não comercializável, cuja patente era detida por um instituto britânico de apoio à investigação científica, BTG. Este instituto concedera uma licença exclusiva sobre aquela patente a uma filial do grupo Liquipak. Por sua vez, este grupo colaborava com a Elopak, que até meados da década de 80 distribuia produtos da Liquipak em conjunto com as embalagens por si produzidas. A Elopak contribuiu decisivamente para o desenvolvimento da tecnologia BTG. Ao adquirir o grupo Liquipak, a Tetrapak passou a controlar a licença exclusiva sobre aquela tecnologia.

A tecnologia adquirida tinha importância para a Tetra Pak, como nota a Comissão no parágrafo 22, permitindo-lhe adaptar algumas embalagens que apenas serviam para produtos frescos para embalagem asséptica de alimentos. Este aspecto é relevante pois no caso Tetrapak o abuso não consiste propriamente em adquirir uma tecnologia com o intuito de a não explorar e de não permitir o acesso por parte de outros concorrentes, embora este último fosse um dos efeitos do acordo.

Os factores determinantes para o enquadramento da decisão são a elevada concentração do sector, com a Tetrapak numa posição de quase monopólio, e a existência de elevados obstáculos à entrada, em especial devido aos consideráveis investimentos e riscos inerentes ao desenvolvimento de uma tecnologia eficaz de embalagem asséptica, como o historial da tecnologia BTG aliás demonstra.

---

[685] A decisão refere-se ao Regulamento de isenção por categoria de acordos de licença de patentes mas os seus princípios são igualmente aplicáveis no âmbito do actual regulamento sobre transferências de tecnologia.

A Comissão considerou que a aquisição da licença exclusiva constituia um abuso da posição dominante da Tetrapak a dois títulos. Essa aquisição reforçava, antes do mais, a posição dominante daquela empresa, dando-lhe o controlo da tecnologia alternativa mais avançada. Trata-se, pois, da aplicação dos critérios enunciados no acórdão Continental Can a propósito de práticas que têm um efeito negativo na própria estrutura do mercado, justificada pela ausência de alternativas tecnológicas viáveis a médio prazo. Em segundo lugar, essa aquisição constitui um abuso de posição dominante por atrasar consideravelmente a entrada de um novo concorrente num mercado onde pouca ou nenhuma concorrência subsiste, elevando os obstáculos à entrada, já de si significativos.

O principal problema jurídico criado por este caso dizia respeito à relação entre o artigo 82.º e o regulamento sobre acordos de licença de patentes. A licença exclusiva sobre a tecnologia BTG era coberta por aquela isenção por categoria. Daí a Tetrapak argumentar que o seu comportamento não violava as regras de concorrência, tendo recorrido da decisão para o Tribunal de Primeira Instância. Este viria a confirmar a decisão da Comissão, num dos mais interessantes acórdãos daquela instância. A solução dada ao problema passou pela declaração da intenção de retirar o benefício da isenção por categoria a menos que o elemento de exclusividade fosse eliminado. Porque a Tetrapak aceitou essa condição, a Comissão não impôs qualquer coima.

A Comissão analisou demoradamente o efeito da licença exclusiva ao abrigo do artigo 81.º, n.º 1, salientando os factores estruturais e a importância da tecnologia licenciada como sendo a chave para a entrada no mercado. Porque a licença exclusiva lhe conferia a possibilidade de eliminar a concorrência numa parte substancial do mercado em questão a Comissão considerou que não era aplicável o n.º 3 do mesmo artigo. Além disso, a concentração de poder económico nas mãos da Tetrapak na sequência da licença exclusiva era tal que punha em causa o progresso técnico e económico.

2. *Obrigação de conceder licenças*

Um problema que tem adquirido grande importância na jurisprudência recente é o da imposição a empresas dominantes da obrigação de conceder licenças a terceiros. Segundo os princípios enunciados nos acórdãos *Volvo c. Veng* e *Maxicar c. Renault*, a faculdade de conceder ou recusar licenças corresponde ao aproveitamento de um benefício inerente ao direito exclusivo, que permite ao seu titular impedir a produção e a venda dos produtos protegidos por terceiros sem a sua autorização, não podendo ser visto como um método abusivo de eliminar a concorrência.[686] Neste contexto, a imposição ao titular de um direito exclusivo da obrigação de conceder uma licença, ainda que mediante uma contrapartida razoável, foi considerada pelo Tribunal de Justiça como atingindo o objecto específico do direito em causa. A recusa de concessão de uma licença não foi considerada como um abuso de posição dominante.[687]

Nos acórdãos citados, o Tribunal de Justiça deu exemplos de comportamentos resultantes do exercício de direitos exclusivos que podem ser considerados abusos de posição dominante, tais como a recusa arbitrária por parte de uma empresa em posição dominante em fornecer peças sobresselentes a reparadores independentes, a prática de preços excessivos em relação às peças sobresselentes e a decisão de deixar de produzir peças para determinado modelo de automóvel, enquanto um número importante de automóveis desse modelo continuar a circular.[688]

Os acórdãos *Magill* vieram pôr em causa os princípios acima referidos, pelo menos em determinadas circunstâncias.[689] Na decisão *Magill*,

---

[686] Ver Acórdão do Tribunal de Justiça no caso 53/87, *Maxicar c. Renault*, Colect. 1988, p. 6039; Acórdão do Tribunal de Justiça no caso 238/87, *Volvo c. Veng*, Colect. 1988, p. 6211.

[687] Sobre o tratamento das recusas de venda pelo artigo 82.° ver HAWK, *op. cit.*, pp. 840-860; GYSELEN, "Abuse of Monopoly Power Within the Meaning of Article 86 of the EEC Treaty: Recent Developments", Fordham Corp. L. Inst., 1989, p. 597; THOMAS E. KAUPER, "Whither Article 86? Observations on Excessive Prices and Refusals to Deal", Fordham Corp. L. Inst., 1988, p. 651.

[688] Quanto a este último exemplo seria interessante saber qual o alcance deste dever de abastecer o mercado. Caso a empresa seja dominante é possível exigir esse fornecimento se daí resultarem perdas para essa empresa, ainda que a mesma as possa compensar através das receitas obtidas com outros modelos? Embora uma tal interpretação pareça excessiva, a Comissão não a pareceu excluir no caso *Decca Navigator System*, considerando 113. Por outro lado, a Comissão parece ter um entendimento excessivamente amplo da obrigação de fornecer concorrentes; ver Decisão *Sabena/London European*, J.O. L 317/47, 1988 e Decisão *Aer Lingus/Midland*, J.O. L 96/34, 1992. Para maiores desenvolvimentos sobre esta questão, ver ROMANO SUBIOTTO, "The Right to Deal with Whom One Pleases under EEC Competition Law: A Small Contribution to a Necessary Debate", ECLR, 1992, n.° 6, p. 234.

[689] Acórdão do Tribunal de Primeira Instância no Proc. T-69/89, *RTE c. Comissão*, Colect. 1991, p. II-489; Acórdão do Tribunal de Primeira Instância no Proc. T-70/89, *BBC c. Comissão*, Colect. 1991, p. II-538; Acórdão do Tribunal de Primeira Instância no Proc.

a Comissão foi sobretudo influenciada pelos efeitos do comportamento das empresas em causa sobre os consumidores, privando-os dos benefícios de um guia TV geral com periodicidade semanal. O abuso consistia precisamente na política das estações de televisão que impedia a introdução desse novo produto no mercado através da recusa de autorização para a publicação daquelas listas. A Comissão parece entender que, ao limitar a divulgação das listas de programas aos respectivos guias, em lugar de enfrentar a concorrência num mercado de guias TV gerais semanais ao qual seria livre o acesso, as cadeias de televisão utilizaram métodos de concorrência que se afastam da concorrência pelo mérito. Os direitos de autor que protegiam as listas de programas teriam sido, por isso, utilizados como instrumentos do abuso, não correspondendo o seu exercício, neste caso, à protecção do objecto específico do direito de autor.

Esta posição mereceu o acolhimento do Tribunal de Primeira Instância, entendendo este que "resulta do artigo [30.°], tal como tem sido interpretado pelo Tribunal à luz dos objectivos prosseguidos pelos artigos [81.° e 82.°], bem como pelas disposições relativas à livre circulação de mercadorias ou de serviços, que só as restrições à livre concorrência ou à livre circulação de mercadorias ou dos serviços inerentes à protecção da própria substância do direito de propriedade intelectual são admitidas em direito comunitário".[690]

A questão do objecto específico da protecção representa o ponto central de toda esta análise. Com efeito, quer a Comissão quer o Tribunal de Primeira Instância demonstraram a sua repugnância pela extensão do Direito de Autor a obras que não apresentavam um carácter secreto, inovador ou sequer relacionado com a investigação. Para a Comissão, o esforço necessário à elaboração das listas tinha a sua contrapartida na emissão dos programas. Utilizar o direito de autor sobre elas para garantir o mercado para a divulgação dessas listas parece, sem dúvida, não corresponder aos objectivos do Direito de Autor.

Atendendo à tradição continental do Direito de Autor as listas em causa não se deviam sequer qualificar como obras literárias. Todavia, a

---

T-76/89, *ITP c. Comissão*, Colect. 1991, p. II-577. Estes acórdãos foram objecto de recurso para o Tribunal de Justiça, tendo esta instância mantido a decisão do Tribunal de Primeira Instância: Acórdão do Tribunal de Justiça nos Procs. Apensos C-241/91 P e C-242/91 P, *RTE e ITP c. Comissão*, Colect. 1995, p. I-743.

[690] Acórdão do Tribunal de Primeira Instância no caso T-69/89, *RTE c. Comissão*, Colect. 1991, p. 489, considerando 69.

aplicação dos princípios até aqui desenvolvidos pelo Tribunal de Justiça apenas poderia levar a uma conclusão: na falta de harmonização do direito de autor compete aos Estados-membros definir as condições e modalidades da protecção.[691] Ora a posição da Comissão corresponde, como a mesma reconhece, a conhecer do mérito da tutela das listas de programas pelo direito de autor nos Estados em causa, quando a tutela de compilações de factos é aí aceite com relativa latitude.[692] Por outro lado, a Comissão reconheceu na sua decisão que o esforço exigido para a elaboração das listas merecia ainda alguma recompensa, ao permitir que fosse estipulada uma contrapartida para as licenças obrigatórias.

O comportamento das empresas em causa foi considerado como uma recusa arbitrária, i. e., como não sendo passível de ser justificada objectivamente. Para tal contribuiu a existência de um factor discriminatório na política das diversas cadeias que permitia inferir um propósito abusivo do seu comportamento.

O Tribunal de Primeira Instância reconheceu que o direito exclusivo à reprodução constitui o objecto específico do direito de autor.[693] Apesar disso, o exercício desse direito exclusivo à reprodução poderá ser abusivo se, perante as circunstâncias de um caso concreto, "as condições e modalidades de exercício desse direito exclusivo à reprodução prosseguirem, na realidade, um fim manifestamente contrário aos objectivos do artigo [82.º]. Perante tal hipótese, o exercício do direito de autor não corresponde já à função essencial desse direito, nos termos do artigo [30.º], que é a de assegurar a protecção moral da obra e a remuneração do esforço criador, no respeito dos objectivos prosseguidos em particular pelo artigo [82.º]".[694]

A decisão do Tribunal de Primeira Instância procura conciliar a jurisprudência do Tribunal de Justiça em sede do artigo 30.º com a defesa da concorrência, defendendo uma interpretação teleológica daquela disposi-

---

[691] Acórdão do Tribunal de Justiça no caso 53/87, *Maxicar c. Renault*, Colect. 1988, p. 6039, considerando 10.

[692] Ver JANE GINSBURG, "Creation and Commercial Value: Copyright Protection of Works of Information", Colum. L. Rev., vol. 90, n.º 7, 1990, p. 1865. Cf. Acórdão do Supremo Tribunal dos Estados Unidos no caso *Feist Publ. v. Rural Tel. Service Co.*, 111 S. Ct. 1282 (1991).

[693] Acórdão do Tribunal de Primeira Instância no caso T-69/89, *RTE c. Comissão*, Colect. 1991, p. 489, considerando 70, citando o Acórdão do Tribunal de Justiça no caso 314/87, *EMI c. Patricia*, Colect. 1989, p. 79, considerandos 7 e 14.

[694] *Ibid.*, considerando 71.

ção de modo a evitar que um comportamento contrário ao artigo 82.º possa ser justificado à luz do artigo 30.º, evitando potenciais distorções da concorrência resultantes de diferentes atitudes dos Estados-membros relativamente ao objecto e alcance da protecção.

Neste ponto o Tribunal de Primeira Instância, não podendo derrogar a jurisprudência do Tribunal de Justiça, procurou justificar a sua decisão enquadrando-a nos exemplos de abuso fornecidos pelo Tribunal de Justiça nos casos *Maxicar c. Renault* e *Volvo c. Veng*. Como refere FLYNN, estes acórdãos são difíceis de conciliar com os casos *Magill*, pois esta pretendia explorar um mercado onde a RTE, a BBC e a ITP estavam activas, entrando em concorrência directa com estas.[695] A dependência da Magill parece ter mais afinidades com o caso *Commercial Solvents*, onde foi posta em causa a legitimidade da interrupção de fornecimentos por parte de uma empresa em posição dominante no mercado de matérias-primas em relação a um cliente habitual situado a jusante, com o propósito de permitir a integração vertical da empresa dominante. A razão pela qual a Comissão evitou a analogia com este caso e, em especial, com um caso recente que envolveu igualmente empresas dotadas de um monopólio legal, prende-se com os requisitos da proibição destas recusas de venda em Direito Comunitário.[696] Com efeito, o objectivo desta proibição é sobretudo a tutela da confiança das partes nas suas relações comerciais. Tal pressupõe uma relação duradoura que reforce a dependência em relação aos fornecimentos da empresa dominante. Sucede que nos casos *Magill* não existia uma relação habitual que tivesse sido arbitrariamente quebrada. Daí a necessidade de fundamentar o caso no prejuízo para os consumidores e não na protecção dos concorrentes. Nesta perspectiva, o exercício do direito exclusivo sobre a reprodução por forma a reservar para os seus titulares o mercado para a divulgação das listas semanais, ao mesmo tempo que licenças não remuneradas eram concedidas a jornais diários, excede o que é necessário à salvaguarda da função essencial do direito de autor.

Após vários anos, o Tribunal de Justiça decidiu do recurso interposto contra a decisão do Tribunal de Primeira Instância a 6 de Abril de 1995, confirmando aquele acórdão.

---

[695] FLYNN, "Intellectual Property and Anti-trust: EC Attitudes", EIPR, n.º 2, 1992, p. 49.

[696] THOMAS E. KAUPER, "Whither Article 86? Observations on Excessive Prices and Refusals to Deal", Fordham Corp. L. Inst., 1988, p. 651; SUBIOTTO, *op. cit.*, pp. 234 *et seq.*.

Parece, por conseguinte, que, em circunstâncias excepcionais, como as descritas nos casos *Magill*, a recusa de conceder licenças pode constituir um abuso de posição dominante, desde que daí resulte um obstáculo intransponível ao aparecimento de um novo produto, para o qual não existam substitutos adequados; que essa recusa não seja justificada pelas actividades que dão origem ao produto em causa; e que a entidade que recusa a licença reserve, dessa forma, para si um mercado secundário com a exclusão de quaisquer concorrentes.[697]

3. *Abusos contratuais*

São poucos os casos em que o artigo 82.° tem sido utilizado no âmbito dos acordos de licença de tecnologia, não existindo qualquer decisão formal nesta matéria. Esperava-se, pois, que do caso Microsoft resultasse a exposição dos princípios aplicáveis aos contratos de licença no âmbito do artigo 82.°. O resultado, porém, limita-se a aderir aos remédios propostos pelo Departamento de Justiça e aceites pela Microsoft nos termos do acordo de 1995. Formalmente, o acordo foi negociado em conjunto pela Comissão e pelo DOJ no âmbito do acordo de 1991 sobre cooperação em matéria de concorrência.

A investigação da Comissão foi iniciada após uma queixa da Novell, proprietária do sistema operativo DR-DOS. As práticas investigadas foram as mesmas que constam do acordo obtido nos Estados Unidos: a utilização das licenças "por processador" e "por sistema" de modo a excluir concorrentes, obrigando os fabricantes de computadores a pagar *royalties* por cada processador ainda que ele seja comercializado sem o sistema operativo licenciado; a estipulação de "encargos mínimos" impondo aos licenciados o pagamento de uma quantia mínima, independentemente do número de sistemas operativos efectivamente instalados nos seus produtos; e a duração dos acordos.

Dada a escassez de pormenores sobre a investigação, apenas podemos especular sobre quais os motivos que levaram a Comissão a ignorar as diversas acusações que foram dirigidas contra a Microsoft pelos seus concorrentes e que analisámos a propósito do processo aberto nos Estados

---

[697] Ver Acórdão do Tribunal de Justiça nos Procs. Apensos C-241/91 P e C-242/91 P, *RTE e ITP c. Comissão*, Colect. 1995, p. I-743, considerandos 52 a 57.

Unidos. A maior flexibilidade do artigo 82.º teria permitido atingir muitas das práticas referidas, em particular as acusações de utilização de uma posição dominante para obter uma vantagem noutro mercado (a *leverage theory*). É jurisprudência assente do Tribunal de Justiça que a extensão de uma posição dominante para um mercado conexo constitui uma violação do artigo 82.º, sem que seja necessário demonstrar a aquisição de uma posição dominante no mercado visado.[698]

Parece-nos que as considerações políticas e as boas relações com as autoridades norte-americanas impuseram alguma moderação à Comissão Europeia. Afinal de contas, os principais concorrentes da Microsoft eram a Novell e a IBM, ambas norte-americanas. Como justificar uma abordagem mais agressiva na União Europeia quando os Estados Unidos se davam por satisfeitos com o acordo obtido?

---

[698] Ver Acórdão do Tribunal de Justiça no caso 311/84, *Télémarketing*, Colect. 1985, p. 3261. Ver ainda J. SHAW, "Dominant Positions and Neighbouring Markets – Commercial Solvents applied to broadcasting and advertising services", ELRev., vol. 12, 1987, p. 41.

CONCLUSÕES

1. A inovação tecnológica desempenha um papel essencial no crescimento económico dos países industrializados. As novas teorias sobre o crescimento económico vieram dar novo alento à tese de SCHUMPETER sobre o capitalismo moderno enquanto processo de "destruição criativa", no qual a concorrência dinâmica em matéria de inovação adquire muito mais relevo do que a eficiência estática, aferida em termos da afectação óptima de recursos e de concorrência pelo preço.

Os recentes avanços vieram ainda demonstrar a importância da difusão de inovações tecnológicas através de acordos de licença, como principal mecanismo de fazer chegar a toda a economia os correspondentes ganhos de eficiência. No contexto do direito da concorrência, as novas regras adoptadas na União Europeia e nos Estados Unidos sobre acordos de licença de tecnologia são um primeiro reflexo do impacto das novas teorias sobre a inovação naqueles complexos normativos.

Infelizmente, todo o consenso da doutrina económica termina a partir do momento em que procuramos o seu apoio para a formulação de regras de concorrência destinadas a lidar com a inovação. A dificuldade de obter prescrições normativas a partir das recentes teorias é agravada pela incerteza inerente ao processo de inovação, quer quanto às suas causas quer quanto aos resultados.

O desafio recentemente colocado ao direito da concorrência, obrigando a uma reapreciação do tratamento da inovação, parte essencialmente da importância que o contexto microeconómico desempenha nesse processo de "destruição criativa" pela inovação. O estado actual da investigação económica não permite ainda formular respostas definitivas. No entanto, a pressão que as novas teorias em matéria de inovação exercem sobre o direito da concorrência é tal que se começa a sentir uma verdadeira mudança de paradigma quanto aos quadros de análise do fenómeno da inovação. Nos Estados Unidos, a consagração da teoria dos mercados de inovação e a utilização da teoria dos efeitos de rede no caso *Microsoft* são os sinais mais visíveis da mudança em curso. Embora timidamente, e com uma ausência quase total de debate teórico, a Comissão Europeia parece querer trilhar o mesmo caminho, criando recentemente um conceito equivalente ao de mercado de inovação, a noção de "mercados futuros" enquanto mercado de referência, distinto dos mercados de produtos e mesmo de tecnologia. A sua adesão ao acordo entre a Microsoft e o Departamento de Justiça dos Estados Unidos é outro sinal dessa insinuação das novas teorias norte-americanas no direito comunitário da concorrência, embora a ausência de uma fundamentação teórica do ponto de vista da Comissão indique um mero assentimento tácito àquelas teorias.

2. A inovação tecnológica toca ainda os direitos da propriedade intelectual, gerando novos focos de tensão na definição do âmbito destes direitos exclusivos. A pressão no sentido de uma maior protecção desses direitos com fundamento no seu efeito de estímulo ao investimento encontra do lado oposto a tendência para a utilização das regras de concorrência de modo a corrigir eventuais excessos de poder de mercado conferidos por direitos demasiado amplos. Neste ponto, todavia, os aplicadores das regras de concorrência devem ter em atenção que essas tensões não ocorrem apenas entre a protecção da propriedade intelectual e aquele complexo de regras. O próprio sistema de protecção da propriedade intelectual contempla mecanismos próprios de ajustamento, como é o caso da licenças obrigatórias na generalidade dos países industrializados, com excepção dos Estados Unidos Nessa medida, consideramos que a atitude das autoridades que aplicam as regras de concorrência deve ser de grande cautela. O legislador em matéria de propriedade intelectual tem muitas vezes em vista um determinado equilíbrio que pode ser subvertido pela intervenção casuística do direito da concorrência. Esta nossa posição, de inspiração hayekiana, é reforçada através da consideração de algumas particularidades dos diferentes ordenamentos em análise.

3. A comparação entre os sistemas dos Estados Unidos e da Comunidade demonstra quanto aos primeiros um pendor mais favorável relativamente à propriedade intelectual. Esta conclusão pode ser explicada não somente devido à mais sofisticada concatenação do direito da concorrência com a propriedade intelectual, enquanto instrumentos complementares para assegurar uma concorrência dinâmica, como também pelo maior consenso no sentido de não diminuir o papel de incentivo desempenhado pela propriedade intelectual, mantendo o direito da concorrência uma função

de vigilância quanto ao exercício desses direitos. Importa, todavia, ressalvar que a ausência de institutos de propriedade industrial como as licenças obrigatórias (embora estas sejam empregues no contexto de processos por infracção das regras da concorrência) não implica necessariamente uma hiper-protecção desses direitos em detrimento da livre concorrência. Ao longo dos anos, o direito norte-americano criou um conjunto de regras que flexibilizam a aparentemente forte tutela daqueles direitos. Basta pensarmos na *patent misuse doctrine* ou na excepção de *fair use*, por exemplo. Da mesma forma, o grande número de litígios sobre a validade das patentes concedidas leva a que apenas um terço das que são contestadas resista ao escrutínio judicial.

Um factor importante para a União Europeia, mas que está quase ausente no direito americano, é o que resulta da sobreposição e complementaridade de ordens jurídicas. Na União Europeia, sendo os direitos de propriedade intelectual essencialmente regulados pelos Estados-membros e estando confiada ao direito comunitário da concorrência a missão de promover a integração dos mercados, estes conflitos são de mais difícil solução. O facto de os direitos de propriedade intelectual continuarem a ter uma estrutura territorial fundada nas fronteiras dos Estados-membros leva a que eles devam ser analisados enquanto obstáculos ao comércio nos termos dos artigos 28.° e 30.°. Apesar de receberem um tratamento mais favorável do que outros tipos de entraves ao comércio, aqueles direitos são vistos pelo direito da concorrência como implicitamente suspeitos, sempre que o seu exercício surge associado a eventuais restrições de concorrência.

Não nos parece adequado resolver este problema através da eliminação dos direitos de âmbito nacional, nem de uma harmonização completa dos mesmos. A unificação e harmonização devem ser ditadas pela observação de entraves ao comércio ou de distorções de concorrência, tendo em devida consideração os limites impostos pelo princípio da subsidiariedade.

Devido à constitucionalização a nível federal da protecção de patentes e do direito de autor, os conflitos territoriais emergentes dos direitos de propriedade intelectual foram resolvidos pela própria constituição dos Estados Unidos. Não se levantam, por isso, problemas de proteccionismo dissimulado, tipicamente tratados ao abrigo da *dormant commerce clause*. A ausência deste receio, bem como a existência de uma economia nacional, sem muitos dos obstáculos que caracterizam e continuarão a caracterizar a União Europeia, mesmo após a entrada em vigor da União Económica e Monetária, leva a uma abordagem dirigida especificamente aos problemas concorrenciais que podem resultar do exercício de direitos de propriedade intelectual.

4. Ao nível dos objectivos a prosseguir pelo direito da concorrência, encontramos em ambos os ordenamentos uma preocupação similar de evitar uma postulação unidimensional e redutora da eficiência económica como único parâmetro justificativo e dirigente das regras de concorrência. Mas ao passarmos a uma análise de como essas regras são aplicadas, verificamos que em ambos os ordenamentos a preocupação central é a eficiência económica. Os chamados valores políticos do direito da concorrência permanecem, assim, numa penumbra, apenas se vislumbrando ocasionalmente em casos que levantam problemas de índole político-social.

Mas essa dimensão política não deixa de ser importante. Nos Estados Unidos o direito da concorrência é um fenómeno vivo e vivido enquanto garante da liberdade económica. Os grandes casos são discutidos publicamente e seguidos pelos meios de conunicação social. Na União Europeia esta dimensão garantística está ausente e só raramente as questões relativas ao direito da concorrência vêm a lume fora dos meios interessados.

Dito isto, devemos ter em conta que quanto ao direito comunitário da concorrência a sua instrumentalização à finalidade de integração económica é um aspecto que o distingue claramente do seu congénere norte-americano. Este objectivo é patente no âmbito dos acordos de transferência de tecnologia, que normalmente envolvem a licença de direitos de propriedade industrial, como as patentes, e, por exemplo no caso dos programas de computador, direitos de autor. Os problemas resultantes da repartição natural dos mercados pelo âmbito nacional dos direitos nacionais, embora mitigados pelos princípios enunciados em sede dos artigos 28.º e 30.º, têm implicações na análise efectuada pela Comissão. Vimos que a questão da protecção territorial é tratada na União Europeia segundo regras muito mais severas do que nos Estados Unidos.

No actual momento, em que temos diversas iniciativas de unificação e/ou harmonização dos regimes de propriedade intelectual em vigor na Comunidade, já aprovadas ou em estudo, esta abordagem deve ser repensada à luz do autêntico *ius commune* que está a emergir neste domínio, pondo em causa, directa ou indirectamente, as velhas noções de territorialidade. Pelo seu lado, o Tribunal de Justiça parece mais inclinado a aceitar a necessidade de proteger o equilíbrio criado pelo legislador comunitário e menos disposto a sacrificar esse equilíbrio aos objectivos de integração económica.

5. Outro ponto onde a distinção entre os ordenamentos em análise é marcada é a metodologia seguida para aferir da existência de restrições da concorrência e da sua legalidade. Não nos parece possível nem desejável importar um modelo de *rule of reason* pelo simples capricho de adoptar as mesmas soluções seguidas nos Estados Unidos. Aquela regra é um simples ponto de partida, não uma fórmula mágica que permita resolver instantaneamente os problemas muitas vezes complexos que devem ser analisados por quem aplica as regras de concorrência. A isto acrescem as diferentes origem, fundamento e evolução histórica das regras de concorrência nos Estados Unidos e na União Europeia. Estas últimas foram influenciadas pelo direito *antitrust*, é certo, mas na versão depurada pela Escola de Friburgo. Assim se compreendem, aliás, algumas das principais diferenças entre aqueles ordenamentos, a começar pela própria noção de restrição da concorrência.

Como vimos, pode-se discutir longamente a questão de saber em que medida o direito comunitário incorpora ou não uma *rule of reason*, e se o devia fazer, em caso de resposta negativa à primeira questão. Esta não nos parece a melhor forma de equacionar o problema. As diferenças entre o sistema norte-americano e o sistema comunitário são demasiado significativas para permitir a incorporação da *rule of reason* enquanto tal no direito comunitário. Se alguma conclusão definitiva se pode retirar do estudo comparativo a que procedemos é a de que qualquer comparação entre as regras de concorrência dos Estados Unidos e da União Europeia deve ser rodeada de imensa prudência e evitar juízos simplistas.

O caminho a seguir deve ser o de uma maior abertura a uma interpretação flexibilizante do n.° 1 do artigo 81.°, não descurando a multiplicidade de valores que inspiram a política comunitária de concorrência e a sua finalidade específica – a integração económica. O caminho para essa flexibilização passa, em nosso entender, por um maior recurso à teoria económica de modo a determinar se uma restrição produz ou não um impacto real no mercado, actualizando os ensinamentos da Escola de Friburgo. Afinal, com ou sem as preocupações relacionadas com a integração económica, o objecto central das regras de concorrência deve ser a salvaguarda do processo competitivo, não a aplicação mecanicista de regras formais sem ter em conta os custos de uma aplicação demasiado estrita das regras de concorrência.

6. A comparação entre os complexos de princípios que regem a aplicação das regras da concorrência aos acordos de transferência de tecnologia revela bem o grau de aproximação entre os dois ordenamentos do ponto de vista dos resultados finais das diferentes metodologias, excepção feita ao tratamento das restrições territoriais onde a finalidade específica do direito comunitário é preponderante.

Em ambos os lados do Atlântico encontramos uma atitude de grande abertura aos potenciais ganhos de eficiência resultantes da difusão de inovações através de acordos de licença de tecnologia. Também a análise de restrições específicas revela a proximidade de soluções.

No entanto, do ponto de vista do direito da concorrência, a abordagem da Comissão Europeia continua a padecer de certas insuficiências quando comparada com as orientações das autoridades dos Estados Unidos. A título de exemplo, no Regulamento n.º 240/96 não é feita qualquer tentativa de definir a natureza vertical ou horizontal das práticas analisadas, com excepção do regime da exclusão de exclusividade em caso de concorrência com o licenciante.

Outro aspecto onde se nota a diferença entre as abordagens de ambos os ordenamentos é o da importância dada às quotas de mercado das partes de um acordo de licença de tecnologia. Embora se possa encontrar alguma semelhança entre a zona de segurança dos 20% nas Directrizes (*safe harbour*) e a proposta inicial da Comissão, que limitava o benefício da isenção relativamente à protecção territorial contra o licenciante e outros licenciados aos casos em que a quota de mercado protegida não fosse superior a 20%, uma análise detalhada demonstra o seu carácter ilusório. A zona de segurança estabelecida com base na quota de mercado das partes implica que, em sectores de grande crescimento e inovação em que se dão alterações por vezes dramáticas da posição relativa dos diferentes participantes, as partes têm de suportar o ónus de verificar se, em cada momento, os seus contratos são ou não abrangidos. Apesar dessa incerteza, esta abordagem tem a vantagem de concentrar a atenção das autoridades nos contratos que apresentam mais riscos. Mas o que acontece aos acordos que ficam abaixo desse limiar e aos que o excedem é igualmente relevante. Nos Estados Unidos, os acordos abrangidos pela zona de segurança serão sujeitos à *rule of reason* (a menos que sejam incluídas cláusulas sujeitas à proibição *per se*). Na União Europeia, nos termos da proposta inicial da Comissão tais acordos seriam, ainda assim, sujeitos às regras do Regulamento, mantendo-se a incerteza quanto à validade das cláusulas nele não mencionadas. Quanto aos contratos que excedessem aquele limiar, enquanto que, ainda nos termos da proposta da Comissão, estes já não poderiam beneficiar de protecção territorial, nos Estados Unidos tal facto não comporta qualquer ilação quanto à legalidade do acordo ou quanto à sua conformação. Assim, as empresas que tivessem recorrido à protecção territorial para assegurar o sucesso da exploração de uma nova tecnologia ou de um novo produto tornar-se-iam vítimas do seu sucesso e ficariam impossibilitadas de utilizar o instrumento que lhe permitiu obtê-lo.

Outro aspecto preocupante do Projecto de 1994 que foi eliminado na versão final do Regulamento n.º 240/96 era a exclusão da isenção para os licenciados dominantes ou oligopolistas.

O Regulamento n.º 240/96 é um instrumento muito mais equilibrado do que os seus antecessores e do que chegou a ser discutido na fase de projecto. Foram atenuadas algumas das proibições, como o caso das cláusulas subordinantes ou das cláusulas de não oposição, ao mesmo tempo que se manteve o mecanismo da retirada do benefício da isenção como instrumento de correcção a aplicar nos casos em que a elevada concentração e os obstáculos elevados à entrada criam problemas de concorrência, bem como o processo de oposição.

7. Uma tendência que encontramos em ambos os ordenamentos é a da estruturalização do direito da concorrência. Queremos com isto dizer a instrumentalização do direito da concorrência de modo a permitir uma intervenção na definição das estruturas de mercado. Abandonados os antigos projectos de desconcentração das indústrias oligopolísticas, o direito da concorrência passou a optar por uma intervenção preventiva a título de controlo de concentrações. Este último complexo de regras da concorrência surgiu para colmatar as lacunas da dicotomia acordos/abuso de posição dominante ou monopolização. Actualmente, porém, a sua finalidade vai muito mais além do que o de mero complemento das regras tradicionais. Ele é o instrumento por excelência de controlo administrativo das estruturas de mercado. Simultaneamente, serve de viveiro no qual nascem e se desenvolvem novas teorias, protegidas do controlo jurisdicional pelos diversos factores que diminuem o incentivo das partes para contestar a aplicação dessas novas teorias, que depois se difundem por todo o complexo normativo do direito da concorrência. Levanta-se actualmente um problema de défice de controlo judicial. Não porque as partes sejam diminuídas quanto às garantias judiciais, mas porque o mecanismo regulamentar do controlo prévio de operações de concentração desincentiva o recurso aos tribunais. Por natureza, as concentrações devem processar-se num período de tempo relativamente curto, sob pena de se tornarem inúteis. O namoro pode ser longo, mas uma vez tomada a decisão do casamento,

o mesmo deve ser realizado tão depressa quanto possível. Esta pressa leva a que as partes estejam dispostas a ceder para obter a necessária autorização em tempo útil. Quando a oposição é manifestada, nenhuma das partes tem interesse em contrariar essa decisão através de litígios prolongados e caros, preferindo abandonar a transacção e procurar alternativas, como sucedeu recentemente no caso *Microsoft/Intuit*.

Esta tendência estruturalizante tende depois a estender-se aos restantes domínios do direito da concorrência, como tivemos ocasião de constatar a propósito do tratamento dos licenciados dominantes no Regulamento n.º 240/96, bem como do tratamento do caso *Microsoft*.

O aspecto que nos parece mais preocupante, porém, é o facto de muitas dessas novas teorias serem já aplicadas (no caso dos Estados Unidos) ou poderem vir a sê-lo (no caso da União Europeia), sem que os seus fundamentos económicos se tenham ainda consolidado. Este é claramente o caso das teorias dos mercados de inovação e dos efeitos de rede.

Vimos neste trabalho que os estudos realizados sobre a relação entre o grau de concentração no mercado e a concorrência em termos de inovação produziram resultados ambíguos. Não é ainda possível obter regras com um nível adequado de generalidade e abstracção que nos permitam formular juízos sobre o impacto de uma concentração em termos da inovação tecnológica. Neste aspecto, a posição da Comissão Europeia expressa na decisão *Ciba-Geigy/Sandoz* é apropriadamente humilde. É difícil prever se o processo de inovação terá sequer um resultado comercializável. É ainda mais arriscado procurar prever de que direcção poderão vir os produtos ou tecnologias que tornarão no futuro obsoletos os que actualmente dominam o mercado, aspecto central das ideias de SCHUMPETER sobre o processo de destruição criativa – tantas vezes citadas por muitos defensores do novo paradigma, mas poucas vezes compreendidas em todas as suas implicações. O risco desta estruturalização é o de converter o que por natureza é um juízo de prognose sobre a evolução futura de um mercado num princípio definidor da estrutura deste segundo as previsões de que são capazes as autoridades administrativas de controlo de concentrações, no âmbito de um processo expedito que impõe substanciais limitações em termos de recursos e de tempo.

BIBLIOGRAFIA

1. Livros, monografias e teses

ABRAMOVITZ, Moses, *O crescimento económico*, (trad. Portuguesa por Renato Casquilho de *Thinking About Growth*, Cambridge Univ. Press, Cambridge, 1989), Europamérica, Lisboa, 1992.
AMERICAN BAR ASSOCIATION, *Antitrust Law Developments (Third)*, ABA, 1992.
AREEDA, Philip, KAPLOW, Louis, *Antitrust Analysis – Problems, Text, Cases*, 4.ª ed., Little Brown, Boston, 1988, supl. 1994.
ASCENSÃO, Oliveira, *Direito Comercial – Vol. II: Direito industrial*, Lisboa, 1988.
ASCENSÃO, Oliveira, *Direito de Autor e Direitos Conexos*, Coimbra Editora, Coimbra, 1992.
BAIN, Joe, *Barriers to New Competition*, Harvard Univ. Press, Cambridge MA, 1956.
BALDWIN, W., SCOTT, J., *Market Structure and Technological Change*, Harwood Academic Publishers, 1987.
BAUMOL, William J., PANZAR, John C., WILLIG, Robert D., *Contestable Markets and the Theory of Industry Structure*, Hartcourt, Brace, Jovanovich, San Diego, 1982.
BORK, Robert H., *The Antitrust Paradox – A Policy at War with Itself*, (*with a new Introduction and Epilogue*), The Free Press, 1978, 1993.
BOWMAN, Ward S., *Patent and Antitrust Law: A Legal and Economic Appraisal*, Chicago Univ. Press., Chicago, 1973.
BROGAN, Hugh, *The Pelican History of the United States of America*, Penguin Books, Londres, 1985
BUIGUES, Pierre, JACQUEMIN, Alexis, SAPIR, André (orgs.) *European Policies on Competition, Trade and Industry – Conflict and Complementarities*, Edward Elgar, Aldershot, 1995.
CABANELLAS, Guillermo, *The Extraterritorial Effects of Antitrust Law on Transfer of Technology Transactions*, IIC Studies in Industrial Property and Copyright Law, vol. 10, VCH Verlag, Weinheim, 1988.
CANOTILHO, J.J. Gomes, *Direito Constitucional*, 6.ª ed., Almedina, Coimbra, 1996.
CAVES, Richard E., *Multinational Enterprise and Economic Analysis*, 2.ª ed., Cambridge Univ. Press, Cambridge, 1996.
CLARK, John Maurice, *Competition as a Dynamic Process*, The Brookings Institution, Washington, D.C., 1961.
COOTER, Robert, ULEN, Thomas, *Law and Economics*, Harper Collins, 1988.
CORNISH, W. R., *Intellectual Property: Patents, Trade Marks, Copyright and Allied Rights*, 3.ª ed., Sweet & Maxwell, London, 1996.
DEMARET, Paul, *Patents, Territorial Restrictions, and EEC Law. A Legal and Economic Analysis*, IIC Studies, vol. 2, 1978.

DEMARET, Paul (ed.), *La protection de la propriété intellectuelle – aspects juridiques européens et internationaux*, Institut Universitaire International Luxembourg, Luxembourg, 1990.

DENISON, Edward F., *Trends in American Economic Growth – 1929-1982*, Brookings Inst., Washington D.C., 1985

FEDERAL TRADE COMMISSION STAFF, *Anticipating the 21st Century – Vol. I: Competition Policy in the New, High-Tech, Global Marketplace*, Washington D.C., 1996.

FIKENTSCHER, Wolfgang, *Wirtschaftsrecht*, vol. II – *Deutsches Wirtschaftsrecht*, C.H. Beck, Munique, 1983.

FRANCO, António Sousa, MARTINS, Guilherme D'Oliveira, *A constituição económica portuguesa*, Almedina, Coimbra, 1993.

FRIEDEL-SOUCHU, Evelyne, *Extraterritorialité du droit de la concurrence aux États-Unis et dans la Communauté européenne*, L.G.D.J., Paris, 1994.

FUKUYAMA, Francis, *Trust – The Social Virtues and the Creation of Prosperity*, (trad. port., *Confiança – Valores Sociais e Criação de Prosperidade*, Gradiva, Lisboa, 1995).

GELLHORN, Ernest, KOVACIC, William E., *Antitrust Law and Economics*, 4.ª ed., West Publ., St. Paul, 1994.

GOLDMAN, Berthold, LYON-CAEN, Antoine, VOGEL, Louis, *Droit commercial européen*, 5.ª ed., Dalloz, Paris, 1994.

GOVAERE, Inge, *The Use and Abuse of Intellectual Property Rights in E.C. Law*, Sweet & Maxwell, Londres, 1996.

GOYDER, D. G., *EC Competition Law*, 2.ª ed., Oxford Univ. Press, Oxford, 1993.

GUY, Diana, LEIGH, Guy F., *The EEC and Intellectual Property*, Sweet & Maxwell, London, 1981.

HAWK, Barry E., *United States, Common Market and International Antitrust: A Comparative Guide*, Vol. II, 2.ª ed., 1990 Supp.

HAYEK, F.K., *Individualism and Economic Order*, Univ. of Chicago Press, Chicago, 1948.

HAYEK, F.K., *Law, Legislation and Liberty,* Univ. of Chicago Press, Chicago, (3 Vols.) 1973-79.

HELPMAN, Elhonan, KRUGMAN, Paul, *Trade Policy and Market Structure*, MIT Press, Cambridge, MA, 1989

HOVENKAMP, Herbert, *Federal Antitrust Policy – The Law of Competition and its Practice*, West Publ., St. Paul, 1994.

JACKSON, John H., et al., *Legal Problems of International Economic Relations*, 3.ª ed., West Publ., St. Paul, Minnesotta, 1995.

JOLIET, René, *The Rule of Reason in Antitrust Law*, Martinus Nijhoff, Den Hag, 1967.

KAUFER, Erich, *The Economics of the Patent System*, Harwood Academic Publ., 1989.

KORAH, Valentine, *Patent Licensing and the EEC Competition Rules – Regulation 2349/84*, ESC, Oxford, 1985.

KORAH, Valentine, *R&D Joint Ventures and the EEC Competition Rules – Regulation 418/85*, ESC, Oxford, 1986.

KORAH, Valentine, *Know-how Licensing and the EEC Competition Rules – Regulation 556/89*, ESC, Oxford, 1989.

KORAH, Valentine, *An Introductory Guide to EEC Competition Law and Practice*, 5.ª ed., Sweet & Maxwell, London, 1994.

KRUGMAN, Paul (org.), *Strategic Trade Policy and the New International Economics*, MIT Press, Cambridge, MA, 1986.
KRUGMAN, Paul, *Pop Internationalism*, MIT Press, Cambridge, MA, 1996.
KWOKA JR., John E., WHITE, Lawrence J. (Orgs.), *The Antitrust Revolution – The Role of Economics*, 2.ª ed., Harper Collins, New York, 1994.
LANDAU, Ralph, TAYLOR, Timothy, WRIGHT, Gavin, (orgs), *The Mosaic of Economic Growth*, Stanford Univ. Press, Stanford, 1996.
MENDES, Mário Marques, *Antitrust in a World of Interrelated Economies*, ULB, Bruxelles, 1991.
MILLER, Arthur R., DAVIS, Michael H., *Intellectual Property – Patents, Trademarks, and Copyrights*, West Publ., St. Paul, Minn., 1990
MOTA, António José P. Cardoso, *O Know-How e o direito comunitário da concorrência*, Cadernos Ciência e Técnica Fiscal, n.º 130, 1984.
NELSON, Richard R., *The Sources of Economic Growth*, Harvard Univ. Press, Cambridge, MA, 1996.
NEVEN, Damien, NUTALL, Robin, SEABRIGHT, Paul, *Merger in Daylight*, CEPR, Londres, 1993.
OCDE, *Competition Policy and Intellectual Property Rights*, Paris, 1989.
OHKAWA, Kazushi e ROSOVSKY, Henry, *Japanese Economic Growth*, Stanford Univ. Press, Stanford, 1972.
OLSON, Mancur, *The Logic of Collective Action – Public Goods and The Theory of Groups*, Harvard Univ. Press., Cambridge, MA, 1971.
PIGOU, A.C., *The Economics of Welfare*, 4.ª ed., Macmillan, Londres, 1932.
PORTER, Michael, *The Competitive Advantage of Nations*, Free Press, New York, 1990
POSNER, Richard, *Antitrust Law – An Economic Perspective*, Univ. Chicago Press, Chicago, 1976.
POSNER, Richard, *Economic Analysis of Law*, 4.ª ed., Little,Brown, Boston, 1992.
ROCHA, Manuel Lopes, CORDEIRO, Pedro, *Protecção Jurídica do Software*, 2.ª ed., Edições Cosmos, Lisboa, 1996.
SALAMOLARD, Jean-Marc, *La licence obligatoire en matière de brevets d'invention*, Droz, Genève, 1978.
SANTOS, António Marques dos, *Transferência internacional de tecnologia, economia e direito – alguns problemas gerais*, Cadernos de Ciência e Técnica Fiscal, n.º 132, Centro de Estudos Fiscais, Lisboa, 1984.
SCHERER, F.M., ROSS, *Industrial market Structure and Economic Performance*, 3.ª ed., Houghton Hifflin Co., Boston, 1990.
SCHMALENSEE, R., WILLIG, R., (orgs.), *Handbook of Industrial Organization*, Elsevier Science Publishers B.V., 1989.
SCHUMPETER, Joseph A., *The Theory of Economic Development*, Harvard Univ. Press, Cambridge, MA, 1934 (trad. inglesa por Roedvers Opie de *Theorie der wirtschaftlichen Entwicklung*, Dunker & Humblot, Leipzig, 1912).
SCHUMPETER, Joseph A., *Capitalism, Socialism, and Democracy*, Harper, New York, 1942.
SILVA, Pedro Sousa e, *Direito Comunitário e Propriedade Industrial – O princípio do esgotamento dos direitos*, Coimbra Editora, Coimbra, 1996.
STIGLER, George, *The Organization of Industry*, Univ. Chicago Press, Chicago, 1968.

TALALAY, Michael, FARRANDS, Chris. TOOZE, Roger (orgs.), *Technology, Culture and Competitiveness – Change and the World Political Economy*, Routledge, Londres, 1997.
TAUSSIG, F.W., *Inventors and Money-Makers*, Macmillan, New York, 1930.
TREBILCOCK, Michael J., HOWSE, Robert, *The Regulation of International Trade*, Routledge, Londres, 1995.
ULLRICH, Hans, *Standards of Patentability for European Inventions*, IIC Studies, Verlag Chemie, New York, 1977.
VARIAN, Hal R., *Intermediate Microeconomics*, 4.ª ed., W.W. Norton & Co., 1996.
WHISH, Richard, *Competition Law*, 3.ª ed., Butterworths, London, 1993.
WILLIAMSON, Oliver E., *Markets and Hierarchies – Analysis and Antitrust Implications*, Free Press, New York, 1975.
ZINN, Howard, *A People's History of the United States* (edição revista e actualizada), Harper Perennial, New York, 1995.

2. Artigos

ABRAMOVITZ, Moses, "Resource and Output Trends in the United States Since 1870", Am. Econ. Rev., vol. 46, 1956, p. 5.
ABRAMOVITZ, Moses, DAVID, Paul A., "Convergence and Deferred Catch-up: Productivity Leadership and the Waning of American Exceptionalism", *in* LANDAU, TAYLOR, WRIGHT, (orgs), The Mosaic of Economic Growth, Stanford Univ. Press, Stanford, 1996, p. 21.
AGHION, P., HOWITT, P., "A Model of Growth through Creative Destruction", Econometrica, 1992, vol. 60, n.º 2, p. 322.
ANDEWELT, Roger B., "Analysis of Patent Pools Under the Antitrust Laws", Antitrust L. J., vol. 53, 1985, p. 611.
ANTON, James J., YAO, Dennis A., "Expropriation and Inventions: Appropriable Rents in the Absence of Property Rights", Am. Econ. Rev., vol. 84, 1984, p. 190.
AOKI, Masahiko, "An Evolutionary Parable of the Gains from International Organizational Diversity", *in* LANDAU, Ralph, TAYLOR, Timothy, WRIGHT, Gavin, (orgs), The Mosaic of Economic Growth, Stanford Univ. Press, Stanford, 1996, p. 247.
ARROW, K., "Economic Welfare and the Allocation of Resources for Inventions", *in* R. NELSON, (org.), The Rate and Direction of Inventive Activity, Princeton University Press, Princeton, 1962, p. 609.
ARTHUR, W. Brian, "Competing Technologies, Increasing Returns, and Lock-in by Historical Events", The Economic Journal, vol. 99, 1989, p. 116.
ARTHUR, W. Brian, "Increasing Returns and the New World of Business", Harvard Business Review, July-August 1996, p. 100.
BAKER, Jonathan B., "Product differentiation through space and time: some antitrust policy issues", Antitrust Bull., Spring 1997, p. 177.
BASEMAN, Kenneth C., WARREN-BOULTON, Frederick R., WOROCH, Glenn A., "Microsoft Plays Hardball: The Use of Exclusionary Pricing and Technical Incompatibility to Maintain Monopoly Power in Markets for Operating System Software", Antitrust Bull., vol. XL, n.º 2, 1995, p. 265.
BAXTER, William F., "Legal Restrictions on Exploitation of the Patent Monopoly: An Economic Analysis", Yale L. J., vol. 70, 1966, p. 2.

BAXTER, William F., "The Definition and Measurement of Market Power in Industries Characterized by Rapidly Developing and Changing Technologies", Antitrust L. J., vol. 53, 1985, p. 717.
BEIER, Friederich-Karl, "Industrial Property and the Free Movement of Goods in the Internal European Market", IIC, vol. 21, 1990, p. 131.
BESEN, Stanley M., RASKIND Leo J., "An Introduction to the Law and Economics of Intellectual Property", J. of Econ. Persp., vol. 5, 1991, p. 3.
BIGGIO, Charles E., "Antitrust and Networks", Address before the Corporate Counsel Institute and Business Development Associates conference "Antitrust for Hi-Tech Companies, The Westin Hotel, San Francisco, 2.II.96.
BITTLINGMEYER, George, "Did Antitrust Policy Create the Great Merger Wave?", J. L. & Econ., vol. 28, 1985, p. 77.
BLAIR, Roger D., ESQUIBEL, Amanda, "Some Remarks on Monopoly Leveraging", Antitrust Bull., vol. XL, n.º 2, p. 371.
BRANDER, James A., SPENCE, Barbara J., "Tariffs and the Extraction of Foreign Monopoly Rents Under Potential Entry", Canadian Journal of Economics, 1981, vol. 14, p. 371.
BRANDER, James A., "Rationales for Strategic Trade and Industrial Policy", *in* Paul KRUGMAN (org.), Strategic Trade Policy and the New International Economics, MIT Press, Cambridge, MA, 1986, p. 23.
BREIT, W., ELZINGA, K., "Antitrust Enforcement and Economic Efficiency: The Uneasy Case for Treble Damages", J. L. & Econ., vol. 17, 1974, p. 329.
BRENNAN, Timothy J., "Understanding *Raising Rivals' Costs*", Antitrust Bull., vol. 33, 1988, p. 95.
BREYER, Stephen, "The Uneasy Case for Copyright in Books, Photocopies, and Computer Programs", Harv. L. Rev., vol. 84, 1970, p. 1493.
BRODLEY, Joseph F., "The Economic Goals of Antitrust: Efficiency, Consumer Welfare, and Technical Progress", N.Y.U.L.Rev., vol. 62, n.º 5, 1987, p. 1020.
BRODLEY, Joseph F., "Antitrust Law and Innovation Cooperation", J. of Econ. Persp., vol. 4, n.º 3, 1990, p. 97.
CASPARI, Manfred, "Joint Ventures – The Intersection of Antitrust and Industrial Policy in the EEC", 1985 Fordham Corp. L. Inst. (B. Hawk ed., 1986), p. 449.
CHANDLER, Alfred D., "Organizational Capabilities and the Economic History of the Industrial Enterprise", J. of Econ. Persp., 1992, vol. 6, p. 79.
CHANG, Howard F., "Patent Scope, Antitrust Policy, And Cumulative Innovation", Rand J. of Econ., vol. 26, 1995, p. 34.
CHEUNG, Steven N. S., "Property Rights and Invention", Research in L. and Econ., vol. 8, 1986, p. 5.
COE, David T., HELPMAN, Elhanan, "International R&D Spillovers", European Economic Review, vol. 39, 1995, p. 859.
COHEN, Linda R., NOLL. Roger G., "Privatizing Public Research: The New Competitiveness Strategy", *in* LANDAU, Ralph, TAYLOR, Timothy, WRIGHT, Gavin, (orgs), The Mosaic of Economic Growth, Stanford Univ. Press, Stanford, 1996, p. 305.
COHEN, W., LEVIN, R., "Empirical Studies of Innovation and Market Structure", *in* R. SCHMALENSEE, R. WILLIG (orgs.), Handbook of Industrial Organization, vol. II, Elsevier Science Publishers B.V., 1989, p. 1059.

COTTIER, Thomas, "The Propects for Intellectual Property in GATT", C.M.L.Rev., 1991, vol. 28, p. 383.

CRANE, Mark, PFUNDER, Malcolm R., "Antitrust and *Res Judicata* Considerations in the Settlement of Patent Litigation", Antitrust L. J., vol. 62, 1993, p. 151.

DAM, Kenneth W., "The Economic Underpinnings of Patent Law", J. of Legal Studies, vol. XXIII, 1984, p. 247.

DAVID, Paul A., "Clio and the Economics of QWERTY", Am. Econ. Rev. Proceedings, Vol. 75, p. 332.

DEACON, David, "Vertical Restraints under EU Competition Law: New Directions", Fordham Corp. L. Inst., 1996, p. 307.

DEMARET, Paul, "Les droits de propriété intellectuelle, la circulation des marchandises et des services", *in* DEMARET, Paul (ed.), *La protection de la propriété intellectuelle – aspects juridiques européens et internationaux*, Institut Universitaire International Luxembourg, Luxembourg, 1990, p. 103.

DÍAZ, Enrique González, "Some Reflections on the Notion of Ancillary Restraints Under EC Competition Law", Fordham Corp. L. Inst., 1995, p. 325.

DIXIT, Avinash, STIGLITZ, Joseph E., "Monopolistic Competition and Optimum Product Diversity", Am. Econ. Rev., vol. 67, n.º 3, 1977, p. 297.

EASTERBROOK, Frank H., "The Limits of Antitrust", Tex. L. Rev., vol. 63, n.º 1, 1984, p. 1.

EASTERBROOK, Frank H., "Workable Antitrust Policy", Mich. L. Rev., vol. 84, n.º 8, 1986, p. 1696.

ECONOMIDES, Nicholas, WHITE, Lawrence J., "Networks and Compatibility: Implications for Antitrust", European Economic Review, vol. 38, 1994, p. 651.

ECONOMIDES, Nicholas, "The Economics of Networks", International Journal of Industrial Organization, vol. 14, n.º 6, 1996, p. 701.

ESCH, Bastian van der, "E.E.C. Competition Rules: Basic Principles and Policy Aims", L.I.E.I., 1980/2, p. 75.

FARRELL, Joseph, SALONER, Garth, "Installed Base and Compatibility: Innovation, Product Preannouncements, and Predation", Am. Econ. Rev., vol. 76, n.º 5, 1986, p. 940.

FLYNN, James, "Intellectual Property and Anti-trust: EC Attitudes", EIPR, 1992, n.º 2, p. 49.

FOGT, Howard W., Jr., GOTTS, Illene Knable, "US Technology Licensing Arrangements: Do New Enforcement Guidelines in the United States Mirror Developments in the European Community?", ECLR, 1995, n.º 4, p. 215.

FOGT, Howard W., Jr., GOTTS, Illene Knable, "A Tale of Two Continents: European Technology Transfer Block Exemption Takes Different Approach from US Counterpart Guidelines", ECLR, 1996, n.º 6, p. 327.

FORRESTER, Ian, NORALL, Cristopher, "The Laicization of Community Law – Self-help and the Rule of Reason: How Competition Law is and could be Applied", 1983 Fordham Corp. L. Inst. (B. Hawk ed, 1984), p. 305.

FORRESTER, Ian, "Competition Structures For the 21st Century", Paper presented at the 21st Annual Conference of the Fordham Corporate Law Institute, October 28, 1994.

FOX, Eleanor M., "Maize Seed: A Comparative Comment", 1982 Fordham Corp. L. Inst., p. 151.

FOX, Eleanor M., "Consumer Beware of Chicago", Mich. L. Rev., vol. 84, n.º 8, 1986, p. 1714.

Fox, Eleanor M., "Abuse of a Dominant Position Under the Treaty of Rome – A Comparison With U.S. Law", 1983 Fordham Corp. L. Inst. (B. Hawk ed., 1984), p. 367.

Fox, Eleanor M., Sullivan, Lawrence A., "Antitrust – Retrospective and Prospective: Where are We Coming From? Where are We Going?", N.Y.U.L. Rev., vol. 62, n.° 5, 1987, p. 936.

Frazer, Tim, "*Vorsprung durch Technik*: The Commission's Policy on Know-How Agreements", Y.E.L., vol. 9, 1989, p. 1.

Freyer, Tony, "The Sherman Antitrust Act, Comparative Business Structure, and the Rule of Reason: America and Great Britain, 1880-1920", Iowa L. Rev., vol. 74, n.° 5, 1989, p. 991.

Friedman, David D., Landes, William M., Posner, Richard A., "Some Economics of Trade Secret Law", J. of Econ. Persp., vol. 5, 1991, p. 61.

Friden, Georges, "Recent Developments in the EEC Intellectual Property Law: The Distinction Between Existence and Exercise Revisited", C.M.L. Rev., vol. 26, 1989, p. 193.

Gallini, Nancy T., "Deterrence by Market Sharing: A Strategic Incentive for Licensing", Am. Econ. Rev., vol. LXXIV, 1984, p. 931.

Gallini, Nancy T., Winter, Ralph A., "Licensing in the Theory of Innovation", Rand J. of Econ., vol. 16, n.° 2, 1985, p. 237.

Gallini, Nancy T., Wright, Brian D., "Technology Transfer Under Asymmetric Information", Rand J. of Econ., vol. 21, n.° 1, 1990. p. 147.

Gerber, David J., "Constitutionalizing the Economy: German Neo-Liberalism, Competition Law and the "New" Europe", Am. J. of Comp. L., vol. XLII, 1994, No. 1, p. 25.

Geroski, P.A., "Antitrust Policy Towards Co-operative R&D Ventures", Oxford Review of Economic Policy, vol. 9, n.° 2, 1993, p. 58.

Gilbert, Richard J., Shapiro, Carl, "Optimal Patent Lenght and Breadth", Rand J. of Econ., vol. 21, n.° 1, 1990, p. 106.

Gilbert, Richard J., Sunshine, Steven C., "Incorporating Dynamic Efficiency Concerns in Merger Analysis: The Use of Innovation Markets", Antitrust L. J., vol. 63, 1995, p. 568.

Ginsburg, Jane, "Creation and Commercial Value: Copyright Protection of Works of Information", Colum. L. Rev., vol. 90, n.° 7, 1990, p. 1865.

Glick, Mark A., Cameron, Duncan J., Mangum, David G., "Importing the Merger Guidelines market test in section 2 cases: potential benefits and limitations", Antitrust Bull., Spring 1997, p. 121.

Gotts, Ilene Knable, Bent, Stephen A., "Heightened Scrutiny of Intellectual Property Transfers by US Antitrust Officials is the Trend", EIPR, 1994, n.° 6, p. 245.

Grossman, Gene M., "Strategic Export Promotion: A Critique", *in* Paul Krugman (org.), Strategic Trade Policy and the New International Economics, MIT Press, Cambridge, MA, 1986, p. 47.

Grossman, Gene, Helpman, Elhanan, "Endogenous Inovation in the Theory of Growth", J. of Econ. Persp., vol. 8, n.° 1, 1994, p. 23.

Gual, Jordi, "The three common policies: an economic analysis", *in* Buigues, Pierre, Jacquemin, Alexis, Sapir, André (orgs.) *European Policies on Competition, Trade and Industry – Conflict and Complementarities*, Edward Elgar, Aldershot, 1995, p. 3.

GUTTUSO, Sebastiano, "Technology Transfer Agreements", Paper presented at the 21st Annual Conference of the Fordham Corporate Law Institute, October 28, 1994.

GYSELEN, Luc, KYRIAZIS, Nicholas, "Article 86 EEC: The Monopoly Power Measurement Issue Revisited", ELRev., vol. 11, 1986, p. 134.

GYSELEN, Luc, "Abuse of Monopoly Power Within the Meaning of Article 86 of the EEC Treaty: Recent Developments", Fordham Corp. L. Inst., 1989, p. 597.

HALL, Christopher D., "Patents, Licensing, and Antitrust", Research in L. and Econ., vol. 8, 1986, p. 59.

HAWK, Barry E., "La révolution antitrust américaine: une leçon pour la Communauté économique européenne?", R.T.D.E., vol. 25, n.° 1, 1989, p. 5.

HAWK, Barry E., "Joint Ventures Under EC Law", 1992 Fordham Corp. L. Inst. (B. Hawk ed, 1993), p. 557.

HAWK, Barry E., "System Failure: Vertical Restraints and EC Competition Law", C.M.L.Rev., vol. 32, 1995, p. 973.

HOROWITZ, Andrew W., LAI, Edwin L.-C., "Patent Lenght and the Rate of Innovation", International Economic Review, vol. 37, n.° 4, 1996, p. 785.

HOVENKAMP, Herbert, "Antitrust Policy After Chicago", Mich. L. Rev., vol. 84, 1985, p. 213.

HOVENKAMP, Herbert, "Rethoric and Skepticism in Antitrust Argument", Mich. L. Rev., vol. 84, n.° 8, 1986, p. 1721.

HOVENKAMP, Herbert, "The Sherman Act and the Classical Theory of Competition", Iowa L. Rev., vol. 74, n.° 5, 1989, p. 1019.

HOVENKAMP, Herbert, "The Antitrust Movement and the Rise of Industrial Organization", Texas L. Rev., vol. 68, 1989, p. 105.

HOVENKAMP, Herbert, "Positivism in Law & Economics", Calif. L. Rev., vol. 78, n.° 4, 1990, p. 815.

HOVENKAMP, Herbert, "Antitrust Policy, Restricted Distribution, and the Market for Exclusionary Rights", Minn. L. Rev., vol. 71, 1987, p. 1293.

HUGHES, J., "The Philosophy of Intellectual Property", Geo. L. J., vol. 77, 1988, p. 287.

JACQUEMIN, Alexis, SPINOIT, Bernard, "Economic and Legal Aspects of Cooperative Research: A European View", 1985 Fordham Corp. L. Inst. (B. Hawk ed., 1986), p. 487.

JACQUEMIN, Alexis, "Cooperative Agreements in R&D and European Antitrust Policy", European Economic Review, vol. 32, 1988, p. 551.

JAFFE, Adam B., "Technological Opportunity and Spillovers of R&D: Evidence from Firms' Patents, Profits, and Market Value", Am. Econ. Rev., vol. 76, n.° 5, 1986, p. 984.

JOHANNES, Hartmut, "Technology Transfer Under EEC Law – Europe Between the Divergent Opinions of the Past and the New Administration: A Comparative Law Approach", 1982 Fordham Corp. L. Inst., p. 65.

JORDE, Thomas E., TEECE, David J., "Innovation and Cooperation: Implications for Competition and Antitrust", J. of Econ. Persp., vol. 4, n.° 3, 1990, p. 75.

KAMIEN, Morton I., MULLER, Eitan, ZANG, Israel, "Research Joint Ventures and R&D Cartels", Am. Econ. Rev., vol. 82, n.° 5, 1992, p. 1293.

KAPLOW, Louis, "The Patent-Antitrust Intersection: A Reappraisal", Harv. L. Rev., vol. 97, 1984, p. 1815.

KAPLOW, Louis, "Extension of Monopoly Power Through Leverage", Colum. L. Rev., vol. 85, 1985, p. 515.
KATTAN, Joseph, "The Decline of the Monopoly Leveraging Doctrine", Antitrust, vol. 9, 1994, p. 41.
KATTAN, Joseph, "Efficiencies and Merger Analysis", Antitrust L.J., vol. 62, 1994, p. 513.
KATZ, Michael L., SHAPIRO, Carl, "On the Licensing of Innovations", Rand J. of Econ., vol. 16, n.° 4, 1985, p. 504.
KATZ, Michael L., SHAPIRO, Carl, "How to License Intangible Property", Quarterly J. of Econ., vol. 101, 1986, p. 567.
KATZ, Michael L., SHAPIRO, Carl, "R&D Rivalry with Licensing or Imitation", Am. Econ. Rev., vol. LXXVII, 1987, p. 402.
KATZ, Michael L., ORDOVER, Janusz, "R&D Cooperation and Competition", Brookings Papers: Microeconomics, 1990, p. 137.
KATZ, Michael L., SHAPIRO, Carl, "Network Externalities, Competition, and Compatibility", Am. Econ. Rev., 1985, vol. 75, n.° 3, p. 424.
KATZ, Michael L., SHAPIRO, Carl, "Systems Competition and Network Effects", J. of Econ. Persp., vol. 8, n.° 2, 1994, p. 93.
KAUPER, Thomas E., "The Sullivan Approach to Horizontal Restraints", Calif. L. Rev., vol. 75, 1987, p. 893.
KAUPER, Thomas E., "Whither Article 86? Observations on Excessive Prices and Refusals to Deal", 1988 Fordham Corp. L. Inst. (B. Hawk ed., 1989), p. 651.
KAY, Neil M., RAMSAY, Harvie, HENNART, Jean-François, "Industrial Collaboration and the European Internal Market", Journal of Common Market Studies, vol. 34, n.° 3, 1996, p. 465.
KERSE, Christopher, "Block Exemptions under Article 85 (3): The Technology Transfer Regulation – Procedural Issues", ECLR, 1996, n.° 6, p. 331.
KITCH, Edmund W., "Patents: Monopolies or Property Rights?", Research in L. and Econ., vol. 8, 1986, p. 31.
KLEMPERER, Paul, "How Broad Should the Scope of Patent Protection Be?", Rand J. of Econ., vol. 21, n.° 1, 1990. p. 113.
KORAH, Valentine, "The Rise and Fall of Provisional Validity – the Need for a Rule of Reason in EEC Antitrust", Nw. J. Int'l L. & Bus., 1981, p. 320.
KORAH, Valentine, "A Comment on Prof. Fox's Paper on Article 86", 1983 Fordham Corp. L. Inst. (B. Hawk ed., 1984), p. 423.
KORAH, Valentine, "Commentary on the Impact of Coditel (2) on Competition Law", in CORNISH, W. R. (org.), *Copyright in Free and Competitive Markets*, ESC Publ., Oxford, 1986, p. 53.
KORAH, Valentine, "The Judgment in Delimitis: A Milestone towards a Realistic Assessment of the Effects of an Agreement or a Damp Squib?", EIPR, 1992, n.° 5, p. 167.
KORAH, Valentine, "EEC Licensing of Intellectual Property", Fordham Intell. Prop., Media & Ent. L. J., vol. 4, 1993, p. 1.
KORAH, Valentine, "Collaborative Joint Ventures for Research and Development Where Markets are concentrated: the Competition Rules of the Common Market and the Invalidity of Contracts", Y.E.L., vol. 13, 1993, p. 39.
KORAH, Valentine, "The Preliminary Draft of a New EC Group Exemption for Technology Licensing", EIPR, 1994, n.° 7, p. 263.

KORAH, Valentine, "Technology Transfer Regulation Still-born: Reflections on the Future", EBLR, Nov. 1995, p. 259.
KOVAR, Robert, "Le droit communautaire de la concurrence et la 'régle de raison'", R.T.D.E., vol. 23, n.º 2, 1987, p. 237.
KRATTENMAKER, Thomas G., SALOP, Steven C., "Anticompetitive Exclusion: Raising Rivals' Costs to Achieve Market Power", Yale L. J., vol. 96, n.º 2, 1986, p. 209.
KRUGMAN, Paul, "Introduction: New Thinking about Trade Policy", in Paul KRUGMAN (org.), Strategic Trade Policy and the New International Economics, MIT Press, Cambridge, MA, 1986, p. 1.
KRUGMAN, Paul, "Is Free Trade Passé?", J. of Econ. Persp., vol. 3, 1987, p. 131.
LANDAU, Ralph, "Strategy for Economic Growth: Lessons from the Chemical Industry", in LANDAU, Ralph, TAYLOR, Timothy, WRIGHT, Gavin, (orgs), The Mosaic of Economic Growth, Stanford Univ. Press, Stanford, 1996, p. 398.
LANDAU, Ralph, TAYLOR, Timothy, WRIGHT, Gavin, "The Mosaic of Economic Growth: Introduction", in LANDAU, Ralph, TAYLOR, Timothy, WRIGHT, Gavin, (orgs), The Mosaic of Economic Growth, Stanford Univ. Press, Stanford, 1996, p. 1.
LANDE, Robert H., "Wealth Transfers as the Original and Primary Concern of Antitrust: The Efficiency Interpretation Challenged", Hastings L. J., vol. 34, 1982, p. 65.
LASOK, Paul, "IPR and the Free Movement in the EEC", ECLR, 1985, p. 249.
LAU, Lawrence J., "The Sources of Long-Term Economic Growth: Observations from the Experience of Developed and Developing Countries", in LANDAU, Ralph, TAYLOR, Timothy, WRIGHT, Gavin, (orgs), The Mosaic of Economic Growth, Stanford Univ. Press, Stanford, 1996, p. 63.
LEHMANN, Michael, "The Theory of Property Rights and the Protection of Intellectual and Industrial Property", IIC, vol. 16, 1985, p. 525.
LENTZ, Edward T. "Adequacy of Disclosures of Biotechnology Inventions", AIPLA Quarterly Journal, vol. 16, 1988, p. 314.
LERNER, Joshua, "The Importance of Patent Scope: An Empirical Analysis", Rand J. of Econ., vol. 25, 1994, p. 319.
LEVIN, Richard, et al., "Appropriating the Returns from Industrial R&D", Brookings Papers on Economic Activity, 1987, p. 783.
LEVIN, Richard, "A New Look at the Patent System", Am. Econ. Rev., vol. 76, 1986, p. 199.
LEWIS, Tracy R., YAO, Dennis A., "Some Reflections on the Antitrust Treatment of Intellectual Property", Antitrust L. J., vol. 63, 1995, p. 603.
LIEBOWITZ, S.J., MARGOLIS, Stephen E., "Network Externality: An Uncommon Tragedy", J. of Econ. Persp., vol. 8, n.º 2, 1994, p. 133.
LIEBOWITZ, S.J., MARGOLIS, Stephen E., "Path Dependence, Lock-In, and History", Journal of Law, Economics, & Organization, vol. 11, n.º 1, 1995, p. 205.
LINK, Albert N., "Research Joint Ventures: Patterns from *Federal Register* Filings", Review of Industrial Organization, vol. 11, 1996, p. 617.
LINK, Albert N., TEECE, David J., FINAN, William F., "Estimating the Benefits from Collaboration: The Case of SEMATECH", Review of Industrial Organization, vol. 11, n.º 5, 1996, p. 737.
MANSFIELD, Edwin, et al., "Social and Private Rates of Return form Industrial Innovations", 91 Q.J.Econ., 1977, p. 221.

MANSFIELD, Edwin, "R & D and Innovation: Some Empirical Findings", *in* GRILICHES, Zvi (org.), R & D, Patents, and Productivity, Univ. of Chicago Press, Chicago, 1984, p. 127.

MANSFIELD, Edwin, "Patents and Innovation: An Empirical Study", Management Science, vol. 32, 1986, p. 173.

MARENCO, Giuliano, BANKS, Karen, "Intellectual Property and the Community Rules on Free Movement: Discrimination Unearthed", E.L. Rev., vol. 15, 1990, p. 224.

MATUTES, Carmen, REGIBEAU, Pierre, ROCKETT, Katharine, "Optimal Patent Design and the Diffusion of Innovations", Rand J. of Econ., vol. 27, n.º 1, 1996, p. 60.

MERGES, Robert P., NELSON, Richard, "On the Complex Economics of Patent Scope" Colum.L.Rev., vol. 90, 1990, p. 839.

MITROPOULOS, Chris, "Technology Transfer: The New Regulation", Competition Policy Newsletter, vol. 2, n.º 1, 1996, p. 10.

MOUSSIS, Nicholas, "Small And Medium Enterprises in the Internal Market", E.L.Rev., 1992, vol. 17, n.º 6, p. 483.

ODLE, Alexander, ZEYEN, Christoph, "The EC Block Exemption Regulation 556/89 on Know-How: Practical Difficulties and Legal Uncertainties", ECLR, 1991, n.º 6, p. 231.

ORDOVER, Janusz A., "Economic Considerations in Protecting Industrial and Intellectual Property", Antitrust L. J., vol. 53, 1985, p. 503.

ORDOVER, Janusz A., WILLIG, Robert D., "Antitrust for High-Technology Industries: Assessing Research Joint Ventures and Mergers", J. of Law and Econ., vol. XXVIII, 1985, p. 311.

PACK, Howard, "Endogenous Growth Theory: Intellectual Appeal and Empirical Shortcomings", J. of Econ. Persp., vol. 8, n.º 1, 1994, p. 55.

PAPPALARDO, Aurelio, "La réglementation communautaire de la concurrence – Deuxième partie: Le contrôle des concentrations d'entreprises: récents développments", RIDE, tomo X, 1996, n.º 3, p. 299.

PEETERS, Jan, "The Rule of Reason Revisited: Prohibition on Restraints of Competition in the Sherman Act and the EEC Treaty", Am. J. Comp. L., vol. 37, 1989, p. 521.

PETERSMANN, Ernst-Ulrich, "International Competition Rules for the GATT-MTO World Trade and Legal System", Journal of World Trade, 1994, p. 35.

PITOFSKY, Robert, "The Political Content of Antitrust", U. Pa. L. Rev., vol. 127, 1979, p. 1051.

PLANT, Arnold, "The Economic Theory Concerning Patents for Inventions", Economica, vol. 1, 1934, p. 31.

PLANT, Arnold, "The Economic Aspects of Copyright in Books", Economica, vol. 1, 1934, p. 167.

POLINSKY, A. Mitchell, "Detrebling versus Decoupling Antitrust Damages: Lessons from the Theory of Enforcement", Geo. L.J., vol. 74, 1986, p. 1231.

POSNER, Richard, "The Chicago School of Antitrust Analysis", U. Pa. L. Rev., vol. 127, 1979, p. 2975.

PRIEST, George L., "What Economists Can Tell Lawyers About Intellectual Property: Comment on Cheung", Research in L. and Econ., vol. 8, 1986, p. 19.

PUTNAM, Robert D., "The Prosperous Community", American Prospect, Spring 1993.

RAPP, Richard T., "The Misapplication of the Innovation Market Approach to Merger Analysis", Antitrust L. J., vol. 64, 1995, p. 19.

RICHARDSON, J. David, "The Political Economy of Strategic Trade Policy", International Organization, vol. 44, 1990, p. 107.
ROBERTSON, Aidan, "Technology Transfer Agreements: An Overview of how Regulation 240/96 Changes the Law", ECLR, 1996, n.º 3, p. 157.
ROMER, Paul M., "The Origins of Endogenous Growth", J. of Econ. Persp., vol. 8, n.º 1, 1994, p. 3.
ROSENBERG, Nathan, "Uncertainty and Technological Change", in LANDAU, Ralph, TAYLOR, Timothy, WRIGHT, Gavin, (orgs), The Mosaic of Economic Growth, Stanford Univ. Press, Stanford, 1996, p. 334.
SALOP, Steven C., "Efficiencies in Dynamic Merger Analysis", Statement before the Federal Trade Commission Hearings on Global and Innovation-based Competition, 2 de Novembro de 1995.
SANTOS, Aníbal, "Uma política industrial face à experiência da concorrência internacional – Uma reflexão para o futuro", Economia, vol. XII, n.º 3, Out. 1988, p. 387.
SCHECHTER, Mark Clifford, "The Rule of Reason in European Competition Law", L.I.E.I., 1982/2, p. 1.
SCHERER, Frederick M., "Antitrust, Efficiency, and Progress", N.Y.U.L. Rev., vol. 62, n.º 5, 1987, p. 998.
SCHERER, F.M., "Schumpeter and Plausible Capitalism", J. of Econ. Literature, vol. XXX, 1992, p. 1416.
SCOTCHMER, Suzanne, "Standing on the Shoulders of Giants: Cumulative Research and the Patent Law", J. Econ. Persp., vol. 5, 1991, p. 29.
SCOTT, John T., "Environmental Research Joint Ventures among Manufacturers", Review of Industrial Organization, vol. 11, n.º 5, 1996, p. 655.
SEE, Harold, CAPRIO, Frank M., "The Trouble with *Brulotte*: The Patent Royalty Term and Patent Monopoly Extension", Utah L. Rev., 1990, p. 813.
SHAPIRO, Carl, "Antitrust in Network Industries", Address before the American Law Institute and American Bar Association Conference "Antitrust/Intellectual Property Claims in High Technology Markets", Stouffer Stanford Court Hotel, San Francisco, 25.1.96.
SHARP, Margaret, "Technology, globalisation and industrial policy", in TALALAY, Michael, FARRANDS, Chris. TOOZE, Roger (orgs.), *Technology, Culture and Competitiveness – Change and the World Political Economy*, Routledge, Londres, 1997, p. 90.
SILVA, Miguel Moura e, "Protecção de Programas de Computador na Comunidade Europeia", Direito e Justiça, Vol. VII, 1993, p. 253.
SILVA, Miguel Moura e, "Controlo de concentrações na Comunidade Europeia", Direito e Justiça, Vol. VIII, Tomo I, 1994, p. 133.
SILVA, Miguel Moura e, "Opinion 1/94 and the Division of Powers Between the Member States and the European Community in International Economic Relations", Revista Jurídica, n.º 20, nova série, 1996, p. 203.
SIRAGUSA, Mario, "Technology Transfers Under EEC Law: A Private View", 1982 Fordham Corp. L. Inst., (B.Hawk ed., 1983), p. 95.
SLAUGHTER, John, "The GATT Intellectual Property Negotiations Approach their Conclusion", EIPR, 1990, vol. n.º 11, p. 418.
SOLOW, Robert M., "Technical Change and the Aggregate Production Function", Review of Economics and Statistics, vol. 39, 1957, p. 312.

SOLOW, Robert M., "Perspectives on Growth Theory", J. of Econ. Persp., vol. 8, n.° 1, 1994, p. 45.
SOSNICK, S., "A Critique of Concepts of Workable Competition", Q.J. of Econ., vol. 72, 1958, p. 380.
SPENCE, A. Michael, "Science and Technology Investment and Policy in the Global Economy", *in* LANDAU, Ralph, TAYLOR, Timothy, WRIGHT, Gavin, (orgs), The Mosaic of Economic Growth, Stanford Univ. Press, Stanford, 1996, p. 173.
STIGLER, George, "Monopoly and Oligopoly by Merger", Am. Econ. Rev., vol. 40, 1950, p. 23.
STOCKUM, Steve, "The Efficiencies Defense for Horizontal Mergers: What is the Government's Standard?", Antitrust L.J., vol. 61, 1993, p. 829.
STONE, Christopher D., "What to do About Biodiversity: Property Rights, Public Goods, and the Earth's Biological Riches", Southern Calif. L. Rev., vol. 68, 1995, p. 578.
SUBIOTTO, Romano, "The Right to Deal with Whom One Pleases under EEC Competition Law: A Small Contribution to a Necessary Debate", ECLR, 1992, n.° 6, p. 234.
SULLIVAN, E. Thomas, "On Nonprice Competition: An Economic and Marketing Analysis", U. Pitt. L. Rev., 1984, p. 771.
SULLIVAN, Lawrence A., "The Viability of Current Law on Horizontal Restraints", Calif. L. Rev., vol. 75, 1987, p. 835.
TALALAY, Michael, FARRANDS, Chris. TOOZE, Roger, "Technology, culture and competitiveness and the world political economy" *in* TALALAY, Michael, FARRANDS, Chris. TOOZE, Roger (orgs.), *Technology, Culture and Competitiveness – Change and the World Political Economy*, Routledge, Londres, 1997, p. 1.
TAYLOR, John B., "Stabilization Policy and Long-Term Economic Development", *in* LANDAU, TAYLOR, WRIGHT, (orgs), The Mosaic of Economic Growth, Stanford Univ. Press, Stanford, 1996, p. 129.
TEMPLE LANG, John, "European Community Antitrust Law and Joint Ventures Involving Transfer of Technology", 1982 Fordham Corp. L. Inst., p. 203.
UCHTENHAGEN, Ulrich, "The GATT Negotiations Concerning Copyright and Intellectual Property Protection", IIC, vol. 21, n.° 6/1990, p. 765.
ULLOA, Gonzalo de, "Licensing Contracts and Territoriality Clauses: Parallel Imports", ECLR, 1991, n.° 6, p. 220.
VENIT, James S., "In the Wake of Windsurfing: Patent Licensing in the Common Market", IIC, vol. 18, n.° 1, 1987, p. 1.
WATERSON, Michael, "The Economics of Product Patents", Am. Econ. Rev., vol. 80, 1990, p. 860.
WHAITE, Robin, "The Draft Technology Transfer Block Exemption", EIPR, 1994, n.° 7, p. 259.
WHALLEY, Judy, "The Use of Innovation Markets in Antitrust Evaluation of Mergers", Statement before the FTC Hearings on Global and Innovation-based Competition", 25 de Outubro de 1995, cit. electrónica: http://www.ftc.gov/opp/global/whalley.htm.
WHISH, Richard, SUFRIN, Brenda, "Article 85 and the Rule of Reason", Y.E.L., vol. 7, 1987, p. 1.
WHITE, Eric L., "Research and Development Joint Ventures Under EEC Competition Law", IIC, vol. 16, 1985, p. 663.

WILLIAMSON, Oliver, "Economies as an Antitrust Defense: The Welfare Trade-offs", Am. Econ. Rev., vol. 58, 1968, p. 18 e p. 1372.

WILS, Geer, "'Rule of Reason': une règle raisonnable en Droit Communautaire", CDE, ano 26, n.º 1-2, 1990, p. 19.

WINN, David B., "Commission Know-how Regulation 556/89: Innovation and Territorial Exclusivity, Improvements and the Quid Pro Quo", ECLR, 1990, n.º 4, p. 135.

YOUNGS, Gillian, "Culture and the technological imperative", in TALALAY, Michael, FARRANDS, Chris. TOOZE, Roger (orgs.), *Technology, Culture and Competitiveness – Change and the World Political Economy*, Routledge, Londres, 1997, p. 28.